Crafting Qualitative Research
Working in the Postpositivist Traditions

プシュカラ・プラサド
Pushkala Prasad

箕浦康子 監訳
Yasuko Minoura

町 惠理子・浅井亜紀子・山下美樹・
伊佐雅子・時津倫子・村本由紀子・
藤田ラウンド幸世・岸 磨貴子・
灘光洋子・岩田祐子・谷口明子・
小高さほみ・柴山真琴 訳

質的研究
のための
理論入門
● ポスト実証主義の諸系譜

ナカニシヤ出版

CRAFTING QUALITATIVE RESEARCH
Working in the Postpositivist Traditions
by Pushkala Prasad.

Copyright ©2005 by M.E. Sharpe, Inc.
All Right Reserved.

Authorized translation from English language edition published by
Routledge, an imprint of Taylor & Francis Group LLC.
through Japan UNI Agency, Inc., Tokyo.

原 著 者 の 謝 辞

　この本は，博士レベルの学生に質的研究を数年間教えたことに多くを負っています。本書の元となった授業は，当初，カナダのカルガリー大学の経営学部で考案し提供されたもので，そこでの博士課程の学生の参加やフィードバックからたいへん多くの恩恵を受けました。学生の多くは，自分の論文もしくは他の研究プロジェクトのいずれかで私と密接に協働しており，私の講義ノートを本にするようにいつも強く勧めてくれました。私は，かれらの勧めを真剣に受け止め，かれらの惜しみない励まし，私の教育上のあらゆる努力をわかってくれる温かさ，なかんずく，職場状況が難しかった期間中にもらった友情や心情的な支えに対して，多大な感謝の気持ちを負っています。多くの愛と感謝をこめて，この本をジュディ・バードセル，マイケル・ロウズ，ティム・ハインズ，グロリア・ミラー，シャーロット・エチナー，アレックス・ハリソン，ジェフ・エベレット，コニー・フリーセン，カリアン・アーラップに捧げます。

　カルガリー大学の同僚の多くが直接的，間接的にこのプロジェクトに貢献してくれました。アブヒジ・ゴウパールとブラッド・ジャクソンは，私の博士課程のゼミの熱心な参加者で，時間と関心を喜んで注いでくれました。ディーン・ヌーとアリソン・タイラーは，カルガリーでの私の全5年間で静かながら堅牢な頼りになる支柱でしたし，ウィルフ・ゼービとジュリ・ロウニはいつも同僚として激励やサポートのモデルでした。よき友であり隣人であるモーニ・ジョイは，私の悩みのよい聞き手で，彼女の知力と驚くべき生産性で私を励まし奮い立たせてくれました。私は，また，一般教養課程とかつてよばれていたときの昔の同僚——とくにバーバラ・クロウ，デービッド・ミッチェル，ブライアン・ラステッド，デービッド・ターラス——にマネジメント研究をもっと学際的なものにする私の努力をくりかえし認め評価してくれたことを感謝いたします。

　この本は確かに私のカルガリー大学で教えた年月から生まれたものではありますが，大部分が書かれたのは，私が2000年にアメリカのスキッドモア大学に来てからでした。この大学の文化がまことに学際的であることや友人や同僚ら——とくに，アドリエヌ・ツルナー，ロイ・ロトハイム，パティ・ルビオ，エラ・レプコウスカ・ホワイト，ビビアナ・ロウギル，ジョーダナ・ディム，スジャニ・レディ——との議論や彼らからの温かい励ましから非常に多くを得ています。私は，また，ス

キッドモア大学からの助成がこの原稿の完成を促進したことを，感謝をこめてここに記したいと思います。リベラルアーツの学生のためのザンケル講座の経営学教授としての私の地位もこの本の基本的要素である学際性を促しました。

　アーサー・ザンケル氏がこの講座を寄付したビジョンとスキッドモア大学での私の研究・教育への温かいサポートに対して，氏に感謝いたします。

　地球の向こう側の友人や同僚は，進行中のこの原稿の一部分を読んでコメントをくれました。アイリーン・フィッシャー，ウラ・ヨハンソン，ケイト・ケアリンス，モリーン・スカリー，ラルフ・スタブレインにも感謝いたします。マイク・エルムス，マイクとパット・キャバノー，キャロル・バットカー，アシュイン・ジョシ，キラ・ミラチャンダニ，スー・ローゼンバーグが示してくれた変わらぬ友情と私の能力への信頼にも深く感謝しています。

　この本を書いているすべてのプロセスで，大事な人生の伴侶であるわが夫，アンシュ・プラサドといつも相談し議論してきました。彼は，もっとも手ごわい批評者であり，熱烈な支持者でもありました。疑いもなく，この本には彼のものの考え方やアドバイスの痕跡を大きく残しています。心から私は，彼とかわした知的な相談の数々，彼の料理（ときどきであったとしても），朝のコーヒー，また夜のスコッチを飲みながらの果てしない会話に対して感謝しています。この期間中，愛猫のデリはいたずらやいつものじゃれで，私の学界に対する冷静なものの見方を失わないよう助けてくれました。

　そして最後に，原稿の形式を整えるのを助けてくれたベン・ウィルキンソン，図表を手伝ってくれたナンシー・ウォーカー，当初の励ましとそれに続いた編集上の助力やガイダンスをくれた M. E. シャープ社のハリー・ブリッグスにも感謝いたします。

目　次

原著者の謝辞　*i*

01　技（わざ）としての質的研究 —————————— *1*
ポスト実証主義の諸系譜と研究スタイル　　　　　　　　　町惠理子［訳］

1　質的研究をおこなう場合のジレンマ　*2*
2　技としての質的研究：研究の諸系譜とスタイル　*5*
3　本書について　*8*

I　解釈的アプローチの系譜

02　シンボリック相互作用論 —————————— *16*
自己と意味を求めて　　　　　　　　　　　　　　　　浅井亜紀子［訳］

1　シンボリック相互作用論への哲学的影響　*17*
2　シンボリック相互作用論の中心概念　*18*
3　シンボリック相互作用論学派の研究例　*20*
4　シンボリック相互作用論における論争と新たな方向性　*24*

03　解　釈　学 —————————— *28*
テクストの解釈　　　　　　　　　　　　　　　　　　山下美樹［訳］

1　解釈学の哲学　*30*
2　解釈学派の中心概念　*33*
3　解釈学派の研究例　*37*

04　ドラマツルギーとドラマティズム —————————— *42*
劇場・舞台としての社会生活　　　　　　　　　　　　伊佐雅子［訳］

1　ドラマツルギーの哲学的先駆者たち　*43*
2　アーヴィング・ゴフマンとドラマツルギー　*44*
3　ドラマツルギー学派の研究例　*47*
4　ケネス・バークとドラマティズムの哲学　*52*
5　ドラマティズム学派の中心概念　*53*
6　ドラマティズム学派の研究例　*57*

05 エスノメソドロジー ——————————————— 63
日常生活の成り立ち

時津倫子［訳］

1 エスノメソドロジーの理論と哲学　*64*
2 エスノメソドロジーの中心概念　*67*
3 エスノメソドロジー学派の研究例　*69*
4 エスノメソドロジーの貢献と限界　*75*

06 エスノグラフィー ——————————————— 78
ネイティブの文化的理解

村本由紀子［訳］

1 エスノグラフィーにおける人類学の遺産　*79*
2 古典的エスノグラフィーの中心概念　*82*
3 非正統的なエスノグラフィー諸派　*87*
4 エスノグラフィーの研究例　*89*
5 エスノグラフィーの系譜における論争と新たな方向性　*93*

II　深層構造に着目する系譜

07 記号論と構造主義 ——————————————— 102
社会的現実の文法

藤田ラウンド幸世［訳］

1 記号論の哲学　*103*
2 記号論と構造主義における中心概念　*105*
3 記号論的アプローチの研究例　*109*
4 構造主義の最近の動向と発展　*113*

III　批判的アプローチの系譜

08 史的唯物論 ——————————————— 123
階級，闘争，そして支配

岸磨貴子［訳］

1 カール・マルクスの哲学　*124*
2 史的唯物論の中心概念　*128*
3 史的唯物論に基づいた研究例　*134*
4 史的唯物論における批判と論争　*144*

目　　次　　v

09　批判理論 ——————————— 149
ヘゲモニー，知の生産，コミュニケーション行為　　　　　灘光洋子［訳］

1　批判理論の哲学　　152
2　批判理論の中心概念　　157
3　批判理論学派の研究例　　163
4　批判理論についての論争と新たな方向性　　170

10　フェミニズム ——————————— 175
中心的社会原則としてのジェンダー　　　　　岩田祐子［訳］

1　フェミニスト理論と哲学　　177
2　フェミニスト学派の中心概念　　184
3　フェミニスト学派の研究例　　191
4　フェミニスト学派における論争と新たな方向性　　199

11　構造化と実践の理論 ——————————— 204
権力という枠組のなかでの二元論を超えて　　　　　谷口明子［訳］

1　アンソニー・ギデンズと構造化理論　　206
2　ギデンズの構造化理論の中心概念　　208
3　構造化学派の研究例　　212
4　ブルデューの社会理解と社会研究　　217
5　ブルデューの実践の理論における中心概念　　221
6　ブルデューの実践の理論を用いた研究例　　228

Ⅳ　「ポスト」がつく諸学派の系譜

12　ポストモダニズム ——————————— 244
イメージおよび「真なるもの」との戯れ　　　　　小高さほみ［訳］

1　リオタールとポストモダンの知　　249
2　ボードリヤールとポスト近代社会　　252
3　ポストモダン学派の研究例　　258
4　ポストモダン学派における批判と論争　　262

vi

13 ポスト構造主義 ——————————————— 267
言説, 監視, 脱構築 　　　　　　　　　　　　　　　　　　時津倫子 [訳]

- 1 脱構築の哲学　*268*
- 2 脱構築における中心概念　*271*
- 3 フーコーの知の考古学と知の系譜学　*274*
- 4 フーコーのポスト構造主義の中心概念　*279*
- 5 ポスト構造主義の研究例　*285*
- 6 ポスト構造主義への批判　*289*

14 ポストコロニアリズム ——————————————— 294
帝国主義を読み解き, 抵抗する 　　　　　　　　　　　　　　町惠理子 [訳]

- 1 ポストコロニアリズム伝統の出現　*296*
- 2 ポストコロニアル学派の中心概念　*300*
- 3 ポストコロニアル学派の研究例　*311*

15 結　　論 ——————————————— 317
伝統, 即興, 質のコントロール 　　　　　　　　　　　　　　柴山真琴 [訳]

- 1 質的研究における伝統と即興　*319*
- 2 研究の質のコントロール:個々人の主体性　*322*
- 3 研究の質のコントロール:ゲートキーパー　*324*
- 4 質的研究をつくる喜び　*326*

参照文献　*328*
監訳者あとがき　*350*
事項索引　*353*
人名索引　*357*

凡　例

（1）本書は，Pushkala Prasad（2005）. *Crafting qualitative research: Working in the postpositivist traditions.* Armonk, N.Y.: M.E. Sharpe の全訳である。

（2）原書では，tradition という用語が頻出する。著者は，tradition をどのような意味で使っているのかを1章で次のように述べている。Tradition は技（わざ）のすべての範囲を意味し，質的研究も特定の intellectual tradition に基づく技とみなし得るといい，「Tradition は実践共同体によって常に創造され受け継がれ続ける。したがって，tradition は研究法やパラダイムのように明確に特定され，整然としたものではありえない」と解説しているが，非学術用語としての通常の意味で tradition が使われているところもある。本書の tradition すべてを伝統と訳出すると，伝統という日本語に含まれるニュアンスゆえに違和感がある。そこで翻訳に際しては，学派，系譜，流派，伝統など文脈に応じて訳し分けた。訳し分けに際して，特定の思想・パラダイム・研究方法等を共有する研究者集団を指すときは「学派」とし，いくつかの学派が集まっている場合や学派間の関係に言及しているときは，流派，系譜と訳出した。また，特定の研究者集団で継承されてきた学問およびその学問の内容（思想・パラダイム・研究方法・研究成果など）を指すときは，伝統もしくは○○論とした。しかし，この訳し分けは，おおまかなもので多くは文脈による。

（3）参照文献欄記載の単行本で日本語訳があるものは，それについての情報も付記した。原著がドイツ語やフランス語のものも，著者プラサドは英語訳を参照しているため，原著から直接日本語に翻訳された訳書の刊行年が原文よりも早いものもある。原文の参照文献欄では副題が省略されているが，本書では日本語訳に副題がある場合は，それも付記した。一冊の参照文献に対して複数の翻訳があるとき，一番早く出版された訳書情報を記載，そのうえで，最新の翻訳書情報も付記することに努めた。翻訳者も出版社も違うがタイトルが同じ場合，付加情報は，セミコロン（；）の後に記した。

例）Heidegger, M.（1962）. *Being and time.* London: SCM Press.（ハイデッガー，M.／細谷貞雄・亀井　裕・細谷　弘［共訳］（1963）.『存在と時間』理想社；中山　元［訳］（2015）光文社）

単行本のなかの特定章や雑誌論文が参照されている場合，翻訳が存在していることがたまたま判明したものについてのみ翻訳情報を付記した。翻訳情報を渉猟することはしていない。

（4）本文中に引用されている著書のタイトルは，日本語訳がある場合は，「イタリック体で英文タイトル（『訳書のタイトル』）」とし，本書出版時点で日本語訳がみつからない場合は，「イタリックで英文タイトル（訳書なし）」と記載した。

（5）本文中に出てきた人名はカタカナで表記し，その章の初出のときに限り（　）内に原文表記を入れる。外国人名は，本文においては日本で一般的に使われているカタカナ表記とするも，それが複数あるときは，原語に近い読みでカタカナ表記（ドイツ人名辞典などによる）とした。原語の読みが不明なときは，英語読み表記とする。ただし，参照文献一覧に訳書を示すときは，当該訳書の表記にしたがっているため，本文と参照文献でカタカナ表記にズレが生じている場合がある。

（6）原文においてイタリック体の語句は，原則的に日本語訳（原語表記）で表わしたが，日本で一般化している場合は原語表記を省略した。

（7）原文で引用符（"　"）のついた語句や引用文は，「　」で日本語訳を記し，原文の表記が必要と判断したときのみ，（　）内に原文を記入した。"　"内の'　'は，「　」で対応した。

（8）原書で and/or は，原則的に「かつ（あるいは）」で対応した。

01 技としての質的研究

わざ

ポスト実証主義の諸系譜と研究スタイル

町惠理子 [訳]

　過去25年にわたり社会科学を魅了してきた，いわゆる質的研究への方向転換は，非統計的手法を用いた貴重な多数の研究とともに，いかにして質的探究に従事すればよいのかという非常に多くの方法論についての助言をもたらした。これらの知見は併せて，無数の研究課題や問題に取り組むための方法論的選択を目もくらむほど多く提供してきた。しかしながら，実証主義の伝統の外で質の高い研究を産むという課題は，いまだに困難に思える。質的研究において研究者が利用できる計り知れないほどの選択の多様性は，ときには研究者を圧倒するだろう。

　いずれにせよ，質的研究についてのいかなる言及も，多様な視点，技法，発表スタイルといったイメージを彷彿とさせる。エスノグラフィー，ナラティブ分析，参与観察，脱構築，フォーカスグループ・インタビューなどがいくつかの例として挙げられるが，これらはすべてこの質的研究という呼び名のもとに包括される。質的研究とは果たして思考のあり方を示すものなのか，ある特定のフィールド研究法の使用を意味するのか，あるいはある種のデータ収集のやり方と論文の書き方の慣行を指すのだろうか。これらすべての質問に対する答えは「イエス」だが，その事実によって質的研究の実践がよりたやすくなるわけではない。

　近年，質的研究についての著作は激増したが，そこから浮かび上がる唯一確かなことは，質的研究とは，データの収集と分析のための共通の基準に基づく一連の技法や方法と呼ぶにはほど遠い，ということである。質的研究の多様な構成要素は異なる学問領域（たとえば，文学理論や人類学）や，学問領域を超えたさまざまな存在論的・認識論的前提（たとえば，現象学やフェミニズム）から影響を受けている。その結果は，質的研究という題目のもとで主に非統計的志向によって統合された，メタファー，パラダイム，技法，方法などの複雑な（そして往々にして当惑するほどの）

融合体である。

　結果として生じた混乱，とくに質的研究の初心者にとっての混乱は，驚くほどのことではない。明確な指針が得づらいだけでなく，エスノグラフィーやテクスト分析といった特定の用語の使用におけるゆらぎはかなりのものである。構造主義や構造化，あるいはエスノグラフィーやエスノメソドロジーといった，よく使用され，似たように聞こえる用語の存在も，研究者が異なればまったく違う意味として解釈されるので，この混乱状況の助けとはならない。ビジネス，組織，公共政策，経営実践を研究するために質的研究の応用に興味をもつ我々のような研究者にとっては，社会学，人類学，コミュニケーション研究といった外部の学問に「属している」ように思える研究方法を使用するのはいっそうの不安感がある。

　必要なのは，あまり多くの単純化に逃げることなく，その曖昧さ，緊張，相互連結性のすべてを備えた，質的研究と我々がよんでいる難解な領域に対して，その真価を認めることである。また，実際に有意義で学問的にも質の高い研究を生み出すためには，この領域で舵を取りながら目的地をめざし進むような能力も必要とされる。本書の第一の目的は異なる伝統（traditions）の視点に基づいて，このような複雑な方法論的相互関連をひも解き，さまざまな質的研究のやり方の違いを理解することである。伝統（tradition）ということばの選択はこの試みの中心であり，この章の後半で詳しく述べる。

1 質的研究をおこなう場合のジレンマ

　質的研究者は往々にして対立する有意義ではない方向に引きずられてしまうことがある。なかでも，定量データや統計手法を使っていないときでさえも，質的研究者の前提や価値観に影響を与えつづける実証主義のいまだに続く魅力はもっとも手強い。実際，社会科学における多くの研究，とくに経営，組織，ビジネス研究などは，実証主義的であるべきではないかというさまざまな形をもつ不安にさいなまれており，その不安は慣例的な実証主義の水準に合わせたいという熱意として表れる。そのような研究は質的実証主義（qualitative positivism）という形をとることによって一番よく説明される（Prasad & Prasad, 2002a）。簡単にいうと，質的実証主義ではインタビューや観察といった定量的ではない方法によるデータ収集をおこなうが，社会的現実や知識の生成の本質についての前提は実証主義的前提の範囲内である。大体において，質的実証主義は比較的常識的で現実主義的な手法によって存在

論的かつ認識論的課題をとらえる。現実は具体的で研究者とは切り離されたものであり、「客観的な」データ収集の方法を正確におこなうことによって理解されると考える。多くの慣例的なケーススタディー（たとえば Burgelman, 1994）は、はっきりと、あるいは暗に質的実証主義の前提に根ざしている。

　実証主義はいまもなお多くの質的研究者を知的に拘束し続けているが、それは、実証主義が科学的探究実施の唯一の正当な形態として未だに（いくつかの分野では）認識されている自然科学をモデルとしているためである。しかしながら、マックス・ウェーバー（Max Weber, 1949）が観察したように、科学がどのようにおこなわれるべきなのかをはっきりと結論づける前に、自然科学と社会科学の違いを理解するのは有益であろう。一つ目は「自然科学（Naturwissenschaften）」、つまり自然あるいは生物学的現象を検証する「ハード（hard）」サイエンスの伝統から生まれてきた。二つ目は「精神科学（Geisteswissenschaften）」、つまり文化的・社会的世界についての知識をつくり出す伝統である。ウェーバー（1949）によれば、人間の行動や相互作用の研究は「精神科学」に位置づける方がより適切であるにもかかわらず、社会科学における実証主義への意欲をかきたてる主要な考えは依然「自然科学」である。

　ウェーバーの結論にはいくつかの理由がある。第一に、ウェーバー（1949）やバーンスタイン（Bernstein, 1985）、その他の学者も論議しているように、実証主義の指針となっている前提は、内省や文化的生産の能力を欠く、主に無生物や生物学的現象についての研究から派生している。それに反して、社会科学は、意味ある理解や行為を可能にする人間の能力によって構築される、社会的、経済的、文化的世界に必然的に関心をもっている。フライフヨルグ（Flyvbjerg, 2001）によれば、この人間の解釈能力は、自然科学に倣いたいとする社会科学の夢を絶え間なく妨げている。さらに、そのような夢は不可能なだけでなく、実証主義が社会科学の興味の対象となる多くの問いに答えるには不十分であるがゆえに、無意味である。その問いのなかには、なぜ組織的改革の努力は往々にして抵抗に遭うのか、どのような文化的特徴が企業倫理の崩壊の要因なのか、あるいは組織がどのようにその成員を社会化するのか、といったものが含まれる。要するに、歴史、哲学、法学、修辞学、文学理論に依っている、「精神科学」の伝統の方が、組織や社会の過程を扱う問いに答えるのにはるかに適している。

　もし、実証主義が質的研究者に意味のある指針を提供できないとしたら、どこから方法論的着想を得られるのだろうか。研究者のなかには、実証主義の回避に奮闘するあまり、質的探究をおこなうためには完全に制約や偏見のない姿勢が一番だと主張し

て，データ収集や分析に対して過大に無計画な手法をとっているものもいる。このグループの主なモットーは，「なんでもあり（anything goes）」であるようにみえる。理論的予断は故意に避けられ，理論に根ざした鋭い研究焦点の発展に対する努力はほとんどみられない。ここにおける暗黙の前提とは，フィールドとの持続的な接触があれば，信頼性のある質的発見は自然に出現することが保証されているということである。

この待望の場所に偶然にも辿り着く研究者もなかにはいるだろうが，このような無節操なやり方では社会現象についての我々の理解を意義深い方法で進めることはできないだろう。理論的基礎固めの不在，理論によって導かれる焦点の欠如，慎重で巧みに構成された方法論の展開の不在，自身のフィールドワークの基盤となる基礎的前提に対する無自覚は，お粗末でありふれた俗受けするような雑文に近い研究を生じさせてしまう可能性が高いだろう。そのような研究は，インタビューや観察の結果を報告し分類するにすぎない。それらの研究は，社会的プロセスの比較的単純であまり新味のない記述としての経験的状況の「文字どおりの翻訳」（Stablein, 1996: 513）をつくり出すだろう[原注1]。

まとめると，実証主義も，理論不在の探究的研究のいずれも質的研究者に役立つ指針を提供していない。実証主義の教義は，複雑で陰影に満ちた文脈に依存する社会的プロセスの理解には少々不十分である。一方，完全に制約のないやり方は，理論的基礎を無視している点において，また自らのメタ理論的前提についての認識に欠けている点において軽率である。次の節では，卓越した質的研究は，よく知られた知的に刺激的な「技」の伝統からのみ発展可能であると提案する。そのような研究は同時に理論に根ざしており，方法論的に厳格である（もし，その厳格さが実証研究のなかで見出せるものとは違った形をとっているとしても）。そのような研究の検証に進む前に，研究プロセスを技として理解するのが一番よいという意味の真価を理解する必要がある。

原注1）これらの学問上の制約に則らない質的な労作を単にジャーナリスティックなものと片付けてしまいたくなるが，ジャーナリストによる調査報道のなかには，主要な紀要に掲載された多くの質的研究論文よりも質の高いものもあることは特筆に値する。なぜなら，ジャーナリスティックな記述のなかには，歴史やコンテクストについての感銘深い理解を伝え，取り扱っているデータの構成に細心の注意を払っているものもあるからだ。たとえば，エリック・シュローサー（Eric Schlosser, 2001）の *Fast Food Nation*（『ファストフードが世界を食いつくす』）は理論的な妥当性を（理論に厳格になりすぎることなく）示しており，アメリカにおける牛肉産業の機能と食品消費の文化について優れた洞察を提供している。

01 技（わざ）としての質的研究　5

2 技としての質的研究：研究の諸系譜とスタイル

　質的研究を卓越した「技が生み出す研究」の形式としてみなす立場には，多くの支持者がいる。科学的探究のすべてのジャンルは，技の要素が強いと主張する者もいるが，もう一方で，非実証的探究は，歴史，文学や哲学などのナラティブジャンルに親和性があるという理由で，より芸術的で職人的であるという者もいる。両者の立場ともかなりの賞賛に値する。

　一つ目の立場は，科学的知識は一定の蓄積による時間をかけた着実なプロセスの結果であるという考えに対するトーマス・クーン（Thomas Kuhn, 1970）の根本的な疑問によって引き起こされ，哲学と科学社会学における活発な討論とともに有名となった。それ以来，数えられないほどの解説者が，科学的方法は演繹法，帰納法，反証の論理的原理に厳格に従うという信条を覆してきた（Feyerabend, 1987; Lakatos, 1965）。かなりの数の研究が科学の実際の日常的実践は，科学的な手続きの型どおりのモデルとはほとんど似ていないことを，説得力をもって主張している（Latour, 1987）。とくに，次第に明らかになってきたのは，科学における雑然とした予測不可能かつ創造的な要素であり，同様に科学的カテゴリー分類を抽出する際の構築や解釈的枠組の役割の重要性である。スタブレイン（Stablein, 1996）は，科学者は経験的世界を発見するというより発明する（invent）のだ，と多くの学者がいまは結論づけるだろう，とさえ提唱している。もし，これが本当であるなら，科学実践そのもの（そして，その延長として社会科学における実証主義の応用）が，科学的プロトコルへの頑なな固執とはもはや理解されないのである。代わりに，実践上の科学は，個々の特異な経験的状況における予測のつかない変化に合わせて，科学的な手続きを調整し変更することを常におこない，創意に富んだ職人技のような形をとる。

　二つ目の立場は，フライフヨルグ（Flyvbjerg, 2001）が好例であるが，アリストテレス（Aristotle, 1976）の知的美徳についての議論に依拠し，社会科学の質的研究の諸部門は慣例的な科学的方法より職人工芸の理想により近いと論じている。フライフヨルグは実証主義を「エピステーメー（episteme）」の概念に対応するものとしてみており，それはアリストテレスの *Nicomachean Ethics*（『ニコマコス倫理学』）のなかで詳細に論じられた知的美徳のなかの一つにすぎない。エピステーメーは普遍的な応用が可能で，時間と空間を超えて不変な知識の創出に関わっている。エピステーメーは分析的合理性に導かれ，啓蒙運動の思想から生まれた近代の科学の理想に密接に対応している。実証主義はエピステーメーの思考と実質的には同等であり，

科学をおこなう唯一の正当な方法であると徐々にみなされるようになった。

　フライフヨルグ（Flyvbjerg, 2001）は，しかしながら，アリストテレスのものの見方では，エピステーメーに関する知識生成は科学を営む一つの方法にすぎないと指摘している。もう一つの方法である「テクネー（techne）」は，質的研究にずっと適したモデルであり，職人精神と技の仕事という概念に影響されている。質的研究は，プロセス，コンテクストや込み入ったディテールにより多くの関心があるので，エピステーメーよりテクネーから意義深い創造的刺激を受け得る。テクネーはフライフヨルグ（Flyvbjerg, 2001: 56）自身によって非常に適切にまとめられているが，彼は「「テクネー」はこのように工芸であり芸術であり，活動としては具体的かつ可変的で，コンテクストに依存する。「テクネー」の目的は，実践的道具的理性に則った技巧的知識と技法の応用である」と述べている。

　したがって，質的研究がエピステーメーのジャンル，あるいはテクネーのジャンルのどちらに属していると信じようが，技としての実践からは免れられない。本書全体は質的研究を技として想定することを前提条件としている。技としての研究をするということは，何世代も継承されてきた技法と専門知識を発展させ技を極めることを必要とする。職人技には，触れてわかる，巧みにつくられた産出物——この場合は一つの研究——という結果を生み出す，修行を経た創造性を伴う。方法と理論的パラダイムの知識のみでは，研究という技に関わるには不十分である。より価値があるのは知的「伝統（tradition）」という概念である。伝統のなかで仕事をするというのは，自分自身のパラダイムとそれに従って選ばれる方法についての理解を伴うが，それはパラダイムと方法以上のものでもある。

　研究や知識に対する異なる志向は，パラダイム（paradigm）という用語に助けられて明確にされてきた。最初はトーマス・クーン（Kuhn, 1970），後にはバーレルとモーガン（Burrell & Morgan, 1979）によって，広く受け入れられるようになったパラダイムという語は，共有された一定の存在論的・認識論的前提を示すために使われることが多く，学者の共同体を結びつけ研究を実施するための特定の指針を定めている。研究者は往々にして自分たち自身をエスノグラフィーのパラダイムで研究しているとか，ラディカル・ヒューマニズムのパラダイムで研究しているとかといい表す。「パラダイム」という用語は，しかしながら，研究者集団間にいつわりの共通意識を与えるため，多少誤解を招くことも多い。実際の研究実践の実体的世界では，前提と世界観を共有する閉ざされた領域としてのパラダイムという整然とした抽象概念は，互いに競い合う考えや，同時進行の複数の影響や絶え間ない試行とい

った，混乱した現実にすぐに取って代わられる。

「方法（method）」という概念は，一般的にはデータ収集と分析の技法の適切な使用を意味している。方法についての論議は典型的にインタビュー計画案，観察様式，文書分析などのさまざまな形式に焦点を当てる。しかしながら，方法が洞察に富むことを証明するためには技法の知識以上のものが必要である。方法そのものは，より大きなパラダイムの問題とつながっており，同じあるいは異なるパラダイムのなかでの多様な手法として流用されることも多い。

すでに述べているように，伝統はもう少し複雑である。伝統は技──音楽，芸術，文学，建築や映画制作──のすべての領域をつかさどる。バロック，ジャズ，シュールレアリスム，アールデコ，フィルム・ノワールといった伝統に携わることは可能である。各々の伝統は，小説，映画，芸術作品，楽曲などの制作においての独自の際だった「スタイル」を発展させる。これらのスタイルは著名な人物，中心的前提，自ずと形成された慣例に影響を受ける傾向にある。質的研究も例外ではなく，特定の知的伝統に基づく技としてみなされ得る。研究の伝統は前提，世界観，志向，手順，実践の複雑な総体として考えるのが最良である（Hamilton, 1993; Jacob, 1987）。学究的あるいは知的な伝統は，単に技法の選択肢や一定の前提を提供するというより，むしろ，学問という営為のあり方（way of conducting scholarship）全体を示している。学問の諸伝統を理解することは研究者が自らの知的選択と特定の探究形態との組み合わせを明確にする助けになるので，個人的にも意義深く，同時により広範囲な学者集団の水準に足る研究スタイルを発展させることができる。

知的伝統という考え方は，このように方法とパラダイムという両者を含み，同時にそれ以上のものを与えてくれる。伝統（tradition）は実践共同体によって常に創造され受け継がれ続ける。したがって，伝統（tradition）は研究法やパラダイムのように明確に特定され，整然としたものではありえない。ハミルトン（Hamilton, 1993）にとっては，伝統は学者から次世代の学者に引き継がれていく純粋無垢な一連の規則というより，むしろ「混乱に満ちた社会運動」に似ている。「伝統は発明され，樹立され，荒らされ，堕落させられ，除外され得る［…］伝統の歴史は，共存共栄する諸伝統の年代記でもあるが，ディアスポラの物語でもある」（Hamilton, 1993: 62）。質的伝統の諸流派に精通することは，研究者にとって手に入る選択肢の全範囲についてのよりよい理解を与え，また質的研究の異なる形態間の違いについて明確な認識を与えてくれる。質的領域（たとえば，エスノグラフィー，記号論，批判理論，シンボリック相互作用論）の諸伝統の幅の広さを考えれば，そのような自覚はさらに必要

になりつつある。したがって，本書の目的の一つは，それぞれの伝統の主要な特徴に光を当てると同時に，それらが研究の計画，実施，発表に対してもつ意味にも詳しく光をあてることである。

　社会科学と人文学にみられる質的志向の多くは，しかしながら，その傾向としてポスト実証主義的であるというのが最良の説明である。言い換えれば，それらは社会的現実や知識の生成についての問いに対して，より問題点を明らかにするようなアプローチをとっており，社会的現実の被構成的性質や，言語の構成的役割，批判としての研究といった点を強調している。前述のように，ポスト実証主義は単一の不変な伝統というにはほど遠い。ときにはナラティブの流派といわれるものは（そのなかでも）ドラマティズム，解釈学，批判理論，記号論，ポスト構造主義といった多様なジャンルを含んでおり，これらは著名な実証主義的前提に対する拒絶という点で主にまとまっている。同時にこれらの伝統は，多くの一致点や影響が混じり合っているにもかかわらず，研究の実行についてはどちらかというと独特の慣例を発展させてきた。本書の焦点は，質的伝統の全範囲というよりむしろ，ポスト実証主義の系譜にとくに限定している。

3 本書について

　本書は主要なポスト実証主義的伝統の詳細な外観を提供するものであり，四つの包括的なメタ伝統（あるいは大きな意味での伝統），(1) 解釈的，(2) 構造主義的，(3) 批判的，(4)「ポスト」的伝統に焦点を当てる。これらの幅広い各々の伝統のなかで，いくつかの流派を概観し，解説する。たとえば，解釈的伝統のなかでは，シンボリック相互作用論，解釈学，エスノグラフィー，エスノメソドロジー，ドラマティズムといった流派を挙げることができる。これらの流派のすべては解釈的あるいは社会構成主義的哲学の基本的な知的志向を共有するが，各々の実証的先入観，主要概念の成り立ち，ある種のデータ収集形態の選択，書き方と発表スタイルなどにおいて隔たりがある。時間を経るにしたがって，各伝統はある種の研究実施法や発表の仕方についての慣例を（かなりの程度で）共有しており，結果としてこれらを連想させるような独特の学問形式を生み出した。たとえば，解釈学派は，「テクスト」という概念を使い社会的世界を研究するが，ドラマツルギーはステージ，あるいは「劇場」という概念を使って同じ目的を果たす。おそらく驚くには値しないが，解釈学派は文書の分析を強く志向するが，一方，ドラマツルギーの研究者は観察を好む傾

向にある。

　本書は読者が各伝統のなかでどのような研究がおこなわれているかを鮮明に感じられるよう，詳細な解説を提供する。その意図は規則や公式を与えることではなく，読者に各々の現行の伝統のなかでおこなわれる実際の研究実践を「感じて」もらうことである。本書では，全部で13の異なる学派が取り扱われている。各章では該当する学派の中心概念，主要な学者，重要な議論を検証する。研究実施や全体的な研究の方向性を左右する慣例が議論され，研究計画，データ収集，多様な読者に対しての発表の仕方についての適切な方法も述べられている。また，経営，行政，政策，消費者研究，組織研究，仕事についての社会学やその関連分野にとくに重きを置きながら，諸流派の概念的，実証的な既存の研究事例を数多く報告し，分析し，コメントしている。全章について一貫した構成体系を維持することに最大の努力は払ってはいるものの，いくつかの章は本書の全体のパターンから外れていると読者は気づくだろう。たとえば，ある章はある一つのセクション全体を現在の議論と発展に捧げているが，そうでない章もある。本書を執筆するにあたって，まさにこれらの諸学派の多様性のため，各章をまったく同じ形式で書くことができないことはすぐに明らかになった。よって，各章は諸学派において提起された，より中心的な問いを扱えるようにデザインされている。

　本書はどれか一つ，あるいはすべての流派において読者が一夜にして「専門家」や「大家」になれるなどと約束はしない。本書が意図しているのは，読者が諸学派の枠組のなかで研究するのに抵抗がない程度に精通することである。我々の主な目的は，ポスト実証主義の質的研究の仔細な地図を提供することである。たとえていえば，読者に（a）どの目的地に向けて旅を続けたいのかを決め，（b）どうやったらそこにたどり着けるのかを考え出し，（c）そのような旅の道程にはどのようなことが期待されるのかについて理解をもってもらうことである。例を挙げれば，記号論に惹かれている読者は言語的分析についての理解を発展させ，あらゆる種類の「テクスト」に十分に取り組むという覚悟ができていなければならない。一方，エスノグラフィーの伝統で研究したい者は，文化的分析についてのある程度の熟練を必要とし，フィールドにかなりの期間身を置くことを覚悟しておかなければならない。

　本書はまた，各々の伝統における研究規範と学問上の期待を取り巻く問題を扱おうとしている。実証主義の多くのジャンルに従事している研究者は，往々にして自分の研究が実証研究を判断するために使われている信頼性と妥当性の慣例的な基

準に合っているかを問われる。この場合，一般的に大きく分けて二つの反応に直面する。一つ目はすべての規範は実証的伝統にのみ属するとして，真っ向から否定し，顕著に防御的な反応である。二つ目はあからさまに黙従的な反応である，すなわち，実証主義によって並び立てられた規範に合わせるためにポスト実証主義的研究を仕立て直すことを求める。これらの反応は両者とも，実際の研究過程での技（craftsmanship）を極めることに貢献するものではないため，いささか非生産的である。

　研究規範に合わせるのは明らかに重要なことであり，どの知的伝統においても，その研究に身を置いて学ぶことを通して一番よく達成される。どの伝統もそのなかから創られる研究の質に深く関心をもっている。しかしながら，多くの伝統は，信頼性や妥当性を，自分たちの研究の真価を測る基準とはとらえていない。信頼性と妥当性は，質的実証主義を補強する存在論的・認識論的前提と適合するため，質的実証主義にとっては重要なものとして残る。これらは，一貫した根拠のあるナラティブの形で研究を発表することに多大な重要性を置いているエスノグラフィーの伝統のようなものにとっては，それほど重要ではない（Czarniawska, 1998; Van Maanen, 1988）。ここでの重要な点は，規範についての理解は伝統の自覚とともに得られ，外から恣意的に押しつけられるものではないということである。諸伝統における実際の経験的研究についての本書の議論は，この考え方の真価を理解しやすくするものである。

　最後の章は諸伝統のなか，あるいは流派間での革新と即興についての問いを取り上げている。明らかに，各々の伝統はある種の慣例に従っているが，それらの慣例は互いの，あるいは多様な影響から完全に隔離されているわけではない。諸伝統はまた，古い慣例との断絶や新しい慣例との融合を引き起こして，絶え間なく変化し進化する。どの伝統の研究者も，慣例に固執しながら新しいものをつくるという，同時に起こっているプロセスの一部である。本書はそのような議論への道を開くものでもある。

I

解釈的アプローチの系譜

　解釈的アプローチは，社会的世界を知るために，人による解釈（human interpretation）を出発点にしようとする学術的立場から出現した。実証主義の系譜はデカルトの哲学を起源とするが，解釈的アプローチの系譜はイマヌエル・カントの思想に根差し，ドイツ観念論とよばれる伝統の一部となっている。カントの考えの多くは，後にエトムント・フッサール（Husserl, 1960）によってさらに練られていった。傑出したドイツの哲学者であり数学者でもあったフッサールの現象学（phenomenology）の哲学は，社会科学におけるすべての解釈的研究を，何らかの形で支えている。

　フッサールとドイツの観念論者にとって，「現実」は実体があり識別できる外界にあるのではなく，人間の意識そのものに存在する。言い換えれば，私たちが世界を秩序だて，分類し，構造化し，解釈し，その解釈にしたがって行動しているということが重要なのである。現象学は，いかなる現実も解釈によってのみ経験することができるという前提に立つ。たとえば，長方形で四つの脚をもつ木材は，私たちの文化的コンテクストにおいては，食事をとり，書きものをするテーブルだとすぐに識別できる。テーブルになじみのない社会的環境にいる人であれば，休んだり，踊ったりする場所と考えるかもしれない。ここで重要なのは，「テーブル」の存在論的

な実体を否定することではなく，物体でさえも，社会的解釈と得心のゆく意味づけ（meaningful sense-making）の行為を通して存在するようになる。

　二つめの例は，この点をさらに説明する助けとなるだろう。カナディアンロッキーの町，バンフは，「スリーピング・バッファロー」とよばれるゴツゴツした山々が周囲にそそり立っている。スリーピング・バッファローは多くの人にとっては，登山の場所であったり，賞賛をもって眺めたり，写真を撮影する場所である。しかし，ヨーロッパ人が来るずっと前からここに住んでいる先住民にとっては，崇敬と尊敬の念を抱く神のような超越的存在，その名の通り眠れるバッファローであった。明白なのは，私たちが山として経験するものは，別の時空間のコンテクストでは，神性や超自然的な存在として経験されるかもしれないということである。二つの事例において「現実」は，解釈という行為によって社会的に構築される（socially constructed）。したがって，現象学者にとって，学術探究の妥当なターゲットとなるのは，このような解釈という行為である。確実な対象をつくるのは，これらの解釈的な行為である。

　19世紀終わりから20世紀にかけて，アルフレッド・シュッツ，ハンス・ゲオルク・ガダマー，ジョージ・ハーバート・ミードなどの多くの先駆的西洋の知的大家が現象学に注目し，発展させてきた。傑出した社会学者のマックス・ウェーバー（Max Weber, 1949）やバーガーとルックマン（Berger & Luckmann, 1967）は，現象学の哲学的要素を，社会文化的世界を理解するための有用な枠組に体系的に転換した。現象学は，何人かの仲介者の助けにより，多様な学問的領域を通して広まったため，基本的な解釈的考えと前提を共有する主要な学問領域の成長を刺激しながらも，独自の特徴的方法で発展した。本書では解釈的アプローチの系譜にある五つの学派を論じる。それらは，（1）シンボリック相互作用論，（2）解釈学，（3）ドラマツルギーとドラマティズム，（4）エスノメソドロジー，（5）エスノグラフィーである。図I-1はこれらの学派が互いにどう関係しているかを示している。

　これらの多様な解釈的アプローチの諸学派が共通してもっている特徴とは何であろうか。それらは，本質的に主観的な意味づけの行為を非常に重視するという解釈的（interpretive）な概念にしっかりと基づいている（Holstein & Gubrium, 1993）。これらの解釈的アプローチの学派は，共通して，私たちの世界は社会的に構築されているという信念に賛同しているが，同時に，このような構築は，私たちが物や出来事や相互作用に意味づけをする能力があって初めて可能になるとしている。たとえば，白衣を着た人は医療関係者とみなされやすく，きびきびした行動は効率的と解

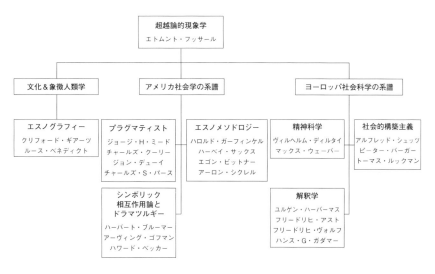

図I-1 解釈的アプローチの系譜：イマヌエル・カントの思想の継承

釈され，時間を厳守するところは勤勉だという印象を与える。これらの事例すべてにおいて，行為と物は，それ自体がある種の現象を構成していると同定されるだけではなく，何か別の意味を表すものとして解釈される。言い換えれば，それらすべてに何かしら意味がある。解釈的アプローチの人びとが主観的（subjective）であると名づけるのは，意味ある社会的構築をおこなう，この本来的な人間の能力なのであり，社会的構築は固定的な外在的現実とは離れたものだからである。

　社会生活のあらゆる側面における主観的な現実構築のプロセスを理解することが，解釈的アプローチの目的である。これは理解（verstehen）（Weber, 1949）の原則としばしば言及され，意味や志向性を理解することが，因果関係の説明よりも強調される。結果として，好まれる主題は，日常の生活世界（lebenswelt）であり，そこで個々人が出会う現象をいかに意味づけし，それらの現象を秩序立てて当たり前の現実にしていくのかをみる。

　解釈的アプローチのさまざまな学派に共通するもう一つの特徴は，現実構築の社会的（social）な次元に強調が置かれていることである。それは，たとえ私たちが個人的に意味づける行為をしているときでさえ，私たちがより広い社会から獲得した認知スキーマや言語によって，かなりの部分が媒介されているということである。与えられた状況における個人の解釈は，技術的には無限の可能性があるはずで

あるが，私たちの傾向は限られたより共有された解釈に向かうのである。机の列の後ろに座っている子どもたちに，大人が話しかけているのを見て，他の解釈も可能であるにもかかわらず，多くの観察者は教室と解釈するだろう。このように実際の社会的実践のなかでは，個人の現実の解釈は，暗黙のうちに共通の合意や理解へと移行するために，主観は，いくらか限られたものになる。現実についての共通の構築や共有された解釈に到達する傾向のことを，間主観性（intersubjectivity）（Berger & Luckmann, 1967; Holstein & Gubrium, 1993）という。これは解釈的アプローチの核となる関心事である。

　間主観的解釈は人間生活の中心にある。なぜなら、間主観的解釈は私たちの意識のなかにしばしば実体化されあまりにもしっかり定着しているため，当たり前で，「自然」な実在としてとらえられるからだ。社会的構築をあたかも客観的で不変的な現実として扱うプロセスを，物象化（reification）（Berger & Luckmann, 1967）という。物象化は，私たちを自分自身の社会的構築の囚人にしてしまい得るので，きわめて重要である。一般的に知られている影響力のある物象化には，知性，女性／男性の能力，組織におけるリーダーシップスタイルなどの概念が含まれる。これらのすべては社会的に構築されているものであるが，私たちはそれらをまるで自然で永続する現象のようにとらえる傾向がある。もっとも示唆に富む物象化の定義は，バーガーとルックマン（Berger & Luckmann, 1967: 89）の画期的な著書 *The Social Construction of Reality*（『現実の社会的構成─知識社会学論考』）に記述されている。

　　物象化は，人間の現象を，あたかも物のように，すなわち，非人間的あるいは超人間的な言葉として理解することである。物象化は，人間の活動の産物をまるで人間の産物ではない何か，たとえば，自然の事象，宇宙の法則の結果，神の意志の啓示のように理解することである。物象化は，人間が人間世界において自分自身が著作者（生産者）であることを忘れ，生産者である人間とその産物との間の弁証的関係を意識しなくなることを意味する。物象化された世界は，その名が示す通り，非人間的な世界である。その世界は，人間が自分自身の生産的な活動の自作品（opus proprium）としてより，自分が統制できない未知の事実性，見知らぬ世界（opus alienum）として経験される。

物象化を常に明らかにすることが解釈派の学者と研究者がめざす目的の一つである。

社会的構築，理解（verstehen），間主観性，物象化の概念は，本書に取り扱われている解釈的諸学派すべてに不可欠な概念である。しかし，各学派は，これらの中心的概念を独自に適用し発展させている。現象学は，異なる文化や学問領域に広がっていったため，核となる考えは，異なる学術領域の必要性や研究関心に合うようにつくられていった。現象学は，その方法や程度に差があるものの，アメリカのプラグマティズム，ヨーロッパの解釈主義，文化人類学の諸領域に，影響を与えた。現象学は，社会学，コミュニケーション学，宗教学，人類学において多様な学問領域を産出し，それぞれの学問領域は，ジョージ・ハーバート・ミード，アーヴィング・ゴフマン，ハンス・ゲオルク・ガダマーのような傑出した知識人によって次々と形作られていったのは驚くべきことではない。何よりも，解釈的な考えは，研究実践者の重要な関心と一致したので，際立って創造的な方法によって，修正され練り上げられていった。たとえば，人類学者は，原住民の主観的な世界に入り，あまりなじみのない文化を理解する基礎として解釈論を使い，また，シンボリック相互作用論者は，どのような状況においても，多様な社会的構築から複数の社会的現実が交渉されているのを示すのに解釈論を用いてきた。

　同時に，異なる解釈的学派は，各々が位置する，より広範囲な文化的，また，下位文化的な環境に影響を受けてきた。多分，驚くにはあたらないが，アメリカの伝統が，個人主義を，研究の焦点に色濃く取り入れていった一方で，ヨーロッパの解釈学の伝統は，主観性への歴史的影響に関心を寄せてきた。エスノグラフィーの伝統において，人類学者は多様な文化を探求するために解釈の価値を強調しているが，社会学者も同様に，日常生活のありふれた側面を研究するために解釈を巧みに利用している。後続の章は，解釈的伝統の五つの学派を取り上げて詳しく検討し，工夫して研究をしている実践共同体として各々がとってきた方向性に焦点をあてていく。

02 シンボリック相互作用論

自己と意味を求めて

浅井亜紀子［訳］

　シンボリック相互作用論は，解釈的アプローチの系譜のなかでも明らかにアメリカ的な学派で，プラグマティズムの考え方に強く影響を受け，シカゴ大学の応用社会学派として確実に発展をしている。シンボリック相互作用論はドイツの現象学（Husserl, 1960; Simmel, 1950）とアメリカのプラグマティズムから派生し，とくにジョージ・ハーバート・ミード（George Herbert Mead, 1934; 1977）とチャールズ・ホートン・クーリー（Charles Horton Cooley, 1918）の考えから出現した。シンボリック相互作用論におけるアメリカの影響は，現実の構築における自己の役割についての詳細な展開に表されるように，個人の意味生成に，もっとも強く表れている。実際のところマーティンデール（Martindale, 1981）は，シンボリック相互作用論は，自己や個人の内側に中心を置き，社会状況における意味の創造を強調する研究と考え方の領域として特徴づけている。

　シンボリック相互作用論は社会学者のハーバート・ブルーマー（Herbert Blumer）に多くを負っており，彼はその名前を与えただけでなく，シカゴ大学の社会学においてシンボリック相互作用論を推し進め，最終的にはシカゴ学派とほとんど同一視されるまでに導いた。実質的には，ブルーマー（Blumer, 1969）は，ミードとクーリーの複雑な哲学的概念を社会学研究者が使えるようにわかりやすく解説した。ブルーマー自身のアイデアは，ストライカー（Stryker, 1968），ロック（Rock, 1979），ヒューイット（Hewitt, 1988），メインズ（Maines, 1988）らが後にさらに発展させ，ともにシンボリック相互作用論をアメリカ社会学の（傑出度はやや低いにしても）尊敬すべき学派として確立することに貢献した。この 20 年間，シンボリック相互作用論は組織研究（Prasad, 1993; Vaught & Wiehagen, 1991），マーケティング（Solomon, 1983），情報システム（Gopal & Prasad, 2000）など他分野の研究者に取り上げられて

きた。シンボリック相互作用論の魅力は，比較的把握しやすい概念と，社会的状況における人の行動と理論とのつながりが容易に認識できる点にある。また，シンボリック相互作用論は，世界を社会心理学的に説明しようとする志向をもつ研究者にとっても魅力的である。

1 シンボリック相互作用論への哲学的影響

　ミードのシンボリック相互作用論への哲学的影響の真価を知らずして，シンボリック相互作用論を十分理解することはできない。ミードの心と自己についての著作（1934; 1977）は，現実の社会的構築への信条を含める，いくつかの現象学的な教義に賛同する一方で，いまではシンボリック相互作用論の特徴として広く認知されるような，より認知的（cognitive）な側面を提供した。ミードの根本的な貢献は，彼の自己（self）の理解と，有意味な社会的行為に対して自己がもつ関わりである。ミードにとって，人間が自己を客観視する能力，すなわち，さまざまな社会状況で自分を客観的に「見る」ことは，意味づけや現実の構築のプロセスを理解するカギである。ミードの視点によると，私たちに常につきまとうこれらの自己像は，すべての解釈に関する中心点となる。

　したがって，ミード（Mead, 1934）は，共有された現実構築に関する，より広い解釈的前提を受け入れながらも，解釈のより個人的な側面に関心をもっている。ミードによれば，個人と社会は存在論的に独立しえない，つまり，互いに分離することはできないのである。自己（複数の自己像というあり方において）は社会的構築物であり，非常に若い年齢のときから，身近な人びと（家族，近所，学校など）あるいは，ミードのいう「一般化された他者」からのメッセージを通して獲得される。個人と社会の相互作用を通して，人びとは他者が自分をみるように自身をみる能力を発展させ，クーリー（Cooley, 1918）のいう「鏡映的自己」をつくり上げる。言い換えれば，私たちは，自分たちの行為や人格を映し出し，他者が自分をどうみているのか理解する助けとなる隠喩的な鏡を通して，自分の生活全体や行為をみることができるのである。

　ミード哲学における自己の中心性は，役割取得（role-taking）というもう一つの重要な概念の発展を導いた。人間が，さまざまな社会的状況において絶えず自己を意識的にみる傾向は，私たちがそのような状況で，どのように行為し振舞うかを，意識して決めることを意味する。そのような意識的な行為は，自分たちが期待され，他者がとっている役割（role）を理解することによって促進される。ミード（Mead,

1977）は，人びとは現象学的世界をつくり，その世界を役割に分類し，その役割が
自分の振る舞いや行為の指針を提供するとまで議論している。役割や自己像の助け
により，人びとは社会的状況に意味づけし，自身（と他者）のためにその居場所を
明確に示す。この「状況の定義」という意味づけのプロセスが，シンボリック相互
作用論の土台の一つとなっている。

　自己と社会の相互に影響し合う関係についてのミードの理論化は，19 世紀後期の
アメリカの知的環境にきわめて重要な意義をもつ。なぜなら，その時代に一般的で
あった，すべての生物の条件反射的な性質を圧倒的に強調する行動主義者たちの考
えに代わる，新鮮な選択肢を提供したからである。ミードとアメリカのプラグマテ
ィストは，人間の意識的（conscious）で内省的な性質を強調し，人間の行動を理解
するときの社会的自己の重要性をくりかえし主張した。最終的にブルーマーがシン
ボリック相互作用論を社会的な探究の伝統として発展させるときに取り上げたのは，
人間の性質の，知ろうとする内省的かつ社会的な側面であった。

2 シンボリック相互作用論の中心概念

　シンボリック相互作用論の主要な立役者とされるハーバート・ブルーマー
（Herbert Blumer）は，ミードとクーリーの個人的かつ社会的な意味構築の考えに基
づいて，ミクロ社会学的（micro-sociological）な視点を発展させた。シンボリック相
互作用論は，もっぱら象徴そのものの研究に専念しているわけではなく，象徴の領
域やそれに関する有意味な行為に現れる人間の意味の研究に関心がある。シンボリ
ック相互作用論のアプローチは，物と出来事には，日々の社会的相互作用のなかで
個人によって意味づけされなければ，本質的な意味は存在しないという信念に基づ
いている。実際，このような意味と行為を同時に強調する考え方は，シンボリッ
ク相互作用（symbolic interaction）という用語自体に反映されている。ブルーマー
（Blumer, 1969）が，精神，自己，社会についてミードの理論から引き出した三つの
基本的な前提は，シンボリック相互作用論の考え方の基盤になることから，ここに
くりかえし述べる価値がある。第一に，人が，物に対して行為するのは，これらの
物が人に対して保持している意味に基づいている。第二に，そのような物の意味は，
人がより大きな社会との間にもつ社会的相互作用から生じる。第三に，これらの意
味は完全に前もって決定されているのではなく，個人の一連の解釈を通して常に改
訂される。これらの前提に基づき，シンボリック相互作用論の視点からおこなう研

究に影響を与えている概念として，次のようなものがある。

■ 日常生活の象徴的性質

本質的にシンボリック相互作用論は，すべての社会的現象は象徴的であるとみなす。すなわち，物，出来事，行為は，常に異なる人びとによってさまざまな意味をもつ。本は，読む物であるだけでなく，知識や知恵を象徴してもいる。高層ビルは単に仕事の場所であるだけではなく，現代的建築や企業ライフスタイルの象徴にもなり得る。人と，本や高層ビルとの関係は，人がそれらの物に対してどのような意味を付与するかに基づく。消費者研究のような分野では，この考えはとくに重要である。なぜなら，ある物を消費する動機は，その人の意味づけによる象徴的な価値によって，決められるからである（Solomon, 1983）。プフェッファー（Pfeffer, 1981）が鋭く指摘するように，組織生活のあらゆる側面は等しく象徴的である。オフィスの儀式，組織の方針，管理スタイル，新しい技術，それらは人びとへのさまざまな情動や反応を呼び起こすという意味で，すべて意味に満ちている。その結果，それらは常に，管理者，従業員，顧客，組織に関わる他の人びとによって常に解釈され意味づけられる。シンボリック相互作用論の研究者にとっては，組織の現象は，これらの解釈のなかで，また解釈を通して初めて現実として現れるのであり，解釈以外に存在することはほとんどない。

■ 役割，アイデンティティ，複数の現実

シンボリック相互作用論の伝統における自己の中心性によって，さまざまな自己像が，人びとの物や出来事への意味づけのプロセスに影響を与え，最終的に彼らの有意味な行為の選択を媒介するということが想定される。先述したように，これらの自己像は社会で人びとがとるさまざまな役割に強く関係している。私たちは，常に異なる役割を担うだけでなく，これらの役割の視点から私たちの世界の経験の仕方をまとめる（Blumer, 1969; Gopal & Prasad, 2000）。役割は，経営者，消費者，会計士，両親，女性など特定の社会的ポジションに置かれた個人の振る舞いについて，社会的に定義された期待を示す（Colton, 1987）。最終的に私たちが担う役割は，私たちに複雑なアイデンティティの混合物を提供し，これが私たちの現実構築の源となる（Blumer, 1969; Shibutani, 1967; Stryker, 1968）。言い換えれば，面倒見のよい親，あるいは知識ある消費者としてのアイデンティティは，その人の物や行為や環境に対する意味づけに強く影響する。

20

シンボリック相互作用論者にとって，これらの複数のアイデンティティは決して固定的で永続的なものではない。異なる社会的状況では，あるアイデンティティが他のアイデンティティよりも顕著に現れる。たとえば，仕事においては有能な経営者の一人，忠実な組合のメンバーなどというアイデンティティが支配的であるが，近所では，民族的アイデンティティが強く出てくるかもしれない。さらにこれらのアイデンティティの意味合いや役割の意味は時間によっても変化する。これらのアイデンティティの流動性や多声性は，社会的に構築された現実が，固定され共有された意味というより，むしろ複数で変化する意味によって特徴づけられるということを示唆する。この点は，シンボリック相互作用論が，現実構築において間主観的な共有面を強調しがちなヨーロッパの現象学の伝統と一線を画すところである。それに対しシンボリック相互作用論は，ある状況下における現実の複数性に対し，より関心を向けるのは明らかである。

■ 交渉される秩序

シンボリック相互作用論が個人の意味づけや複数の現実を強調するのであれば，社会的現実についての合意はどのように得られるのだろうか，という疑問が出るかもしれない。シンボリック相互作用論学派の答えは，特定の社会的状況における異なる集団や個人同士の終わりのない交渉（暗示的にも明示的にも）を通して合意が得られる（Shibutani, 1967; Strauss et al., 1963）というものである。したがってすべての社会的現実は交渉される秩序である。つまり複数の現実が暗に調整され洗練され，人びとが合意できる日常的現実をつくっていく。交渉される秩序という概念は，社会的現実の構築される（constructed）性質をかなりの程度強調する。この構築と交渉のプロセスは，個々人の意味づけから出現するが，根本的にはその性質上，社会的かつ相互作用的である。学校システム，組織的方針，職業上の行動指針のような重要な社会的現実についての私たちの理解は，日々の異なる状況のなかで，常に他者と継続的に交渉される。私たちが固定的で不変なものとしてみなす，いわゆる社会構造の多くは，進行中の社会的交渉の産物であり，私たちが信じているよりもずっと変化しやすい。

3 シンボリック相互作用論学派の研究例

シンボリック相互作用論の伝統のなかで研究することを選んだ者は，家族，仕事，

02　シンボリック相互作用論　*21*

学校，そして近所といった，日々の特定の状況にある普通の生活に込められている
意味に関心をもつ。シンボリック相互作用論の研究者は，主として参加者自身の立
場から社会的状況について深く理解しようとする。たとえば，シンボリック相互作
用論学派の初期の管理者についての研究の一つに，メルヴィル・ダルトン（Melville
Dalton, 1959）の古典的な研究 *Men Who Manage: Fusions of Feeling and Theory in
Administration*（『伝統的管理論の終焉』）がある。これは，管理者たちの世界の綿密
な研究で，研究者が管理者の世界にできるだけ近づき，経営者の立場から解釈しよ
うとしたものである。ダルトン（Dalton, 1959）の研究は，その時期の多くの経営に
ついての著作とは斬新な対照をなす。それは，製造ラインやスタッフの地位や職務
主任などさまざまな組織的役割についての管理者の解釈と，管理の過程が密接に関
係していることを理解しようと試みた初期の研究の一つである。ダルトンの研究は，
会社生活の中核を構成する「非公式」な組織が，公式な方針や給与の決定に影響を
与えることを描き出した点で傑出している。

　シンボリック相互作用論の研究者が関心をもつ対象とは，私たちの社会的世界
のもっとも日常的な側面である。さらに，これらのありふれたようにみえる現象が，
異なる人びとにどういう意味をもつかを明らかにすることに関心をもつ。シンボリ
ック相互作用論の研究は，どのような社会的状況にも存在する複数の意味を引き出
そうという明白な意図をもって計画される。プラサド（Prasad, 1993）の健康維持機
構（Health Maintenance Organization, 以下 HMO）における仕事のコンピュータ化の研
究を例にとろう。新しい情報技術の導入に焦点をあてながら，HMO の個々人によ
って経験されるコンピュータ化の象徴的意味を綿密に検討した。プラサド（Prasad,
1993）のシンボリック相互作用論の視点は，私たちが主観的なコンピュータの真価
を理解できるよう助ける。すなわち，コンピュータを客観的で道具的な技術として
みなすのではなく，多様な特定の意味と解釈から構築される文化的で象徴的な人工
物としてみなすのだ。彼女の研究は，組織の人にとって，コンピュータは備品以上
のものであることを示している。コンピュータは，望ましいレベルの専門性と優れ
た知性という側面を表すが，ときにはロボット化の暗い側面や組織の混乱をも表す。
また，異なる自己像やそれがコンピュータ化という象徴的世界とどう関係するのか
を探求するこの研究者に対するシンボリック相互作用論の影響は明らかである。た
とえば，プラサドは，仕事における専門性が自己価値の感覚と結びついている従業
員にとっては，コンピュータを使って働くことが「専門的」であるとくりかえし解
釈されていることを示しながら，特定の従業員のアイデンティティと，コンピュー

タ化に強く象徴される専門家意識とを関連づけている。

　消費者研究における多様な意味を強調するシンボリック相互作用論の重要性は，ソロモン（Solomon, 1983）によって認められているが，市場研究者は製品やその消費の象徴的な性質を十分考慮していないと彼は主張する。しかしながら，消費者・市場研究者でこのことを真剣に考えている人は多くない。この分野におけるシンボリック相互作用論の数少ない研究の一つに，コルトン（Colton, 1987）のレジャーとレクリエーション・ツーリズムについての研究がある。彼は，レジャーとレクリエーションのような概念は，社会的に定義されつつある進行中のカテゴリーで，それ自体は特定の状況によって大きく変わり得ると指摘している。歯ブラシから贅沢なクルーズにいたる商品のアピール点を，象徴的な点から説明し得るシンボリック相互作用論の伝統から，消費者研究とツーリズムマーケティングは，多くの恩恵を受けることができる。

　シンボリック相互作用論の視点からの研究は，ある社会状況に現れる複数の現実を詳細に述べるだけではない。人間の意味づけにおける役割の重要性を認識することで，異なる組織的プロセスへの有用な洞察を可能にする。その代表例は，ヴォートとヴィハーゲン（Vaught & Wiehagen, 1991）の，鉱山の長引く火事で，鉱山労働者たちが逃げる過程で他の同僚を見捨ててしまったという事例の研究である。鉱山の職業的サブカルチャーにおいて，危機のときにともに協力し合うべきという「聖なる」鉱山労働者の規範を破るような行動は，典型的ではないと広くみなされる。火事の前の鉱山のなかでの役割と人間関係の特徴をより具体的に検討することにより，ヴォートとヴィハーゲン（Vaught & Wiehagen, 1991）は，なぜ鉱山労働者の何人かが，自分たちだけ逃げる行動が理にかない許されると感じていたかについて，興味深い説明をしている。また彼らの研究は，何人かの生存者がこの行動を正当化するとき，自己像と火事のときにとった行動とを適合させる試みとして議論している。

　シンボリック相互作用論の伝統で研究するためには，プロセスに十分な注意を払わなければならない。シンボリック相互作用論者は，現実がどのように生み出されるのかをみることを強いられる。これには，役割とアイデンティティの重要性への信念と同時に，ドイツの現象学の「vergesellschaftung（社会化）訳注1」への強調，すなわち集合的な相互作用を経て社会関係をつくるプロセス（Simmel, 1950）の強調が動機としてはたらいている。研究者にとっては，このことは，自分たちの日常世界の流動的でダイナミックな性質が失われないことを確実にするために，常に注意を払うことを意味する。その一つの例を組織文化の概念のなかに見出すことができる。

02 シンボリック相互作用論 *23*

シンボリック相互作用論において，組織文化は安定した構造をもつものではなく，常に交渉されるものとみなすことは重要である。モーレットとプラサド（Moulettes & Prasad, 2001）のアメリカの会社がスウェーデンの会社を買収した企業間異文化接触の研究は，そのよい例である。組織文化の背後に国文化が安定し本質的なものとして存在するということに疑問を呈し，組織のメンバーが，アメリカとスウェーデンの文化について相異なる思い込みを使いながら，うまく作動するような「混ぜこぜ」の組織文化を折衝しあっているさまを示した。

　この節で取り上げられた研究に多くの違いはあるが，どの研究も，研究の対象となる人びとの生活世界に入っていくこと，そして，そこにいる人びとの視点から世界を理解しようとすることに共通の関心をもつ。したがってシンボリック相互作用論の伝統で好まれる方法は，圧倒的に観察とインタビューである。シンボリック相互作用論における観察は，離れたところからの観察ではなく，より参加的（participative）な性質をもつ。研究者は（できるだけ）人びとの生活世界（lebenswelt）に入っていき，彼らの意味づけのプロセスを理解しようとする。そこにいる人びとを知り，その人たちの語彙や習慣を知り，彼らにとって何が重要で意味があるのかを理解するためには，組織やそのコミュニティで長時間過ごさなければならない。この意味において，シンボリック相互作用論における観察の方法は，文化的エスノグラフィーと驚くほど似ている。ただ違うのは，シンボリック相互作用論は，文化をより流動的にとらえ，自己像や役割アイデンティティが特定の意味づけに与える影響に直接関心をもっているということである。シンボリック相互作用論では，データの収集方法を指し示すのにエスノグラフィー（ethnography）ということばを使うが，人類学の伝統的なエスノグラファーに比べ文化そのものへの関心は薄く自己により強い関心をもつ。

　シンボリック相互作用論では，インタビューを非常によく用いるが，データ収集の単一な方法としてよりも参与観察と並行して使う。この伝統のなかでは，インタビューは典型的には深く掘り下げた内容のもので，意味に中心が置かれる。「何」が起こっているかについての質問はあまりせず，ある特定の状況を「どのように」意味づけしているかについて尋ねる。シンボリック相互作用論のインタビューは，対

訳注1）ジンメルは，人びとが相互行為を通じて社会関係をつくっていく過程を"vergesellschaftung" と表し，「社会化」という訳語が使われている（ジンメル，1994）。心理学において「社会化」とは "socialization" の訳語で，個人が社会のなかで知識，価値観，言語などを獲得していくプロセスとして定義されているが（溝上，2013），ジンメルの「社会化」とは別の概念である。

象者が自分自身や他者を，異なる社会的状況でどのようにみているかを尋ねること
によって，自己のアイデンティティの問題をしっかりと探求する。この学派におけ
るインタビューはオープンエンドで，インタビューの方向性のかなりの部分を回答
者が決める。

データ分析が始まると，シンボリック相互作用論はオープンエンドの立場をとる。
この学派の研究は，研究の出発点ではあまり多くの理論的主張を持ち込まず，広い
リサーチクエスチョンを問い，常に帰納的である。シンボリック相互作用論は検証
されるべき一連の明確な概念的関係から研究を進めるというより，研究の結果から
理論を生成する方になじむ。したがって，シンボリック相互作用論は，理論不在の
傾向を好み，非常に広く使われている方法論的アプローチであるグラウンデッドセ
オリー（Glaser & Strauss, 1967）と，多くの類似点がある。グラウンデッドセオリ
ーの擁護者の多くは，アンセルム・ストラウス（Anselm Strauss）を含め，学者と
しての経歴をシンボリック相互作用論者として始めた。しかし，これら二つの流派
には重要な違いがある。シンボリック相互作用論は，経験的な状況に率直でありつ
つ，複数の役割，自己像，アイデンティティの立場から社会的構築に強い関心をも
つ。一方，グラウンデッドセオリーは，最終的にすべての研究努力を支え「基盤と
なる」より具体的な現実の存在を信じ，より実証主義者に近い一連の存在論的前提
を支持する。

4 シンボリック相互作用論における論争と新たな方向性

シンボリック相互作用論の魅力の相当部分は，同時に多様な理論的立場から何ら
かの鋭い批判を受けてもいる。まず，意味づけを理解するための基盤として自己を
みるという主張が，個人主義的すぎで，社会からの多くの抑制的圧力を無視してい
るとして批判される。ミードは，個人の現実構築に与える「一般化された他者」の
影響を強調するべく相当の努力をしたにもかかわらず，実際のところは，シンボリ
ック相互作用論の伝統は，社会より個人を著しく優先させている。すべての社会的
現象に対し，正当とされる以上に個々の行為者の主体性を重んじることで，ときに
は結果として過度な自由意思的な見方を招いてしまっている。

シンボリック相互作用論の「自己」の見方も批判を免れない。その共通の主張は，
シンボリック相互作用論は，もっぱら意識的，思考的，内省的な自己のみをみてい
るというものである。よりフロイト的な視点からは，非合理で無意識的な自己はシ

ンボリック相互作用論の描写からは完全に抜け落ちており，不完全な社会的相互作用の見方を生んでいる。さらに，シンボリック相互作用論は個人の意味づけに没頭するあまり，日常の認知的生活における権力関係の影響に盲目的になっているとときに議論される。シンボリック相互作用論の伝統に立つ研究者は，社会的関係性における権力や支配の問題には確かにアレルギーがあるようにみえ，それらに言及することを必死に避けようとすることは認めなければならない。権力関係を恒常的に無視することによって，シンボリック相互作用論は，社会的相互作用に対し楽観的な見方を示し，役割や自己像は押しつけられるというより「選ばれる」とみており，社会的変化に影響を与える個人の能力を過大評価しているのかもしれない。

　シンボリック相互作用論は，その存在論と認識論の立場から，組織，共同体，消費などの，ミクロで特定の世界の理解にもっとも向いているといえるが，より広い社会的，文化的パターンの理解には向いていない。これ自体が限界としてみえるかもしれないが，シンボリック相互作用論者はそのようにはみない。なぜなら学問研究全体の妥当性は，ローカルな意味づけのプロセスについての有意義な議論を提供する能力にある，と考えているからである。

　シンボリック相互作用論そのものには過去数年の間に興味深い方向転換や変化があった。つまり，シンボリック相互作用論は尊敬に値する「誠実な競争相手」としてのイメージ（Mullins, 1973）を主流の社会学に与え，より新しくより革新的な考え方を学問的アジェンダにすすんで取り込もうとしてきた。ファイン（Fine, 1992）は，シンボリック相互作用論が，より古いマクロ社会学（構造主義など）や，より新しい「ポストモダン」あるいは「ポスト構造主義」の社会学の方向性を，ブルーマーやミードの伝統に熱心に加えようとする「ポストブルーマーの時代」に入ったと考えるのがよいと議論している。ファイン（Fine, 1992: 120）はさらに，「相互作用論は，かつて偏狭という評価にいくらか値していたが，今日では，相互作用論者は自分たちが見出し得るどの理論的基盤にもすすんで突っ込んでいく意志においては，もっとも混淆的な人たちである」と観察している。

　近年つくられたもっとも興味深い知的なパートナーシップの一つは，シンボリック相互作用論と構造主義の提携であり，ハワード・ベッカー（Howard Becker, 1982）の *Art Worlds*（『アート・ワールド』）の表現にみられる融合である。ベッカーは，アートの生産や評価を支配している構造や慣習を真剣にとらえ，より大きな象徴的なアートの世界を創造するために慣習が人と人とのやりとりやアイデンティティと密接に関係しあう社会的世界の文脈のなかで構造や慣習を検討している。ベッカーの

研究は，制度的な世界をミクロな意味づけの視点から理解しようとする興味深い試みである。

　もう一つの方向性は，シンボリック相互作用論の伝統をポスト構造主義からの声によって一新させることで，日常の言語により強い関心をもつ。ミードの哲学において言語は常に中心的な重要な位置を占めていたが，ブルーマー（とその後継者）のアプローチにおいては背景に追いやられていた。近年では，シンボリック相互作用論の研究者は，言語と解釈は密接に関係しており，自己アイデンティティは言語のなかで，また言語を通して生み出されるという考えを再度見直した。シンボリック相互作用論とポスト構造主義言語学の展開との連携は，プラサドとプラサド（Prasad & Prasad, 2000）の技術的変化に対する従業員の抵抗の研究にもっともよく示されている。この研究は，社会的行為の一種としての従業員の抵抗が，実際に回想的な説明や，特定の出来事や行動へのラベルづけを通して，どのように生み出されるのかを示している。たとえば彼らが対象とした組織では，一見して無害な多くの活動（データのファイルミスやトレーニングセッションの中断など）が，後になって，従業員や管理者からの多数のクレームや理由づけによって，抵抗として再構築されていた。さらに，従業員が自分たちの行為を「抵抗」として再構築することが，自分たちが尊敬されることも意見を聞かれることもない組織のなかで，責任ある自律的な大人としてのアイデンティティを維持していくために，いかに重要であったかを示している。

　これらの新たな知的な方向性がシンボリック相互作用論をより興味深い，革新的なものにしてきているが，ポストブルーマー主義的シンボリック相互作用論は，その傑出したアピール力をいくらか失いつつある危機にある（Fine, 1992）。シンボリック相互作用論が他のより際立った伝統と結びつけば結びつくほど，その独自性を犠牲にし，他の理論的パラダイムのなかに失われていく。将来への問いは，シンボリック相互作用論の伝統が「原初の」ブルーマー主義的状態に戻るか，あるいは，より現代的でハイブリッドな形で発展していくかどちらかである。

02 シンボリック相互作用論　*27*

表2-1　シンボリック相互作用論のハイライト

哲学的影響：	現象学，アメリカプラグマティズム（George Herbert Mead）
主要研究者：	ハーバート・ブルーマー（Herbert Blumer），シェルドン・ストライカー（Sheldon Stryker），ハワード・ベッカー（Howard Becker），アンセルム・ストラウス（Anselm Strauss），タモツ・シブタニ（Tamotsu Shibutani），ジョン・ヒューイット（John Hewitt）

中心概念

・象徴的な生活世界（The symbolic *Lebenswelt*）
・多数の社会的現実（Multiple social realities）
・役割取得とアイデンティティ（Role-taking and identity）
・人との相互作用を通して社会関係をつくる過程（*Vergesellschaftung*）
・交渉された秩序（Negotiated orders）

重要な実践

・結果より過程への注意
　（Attention to process over outcome）
・（超然と構えるより）参与的な観察
　（Particiative (rather than detached) observation）
・アイデンティティを理解するためのインタビュー
　（Interviews geared to understanding identity）
・より構築主義的な志向においてグラウンデッドセオリーから分岐
　（Divergence from grounded theory in its more constructionist orientation）

代表的研究

・*Art Worlds*（Becker, 1982）
・"Understanding GDSS in Symbolic Context"（Gopal & Prasad, 2000）
・"Stretching the Iron Cage"（Prasad & Prasad, 2000）
・"Escape from a Mine Fire"（Vaught & Wiehagen, 1991）

03 解 釈 学

テクストの解釈

山下美樹［訳］

　質的研究では，解釈学（hermeneutics）という概念が非常に広がっており，解釈（interpretation）の同義語として使われることが多い。ハーバーマス（Jürgen Habermas, 1972）が，これには大いに関わっている。なぜなら，彼が三つのタイプに知識（分析的，解釈学的，批判的）をカテゴリー化したことが広く使われるようになり，解釈学を主観的理解（ドイツ語の verstehen）の哲学的試みとほぼ等しいものにしてしまったからである。それと同時に，解釈学はさまざまな形態のテクストを分析する方法に大きく関わるテクスト解釈の一形態とされることも多い。解釈学は哲学なのか，方法論的手順なのか，あるいは，質的研究のための総括的な精神なのか，いずれであろうか。プラサド（Prasad, 2002）は解釈学には，「弱い」意味と「強い」意味があると論じているが，この問いを扱うのに役に立つ議論である。プラサド（Prasad, 2002）によると，研究者が質的研究の解釈的・現象学的な側面を示すためにそれを使うとき，解釈学は弱い意味で使われていると理解される。「強い」意味として使われるときは，解釈学は，テクストの解釈そのものをおこなう研究や，解釈学の哲学のもつ認識論的洞察で特徴づけられている研究のことをいう。解釈学の伝統で研究するとは，弱い意味ではなく，強い意味において解釈学を使うことを暗にいう。

　解釈学は，単一，不変で，容易に理解できる伝統とはほど遠い。解釈学は，先端をゆくヨーロッパの著名な思想家たちであるハンス・ゲオルク・ガダマー（Hans-Georg Gadamer），ユルゲン・ハーバーマス（Jürgen Habermas），ポール・リクール（Paul Ricoeur）らの，素晴らしい哲学的洞察から生まれている。当然のことながら，それは，テクスト解釈に明白に関連してくる，テクストの性質や解釈の可能性についての激しく活気ある論争で満ちている。解釈学への哲学的影響は広範囲に及ぶた

め，実際の実践へのアプローチは一つだけとは限らない（Arnold & Fischer, 1994）。たとえば，批判的解釈学はハーバーマスの考えに密接に依存しているのに対して，哲学的解釈学はガダマーの洞察により強く結びついている。バリエーションがかなりあるにもかかわらず，解釈学の伝統は，その信奉者たちにとっては，特定の重要な概念や実践を意味している。我々はこれらの共通点とバリエーションの両方について，また，それらがどのようにテクストの解釈学的解釈に実際に使われているのかを検討する。

　解釈学という用語はギリシャ語の hermeneutikos ということばに言語学的ルーツをもち，それは不明瞭なものをより明らかにするための説明・解明のプロセス，という意味である（Bauman, 1978）。この解明の作業は，古代ギリシャ文化にとって相当重要なものであり，デルフォイ神託の聖職者も Hermeneios と呼ばれていた（Kets de Vries & Miller, 1987）。ヘルメス（Hermes）はギリシャの神々の表裏のある伝令の名前でもある。彼の仕事はギリシャの神々のお告げを伝達・翻訳することであった（Palmer, 1969）。仕事を遂行するうえで，ヘルメス（Hermes）は神のお告げをそのままの形で届けることも多かったが，元のお告げを巧妙に偽って伝えたことも多かったとされている。それゆえ，まさしくルーツにおいて，解釈の厄介な本質を解釈学は認めていた――解釈は，単純で均一な意味よりもむしろ，多数の相矛盾するものからなるということを認めていたのである。

　不明確なものを明確にするという目的をもつことで，解釈学が徐々に文献学（昔の古典文学の収集と翻訳），神学（聖書の「難しい」一節を説明），法学（法規集やテクストの権威ある解釈を提供）内の学術的伝統として発展していったことは驚くべきことではない（Mautner, 1996）。それゆえ，当初より解釈学はあらゆる種類のテクストを研究することに非常に関心を示すものとして成立した（Mautner, 1996）。解釈学は，宗教改革時代の 17 世紀ドイツでたいへん盛んになったが，それは一流のプロテスタントの学者たちが，彼らのカソリック教会への反対を擁護するように聖書を再解釈することに取り組んでいた時代である。2 世紀後に，解釈学は再度ドイツのロマン主義の思想家たちの注目を引いたが，彼らはテクスト創作の背後にある作者の意図を研究することに携わった。

　解釈学のテクストへの強いこだわりは，しまいには文学理論への解釈学の取り込みに至るが，古い時代の著作に焦点を当てることは解釈学の歴史への関心も高めた。質的研究や「自然な」形での研究への関心が高まるにつれ，解釈学は社会科学に対し強い影響をおよぼしはじめた。これまでのところ，この影響は強い解釈学の意味

でよりも弱い解釈学での意味であるようだ。しかし，強い解釈学の伝統のなかでなされた研究のいくつかは，経営や消費者研究の応用分野において，並外れた洞察をもたらしている（Aredal, 1986; Arnold & Fischer, 1994; Francis, 1994）。いずれにしても解釈学の伝統は開拓途上であり，経営や企業の複雑性に興味をもつ研究者たちにとって，大きな可能性がある。

1 解釈学の哲学

　解釈学の哲学とは，基本的にテクストと解釈に関わることである。テクストとは何か。どうすれば我々はそれを一番よく理解できるのだろうか。何が真正なテクスト解釈を構成するのだろうか。このような数多くの問いは，解釈学者によって過去300年以上にわたり真剣に取り上げられてきた。これらの哲学的議論は，テクストの性質やテクスト解釈の実践を非常に問題にしてきた。フリードリヒ・シュライアマハー（Friedrich Schleiermacher）の研究にテクストの型にはまった考え方からの脱却の端緒がみられる。彼がそうした議論をする以前は，解釈学の実践は，どんなテクストでも難しい部分さえ説明すれば，当然のごとく残りの部分は理解できると信じられていた。シュライアマハーはこの仮定に対して異論を唱え，テクストのすべては，作者の個人史や社会的な位置づけや，特定の世界観の複雑な産物であるがゆえに，解釈のプロセスで当然のごとく理解が起こるはずというのは誤解（misunderstanding）であると論じた（Palmer, 1969）。シュライアマハーの議論は重要である。なぜならば，研究者たちに対して，人を欺くような透明な外見にもかかわらず，いかなるテクストであれ，すべての部分に内在する複雑さがあることに注意をするよう学者たちに警告しているからである。

　シュライアマハーにとって，解釈学では，テクストの「本物の」メッセージ，すなわちテクストの精神をとらえようとする際に，主にそのような誤解を避けることに焦点をあてる必要があった。シュライアマハーと彼と同時代のドイツ人たち，とくにフリードリヒ・アスト（Friedrich Ast）は，自分たちの時代とはまったく異なる時代（すなわち，聖書の時代，または，古代）のテクストを理解することに大きな壁を感じた。結果として，彼らの主目的は，解釈学を体系的解釈科学にすることで，そのような理解を可能にすることであった（Palmar, 1969）。これを実現するためには，解釈者はテクストの作者の言語的世界と心理的マインドセットの両方に入る必要があった。それゆえ，古典的解釈学は，言語的かつ心理的に鑑賞することによっ

て，テクストの解釈者とそのテクストの作者の間の繋がり，すなわち近接性を築くことがすべてであった。要するに，それは解釈者が，異なる国民，年代，マインドセットの間の仲介をする文化の仲買人的役割をとることであった（Bauman, 1978）。

テクストの作者の生活世界に入ることの重要性は，どのようなテクストにも常にローカルな象徴的意味が入っているとみなしたヴィルヘルム・ディルタイ（Wilhelm Dilthey, 1976）によってさらに強められ拡張された。ディルタイの考え方では，生きられた社会的・文化的経験の形は作品やテクストのなかに表現されているが，それらが初めにつくられてから，かなり後になって我々はそれを理解しようと試みることが多い。これが起こるためには，我々はテクストや作品の形成に踏み込んで，意味ある経験を再構築する必要がある。この再構築は，作者のマインドセットを超えて，作者の文化（関係する歴史，社会習慣，政治的・経済的制度を含む）を探究することでのみ可能となる（Dilthey, 1976）。ディルタイの解釈学への貢献は二つある。一つ目は，テクストは単にその作者の産物であるだけではなく，作者のより広い文化的環境の産物である，という彼の提唱である。それゆえに十分で意味深いテクスト分析は，そのテクストが当初つくられたより広い文化の理解を必然的に要する。二つ目は，テクストを形式的な著作物から，絵画や陶器のような不朽の文化的作品に至るまで拡張して考えたことである。

ハイデガー（Heidegger, 1962）やガダマー（Gadamer, 1960）とともに，解釈学についての議論は，テクストの性質や作者の意図について問うことから離れて，テクストとその解釈者たちとの関係を理解することへと転換し，やや異なる方向に向かった。かくして，ハイデガーとガダマーは，方法論それ自体に囚われるよりも，解釈者自身の意識や社会での立場に起因する理解の可能性により関心を向けた高いレベルの哲学的熟考を導入した（Howard, 1982）。両思想家は，解釈という行為はどのようになされるのか，ということに基本的に焦点を当てている。ハイデガーにとって解釈とは，我々の日常生活世界への関与の全体のなかで起こるものであり，彼のいう「理解の先行構造（forestructure of understanding）」に根差している。言い換えれば，我々は，特定の仮定，イデオロギーや他のテクストへのなじみとともに，どのようなテクストにも対応しているのであり，これらすべてが，我々のテクストそのものへの最終的な解釈を形成している。

解釈の基盤中の基盤としてハイデガーが強調した理解に先立つものは，ハンス・ゲオルク・ガダマー（Hans-Georg Gadamer, 1960）によって，大きな影響力のあった解釈学論，*Truth and Method*（『真理と方法』）（1986）のなかで詳述されている。ガ

ダマーも同様に，解釈者が自分のテクストの理解に何をもちこんでくるかに関心を
もっている。彼の主要な哲学的貢献は，先入見（prejudice）についての考え方に関す
るものである。ガダマーによると，解釈をする際，自身のもつ先入見は避けられな
いものである。しかし，ガダマーにとって先入見ということばは，軽蔑的なものば
かりではないということを知っておくことは重要である。それどころか，彼は我々
の理解を高める「生産的先入見（Productive Prejudice）」と，我々の理解を妨げる非
生産的先入見の区別をしている。ガダマーの解釈学のめざすところは，先入見の生
産的側面を強化し，その非生産的側面をなんとか判断保留にすることである。ここ
で強調すべきは，ガダマーの非生産的先入見の判断保留のよびかけは，実証主義者
が支持する研究者の「客観性」とは同類ではないということである。なぜなら彼は
一貫してある先入見は他のものよりも価値があることや，先入見なしの解釈は不可
能であることを証明しているからである。つまり，ガダマーは，解釈者たちに彼ら
自身の信念，カテゴリー，構成概念の枠にテクストの意味をはめる傾向があること
に気づかせ，解釈学を精練しようとしている（Prasad, 2002）。哲学的レベルにおい
て，彼の目標は解釈者をできるだけそのテクストが書かれた伝統に近づけることで
あり，また彼がいうテクストとの「地平の融合（fusion of horizons）」に到達するこ
とである（Gadamer, 1960）。

　ガダマーとハイデガーは，解釈学的解釈という行為そのものをより哲学的に熟考
することに強く動かされている。より最近の思想家たち，とくにユルゲン・ハーバ
ーマス，ポール・リクールは，テクストを解釈する際に倫理，正義，道徳を考慮す
ることを推し進める形で，解釈学をより批判的な方向に向かわせている。これらの
新しい解釈学の方向性は，一般的に批判的解釈学（critical hermeneutics）といわれ
ているが，テクストの形成そのものに入り込んでいる権力と支配の関係を明らかに
することを第一に考えている。ハーバーマスの解釈観をみてみよう。彼にとっては，
すべてのテクストは，権力と支配のより広い社会関係を体現している伝統の産物で
ある（Habermas, 1990）。しかしテクストそれ自体は，これら力の不均衡と支配関係
を覆い隠す傾向がある。解釈学の仕事は，こうしたテクストの見かけ（appearances
of the text）を超えて，それらの背後に何があるかを理解させるようにすることであ
る。ハーバーマスの研究では，これはイデオロギー批判（Ideologiekritik），すなわち，
テクストのイデオロギーを批判するプロセスといわれている。

　リクール（Ricoeur 1971; 1991）は，テクスト解釈の課題に関して，批判的ではあ
るが，微妙なニュアンスの説を提示している。リクール（Ricoeur, 1971）は，初め

にはっきりと信頼の解釈学（hermeneutics of faith）と懐疑の解釈学（hermeneutics of suspicion）の区別をし，どのようなテクストであれ包括的で意味ある理解のためには両方が必要であると論じている。信頼の解釈学は，テクストの主張している意味への洞察を高め，結果的にその隠された意味に気づくために，慎重にテクストの明白な意味を確かめることを目的としている（Aredal, 1986; Ricoeur, 1991）。一方，懐疑の解釈学は，テクストを穢れのない作品としてみなさず，より破壊的で懐疑的なアプローチが必要な階級的利害や権力紛争を反映したものとみなしている（Mautner, 1996）。リクールの批判的解釈学は，テクストへのアプローチに際し，寛大な解釈（信頼を基にした）と批判的な解釈（疑いを基にした）の両方を同時に求めるものである。

2 解釈学派の中心概念

　多くの哲学的違いが解釈学派内でみられるのにもかかわらず，この学派内で研究するには，以下で論じる重要な概念についての知識や応用が必要である。それらのすべては，テクストの本質や，テクスト理解の可能性，そしてテクストとその解釈者との関係に関する諸問題を強く自覚することを徐々に促している。

■ 解釈学的循環

　解釈学の実践は，学派創設の主柱の一つである解釈学的循環を理解し使用することなしには不可能である。解釈学的循環の考えは，古典的な解釈学にとって中核的であり，テクストとそのより広い文脈との間を結ぶのに不可欠である。つまり，解釈学的循環の概念は，理解が螺旋状に上がっていくことである（Arnold & Fischer, 1994）。これは，「部分」（すなわちテクスト，またはテクストの要素）が「全体」（すなわち文化の文脈）から唯一理解されるものであり，一方「全体」は「部分」からしか理解されないと主張する（Prasad, 2002）。解釈学的循環は，文学のテクスト分析に関してとくに直観的訴求力をかなりもっている。つまり，ことばや文章の理解は，それらが構成された文学のジャンルの理解によって高められ，一方，より広いジャンル自体の理解は，細かな要素や部分の理解のうえに基づいている。しかし，この二つは，意味のレベルでは分けることができない。

　社会科学において，解釈学的循環はいくつかの重要な含みをもつ。一組の企業の方針文書のような組織の「テクスト」を例に挙げてみよう。解釈学的循環は，これら

のテクストの意味は，方針文書のことばや文章にのみ存在するのではないと示唆している。研究者は，より広い組織の背景（構造，文化，対人関係など）をきちんと調査することで，(a) なぜ特定の企業方針が始められたのか，(b) どの組織のアクターがそれをつくるのにもっとも影響力があったか，(c) それはローカルのどのような利害に役立っているのか，などについて理解することができるとした。それと同時に方針書類の詳細な分析自体，とくにそれらの修辞的な要素は，その組織のメンバーにとって何が重要かについて興味深いことを我々に教えてくれる。それゆえに，文脈の考察はテクストそのものに光を投げかける一方で，テクストの考察は，その代わりにテクストの文脈への我々の理解を照らし出してくれる。両方を併せることで，多様な組織の現象についてより広くより意味深い理解が可能となる。理論上は，解釈学的循環は，テクストと文脈の間の無限の循環活動となる。実践上，研究者はなんらかの意味ある理解が得られたときに，このプロセスに終止符を打つことができる。

　解釈学学派のテクスト研究は，実証主義的志向性のもとではっきりと定式化されている内容分析のようなテクスト理解のための方法とはなんの類似もないことは，いままでで明らかとなったであろう。内容分析は，テクスト理解の内実は，テクストそのもののなかにすべてみつけられるものと考えている。解釈学的循環は，完全にこの見解と対立しており，その代わりに，いかなるテクストの意味も，その構成に入り込んでいる状況をよく見きわめる場合にのみわかるという考えをもっている。解釈学は，内容分析で主に使われる語彙や句を組織的に数えるといった類のことに必ずしも反対しているわけではないが，そうしたことがテクストの文脈をより深く理解するといった観点から再解釈されない限り，とくに洞察的であるとはいえないともみなしている。基本的に，解釈学的循環は，テクストの精神をとらえるために，いかなるテクストのメッセージであれ字づら（letter）を超えようと試みるが，一方では我々がその字づらをよく理解しないかぎり，テクストの精神を我々は理解できないことを解釈学は十分に認識している（Mautner, 1996）。

■ テクストの層

　テクストは関連した意味の唯一の宝庫としてみられていないだけではなく，多様でしばしば相矛盾する意味の源泉でもある。解釈学の伝統では，テクストの外観は，より深く重要な意味を隠しているとみられることが多い。研究者の仕事は，潜在的で隠されている意味をみつけるために，テクストのわかりきった意味を超えることである。それゆえに解釈学の重要な考えは，サブテクスト，つまりテクストの表面

下にあるテクストの考えである。暗に，サブテクストは「本物（real）」，つまり，より重要なテクストを構成しているということを含んでいる。サブテクストそれ自身は，形や内容を多様に変えることができる。

いくつかの状況において，テクストは表出的（expressive）な性質をもつ公的な周知の手段であり，プライベートな心配ごと，夢，欲望を強化する手段でもある。ガブリエル（Gabriel, 1991）のケータリングスタッフや海軍徴集兵によって語られたローカルな物語の研究は，まさにそうしたケースである。ガブリエルは，これらの物語を表面的な語り以上のもっと多くを語る「テクスト」として扱っている。細かな話を越えて隠された意味をとらえるために解釈学を使い，ガブリエル（Gabriel, 1991）は「本当」の物語は，そのケータリングスタッフたちの集団的ファンタジーを具現化した神話であると主張している。上司の面前で一人のケータリングスタッフが激しい感情を示したという人気のある物語を注意深く調べることにより，物語の中核的意味（それゆえに，その物語は人気がある）は，それが象徴的に示している反抗の解放神話にあることを明らかにしている。この類の解釈学分析の価値は，物語であれ，民間伝承であれ，会議記録であれ，または，企業の方針文書であれ，一見するとありふれた日常の「ささいな」テクストの背後にある複雑な次元への我々の気づきを鋭くするその力にある。

他の状況では，テクストは一部の人びとには組織の実態を覆い隠す試みを表わすイデオロギー的なものとしてみられ得る。テクストがイデオロギー的であるとき，その「真」の意味は注意深く隠され，かつその外観は立派な体裁をとるか，世論を説得する方法であるかのどちらかである。テクストを何らかの意味でイデオロギー的，あるいは嘘と考えることは，ハーバーマスの批判的解釈学の中核であり，批判的解釈学は，テクストが誰の利益に役立ち，誰の利益になっていないかをテクストの層を剥すように暴くことの重要性を強調している。石油業界の会社の年次報告（Parasad, 2002）のサブテクストを突き止めることは，この種の解釈学分析の一例である。プラサドとミール（Prasad & Mir, 2002）の研究は，いかにしてアメリカの石油業界が，OPEC の増大する影響を封じ込め，かつ環境に配慮しているというイメージをそれとなくつくりながら，物議をかもしたいくつかの活動について年次報告でたびたび正当化していたかを明らかにしている。

サブテクストを明るみに出すことは，二つのレベルで社会的組織的世界への我々の理解を広げる。テクストが何かを表現しているとみられるときは，隠された夢，欲望，恐れを口に出し，表現しようしている服従させられた声を同定することがで

きる。テクストがイデオロギー的とみられるときには，それらがなす欺瞞にいっそう注意するようになる。どちらの場合においても，テクストを通常読んでいるだけでは簡単にはみえない，隠れた意味世界に入ることになる。

■ テクストと関係をとりながら

解釈学の現代の一連の動きは，テクストとその解釈者との関係の重要性を強調している。それゆえに，解釈学の方法の一部は，テクストとの強いつながりを発展させるための能力を求める。この点において解釈学は，テクストと研究者を峻別することを追求する実証主義的（デカルト派の）アプローチとはかなり異なる。それゆえに解釈学にとって，テクストからの切り離しは学術的目標ではない。切り離しによって解釈者はテクストから距離をとってしまい，結果的には予期せぬ非生産的な先入見を育ててしまうからである。

テクストとの関係を発展させることは，理解は自分自身を知る道でもあるという解釈学的見地からすれば，重要である（Arnold & Fischer, 1994）。換言すれば，テクスト解釈の目標は単にテクストを理解するだけではなく，自分自身を解釈のプロセスで知ることでもある（Ricoeur, 1981）。研究者にとって解釈学の理想は，テクスト解釈のなかで，自分自身についてもっと学ぶことである。

テクストからの切り離しは解釈学において望ましくないため，提案されているアプローチは，テクストと自己理解の両方を成し遂げる方法として，テクストと解釈者の間の対話（dialogue），または，会話である（Gadamer, 1960）。ガダマーの見解では，解釈者とテクストの解釈学的会話とは，解釈者がテクストに問いを出し，見返りにテクストが解釈者に質問するといった対話のことである（Prasad, 2002）。ここでの対話という用語は，明らかに比喩的な意味として使われており，文字どおりの意味では不可能であるにもかかわらず，テクストを「聴く」こと，またテクストが我々に「語りかける」ことを許すといった考えを伝えている（Francis, 1994）。このプロセスにおいて解釈者は自分自身の前提にある程度気づくことができ，より有意義な新しい一組の問いをもってテクストを再度解釈し直すことができる。解釈学的循環のように，テクストとの対話は，理解がある満足なレベルに到達するまでおこなわれる，（理論的に）終わりのない反復のプロセスである。

■ 作者の意図性の問い

ガダマー（Gadamer, 1960）の解釈学論に続く一連の激しい論争は，テクストの創

作における作者の意図についての問いを複雑なものにした。簡単にいえば，テクストのメッセージの真なる姿を引き出すために，作者のマインドセットのなかに入っていくことが初期の解釈学では注目されていたが，それはテクストを書くときの作者の意図を確立すること自体への懐疑にとってかわった（Arnold & Fischer, 1994）。

　この立場は，いかなるテクストも個々の作者の個人的な意図や欲望の産物ではなく，個々の作者のマインドセットというよりも，広範囲の制度的関係やイデオロギーを反映する，多様な社会文化的，政治的力の結果であるという気づきを経て到達したものである。テクストは，したがって，頻繁に自らの命を宿し，作者の意図とは必ずしも一致しないメッセージを運ぶ。この立場は作者の声をまったく無視しているということではないが，作者のいかなるテクストの創作に対しても多様な影響があることを解釈者に警告している。たとえば，組織の広報課，または，コミュニケーション部門で働く書き手によってつくられた年次報告を取り上げてみよう。この場合，実際の作者の声や意図は，組織で力のある利害関係者からの一群のメッセージほどには強く表現されそうもないことが，容易にみてとれる。このようなテクストの解釈学的読みは，テクスト制作をガイドする影響力として，組織エリートの関心や支配的な企業のイデオロギーを引き出すことに焦点を当てる。要するに，作者の意図性を問うことは，(a) テクストへのより広い文化的影響と，(b) テクストを書いたその作者自体が必ずしも意図（intended）していないかもしれないメッセージの二つに焦点を当てた，テクスト解釈を強いることになる。

3 解釈学派の研究例

　解釈学派の研究は，多様で複雑な解釈の可能性をもつテクストの社会的世界に人を連れ込む。シンボリック相互作用論やエスノグラフィーのような多くの他の学術的研究の伝統とは違い，解釈学は人間の行動や会話以上に，テクストに中心的に関わっている。初期の解釈学者たちは，主に宗教的・法的なテクストを研究したが，ガダマー以降の解釈学は，テクストを広くとらえる傾向があり，現在進行形のスピーチや行動よりももう少し永続性（permanent）のある書き物の断片や，文化的人工物を含めるようになっている。ホッダー（Hodder, 1993）は，もの言わない証拠（mute evidence）のどんな実例をもテクストとみなす——つまり，物理的に持続し，空間・時間を超え，それらの作者や製作者たちから切り離された事物のことである。それゆえに，テクストは，それらの元の創作者がもはや存在しないときでさえみる

ことや研究することができるゆえに，スピーチや行動からはっきりと区別される。

書かれた記録や書類は，典型的に通常の解釈学の範囲に入る。しかし，「テクスト」として正当と考えられるもののリストは，映画，テクノロジー，文学などのジャンルを含むように確実に広がっている。解釈学派のなかで研究している現代の社会科学者は，幅広い現象をテクストとして研究してきている。これらには，電子メール（Lee, 1994），財務諸表（Francis, 1994），議事録，協議事項や公的書簡（Aredal, 1986），雑誌の記事や広告（Hirschman, 1990），地元団体の話（Gabriel, 1991），企業イメージの広告（Phillips & Brown, 1993），そして企業の年次報告書（Prasad & Mir, 2002）を含む。多くの他の組織的・社会的現象が，テクスト分析の候補であることは自明である。政策文書，新聞紙上の話，法律や判決，公的な調査報告書，組織内のメモ，ウェブページ，オフィスの家具，管理者の服装，そして無数の他の書類や人工品，これらは意味に富んでおり，解釈学研究のこれからのターゲットである。

解釈学の伝統のなかで研究する際，テクストとしてのテクストと，メタファーとしてのテクストの概念を区別することが重要である。これまで議論されたテクストのすべての現象は，それ自体としてテクストを構成するが，テクストを会話や相互作用，出来事を理解するためのメタファーとして使うことも可能である。バレエの演技やマーケティングのプレゼンテーション，または，企業の役員会議は，すべてテクスト（比喩的な意味で）かのごとくに扱われ，解釈学の原理にしたがって分析することができる。多くの場合，解釈学は実際のテクストに関わる。しかし，それがテクストの研究に使われるのであれ，メタファーのプロセスとして使われるのであれ，解釈学は，仕事，文化，社会のあまり目立たない側面への多大な洞察を与えることが可能である。

プロセスの大部分は，研究プロジェクトそれ自体の技にかかっている。解釈学であると主張する研究が，社会現象を理解するために広義の解釈的枠組を使うことを試みているにすぎないこともある（たとえば Lee, 1994）。解釈学的研究プロジェクトをおこなうことは，明らかに社会構築主義的な考えに単に忠実である以上のことを要求する。しかし，いままでで多分明らかなように，解釈学の伝統は，テクスト解釈のための一定の形式（formulas）や定式（protocols）の厳密なセットを提供するものではない。それぞれの解釈学の試みは，研究されているテクストの性質やその文脈によって，比較的ユニークな分析経路をたどる。しかし，「よい」解釈学研究はいかなるテクストであれ，その文脈にも注意を払い，その隠れているメッセージに焦点を当て，そして，作者の意図性に関する複雑な問題への気づきをも示す必要があろ

う。こうしたすべてがおこなわれるためには，研究者はテクストと近い関係を築くことが不可欠である。それは，一心にテクストの輪郭やニュアンスに精通すると同時に，その文脈に関係する特徴を研究することによってのみなし得ることである。

　解釈学の定式というものはないかもしれないが，我々は，この伝統のなかの模範となる研究をみることにより，この学派で研究することについてかなり理解を得ることができる。ハーシュマン（Hirschman, 1990）とフィリップスとブラウン（Phillips & Brown, 1993）による広告の解釈学研究をみてみよう。両者の研究は，より広範囲な社会関係を理解するための足掛かりとして，広告テクストを使用する。ハーシュマンは，広告が伝える消費とアイデンティティについてのメッセージを理解する目的で，いくつかの魅惑的なアメリカの雑誌（American glamour magazines）の全面広告を数多く研究している。彼女はさらに広告から立ち現れる中心テーマをより大きな豊かさのイデオロギー的な傾向に位置づけ，アメリカの有名人は実際には顕示的消費（conspicuous consumption）で成功を得ていると論じている（Hirschman, 1990）。

　フィリップスとブラウン（Phillips & Brown, 1993）の研究は，『タイム誌』（*Time Magazine*）と『アルバータリポート』（*Alberta Report*）で，シンクルード・カナダ社（Syncrude Canada）が出している三つの企業イメージ広告を検討している。シンクルード社の最近のビジョンステートメントと広告のメッセージを慎重に対置することで，カナダ大衆の将来の利益に大きく関わっている責任ある企業としてのシンクルード社のアイデンティティを，いかに広告が組織的につくり上げているかを，また，なぜこの特別なアイデンティティが組織にとって重要なのかを，研究者は示している。最初の研究では，広告は，いかに消費パターンが豊かさのイデオロギーによって動かされるかを理解するための出発点であった。次の研究では広告の分析は，企業が政府の後ろ盾と大衆の支持を得るために使う正当化戦略に対して警戒するよう我々に促している。両方の研究はともに，テクストそのものについての我々の理解を促してくれるのみならず，社会的パターン，イデオロギー，会社の窮状についても我々の理解を増してくれる。

　アルデル（Aredal, 1986）とガブリエル（Gabriel, 1991）の研究のように多くの解釈学プロジェクトは，テクストの表層の背後にあるサブテクストを探すことが，より中心的な目的である。アルデルはスウェーデンの組織間委員会の議事録を研究しているが，会議において隠されている意味を引き出す方法として，テクストにみられる一貫性のなさや矛盾を精査している。彼はまたさまざまな委員会メンバーによる会議の回顧録を使って，分析対象のテクスト（たとえば，議事録）の社会的文脈を明

らかにした。彼の結論は，すべての慣行の標準化に向けての広範囲な文化的圧力が，委員会メンバーに満場一致で平凡な，かつ現在の標準化されたルーティンから逸れないような決定をとらせているというものである。ガブリエル（Gabriel, 1991）の研究は，テクストをより比喩的に使い，海軍徴集兵やケータリングスタッフによってくりかえし語られている物語，すなわち組織内の伝承をみている。彼のサブテクストの探究は，日々の仕事場のストーリーの底流にある，基本的な神話的構造（叙事詩，喜劇，悲劇）を掘り出している。特異な語りの細部をすべて奪われてはいるが，これらの物語は，労働者の主体性を称えるか，彼らの犠牲を嘆くか，はたまた管理者側の恣意性を非難するかのいずれかで，こうした物語は，特定の神話的メッセージを運んでいることも示している。会議とストーリーテリングの実践の両方において，解釈学は，テクストの明白な特徴とそれらの背後にある原動力の間の関係を理解することによって，出来事や活動の核心に迫るうえでの手助けとなっている。

　プラサドとミール（Prasad & Mir, 2002）のアメリカ石油業界の CEO の株主宛の書簡の研究は，解釈学的循環と，サブテクスト探索の実施を描いたもう一つの例である。アメリカ合衆国の石油大手の年次報告で発行されている株主への 64 通の書簡の研究は，OPEC 関係の諸政府と会社自体の複雑で物議をかもした関係を，象徴的に扱っていることを暴露している。母国での増大する石油会社の不人気やオリエンタリズム（orientalism）の長い歴史を背景に分析を実施することで，著者らはテクストと文脈の間を往還し，これらの書簡が国内での会社の合法性に関する自身の問題から注意をそらすために，どのようにアラブ諸国の特定の文化的イメージを操っているかを示している。

　解釈学派がテクストに焦点を当てることは，研究者たちにとっては，ことを易しくも難しくもする。機密的なものでなければ，ほとんどのテクストは比較的アクセスしやすい。インタビューや観察プロジェクトの対象者とは異なり，テクストは調査者が直接コントロールできるものであり，特定の調査の焦点によって煩わされることはない。つまり，テクストはインタビュー対象者を扱うよりも慎重な扱いを要することがはるかに少ない。テクストは雰囲気やさまざまな状況によって変わることはなく，常に変わらぬ姿を研究者に示すことが魅力的である。しかし，解釈学的な解釈をすることは明らかに易しいどころではなく，テクストへの絶え間ない共感と問いかけを求められる。解釈学は，テクストが解釈者たちの強力だが共感的な精査に晒される文芸評論のさまざまな形に似ているところが多い。解釈学はまた，テクストの創造的な解釈を，研究者の想像力にかなり依存している。そこでは，社会

03 解釈学 *41*

科学よりも人文学の典型的なスキルを必要とする。しかしながら，最終的な分析で，解釈学は日常生活の表面性を超え，そのより深い意味をとらえようとする能力において非常に価値がある。解釈学はまた，コミュニケーションのパターンが，どのように特定の力関係を顕わにしたり隠したりしているかを理解するための有益な批判的方法論でもある。

表 3-1　解釈学のハイライト

哲学的影響：	文献学，神学，法学
主要研究者：	フリードリヒ・シュライアマハー（Friedrich Schleiermacher），ヴィルヘルム・ディルタイ（Wilhelm Dilthey），ハンス・ゲオルク・ガダマー（Hans-George Gadamer），マルティン・ハイデガー（Martin Heidegger），ユルゲン・ハーバーマス（Jürgen Habermas），ポール・リクール（Paul Ricoeur）

中心概念

- 解釈学的循環（The Hermeneutic Circle）
- 層が積み重なってできたテクスト（Layered nature of texts）
- テクストとその解釈者の複雑な関係（Intricate relationship between a text and its interpreters）
- 作者の意図性（Author intentionality）

重要な実践

- テクストとその文脈との間の常なる往還
  （Constant movement between a text and its context）
- テクストの精神に焦点があることが内容分析との重要な違い
  （Key differences from content analysis in its focus on a text's spirit）
- テクストと親密になる
  （Acquiring an intimacy with the text）
- テクストとの対話の探究
  （Pursing a dialogue with the text）

代表的研究

- "Procrustes: A Modern Management Pattern Found in a Classical Myth"（Aredal, 1986）
- "Analyzing Communication in and around Organizations"（Phillips & Brown, 1993）
- "Digging Deep for Meaning"（Prasad & Mir, 2002）

第Ⅰ部

第Ⅱ部

第Ⅲ部

第Ⅳ部

04 ドラマツルギーとドラマティズム
劇場・舞台としての社会生活

伊佐雅子 ［訳］

　我々の生活は基本的にドラマのようであるという考え方は，主に西洋哲学と文学のなかにみられる。舞台，演劇，劇場とドラマはギリシャ文明の不朽の文化遺産であり，人生の複雑さを理解させてくれる。古代ギリシャ人にとって，ドラマ（drama）という語は，筋書を演じるパフォーマンスを指していた。現代では，ドラマということばはもっと包括的な用いられ方をしており，劇は，大惨事や悲劇の破局であれ，恋人たちが添い遂げられるロマンチックコメディーであれ，また，過去の不正行為の恨みがはらされるのであれ，ある種のクライマックスを導くような演劇が統一性をもって進行する一組のイベントを指すようになった。

　演劇の伝統は，常に，西洋の芸術，哲学や文学の中心であったとはいうものの，最近では，社会科学の分野で，コミュニティ，近隣，政府，職場や組織を含む多様な社会現象を調べるための方法として用いられている。社会学，コミュニケーション，組織研究ではみな，複雑な社会状況の意味を理解するために，「ドラマ」のさまざまな構成要素を採用するようになった。ドラマの伝統による研究は，異なる形式をとるが，大きく分けて，ドラマツルギー（dramaturgy）とドラマティズム（dramatism）に分けられる。これらの学派は社会生活の基本原則として舞台やドラマの考え方を共有しているが，研究の特定の焦点や社会的現実の解釈においては，著しい違いがみられる。ドラマツルギーは，主にアーヴィング・ゴフマン（Erving Goffman）の研究から着想を得た，よりミクロ社会学的な方法が大勢を占めるが，ドラマティズムは人文科学に深く根差し，ケネス・バーク（Kenneth Burke）の哲学に影響を受けている。本章では，この二つの学派について探究する。

1 ドラマツルギーの哲学的先駆者たち

アーヴィング・ゴフマンは，社会科学のドラマツルギー学派のもっとも重要な人物である。彼の思想はジョージ・H・ミード（George Herbert Mead）とゲオルク・ジンメル（Georg Simmel）の影響を受けており，ドラマツルギーがシンボリック相互作用論を発展させたものと考えられているのは驚きではない。シンボリック相互作用論と同様に，ドラマツルギーは，人と人との相互作用のミクロレベルの分析に関心があり，社会的現実を組織的・構造的に説明することを避ける傾向がある（Baert, 1998）。しかし，ドラマツルギーは，劇場のメタファー（隠喩）にもっぱら依存していることと，社会的見せかけに強い関心をもっていることが，独自のアイデンティティとなっている。

ミード（Mead, 1934）の「心の劇場（theater of the mind）」の考え方は，ドラマツルギーに与えた彼の影響の出発点である。自己の社会的構築を理解する試みにおいて，人間の心は，たくさんの内的ドラマが常時起こる劇場であるとミードは述べている。心の劇場のなかでは，すべての個人は劇作家（playwright）であり，一生を通して社会行動を導く台本を自分自身に提供している。自分の生活の台本を書く過程で，劇作家としての自己は，性格や動機を自分自身や他者に振り当てる（Lyman & Scott, 1975）。同時に，個人はディレクター（directors）でもあり，日常生活を人前で遂行する際の行動を想像上でリハーサルする。ときどきは，これらの想像上のドラマは「現実」世界で演じられるようになるが，上演されないことも多い。社会的役割のリハーサルには，インタビューや人前でのプレゼンの準備や，デートや会合や，衝突が起こりそうな状況のときの自分の行動のリハーサルを含むこともあるだろう。究極的には，個人は社会的場面で演じる俳優となるが，台本どおりのリハーサルに沿って演じるときもあれば，そうでないときもある。そして，最後には，個人はまた，自分の行動を容認したり，喝采したり，ある場合は辛辣に批判をしたりする自分自身の演技の観客（audience）でもある（Lyman & Scott, 1975）。

ミードの心の劇場についての考え方には，明らかに二つの分析レベルがある。一つ目は，完全に想像上で演じられる内的ドラマであり，二つ目は，社会生活という劇場で演じられる公的ドラマである。公的ドラマは，非常に複雑な状況となっている。なぜならその状況は，個々の劇作家，俳優と演出家が，台本がありリハーサルした役割を演じ，同時に自分の演技の観客でもある他の演技者たちと顔をつき合わせる場面から構成されているからである。リーマンとスコット（Lyman & Scott,

1975）によるミードの解釈では，複数のアクターたちは，ゆくゆくはさまざまな社会的場面を自分のものにするために競争しはじめるという。このプロセスにおいて，彼らは，個人として，社会生活の劇場を完璧にはコントロールできないことを知り，それゆえに，自分の社会的役割の多くの台本の書き直し・リハーサルのやり直しを常にやらざるを得なくなる。これは，サミュエル・ベケット（Samuel Beckett）の演劇──*Waiting for Godot*（『ゴドーを待ちながら』）で，もっともはっきり表現されている考えである。

　日々のパフォーマンスを舞台にのせる人間の傾向は，社会生活での匿名性が増大し，自分についての世間の評価を際限なく形成するニーズが強くなる近代の状況下でいっそう強まるとゲオルク・ジンメルはいう。この社会生活の劇場的特性は，フォーマルな地域社会の儀式が社会的序列を伝達し，集合的価値を更新するための慣習化したパフォーマンスであることを認めている象徴人類学者たちをも長く魅了してきた（Cohen, 1981）。しかし，この研究のほとんどは，社会的相互作用の演劇的次元は公的儀式状況においてのみ存在するという暗黙の前提に基づいている（Mangham & Overington, 1987）。想像上の劇場というミードの考え方を，社会生活のあらゆる側面に実質的に広げていくことが，著名なミクロ社会学者，アーヴィング・ゴフマンの仕事であった。それゆえ，ゴフマンの研究は，この仕事に興味のある研究者たちにとってとてつもなく重要であり，ドラマツルギー学派の中心となる概念を含んでいる。

2 アーヴィング・ゴフマンとドラマツルギー

　アーヴィング・ゴフマンは，ミードの社会的劇場の考え方を，ありふれた日常生活に広げ，真剣に取り組むことで，1960年代のアメリカの社会学に革命を起こした。ミードが心の劇場を重視したとは異なり，ゴフマンはアクターが他のアクターと対面し，観客の賛同と注目を競う公的社会的パフォーマンス[訳注1]にはるかに大きな関心を抱いてきた。ゴフマンにとって，我々のアイデンティティの感覚は，自己イメージ（self-image）と公的イメージ（public image）の両方から引き出される。この

訳注1）performance　ゴフマンの著書の訳者である石黒（1974）によれば，ゴフマンは，この語に道具的側面と表出的側面の二つの意味をもたせている。演技と訳出すると表出的側面しか意味しなくなるため，あえてパフォーマンスと片仮名書きにしている。本章でもゴフマン学派の文脈では石黒にならって，パフォーマンスとした。

04　ドラマツルギーとドラマティズム　　45

二つは，存在論的に別々にあるのではなく，実はお互いに強化し合っている。公的イメージは社会的文脈のなかで発生するので，公的イメージの維持に社会学者のゴフマンはずっと関心を抱いてきた。

　ゴフマンによれば，我々は「出会い」とよばれる場で社会的役割を演じながら，自分の個性の選択した側面を絶えず呈示している（Goffman, 1961）。これらの出会い，つまり，対面の相互作用では，個人は自らの人前でのパフォーマンスを絶えずチェックしている。それゆえ，それぞれの出会いは，逃れられない「自己呈示」を含んでいる（Goffman, 1959）。実際には，それぞれの出会いは公的ペルソナを演じることを含んでいるが，ある役割は非常によく学習されているので実際のパフォーマンスでは意識的努力が必要とされない場合もあるし，個々のアクター側が全面的なリハーサルを必要とする場合もある。ゴフマンのドラマツルギーは，ある種の内的脚本の存在を意味するが，これらの脚本は，特定の観客に最大限のポジティブな影響を与える目的で，主に個人が自分で決めている（Baert, 1998）。

　ゴフマンの考え方における観客の中心性は，社会生活の表舞台（frontstage）と舞台裏（backstage）の重要な区分につながっている。表舞台とは自己の呈示がおこなわれる社会的場面を示し（Goffman, 1963a），これは，仮面舞踏会（masquerade）のようなもので，個々人がその場面にもっともふさわしいと感じるペルソナ，すなわち「正面」を用意する。他方，「本物の」自己は社会生活の舞台裏に見出されやすい。舞台裏は，もし，それが明らかにされれば，臆病か，当惑か，あるいは疑い深い自己を隠している場所である。

　ゴフマンの表舞台の概念は，個々人が社会状況を定義したり，影響を与えようと強く試みることを前提としている。彼の考えでは，表舞台のパフォーマンスは舞台のセットと個人の正面（ペルソナ）という二つの次元に，かなり依存している（Goffman, 1963a）。セットとは，人前での演技がおこなわれる社会的な場面であり，室内装飾，家具の選択・配置を含む。ゴフマンは，個人は場面をいじることで，自身の人前でのパフォーマンスを再編成することがしばしばあると考えている。たとえば，学位や資格認定書をめだつところに掛けたり，家や職場などで特定タイプの芸術品の選択をするなどはみな，表舞台の背景を設計する試みである。概して，個人の表の顔——つまり，外見，物腰や社会的地位を提示することにより多くの努力を費やす。ゴフマンによれば，我々はある個性のスタイル——たとえば，冷淡な人，近寄りやすい人とか，信頼できる人とかの特性を，冷たい声のトーンや，温かい微笑や心からの握手を含む特別な行動と型にはまった話し方を採用することで伝えるこ

第Ⅰ部

第Ⅱ部

第Ⅲ部

第Ⅳ部

とを選択していることが多い。こうしたドラマツルギー的努力に対するゴフマンの用語は，フェイスワーク（face-work）とよばれ，これが彼の思想の中心をなしている。

ゴフマンの舞台裏という考えは，ドラマツルギー学派のなかでは重要な概念である。舞台裏とは，本物の領域，つまり，「自分自身」でいられそうな場所である。二つ目に，舞台裏とは，表舞台のためのリハーサルがおこなわれる場所で，個々人が，意識的に，（または信頼を寄せる人の力を借りて）ある場合は同時に距離をとりながら，人前でのパフォーマンスのための準備をする場である。たとえば，販売員は舞台裏で宣伝口上の準備をするかもしれないが，それはまた，気難しい顧客や取引先に対して不満を口にする場所でもある。言い換えれば，舞台裏とは，もっとも隠れた，私的な世界であるが，それにもかかわらず，表舞台の公的世界にかなりの影響を与える場所である。

いったん，舞台に上ると，個々人／アクターはあらんかぎりの力でフェイスワークをするだけではなく，他者のパフォーマンスを鼓舞したり，けなしたりする。このフェイスワークは，多様なやり方で達成できる。ある人は，個人的な地位のシンボルを何気なく述べることで自分の社会的地位を示すかもしれないし，また，ある人は他者を「トラブルメーカー」とか，「相場の破壊者」^{訳注2)}とか，「グラノーラ愛好者」と呼ぶことでその人の地位を下げたりする。また，ある人は著しく尊敬を示すことで他の人の公的イメージを高めるかもしれない。可能なフェイスワークの戦略リストは無限にあり，状況が変われば，フェイスワークの組み合わせが変わるだろう。しかし，自分や他者をもち上げたり，低めたりするために用いられるフェイスワークのあるパターンは，特定の文化で繰り返されがちである。このようなパターンを理解することは，社会での意味づけや実践を全体的に把握するうえで大いなる洞察をもたらしてくれる。ゴフマンにとって，「印象操作」のプロセスは，人間の生活の重要な特性であり，学問的関心をもち続けるに値する。

ゴフマンは，ある個人の名を汚す，すなわち負の烙印を押した（stigmatize）ラベルを広めることで，アイデンティティを傷つけるプロセスにも等しく関心をもっている。スティグマ（stigma）とは，信用を深く傷つけ，「まっとうな普通の人を汚れて値打ちのない人にしてしまう」属性のとらえ方をいう（Goffman, 1963b: 3）。「スト

訳注2) 生産性の高い労働者が，決められた生産レートより多くの製品を産出するために結果的に製品単価を切り下げてしまうことをいい，同僚からは rate-buster と呼ばれ嫌われた。

破り」「同性愛者」「オタク」のようなことばは，このようにレッテルを貼られる個人に執拗につきまとい否定的なイメージを即座に想起させることができる。そのような社会のスティグマから逃れることは容易ではなく，まず初めにそのようなレッテルの効果に反撃するための注意深く練られた一連の印象操作戦略が必要とされる（Goffman, 1963b）。

ゴフマンのドラマツルギーは，魅力的である。なぜなら，それは，職場や家庭や専門職や地域社会でのパフォーマンスの背後にある隠れたダイナミクスを解明するために，日常生活の表層の相互作用を超えているからである。それゆえ，これは，自己呈示（self-presentation），信用（trust）と社会的な如才なさ（social tact）との間の複雑で，永続的な関係を組織的に探究する数少ない学派の一つである（Baert, 1998）。この学派は，個人が社会的状況でどのように自分の役割を心に描き，観客の反応を見積もる一方で，観客に好ましい効果を与えるような人前でのパフォーマンスをどのように同時に準備しているかをみている。

ゴフマンのドラマツルギーは，かなりの人気にもかかわらず，批判がないというわけではない。よくある批判は，彼らの立ち位置が西洋的で近代主義者的（modernist）であること，とくに，打算と巧みな操作をする人間の傾向を強調し一般化している点である。リーマンとスコット（Lyman & Scott, 1975：107）によれば，ゴフマンは，「本物でないことを疑ってかかる感覚は，パフォーマンスをする人間存在の基本的な状態である」という印象を，不幸にも我々に残した。ゴフマンの考え方の限界はまだ他にもある。人間のパフォーマンスをする能力に過度に重点を置いていることは，手がかりを学んで，職場や家庭や地域社会で欠点のない社会的パフォーマンスをしようと思っていてもできない人や，やりたくない人の生活がけっこうな部分を占めていることを無視している。しかし，彼の概念枠組は，多様な状況での社会的アクターの不器用さを探究する余地を大きく残している。

3 ドラマツルギー学派の研究例

ドラマツルギー学派の研究では，社会生活の演劇性を基本的に受け入れることが必要である。ドラマツルギーは，支配的な社会秩序への懐疑と，隠れた課題やコンフリクト，アイデンティティの利害を明らかにすることで社会秩序の仮面を剥がしたいという願望に根差している。ドラマツルギー学派にとって，劇場の要素は，それが職場組織であれ，専門家の活動であれ，公的祝賀行事であれ，実質的には社会

生活のあらゆる側面に存在している。この学派を導く劇場のメタファーは，社会生活に隠ぺいは付き物であることを示しており，よって研究課題は，この隠ぺいを超えて，仮面で覆われている複雑なダイナミクスを明るみに出すことにある。この学派が社会生活の表舞台と舞台裏を強調しているゆえ，研究者は公的パフォーマンスと舞台裏の活動の両方に関心を払うことになる。

　社会的ドラマの舞台裏へのアクセスは，機密性とプライバシーの明白な理由のため容易ではない。それゆえ，ドラマツルギー学派の研究者たちのなかには，表舞台の分析のみに限定し，それらをパフォーマンスとして扱うこと，つまり，脚本のセリフを追ったり，「演技」の質を評価したり，ターゲットとなっている観客への「演劇」の効果を査定することに限定する。たとえば，連邦破産規約の第11条のもとで保護申請をした会社に関するサットンとカラハンの（Sutton & Callahan, 1987）研究では，破産のスティグマが組織の評判に与える損害とその後の負の公的イメージを取り扱う会社の試みを調査している。この研究は，表舞台の領域のみに焦点をあて，最初に会社が関係する観客（たとえば，供給会社，顧客，株主，ジャーナリスト）への破産の影響を調べ，次に，倒産という社会的スティグマを回避しようとして会社が使った印象操作戦略を調べている。

　しかし，ドラマツルギーの目的は，主に，登場人物と彼らの動機に命をふきこむことで，社会的相互作用の理解を活気づけることである。この目的は，登場人物のアイデンティティ問題を明らかにし，公的領域での個人的パフォーマンスを工夫することで彼らがどのようにアイデンティティに対処しているかを示すことで成し遂げられる。ドラマツルギー学派のこうした要素は，サットンとカラハンの研究（Sutton & Callahan, 1987）では完全に欠如しており，その研究は会社のイメージ操作戦略の無味乾燥でわかりきった議論を超えるものは何も提供してはいない。これは不幸なことである。なぜなら，読者はこの学派の中心であるドラマツルギーの複雑さを十分味わえないままに残されてしまうからである。

　ドラマツルギーの研究は，ゴフマンが非常に強調している表舞台と舞台裏の区分に意識的に注意が向けられるときに，その可能性が花開いた状態に近くなる。ディズニーワールドの仕事を分析したヴァン＝マーネンとクンダ（Van Maanen & Kunda, 1989）の研究は，劇場のメタファーに直接触発されて，組織を生き生きと描写している。彼らの研究は，舞台裏まで入り込んで，従業員たちが仕事としての役割を「リハーサル」したり，「衣装」が整頓されていることを確認したり，自分の任務である公演概要を記した経営側が決めた台本に沿ってやっていることを立証した素晴

らしい例である。

　表舞台と舞台裏に同様に焦点を合わせているものに，現代の動物園管理の変わりゆく劇場性を分析しているウェストレイとヴレンデンバーグ（Westley & Vredenburg, 1996）の研究がある。とくに，動物園の表舞台と舞台裏の領域での複雑な変化が，管理戦略と組織内部のコンフリクトにどのように影響を与えているのかを示し得ている。数年前，動物園の表舞台は，檻のなかの動物をただ単に陳列することであり，舞台裏は，動物に餌を与え，清掃し，世話をする領域であった。しかし，社会の期待が変化することで，動物園の表舞台は，保護と野生生物の鑑賞といういっそう広い目的が求められる場所になってきている。カナダの動物園の研究では，ウェストレイとヴレンデンバーグは，表舞台を動物の監禁の現実（舞台裏）を覆い隠すと同時に，「自然の生息地」での動物という神話が推進されている領域と記述している。ウェストレイとヴレンデンバーグ（Westley & Vredenburg, 1996）によれば，これらの表舞台管理の戦略は多くの内的緊張を引き起こし，また，これらの戦略はたいへん説得力があったので，組織のメンバーたち自身が，動物園のパフォーマンスとその現実の境界について混乱するようになった。

　ドラマツルギー学派にもっとも適合したやり方で，社会生活の表舞台と舞台裏を我々はどのように調査できるのであろうか。社会運動の調査において，ベンフォードとハント（Benford & Hunt, 1992）は，ドラマツルギーのリサーチを実施するための有益な全般的指針をいくつか提案している。一般的に，彼らは，公的パフォーマンスに対する観客の反応に影響するために用いられる共通の技術，とくに，脚本書き・演出・演じることの技術に研究者はもっと綿密な注意を向けるべきだと勧めている。

　脚本書き（scripting）は，公的パフォーマンスを理解するために重要である。脚本を個々人のパフォーマンスの範囲を制限する一連の厳格な社会規則だと考えるのは間違いである。むしろ，脚本は，アクターのため行動の手がかりとガイドラインを与えるが，個人的な即興を許容する柔軟なもので，「集団的意識と行動のために相互作用のなかから発生した手引書」（Benford & Hunt, 1992: 38）である。脚本とは，社会生活の舞台裏――つまり，相手役，主役，脇役のメンバーのために役割がつくられる社会生活の舞台裏で，脚本が生まれ仕上げられることが多い。ベンフォードとハント（Benford & Hunt, 1992）の社会運動の分析では，敵対者は，資本主義の豚か戦争挑発者の役となっていることがいかに多く，一方で一般大衆は，無邪気で不当な犠牲者役をいかに割り当てられているのかを示している。脚本を面白くさせるのは，構造的要素（例：文化的，制度的文脈）と個人的要素（例：指導者のビジョンと解釈）

に基づく脚本の変化である。脚本は、いろいろな種類の配役（dramatis personae）を供給し、その状況に適しているとされる特定の語彙や語句の形式において、幅広い対話の方向性を提供してくれるゆえに、重要なものである。脚本は、社会運動の場合、より意識的な熟考の産物であるかもしれないが、暗黙の脚本は、会社のパーティーの計画であれ、プロのトレーニングプログラムのデザインであれ、会合の議題であれ、実質的にどのような社会的状況のなかにも見出し得る。

　演出すること（staging）は、観客を感動させるために、舞台上の大道具や小道具類と俳優を自在に充当し、使い、監督する際の個人的・集団的努力を指している。社会運動のアクターたちは、念入りにステージをつくり上げているといえ、社会的、組織的な生活の多くの他の領域においても同様にそうしたことはみられる。演出するということは、認知的で感情的なリハーサルの一形式であり、その間に、重要なシンボルが集められ、操作され、アクターが究極的には役を演じる準備をすることである。ディズニーワールドのような組織では、従業員すなわちキャストたちが訓練期間に自分たちの役を学ぶステージエリアが公式に定められている。演出には、しばしば、好まれる筋書きに合致した組織体のパフォーマンスを織り込むことが含まれる。たとえば、ディズニーの従業員たちは、ディズニー脚本の核心である、清潔で健全なアメリカの側面を表すようなコスチュームで注意深く装う。同様に、平和運動の組織者たちは、彼らのシンボルやアイコンの使用を詳細に監視し、自分たちの脚本の主要なテーマと真っ向から矛盾する握りこぶしのような左翼的なシンボルを拒否している（Benford & Hunt, 1992）。

　最後に、ドラマツルギーの研究は、実際におこなわれるパフォーマンス（performances）の綿密な分析なしでは意味がない。この学派の研究は、アクターたちが選んだ役をどれくらいうまく演じるのか、またそれぞれのアクターたちは観客の注目を得るためにどのように競うのか、また、予測できない状況に直面して、どのように即興で演技せざるを得なくなるのかを調査することを要求する。この全体的分析は、個人と集団のレベルの両方でおこなうことができる。つまり、我々は個人と集団の両方の脚本を異なる状況に持ち込む。ときには、この二つはお互いに一致しているが、個人の脚本とパフォーマンスは、集団のものより優先し得ることも多く、その結果として、混乱し矛盾したパフォーマンスとなる。脚本、リハーサル、日々の社会生活のパフォーマンスに注意を向けることによって、ドラマツルギーはそれらのけがれのなさ（innocence）を破壊し、一見円滑にみえる社会的世界の構造の背後にある隠れたダイナミックさに気づかざるを得なくなる。

04　ドラマツルギーとドラマティズム　*51*

　ドラマツルギー学派内の興味深い変り種は，感情労働（emotional labor）に関する膨大な研究のなかにみられる。客室乗務員と代金取立て人に関するホックシールド（Hochschild, 1983）の古典的研究では，ゴフマンのフェイスワークの考察を基礎にして，感情労働という概念を発展させている。ゴフマンによれば，個々人は最善の公的ペルソナを呈示するために，フェイスワークに従事する。ゴフマンのフェイスワークは，公的領域で提示される好ましいフェイスを意識的に選択することを暗に含む。ホックシールド（Hochschild, 1983）は，特定のフェイスワークは特殊な仕事や職場では暗黙の要件であることを強調することで，ゴフマンの考えを発展させている。客室乗務員は「心からの」スマイルでもって，乗客に挨拶することが求められ，代金取立て人や犯罪捜査官は，厳格で屈しない態度をみせることが要求され（Hochschild, 1983; Rafaeli & Sutton, 1991），また，女性管理職は，感情のほとんどを抑えて，仮面をかぶることが必要とされている（Swan, 1994）。ホックシールドの研究の主な貢献は，多くの仕事概要（job descriptions）には記載されていないが中心となっている感情労働（emotional work）の一つの形として，このような感情表現と感情規制を解した点にある。

　全体としては，感情労働に関する学術研究はドラマツルギー学派に，いくらか批判的な鋭さを与え，彼らの本来の感情状態と台本の感情的職務の間のギャップを経験している人たちが直面している痛々しい断絶を解明している。このジャンルのなかの最近の研究も，感情労働の生産を仲介する，ジェンダー，人種，民族，地域性やその他のアイデンティティの位置を評価している。とくに，ジェンダーの役割は，我々がみな演じることを要求されている感情的役割を理解する手がかりとして強く認識されている。女性たちは，看護や社会福祉のような女性的職業では，いわゆる女性的感情（暖かさと世話）をいつも表に出すことを必然的に期待されている。また女性たちは，経営とか医学のようなもっと男性化した職業では，そのような感情表現を規制したり，控えたりすることが期待されている（Seron & Ferris, 1995; Swan, 1994）。自営業のカナダ人女性を対象とした，ミルチャンダニ（Mirchandani, 2003）の研究では，感情労働の期待は，どのようにしてしばしば人種化されているのかを示して，この現象に，さらにアイデンティティの層を加えている。この種のドラマツルギー研究の成果は，個々人の実際の感情生活に，伝統的社会学的変数（たとえば，年齢，ジェンダー，人種）を結びつけることで，それらを生きたものにしている（Mangham & Overington, 1987）。

　ドラマツルギー学派の研究は，さほど難しくはない。潜在的に興味深い表舞台と

舞台裏のダイナミクスがありそうな社会状況をみつけだし，次いで，社会的パフォーマンスのすべての構成要素に注意を払いながら，状況を調査する必要がある。一般的にいって，詳細な観察は，とくに社会生活の舞台裏を理解するうえで非常に重要である。社会的リハーサル，脚本書きと演出の複雑なニュアンスを把握することは，これらすべてのプロセスに密接に関わることなしには，容易ではない。インタビューは，表舞台と舞台裏の活動についてのアクターと観客の解釈を理解することに役立つとはいうものの，観察を通して得ることができるリハーサルの趣をすべて明らかにはしてくれそうにない。ただしインタビューは，意図された観客に与えたパフォーマンスの効果を査定することには，より使えそうである。

4 ケネス・バークとドラマティズムの哲学

　ドラマティズム学派（ときにはレトリック分析とよばれる）は，ケネス・バーク（Burke, 1969a; 1969b）の思想に多くを負っている。彼が人間存在の本質的なドラマ的特性について複雑な概念化をしたことが，この学派の発展の支点となっている。バークのドラマティズムは，ゴフマンのドラマツルギーとは明らかにいくつかの点で異なっている。人生は劇場（theater）よりも演劇（drama）に似ているという。つまり，社会的パフォーマンスの計算された制作にはあまり関心がなく，さまざまな個人にとってこうしたパフォーマンスがもたらす劇的な意味（dramatic meaning）をより重視しているということである。バークのビジョンは，ペリンバナヤガム（Perinbanayagam, 1982: 261）によって簡潔にまとめられている。彼によると「人が社会生活のドラマについて話すとき，劇場で起こることと人間関係をただ単に比較するのではなく，進化のなかで象徴性（symbolicity）が出現して以来，人間の存在の基本的な媒体である行為とコミュニケーションおよび意味について何かを述べているのである」。バークにとって，ドラマとは人生のようなものであり，人生は同時にドラマのようなものであり（Mangham & Overington, 1987），互いを奮い立たせ合ったり，模倣し合ったりする。我々の生活は，自分と他者が演じる日常のドラマから意味を得ている。人間のドラマのいくつかは，公的消費のためにうまく組まれているとはいえども，ほとんどは個人の満足感と成就感のために演じられている。

　バークの思想は，生きるプロセス（the process of living）とは，自分と他者の行動を解釈することで意味を得て，これらの解釈（基本的に，ドラマ的性質をもつ）は，常時，言語と行為を通して伝達されるという前提に基づいている。それゆえ，バーク

によれば，ドラマティズムは，社会生活での言語，行動，コミュニケーションの関係を探索するのにもっとも適した様式である（Czarniawska, 1997）。ドラマとはシンボリックな過程であり，それを通じて我々が社会的世界を解釈し演じているとバーク（Burke, 1969a）が述べるとき，彼は，我々が自分や他者の生活を理解するために，それらをドラマの形式（dramatic form）（筋，脚本，配役）にあてはめていることを示唆している。さらに，我々のドラマ的な表現と分析は，さまざまなレベルで起こる。我々が個人の生活のドラマのなかでその人の行動の意味を理解する一方で，社会的文化的歴史のより広範囲なドラマのなかで，これらの生活が演じられていることも理解するのである（Czarniawska, 1997）。

　日常生活のなかにドラマが遍在しているので，それを，我々が住む社会的世界を理解する知的試みの一部であるとみなすことはバークにとっては理にかなったことである。それゆえ，ドラマティズムは，「象徴的行為の現実を人間のきわだった活動だとみなし，ドラマをアナロジーとしてではなく，行為と行為を説明することの両方を探究する公式モデルとして使う分析方法」（Mangham & Overington, 1987: 71）となった。この点において，バーク学派における重要な考え方——つまり，ドラマとは，「作りごと（make-believe）」でもなく，人間存在の「非現実的」部分でもないことを強調することが重要である。むしろ，我々の個人的，文化的ドラマは，意味ある存在のためにはきわめて重要である。ドラマティズム学派の人びとにとっては，劇場の要素はドラマ自体の概念のほとんどを占めているが，ドラマの概念は劇場の概念よりも深くなりがちである。劇場の概念はリハーサルされた行動と観客の操作を前提としているが，ドラマの概念は，気高くもあり，感動的でもあり，汚くもあり，滑稽でもあり，不条理であるといった生活劇（the play of life）の方をより多く指す。

5　ドラマティズム学派の中心概念

　ドラマティズム学派の中心には，個人は自分自身と他者の両方にドラマ的な語り（dramatic narration）をいつもすることを通して，自らのアイデンティティを構築・確立するという考え方がある。いいかえれば，我々は自分自身と他者の行為の理由となる説明やストーリーをいつも提案する。これらのストーリーや個人のドラマは，我々自身の行為の意味を理解したり，同時に，より広い社会環境のなかで我々は誰であるのかの意味を伝える。このプロセスにおいて，我々は自身のアイデンティティ形成に従事しているのである。多くのドラマツルギストとは違い，ドラマティス

トはこれらの個人的説明を，観客に対しても，自分自身に対しても同様に重要だと
考えている。この前提から，バーク（Burke, 1969a）はすべての社会的行為（ミクロ
とマクロの両方）は，彼が動機（motives）とよんでいるものを調査することによって
理解できるという。

■ 動機の語彙

バーク学派では，動機は自他を納得させる状況の解釈として概念化されている。
そのうえ，これらの動機は完全に特異なものとは限らず，（a）より広い社会・文化
的環境と，（b）ドラマティズム的（dramatistic）説明のときにみなぎっている特定
の関心によって伝達される傾向がある。しばしば，動機を束ねたもののいくつかが
集まって，説得力のあるストーリー，すなわち，善と悪のドラマ，星回りの悪い恋
人たち，勝利と逆境などのドラマとなる。バークはこれらの解釈の束を動機の語彙
（vocabularies of motive）とよび，それらはドラマティズム学派の重要な要素を構成
している。ドラマティズムの目的は，基本的には，ドラマの背後にある動機や関心
のパターンを明らかにすることをめざして，なんらかの社会状況におけるドラマを
掘り起こすことである。それゆえ，本質的には，ドラマティズムは「人は自分自身
と他者に自分の行為をどのように説明するのか，また，これらの説明に，どのよう
な文化・社会構造的な影響があり得るのか，そして，これらの説明と行為そのもの
に対して，説明に使う（動機となる）用語間の言外の意味のつながりがどのような効
果を与え得るのかという経験的な問いをなげかける」（Overington, 1977: 133）。

■ ペンタド：ドラマの五要素

日々のドラマを根底から支えるさまざまな動機の語彙の発掘は，バーク（Burke,
1969a; 1969b）のレトリック分析（rhetorical analysis）——事実上ペンタドの概念に依
っている手法——を通してなされる。ペンタドとは，どのような社会の出来事にも
個人の語りにもいつも存在する五つのドラマの要素をいう。これらの五要素とその
相互関係をみつけ出すことはドラマティズム，すなわちレトリック研究の核心であ
る。

次の五つの要素がペンタド（pentad）を構成する[訳注3]。第一は行為（act）そのもの，
つまり，イベント，出来事，もしくはドラマティズム派にとって関心のある事象で
ある。行為というのは，組織の大異変あるいは壮観なイベント（たとえば，NASA の
スペースシャトルの惨事）や，もっと日常的な業務（たとえば，月例部門会議）や，あ

らゆる平凡な出来事（たとえば，研修，市場調査のプロセス）を指す。二番目の要素は，場面（scene）で，行為がおこなわれる直近の文脈とそれより広い文脈の両方である。場面には，会社の重役・理事の会議室や事務室，あるいはマスメディアや大衆文化を含む。三番目は行為者（agent）で，配役のなかでは主役と準主役である。四番目は媒体（agency）で，分析される状況での行為者の活動（action）を指す。最後の五番目は意図（purpose）で，活動中のさまざまな行為者に影響を与えている意図と願望（共有されているものもあれば互いに相容れないものもある）である。バークにとってこれらの五要素の基本的な確認と理解はドラマティズム，すなわちレトリック分析の出発点である。

■ 比率：五要素間にみられる相互影響の比率

　五要素を個々の詳細な描写を要求する独立した現象と考えることは誤りだろう。バークの思想の中心は，これらの要素間の関係，つまり，これら要素間の比率（ratio）である。たとえば，場面や舞台は，特定の媒体（agency）を選ぶときに行為者に影響を与えるかもしれない。組織改革や組織変更の一つと一般的にみなされている場面では，特定のやり手の才幹を引き出して，特定のアクターを演劇の中心に引きつけるだろう。そう，ここに，行為者（actor）とその媒体（agency）に影響する場面（scene）の一ケースがある。逆に，組織の指導者や有名人のような傑出した行為者たち（actors）が活動（activities）を再演あるいは，通常の組織の場面（scenes）の再上演の引き金ともなり得る。このケースでは，意図，場面，媒体の間の比率はかなり大きいだろう。

　ドラマティズムの関心は社会現象の行為遂行的側面にあるけれども，いかなる状況でも全体性（wholeness）に深い関心をもっている点で，解釈学と考えを共有していることがいままでで多分明らかであろう。ドラマティズム学派では，すべての要素とそれぞれの関係を同定することが，この全体的な理解を可能とする。ドラマティズムは，分析の体系的な（systematic）厳格さに関心がある内容分析（content analysis）とは異なり，すみずみまで（systemic）理解することを強調している（Kendall, 1993）^{訳注4)}。つまり，語や語句の数の頻度はあまり重要ではない。むしろ，重要なことは，五

訳注3）ドラマティズムの立場で日常を分析する際には，「何が，どこで，誰によって，どのようにして，なぜなされているのか」を問う必要があり，バークはそれを act, scene, agent, agency, purpose の五要素に対応させている（森，1984）。

要素の位置と五要素全体と他の部分との関係である。このような分析をすることで，演じられる演劇の性質を明らかにすることを意図している。社会的パフォーマンスの筋書きの範囲は明らかに広い。演劇は，「町の新しい子ども（"the new kid in town"）」（新しく任命された組織のリーダーの証拠として），もしくは気の合わない二人がロマンチックな関係（たとえば，合併と企業買収の場合のように）となるような筋書きに基づいている。ドラマティズムが試みているのは，複雑でしばしば一見矛盾する行為をよりよく理解することをめざして筋書きを解明することである。

■ ファンタジーテーマ分析

　レトリックのビジョンに関するバークの考え方は，アーネスト・ボーマン（Ernest Bormann, 1982; 1983）とミネソタ・コミュニケーショングループ（Minnesota Group of Communications）によって公的生活と地域社会の生活のドラマ（個人と少人数集団のドラマを越えて上位にある）を理解することへと創造的に広げられてきた。ボーマンは，ドラマとはどんな状況であれ人びとが集合するときにはいつでも存在するが，状況の本質的なドラマはレトリックによってのみ，蘇生，発掘されるというバークの初期の前提に立っていた（Jackson, 2001）。そのうえ，ボーマンの関心は，個人の演じ手よりも，公的ドラマの主要なアクターとしての政府，地域社会，社会運動，世界的組織，国家のようなより大きな社会的単位にあった。

　ボーマン（Bormann, 1982）の研究の基礎は，ファンタジーとファンタジーテーマの概念にある。ある点では，個人のファンタジーがあるグループのなかで共有され，ファンタジーテーマとして具体的な形をとりはじめるという。ファンタジーテーマとは，「コミュニケーションのエピソードに参加している人びとの目下の場以外の出来事や一連の出来事を登場人物が演じるドラマのように仕立てられたメッセージである」（Jackson, 2001: 48）。事実，ファンタジーテーマは，同じ夢と欲望をもつ人びとを結びつけるドラマ的な社会的メッセージで，しばしば，情動を呼び起こすような名称，アメリカの夢（the American Dream），るつぼ（the melting pot），アーリア人の国家（Aryan Nation），貧困との戦い（War on Poverty）などとよばれているものである。

訳注4) systematic は，「組織的に順々にやっていく」意であるのに対して，systemic は「全体的に（浸透する）」の意で，systemic abnormality（全身性異常），systemic action（全身作用）のように医学で使われることが多い。

結局は，これらのファンタジー（個人や小グループの願望に基づく）は，より広い社会へと滴り落ちて，メディアリポート，政治演説，大衆文学，政策文書や何らかの形の公的コミュニケーション（public communication）にみられるまでになっている。ファンタジーが広がり，社会のさまざまなグループを引きつけるにつれ，共通の強力なレトリックのビジョンによって結びつけられた新しいレトリック・コミュニティ（rhetorical communities）が形成される。これらのレトリックのビジョンは，「シンボルの意味，行為者（男優と女優）の動機，行為に付随した感情の誘発などについての総合的解釈を提供してくれる」ので，非常に重要である（Koester, 1982: 166）。本質的には，これらのレトリックのビジョンとは，いくつかの中心的ファンタジーテーマから構成されている共有された象徴的現実に参加するよう，多数の信奉者や大勢の観客を引きつける，さまざまの要素を含むドラマである。レトリック分析のおかげで，ドラマティズム学派の人びとはどんな社会的イベントや現象にも存在する主要なファンタジーをみつけることができる（Bormann, 1982; 1983）。これがいったんなされると，特定のファンタジーテーマで決められている台本に従っている行為者にとって，特定の行為がもつ関連性となぜ行為者がその行為を選択するのかの両方を，よりよく理解することができる。それゆえ，ファンタジー分析は，一見，不合理にみえる主張，たとえば，白人の優越性，花の力（flower power，ヒッピー族がこれによって西欧社会をくつがえそうとする），廃止を運命づけられた組織のプロジェクトなどは，そうした主張を保証してくれるファンタジーゆえに，ある人たちにとっては，どうして完全に合理的なものとなるのかを理解する助けとなる。同時に，一見合理的で「賢明な」出来事（たとえば，財政政策のタイプ）が，自由市場と適者生存に関する共通のファンタジーに根づいていることをもファンタジー分析は我々に認識させてくれる。

6　ドラマティズム学派の研究例

　ドラマティズムは，人が生み出すドラマのような物語を詳細に調査することによって社会生活の意味を理解するアプローチである。ドラマティズムは，（a）ドラマが存在する社会的状況と，（b）これらのドラマを強化する願望，動機とファンタジーの双方を暴露することに専念している学派である。チャルニオスカ（Czarniawska, 1997: 34）は，ドラマティズムを道徳的活動（暴露する努力において）としてみるだけではなく，我々が生活し，つくっている世界の理解を助ける「わかるための作業」

と考えている。

　ドラマティズムは，プロットやストーリーラインの輪郭を形成している関心（動機）の役割を非常に強調しているため，いくぶん他の解釈的アプローチ（とくに，シンボリック相互作用論と解釈学）とは距離を置いている。アクターや作家の意図を把握できることや価値には懐疑的である解釈学の最近の展開とは違い，ドラマティズムは，根本的に，個人的・公的ドラマの上演を，最終的に仲介する，夢とファンタジーのなかに存在する関心（目的），あるいは動機の語彙をみつけるのに適している。

　この種のドラマティズムによる脱神秘化の例としては，ケンダル（Kendall, 1993）が，CEO の株主への講演，またの名を「ボイラー板（boiler plates）」というが，そこでアメリカの会社が用いるレトリック戦略を研究している。ケンダルは，ある特定の期間にわたってダウ・ジョーンズ（Dow Jones）に掲載されている会社の株主むけ講演を調べることで，ここで演じられている中心のドラマは，邪悪なアメリカ政府と戦っている勇敢な（善なる）会社のドラマであることをつきとめた。よい出来事はすべて，会社の英雄的行為と道徳的誠実さに結びつけられているだけでなく，財政的損失や価格上昇のような不運な出来事は，会社のコントロールの及ばないものとして描かれていた。ドラマティズムのおかげで，彼女の研究は，不運な出来事やよい経験を正当化するために，組織的に使われているこの種の企業の説明とその原理を明るみに出している。

　ドラマティズムの研究は，最善の場合，社会のドラマを発掘するだけではなく，それらに固有の緊張と矛盾を描きだす。コスター（Koester, 1982）は，ファンタジーテーマ分析を用いて，キャリアで成功を収めている女性管理職に助言を与えているたいへん人気のある自助本（セルフヘルプ本）を鋭く分析している。コスターのドラマティズムによる研究において，中心となる主役は，組織ゲームやその規則に気づいていないが，それらを学ぶ覚悟があり，それによって管理職としての役割に熟達したいと思っている，「素直」で仕事熱心な女性管理職である。ここでは職場の中心的ファンタジーは，規則を認識し，喜んでそれを遵守することこそが，キャリアへの成功の近道であるというものである。このファンタジーテーマを発見することに加え，コスターの研究は，このファンタジーテーマがジェンダーに直面するときにどのように問題となるのかを論じていて，非常に興味深い。一方では，女性たちは，誠実さ，冒険，高い自尊心などの「男性的」な性格を導入するように助言されているが，他方では，同じ本が女性らしくないみかけはぜひ避けるべきであると警告している。他にも矛盾する点がある。女性らしさを失うことを警告しながらも，

これらの本は，同時に，既存の女性のステレオタイプに順応しないように助言している。要約すると，これらの本は，女性管理職は女性らしさを維持しながらも，ステレオタイプ的な女性でなく，また，過度に男性の真似をすることなく，典型的な「男性」の特性を身につけるといったドラマ的パフォーマンスを提唱している。最後にコスター（Koester, 1982: 169）は，「このような組織で生きている女性は，女性らしさに関して矛盾したメッセージを受け取る。ジェンダーは，埋め合わせ，調整できるが，決して避けることはできない負債であることはあきらかである」と述べている。彼女の研究は，成功をおさめた管理職のパフォーマンスの通俗的なビジョンの背後にあるファンタジーのテーマを描きだす以上のことをしている点で注目に値する。この研究は，好ましいパフォーマンスそのものの深く矛盾した性質と究極の絶望をも明らかにしている。

　ケンダル（Kendall, 1993）とコスター（Koester, 1982）はともに，テクスト（CEOの講演とセルフヘルプの本）を調べ，伝達されている核となるドラマの語りを明るみにだしている。両研究ともに，これらのレトリックのビジョンがターゲットとなっている観客やなっていない観客に対してもつ効果については調べていない。アクター，パフォーマンス，観客を考慮に入れたドラマティズム研究は，この学派の最大の可能性を極めることにより近づくことになる。そのような研究は，特定のパフォーマンスの成功を評価できるだけではなく，成功しなかったパフォーマンスについても調べることができ，そこでは，アクターたちが演劇の性質に関して異なる意見をもっているかもしれないし，多様な解釈をしているかもしれない。また，問題は，「パフォーマンス自体のなかでも起こり，あるアクターたちは英語のパントマイムのスタイルで即興劇をつくり，他のアクターたちはギリシャ悲劇の精神で即興劇をつくるような場合である。あるアクターたちは自分の役を適切に演じようとしないかもしれない。観客は寛大な気分で，この一座をなにはともあれ支持するかもしれないし，あるいは，やじって，主役の交代を要求するかもしれない」（Czarniawska, 1997: 38）。

　チャルニオスカ（Czarniawska, 1997）によるスウェーデンのある大都市での財政改革の研究は，一見なんの変哲もない行政の場面からドラマのプロットを引き出した素晴らしい実例である。彼女の研究は，承認済みのプロットだと信じていたものに従っていたアクターたちを巻き込んだ不確実性と両面価値感情を明らかにしている。あるアクターたち（たとえば，市議会）は，新しい種類の合理的・経済学的なドラマに参加していると思っていたが，実施の途中で，政府が望んでいたのは，アクターたちが政府と地域コミュニティの利益のために連帯を示すこと，すなわち，実

際には，古いスウェーデン式共同社会のドラマに参加し続けることだと気づいたのである。その結果，生じた大混乱は，行政の無能さから生み出されたという以上に，特定のドラマが期待しているものを見積もり，それに沿うことに失敗したことから生じているというのが彼女の主張である。チャルニオスカの研究は，市政改革にはっきりと焦点をあわせていたけれど，数多くの組織改革のケースを理解するのに，彼女の知見は有益である。主に，行政あるいは政府の無能さの例としてみなされている多くのものは，望まれているパフォーマンスを誤解していることや，既存の脚本とほとんど関係のない新しい役割を学ぶことの難しさであることが多いようである。

　ドラマティズムは，また，管理上の流行と職場改革のような大衆文化運動の潜在能力を理解することにも役立ち得る（Jackson, 1996; 2001）。一つには，真摯なドラマティズム研究者は大衆感情に訴えることを却下し，見下げるようなことは決してしない。さまざまなマネジメント専門家に関する研究では，何がマネジメント専門家をつき動かしているのか，また，何が彼らのメッセージを非常に魅力的で粋なアピールにしているのかを理解するために，ジャクソンはドラマティズムを用いている。彼の分析の一部は，1990 年代のリエンジニアリング（reengineering）^{訳注5)}を先導したハマーとチャンピーに焦点を当てているが，その時期に北米の会社でおこなわれたほとんどの規模縮小とレイオフの背後には，一世を風靡した 1990 年代のリエンジニアリング運動があった。ジャクソン（Jackson, 1996）は，いくぶん皮肉めいてはいるが，実際にそれが実施されたとき，もっとも職を失いそうな集団であった中間管理職にとってリエンジニアリングがもっていた訴求力を理解しようとしている。ジャクソンは，ハマーとチャンピーのようなマネジメント界の大物が，組織の経済的安定に関する管理者たちの不安をかきたてることで，また，避けられないレイオフの日をじっと受け身で待つよりも，リエンジニアリング運動の積極的参加者として中心的・英雄的な役を演じるように彼らを鼓舞することで，いかに中間管理職の生活の目下のドラマに直接的に訴えかけていたのかを明らかにしている。

訳注5) ハマー, M.・チャンピー, J.『リエンジニアリング革命—企業を根本から変える業務革新』の監訳者の野中（1993）は，リエンジニアリングは，それぞれの事業や業務を消費者満足という点から ICT や職能横断的チームなどの経営的手法を使って効率化を図ろうとすることで，従業員の解雇を含む業務整理であるリストラクチャリングとは決定的に異なると解説している。本章でもこの訳書にならい，リエンジニアリングと片仮名書きにする。

04　ドラマツルギーとドラマティズム　*61*

　ジャクソンの研究から明らかなのは，マネジメントの大物とは，真っ先に，管理職の関心をとらえて，リエンジニアリングはもっとも適切な行動であることを説得するレトリックの演じ手であるということである。第二に，この場合の大物とは，組織改革や改造のための脚本を提供する組織付きの劇作家でもある。演じ手として，劇作家として，マネジメント界の大物は合理性やロジックにはめったに頼らないが，管理職の関心を引きつけ，組織行動を起こさせる語りがもつドラマ的なパワーには依存している。

　要約すると，ドラマティズムとは，多様な参加者にとって意味のある中心的な語りのなかに入りこむことで，どんな状況にもある内的現実に研究者が触れるのを助けるアプローチである。ドラマティズムは，文書であれ，会話であれ，映像であれ，対人交渉であれ，実質的にどんなコミュニケーション行為にも応用できる。この学派は形式的というにはほど遠いが，分析の出発点として，比較的シンプルな枠組（たとえば，ペンダド，比率など）を提供できる。しかし，ドラマティズムの創造的エッセンスは，研究者によって発見されたプロットの解釈と語り方にある。解釈学と同様に，ドラマティズムは，表現性と解釈が研究に究極の輝きを与える人文科学のパラダイムに基本的にルーツがある。ドラマティズムは，実証主義の科学的伝統には属していないという単純な理由ゆえに，一般的な社会科学の基準に一致したドラマティズムの研究成果を生み出していくことは難しい。このことは，経営組織研究の分野でこの学派の研究が少ない一つの理由である。しかし，もっと影響力をつけていけば，ドラマティズムによる研究は，同じトピックについて通常の研究よりももっと洞察力に満ちたものになり得るだろう。

表 4-1　ドラマツルギー学派のハイライト

哲学的影響：	ジョージ・ハーバート・ミード（George Herbert Mead），ゲオルク・ジンメル（Georg Simmel）
主要研究者：	アーヴィング・ゴフマン（Erving Goffman），イアン・マンガム（Ian Mangham）

中心概念

・自己提示（The presentation of self）
・表舞台と舞台裏（Frontstage and backstage）
・スティグマ（Stigmas）
・印象操作（The management of impressions）

重要な実践

・公的なイベントや相互作用の仮面を剥ぐ
　（Unmasking public events and interactions）
・公的領域と私的領域の関係を確立する
　（Establishing connections between public and private realms）
・台本を明らかにし，観客に対するパフォーマンスの効果を判断する
　（Unearthing scripts and judging performances effects on audiences）

代表的研究

・*Behavior in Public Places*（Goffman, 1963a）
・*The Managed Heart*（Hochschild, 1983）

表 4-2　ドラマティズム学派のハイライト

哲学的影響：	文芸理論（Literary theory）
主要研究者：	ケネス・バーク（Kenneth Burke），アーネスト・ボーマン（Ernest Bormann）

中心概念

・動機の語彙（Vocabularies of motive）
・5 要素 1 組（The pentad）
・比率（Ratios）
・ファンタジーテーマ（Fantasy themes）

重要な実践

・いかなる社会的出来事にもある中心的な筋書を明らかにする
　（Unearthing the plots that are central to any social event）
・五要素のそれぞれを相互に関係づけ，そしてより大きなドラマの文脈に関係づける
　（Connecting elements of the pentad to each other and the larger dramatic context）

代表的研究

・*Narrating the Organization*（Czarniawska, 1997）
・"The Machiavellian Princess"（Koester, 1982）
・*Management Gurus and Management Fashions*（Jackson, 2001）

05 エスノメソドロジー

日常生活の成り立ち

時津倫子 ［訳］

1960 年代，カリフォルニアの社会学者，ハロルド・ガーフィンケル（Harold Garfinkel）によるあの有名な「期待を逆なでするような実験：違背実験」から，知的な衝撃波としか形容しようのないものが，アメリカの社会学にもたらされた。ガーフィンケルは，学生たちにいくつかの個人的な実験をやってみて，レポートするように指示した。その実験とは，ショッピングセンターに行って，定価で売られている品物についてしつこく値引き交渉をしてみること，家のなかで客や下宿人のふりをしてみること（食事の時間はいつかと丁寧に聞いてみたり，トイレの場所はどこか聞いたりする），三目ならべ（knots and crosses）のような単純なゲームをするときにいかさまをしつづけることであった。当時ガーフィンケルの社会学的実験は，主流の社会科学を馬鹿にした，学界からの注目を集めたいためだけの試みだとして嘲笑され，否定された。このような批判は，彼の実験の重要なポイントを見過ごしている。それは，基本的には常識を裏切るような状況での人びとの反応をよりよく理解するために，日常的な当たり前の世界を「劇的に破壊（dramatically rupturing）」すること，すなわち「違背」である。人びとが，日常の現実やそれが破断したときの現実を把握しようとして使用する「方法（method）」によって，社会学的調査の基本を構成すべきであるというのがガーフィンケルの主張なのである（Garfinkel, 1967）。エスノメソドロジー──ガーフィンケルは彼の知的プロジェクトをこう呼んだ──は文字通り，普通の人びとが彼らの日常生活を理解し行動するために使う「方法と手続き（methods and procedures）」を指している（Baert, 1998）。

1960 年当時のドラッグカルチャーに関連があるというような中傷や根拠のない主張もあったが，最近の動向としては，エスノメソドロジーは社会学とその関連分野，とくに教育，コミュニケーション研究，組織論・経営学において支持を得てき

た。今日ではエスノメソドロジーは一定の理解を得ており，ハロルド・ガーフィンケルは社会科学の中心的な定説の多くに真剣に挑戦し問題提起をした，たいへん影響力のあった人物であるということができる。ハーベイ・サックス（Harvey Sacks），エゴン・ビットナー（Egon Bittner），デイビット・シルバーマン（David Silverman），デアーダー・ボーデン（Deirdre Boden），アーロン・シクレル（Aaron Cicourel）などの研究者たちによって，やや周辺的な立場ではあるものの，エスノメソドロジーは，当たり前と思われている日常的な活動を詳細に検討することに焦点を当てた，注目すべき学問的伝統となっていった。この15年から20年においては，経営学・組織論の研究者による組織での儀礼的なプロセスや，人材雇用や人材募集や人事査定など，経営管理に関する日々の仕事についてもエスノメソドロジーを用いた研究がみられるようになっている。

1 エスノメソドロジーの理論と哲学

　ガーフィンケルの中心的な関心は，彼が「秩序問題（problem of order）」と呼ぶところにある（Garfinkel, 1967）。これは，ありきたりで日常的な社会的活動に，驚くべきシステマティックで組織的な特徴がある，ということである（Filmer, 1972）。社会生活が高度に組織化されているということにはほとんど気づかないままに，人は暗黙裡にその組織に参加しているのであり，参加するための確かなスキル一式をもっているらしい。ガーフィンケルの主な焦点は，意識的であってもなくても社会的行為者（social actor）が，組織された社会的状況をどのように認識し，生産し，再生産するかを知る方法にある（Heritage, 1984）。ガーフィンケルの研究は，具体例をみたほうがわかりやすいだろう。

　ガーフィンケルは1940年代のシカゴ大学の法学部で，陪審員の審議内容のテープを聴いていたときに，複雑な社会的状況について理解していく普通の人たちの知識量にはじめて強い関心をもった。とくに法律的な訓練を受けたわけではないのに，陪審員たちが陪審の仕事を理解し遂行している様子に驚いたのである。事前のトレーニングもなく，事前によく知っていたのでもないのに，複数の社会的行為者たちが集まって，こともなげに陪審を務めていた。ガーフィンケル（Garfinkel, 1967）が述べているように，科学，法学，経営，警察，政治など，あらゆる職業・階層の社会生活において同じ現象が存在する。暗黙の実践的な知識（tacit and practical knowledge）の体系をもって，それらすべての状況に遭遇するのである（Baert, 1998）。

その実践知をもって，正義や序列や非行などの多様な社会構造を成立させることができる。基本的に，ガーフィンケルは，人間の意識から独立した外的事実として社会構造やルールが構成されるものだという考え方を否定している。それらの事実（facts）や社会構造は，個々のメンバーが解釈することを通してのみ現実となる，と考えているのである（Holstein & Gubrium, 1993）。行為者がどのようにして日常生活での実際の環境をつくり出し組み立てているか，ということを検討することがもっとも重要であるということになる。

　ガーフィンケルの思想には，エトムント・フッサール（Edmund Husserl）やアルフレッド・シュッツ（Alfred Schutz）の現象学の影響がみられる一方，彼のメンターだったタルコット・パーソンズ（Talcott Parsons）と，彼の社会秩序へのこだわりの影響もみられる。また，エスノメソドロジーは，「理解は存在の根源であるというハイデガーの考えや，ウィトゲンシュタインの言語についての考えからも示唆を得ている」（May, 1996: 97）といわれている。要するに，エスノメソドロジーは，現象学的な感性に，現実をつくり出していく社会的実践への関心を結びつけたものだといえる（Holstein & Gubrium, 1993）。シュッツの現象学の影響は，個人の生きられた経験，そして彼らがその経験を，正義，プロ意識，リーダーシップ，愛といった「記号化された対象（signed object）」[訳注1]の世界へと変換する際に用いる類型（社会的カテゴリー）への，ガーフィンケルの関心にも見受けられる。これらの「記号化された対象の出現を理解することが，すべての社会学的探究の土台となる」というガーフィンケルの主張には，パーソンズの影響を見出すことができる（Collins, 1985）。

　ガーフィンケル（Garfinkel, 1967）によれば，日常の社会生活の複雑なプロセスは，一般に考えられているように自動的に起こるものではない。また，人びとがスクリプトやルールの形で内化して利用しているのでもない。日常のありふれた日々の活動は，個々人がさまざまなスキルや手順や仮定をうまく使うことによって「達成される」のである（Hassard, 1990）。玄関での知らない人への挨拶のしかた，部下への指示の出し方，会議での重要なコメントの差し挟み方，異性のメンバーに対する賞賛の伝え方について知っていることは，日常生活の「達成（accomplishment）」をも

訳注1）　ガーフィンケルの著書 *Ethnomethodology's program*（Garfinkel, 2002: 141）に "By a signed object we mean that the object, ( ), consists of a collection of signs." との定義がある。( ) と表記されているのは，生の現実から取り出された研究対象である。

たらす，ありふれた能力の例である。この達成という概念は，エスノメソドロジー研究全般にみられる，きわめて重要な概念である。この概念によって，社会学研究によくある秩序や構造といった概念を並べ立てることから離れて，日々の状況で人びとがもっているスキルや暗黙知の研究に目を向けることができる。ガーフィンケル（Garfinkel, 1967）によれば，社会構造は多数の有能な人びとによって日々，現在進行形でつくり出されているのである。エスノメソドロジーの中心的な問いは，社会的行為者が，彼らがしていることや，彼らが活動している環境についてどのようにして知っていくのか，ということである（Heritage, 1984）。つまり，エスノメソドロジーは，「組織された活動としての，日常的な出来事について人びとがもっている知識（状況から引き出されるとともに，その状況に内在する知識）」についての研究であるといえる（Garfinkel, 1974: 11）。

　メンバーが巧みに社会的現実を成り立たせている（達成している）ことを理解することが重要だというエスノメソドロジーの主張は，明らかにその学問としての発展に影響を与えている。エスノメソドロジー研究は，どの研究も日常生活の「ルーティン（routines）」について，関心を示している。日常生活では普通の人びとが，解釈手続き，仮定や期待の複雑なネットワークに依りながら，そこから意味をみつけて身近な環境に働きかけるといったことをやっていた（Baert, 1998）。仕事に行くために服装を整える，部会の予定を立てる，ウェイターの注意を引くなど，数え切れないほどのとくに注目されることのない活動が，社会的秩序の生成を明らかにするものとして非常に注目を集めることになった。ガーフィンケルの「違背（breaching）」テクニックに対する執心の理由の一つは，ありふれた環境が期せずして崩壊したときに，個人が普段から保持していた仮定や能力が生き生きと現れるのだという確信から発している。

　もう一つの理由は，メンバーが巧みに現実を成り立たせていることに焦点をあてることで，なんの変哲もない活動を細かく，微視的に調査することが必要となり，個々の行為者の，話の間やため息でさえもが経験的データの意味ある一部として扱われるようになることである。エスノメソドロジーは，日常生活のごく小さな細部をシステマティックに精査することで，「徹底的経験主義者（radically empiricist）」という評判を得るに至った。日常生活についての詳細な記録と分析という点で，きわめて経験主義的であり，そして，(a) 生々しく詳細な経験の分析が推奨される程度と，(b) 日常生活の理解には関係がないとして，従来の社会学理論をきっぱりと否定している点で，革新的である。抽象的な理論モデルと測定法の工夫に専心するこ

とについて，従来からの社会学者はエスノメソドロジー学派から手痛い批判を受けた。それゆえ，エスノメソドロジーは，唯一の妥当なデータソースとして，普通の人たちの間で毎日おこなわれている意味づけと実践の方法に全面的に依存していることについて，逸脱的でもあり過激でもあると従来の社会学者たちから批判を受けている（Boden, 1990a）。日常生活をカオスや無秩序に近いとみる傾向によって，エスノメソドロジーは急進主義的であるとされている。その点では，エスノメソドロジーは社会科学におけるカオス理論であるとみなすこともできる（Boden, 1990a）。

2 エスノメソドロジーの中心概念

前節で述べたように，エスノメソドロジーは，いまここの社会状況を理解し，つくり出すために，人びとが用いる「方法」（個人的にも集合的にも）を分析しようとする。ガーフィンケルとその系列の研究者たちは，エスノメソドロジーの中心となる概念を表現するために，少々理解しにくい語彙を用いている。それらの語彙を不必要に難しいとみなす向きもあるが，エスノメソドロジー学派で共通して使われている術語を理解することによって，エスノメソドロジーの全体像やエスノメソドロジー研究をよりよく理解できるようになるだろう。

■ 現実の脆さ

ガーフィンケルは社会構造という概念を徹底的に否定し，社会は継続的につくられつづけると確信し，社会的現実は，完全に個々の行為者の動きや話に依存するものという見解に至っている。社会的現実は，固定や不変からはほど遠く，「もろく崩れやすい（fragile）」ものだということである。ガーフィンケルはくりかえし，社会的現実の脆さについて論じている。とくに，違背実験では，社会的期待を意図的に覆すことによって日常生活の当たり前さを崩してみせている。同時に，ガーフィンケルは人びとが，崩された社会的状況を，労を惜しまずにシステマティックに修復し，社会的秩序という快適さを回復させているということについても強調している。ガーフィンケルはさらに，人間は，そうとは認めないけれども，基本的に社会生活の脆さを認識していると結論づけている。この脆さを露にする出来事は，どんなものでも人びとを落ち着かない気持ちにさせるということが明らかになるだろう。というのもそうした出来事は，社会的状況の極度の恣意性を暴きもするからだ。それゆえに，人びとは，社会構造の背後にひそむ混乱，カオスに対面することを避け，

68

日常の見かけの秩序とルーティンの快適さを回復させるために緊急に動く。エスノメソドロジーはこのように，社会的現実は不安定でもろく崩れやすいものであるが，皮肉にもそのもろさから強さが引き出されるという，興味深くも逆説的な仮定にその基礎をおいている。

■ 説明と説明すること[訳注2]

　エスノメソドロジーは，さまざまな社会的状況における，個々人による日常的な意味づけについての理解に深く関わっている。しかし，個人の信念やマインドセット（考え方），スキーマに注目しているのみならず，人びとが社会的現実を構成し練り上げていく際に使う「実践的（practical）」で「状況に見合った（situated）」やり方にもエスノメソドロジーは注目している。エスノメソドロジーはこのように，解釈枠組（スキーマ）が実際に使われるところや，さまざまな社会的状況において受け入れられたり，変化したり，否定されたりするさまにより興味がある。社会的秩序は，一見バラバラな日常的活動から，説明する（accounting）というプロセスによって，構築されるとエスノメソドロジストは主張する（Filmer, 1972）。説明する（accounting）という概念は，エスノメソドロジー学派には不可欠な概念である。「会計」という職業も同じ綴りのaccountingだが，混同すべきではない。説明（accounts）とは，人びとが語る物語や，個々のイベントや状況を記述・分析・批判することによって彼らがつくり出す報告のことである（Ritzer, 1983）。説明（accounts）は，意味の後づけをする装置以上のものである。それは，社会という織物全体を織ることから出てきた，社会の仕組みである。マネージャーとしての，または母としての日常的な活動を説明したり論じたりすることで，マネジメントや母性を実践するとはどういうことかの意味をもつくっているのである。会議の運営，部下の査定，取引先との会合などの日常的な業務について，友人や家族に語ることは，同時にマネージャーの現実をつくり，確立していくことになる。聞き手が説明（account）を受け入れる範囲を決めることで，聞き手も社会的現実としてのマネジメントの生成に寄与することになる。会話のパートナーが修正したり，代わりになるような説明を与えてくれることもある。そのような場合は会話への全参加者の暗

訳注2）account, accounting については，「説明」（ガーフィンケル，1987）のほかに「描出的叙述」（ライター，1987）などの訳がある。訳書などでもっとも多く用いられている「説明」とした。

05 エスノメソドロジー　　**69**

黙の交渉によって，マネージャーの現実（マネージャーの仕事とはどのようなことなのか）が現れるのである。医療福祉，ソーシャルワーク，戦略的プランニングなど，どんな状況についての分析であってもエスノメソドロジストは，説明がどのようにして与えられるのか，また，説明が受け入れられるのか，修正されるのか，否定されるのかについて注目するのである（Ritzer, 1983）。

■ 文脈依存性

エスノメソドロジーは現実生成の「プロセス（process）」に注目する。その結果として，そのときその場のコンテクスト（文脈）を強調することになる。これを意味するのが「文脈依存性（indexicality）」ということばである。このことばの哲学的なルーツは，チャールズ・サンダース・パース（Charles Sanders Pierce）にさかのぼることができる。パースの indexicality（指標性）とは，表現の意味するものが発話の状況によって変わることを指していた（Mautner, 1996）。「ここ（here）」「あなた（you）」「あそこ（over there）」や「さあ，こい（come on）」といった語句は，それに言及されるその場の状況や，その語句を使っている行為者間の関係によって意味が違ってくる。エスノメソドロジストはこのような文脈依存性を重視し，あらゆる種類のローカルな「コミュニケーションの文脈（communicative contexts）」に注意を払っている。ことばや語彙だけでなく，ことばの間やため息，「ふーん」とか「えーと」とか「ああ」などについても精しく調べる。彼らは，「人びとは，文脈や状況にたよって実践を意味づけるが，実践もまた文脈の意味を造り支えている」という考えに基づいている（Baert, 1998: 86）。エスノメソドロジーは，他の解釈的伝統（とくに解釈学やドラマティズム）と，コンテクストへの強い思い入れを共有している。しかし，解釈学が文化的・歴史的文脈に注目するのとは異なり，エスノメソドロジーは，会話や行為が起こっている，「直近で，相互作用的な（immediate, interactive）」コンテクストに，より関心がある。

3 エスノメソドロジー学派の研究例

エスノメソドロジーの研究例は，「言語的（linguistic）」なものと「状況的（situational）」なものに大別される（Hassard, 1990）。どちらの場合も，スピーチや行為についての詳細で骨の折れる調査が特徴である。エスノメソドロジーは，エスノグラフィー，とくに規模の大きいフィールドワークを意味する場合に，代替語と

して使われることもあるが，両者はまったく異なるものである。エスノメソドロジー的なフィールドワークの合言葉は，フィールドでの「長期にわたる関与（lengthy involvement）」ではなく，「精査（close examination）」である。エスノグラファー（詳細は次章）と違って，エスノメソドロジストは，長期にわたってフィールドワークをすることを推奨されてはいない。彼らは，すべての状況や会話を徹底的に注意深く精査することを要請されるのである。エスノメソドロジストは，文化や構造などを全体的に広くとらえようとするよりも，少しの会話や会議の詳細な分析からの方が，組織についてはよりよい推論をすることができると主張しているようだ。しかし，いずれの場合でも，分析レベルでは細かいところまで慎重に細心の注意を払うことを求められるのである。

■ 言語的エスノメソドロジー

　会話分析（conversational analysis）とも称される言語的エスノメソドロジー（linguistic ethnomethodology）は，社会状況での言語使用（Boden, 1990b）と，日常的な状況でどのようにして会話が構成されているのか（Cicourel, 1974; Hassard, 1990）に焦点をあてる。言語を，固定した状態というよりも動的なプロセスととらえることが，言語的エスノメソドロジーの中心的な特徴である。つまり，会話分析研究者は，孤立した人工物としてのテクストよりも，会議や日常会話やインタビューや専門家によるコンサルテーションなどの日常的な状況において，どのように言語が用いられるかということに興味がある。言語的エスノメソドロジーの主な関心は，自然におこる言語を検討することである。これは，(a) 言語の日常的使用が社会的秩序をどのようにして構成し維持するのかを明らかにするためであり，(b) 言語使用にその場特有の意味と関係性を与える，その場の文脈（文脈依存性）と言語使用の関連を明らかにするためである。

　言語的エスノメソドロジーは「自然に起こる」言語に力点を置く。それゆえに，この学派の研究者たちは信頼にたるデータ源として，インタビューを使うことには反対している。主観的な生活世界に入る方法として，質的研究ではインタビューを使っているものが多い。しかしながら，インタビューという選択はエスノメソドロジーでは問題含みである。つまり，エスノメソドロジストは，言語が現実を表象するとは考えず，現実を生成しつくり上げるものと考える。それゆえ，インタビューは「説明（accounts）」――行為を正当化し社会状況をとらえるための，意味づけの語り――としてのみ価値がある。説明として取り扱えば，インタビューは信頼にた

るデータソースとなる。しかし，エスノメソドロジストは，インタビューでの陳述を，なんらかの社会的現実の形をとらえたもの，あるいは現実に相当するものとは考えない。

　言語的エスノメソドロジストは，制度的・組織的なさまざまな状況におけるお決まりのスピーチや会話のあらゆる形式を研究する。シルバーマンとジョーンズ（Silverman & Jones, 1973）は，採用面接を取り上げ，ウェストレイ（Westley, 1990）は上司と部下の「戦略的会話」について，モリスとコーゼイ（Morris & Cousey, 1989）は，マネージャーが従業員の説明をどう意味づけするかについて研究している。以下，これらの研究を簡単に紹介することで，言語的エスノメソドロジー研究における微妙な差異について示そう。

　よく引用されるシルバーマンとジョーンズ（Silverman & Jones, 1973）では，あるイギリスの大企業での人材選考のプロセスを研究している。採用面接をテープに録音して，使用されたことばについて詳細に検討し，また，インタビュー後の，ある人を選ぶことを正当化する話のなかのことばについても詳しく検討している。この研究の目的は，著者らによれば，「応募者と採用担当によって，彼らが理解可能だと思うインタビューを立派に遂行し，結果を正当化するために用いられる実践的推論（practical reasoning）を理解すること」である。シルバーマンとジョーンズの結論は興味深い。彼らが分析対象としたインタビューは，合理的で論理的な組織的プロセスからはかけ離れていた。社会的相互作用のようにみえるが，採用担当者は応募者を「受け入れられる」か「気に障る」か，といったカテゴリーに入れようと懸命になっていた。それらのカテゴリーが明確に定義されておらず，多様で柔軟な解釈が可能であったということには，さらに注目すべきだろう。ある応募者について「受け入れられる」とラベルをつけられた行動は，学歴や社会階級といった背景要因の違う他の応募者については，同じ行動であっても「受け入れられない」行動であった。さらに，採用担当者が，彼ら自身のプロとしての権威や判断を再確認するように，最終決定を正当化する（本人に対しても自分に対しても）ことにかなりのエネルギーを費やしているということもわかった。組織における人材採用は，このように，採用担当者のプロとしての専門性を正当化するための，権威的説明が生成されるプロセスでもあるのだ。

　ウェストレイ（Westley, 1990）の研究もまた，戦略的意思決定から排除されたときに，中間管理職が経験する感情を理解するのにエスノメソドロジーの諸要素を利用している。ウェストレイは，中間管理職が包摂あるいは排除を経験する場は，戦

略的主導性または「戦略的会話」についての議論であることを初めに指摘し，多事業部制の製造業を営む大企業において3人の中間管理職への詳細なインタビューをおこない，それを緻密に分析することで，この現象を探究した。ウェストレイ（Westley, 1990）は，このインタビューは，戦略的な問題についての上司と部下の会話を回顧的に語ったものであると述べているのだが，分析ではそれらのインタビューを，中間管理職の経験自体を表すものとして取り扱っている。インタビューを，研究者と中間管理職の間で語られたものとして，つまり中間管理職本人が戦略的意思決定において彼ら自身のアイデンティティを談話的に構成している場としてアプローチしようとする痕跡はどこにもない。論文の冒頭で，ウェストレイ自身は自らの研究を，ミクロな相互作用を扱うエスノメソドロジーであると位置づけているが，読み進めていくと，感情や経験についてのより伝統的な質的記述に変わってしまっていることがわかる。ウェストレイの研究は，エスノメソドロジーの概念や言い回しを使ってはいるが，エスノメソドロジーの精神をつかみ損ねている。

　管理職の「説明」を通した現実生成を理解するための，エスノメソドロジーの考え方は，従業員の弁解についての管理職の解釈を研究したモリスとコーゼイ（Morris & Coursey, 1989）によって強力に押し進められた。モリスとコーゼイは，問題があるとされる状況での従業員の行為の理由を，中間管理職とその部下がどのように話し合うのか，というところに主に焦点をあてた。問題の出来事は，期待される行為と，実際に参加者がおこなった行為とが一致しないときに起こっていた（Morris & Coursey, 1989: 189）。そのような状況では，期待通りの行為ができなかった者は，決して満足とはいえない仕事ぶりについて弁解しがちである。モリスとコーゼイは，市役所の中間管理職と，小売業の中間管理職が，どのようにその弁解を査定するのか，また，彼らは彼ら自身の判断を正当化する説明をどのように提示するのかについて調査した。従業員の弁解についてのプラスの評価は，それが事実であるかどうかとはあまり関係がなく，従業員の性格についてのイメージや，弁解そのものの信憑性との関係が深かった。中間管理職としては受け入れられない従業員の行為について，従業員本人が正当化する弁解を中間管理職が査定するという問題に直面したときに，中間管理職が採用する道徳的・実際的な理由づけを，彼らの研究は間近に垣間見せてくれている。

■ 状況的エスノメソドロジー

　状況的エスノメソドロジスト（situational ethnomethodologist）は，個々人がルー

05　エスノメソドロジー　　73

ルと期待の枠組に暗に依りながらどのように直近の社会的世界を構築しているのか
について記述する（Hassard, 1990; May, 1996; Zimmerman, 1969）。状況的エスノメソ
ドロジーは，構造，すなわち，専門職，科学，官僚制度のような「記号化された対
象（signed object）」が日常のなかでどのようにつくられ維持されているかについて
理解しようと試みている。つまり，すべての社会的カテゴリー（組織，階層など）は，
それ自身として存在論的には実在しないし（Bittner, 1965），人びとの概念的な想像
の産物でもない。むしろ，それらは，個々人の日々の社会的相互作用からつくられ，
完成していくもので，個々人は言語や思想や行為のなかで，また，言語や思想や行
為を通して，ルーティン的にそれらのカテゴリーを産出している。ガーフィンケル
の初期の著作の多くは，このようなジャンルに属しており，とくに「アグネス」の
研究がその代表例である（Garfinkel, 1967）。アグネスは，女性への性転換手術を受
けた男性であった。ガーフィンケルは，アグネスが女性であるための社会文化的要
求をどのように考えているのかについて理解することに興味があった。ガーフィン
ケルがその著作で詳述したのは，ジェンダーそのものが日々つくり上げられていく
ものであるということだった。私たちの多くは，その学習プロセスに気づくことな
く，男らしく／女らしくする方法を実際に「学んで」いる。その結果として，ジェ
ンダーに関連する特徴について，生まれつきの，生物学的に決定された行動として
扱うようになる。男らしさ／女らしさが，子どものころから獲得してきたスキルの
産物であるということには，まったく気づかない。どうしたら女らしくふるまえる
かについて意識的に学習するアグネスのような人は，ジェンダーの社会的獲得とい
う側面について理解する機会を与えてくれる。

　状況的エスノメソドロジー研究の古典とよべる研究には，複雑かつ当たり前な世
界が，どのようにしてローカルな日常のレベルで統合されているかについて例証す
るものが多い。そのなかには，福祉事務所（Zimmerman, 1969）や研究所（Lynch &
Woolgar, 1990），病院（West, 1984），教室（Mehan, 1979），企業（Boden, 1990b; Boje,
1991）などの組織的・制度的環境における研究が多くある。基本的にこれらの研
究は，具体的な社会的カテゴリーが，「普通の」人びとによって「どのようにして
（how）」日々つくられ続けているのかということを明らかにすることに関心がある。
それゆえ，エスノメソドロジストは観察を好む。我々はジェンダーや階層や科学や
高等教育などの組織的・社会的構造を「する（do）」または実践している。日々達
成される経営管理についてのゴルディン（Golding, 1991）の議論はよい例であろう。
ゴルディンは，経営管理とは，抽象的な組織の指揮系統を日常的な規則の実施へ

第Ⅰ部

第Ⅱ部

第Ⅲ部

第Ⅳ部

と移しかえることであるとは簡単にいえるものではないと述べている。経営管理を効果的につくり上げるためには，マネージャーの「巧みなパフォーマンス（skillful performance）」が必要である。目立たないように，また威圧的にならないように，系統的に権威を強めていく必要がある。製造業のある会社で実施した研究から，経営管理は，秘密を守ったり独自性を具体化したりといった管理的儀式の「巧みな実践」を通して制度となるとゴルディンは主張している。これらの儀式は，インフォーマルながら不透過な境界をじわじわと定着させ，日々の経営管理をさらにやりやすくする。

　ゴルディンの論文は興味深くはあるが，その実際のフィールド調査はエスノメソドロジー研究で要求される，事象についての詳細な調査の水準には達していない。これぞエスノメソドロジー研究といえるものは，ボイエ（Boje, 1991）の組織の遂行プロセスとしてのストーリーテリング研究である。ボイエは，「テクスト（texts）」としての組織のストーリーと，「プロセスのなかの事象（events in process）」としての組織のストーリーを区別し，後者に焦点をあてた。ストーリーの構成や内容にではなく，日常の状況において語られるプロセスにとくに注目し，組織におけるストーリーテリングのエピソードを多数取り上げた。その研究の目的は，さまざまなローカルな文脈のなかのストーリーテリングのプロセスを通して，それらのエピソードの意味を理解することであった。ボイエ（Boje, 1991）は，事務用品を扱う大企業で，ストーリーテリングのプロセスを，録音および録画によって観察した。それらの録音・録画テープの分析は，一行一行きわめて細かくなされ，ストーリーのなかの主要な語りだけでなく，どのようにしてストーリーテラーとリスナーがストーリーをつくり出すのかについても細心の注意を払っている。ボイエが強力に示したように，組織のストーリーはそれ自体として実在するのではなく，日常的な状況で，毎日語られ，語りなおされることで生きたものになるのである。さらに，ストーリーには定型がないことが多く，はじめと中間と結論という形で語られることもなかった。ストーリーテラーは話を提供し，それはリスナーによって取り込まれ，空欄が埋められたり修正されたりする。ストーリーそのものよりも，ストーリーテリングのプロセスに焦点をあてることによって，組織のメンバーが，変化を予測したり，変化を促進したり，変化をつくり出しさえするストーリーをどのように語るのかをボイエは示している。研究計画，焦点，最終的な分析，どの観点からもこの研究はエスノメソドロジーの模範的研究といえるだろう。

4 エスノメソドロジーの貢献と限界

研究者たちの間では，エスノメソドロジーは，おもしろいけれどもそれほど重要でない社会生活についての逸話を提供する，大胆で逸脱的なカルトのような学派として際立っていた。しかし，ボーデン（Boden, 1990a）がいうように，エスノメソドロジーをそんな風に考えるのは，憂慮すべき誤解である。その人を食ったような挑発的なスタンス（例：違背実験）も，逸脱的な状況について研究する傾向も，日常の出来事について極端に詳しく調査する傾向も，社会的秩序の見かけの「自然さ」を「壊す（undermining）」という認識論的な目的のためなのである。つまり，エスノメソドロジーの知的貢献は，まさに，社会的世界が構成されたものだということを次々と暴く，容赦ない能力にある。

なぜそれが社会科学への重大な貢献であるのか。それは，エスノメソドロジーが科学や専門的職業，法律や正義といった制度の主柱に対する真剣な問いかけを促すからである。ガーフィンケル（Garfinkel, 1967）や，リンチとウールガー（Lynch & Woolgar, 1990）の，研究室における「科学的事実」の産出についての研究をみてみよう。これらの研究では，実際には正規の原理原則や手続きに従って科学的方法が実践されているのではなく，ある現象を提示する方法についての科学者たちのローカルな交渉からそれは現れるのだということを示している。同様に，ディングウォール（Dingwall, 1976）は，福祉局にて専門家という概念がどのようにしてつくられ，維持されるかについて論じている。シクレル（Cicourel, 1968）は，少年非行について同様に論じている。これらの研究においては，広く流布している科学・専門家・非行といった社会制度から，本質主義的な特徴が剥ぎ取られ，それら制度が普通の人びとの想像と相互作用の産物であるということが顕わになっている。これらの研究成果によって，科学的事実や専門職であることなどを所与の不変な社会的存在とはみなせなくなる。

ポスト実証主義の他の学派に比べて，エスノメソドロジーは個々の行為者と彼らの行為に，既存の構造という概念を超える特権を与え，最大限に真摯に取り扱っている。「エスノメソドロジストにとっての社会構造は，行為者の背後で働いているのではなく，彼らの行為と同時に構成されているのである」（Boden, 1990a: 189）。さらに，ここでいう行為者は，社会的スクリプトに盲目的に従う，文化という薬物への依存者ではなく，日々行為を省察することができる「博識なエージェント（knowledgeable agents）」なのである。このように，多くの社会科学者にとって，エ

スノメソドロジーの強みの一つは，ごく普通の人びとを日常生活の術に熟達している人として尊重する態度にある。

逆説的に，エスノメソドロジーのもっとも目立つ強み——人間の行為主体性の強調——は，主要な弱みでもある。行為のその場その場での合理性を追求するあまり，エスノメソドロジストはしばしば，社会生活についての他の重要な要素，つまり，感情，アイデンティティ，ある特定の制度的合理性が他よりも有力となる方法などを無視しているという誹りを免れない。ドラマツルギストと同じく，エスノメソドロジストは過度に意識的行為に囚われており，社会的現実をつくり上げる行為者のスキルにあまりにも簡単に納得してしまっている。エスノメソドロジーの研究例を読むと，行為者の生活のなかの気持ちや感情が欠けているという思いに打たれる。エスノメソドロジストは，「なぜ（why）」ある行為者は毎度うまく演ずることに失敗するのかという問いについて満足のいくような議論をしていないし，それらの失敗が階級やジェンダーや人種などの社会的な場に関係があるかどうか，という問いについても十分には論じていない。

おそらく驚くべきことではないが，エスノメソドロジーは，日々おこなわれる意味づけに及ぼすイデオロギーの力を無視していることや，ほとんど「新保守主義」ともいってよいような相対主義的な立ち位置をとっていることに対して，もっと批判的な流派から痛烈な批判を浴びている（Chua, 1977）。それと同時に，エスノメソドロジー的考え方の諸要素，とくに制度内での生活の自然さを問うことは，ドロシー・スミスのようなラディカル・フェミニストに取り込まれて，社会生活の「熟達した実践者」としての女性と，彼女たちがくりかえし出会うイデオロギー的バリアとの関係を究明するのに使われた。見かけが違っていても，エスノメソドロジーには，とくに支配的な社会的再生産の源泉としてみなされる社会秩序がルーティン的に成し遂げられていることを強調している点など，マルキシズムやフェミニズムのような批判的な流派への貢献が期待できるところもある。最近では，個人の行為主体性と日常言語の両方を強調していることが，ポスト構造主義や談話分析のジャンルにとってエスノメソドロジーをいっそう魅力的にしている。

とても知的で魅力的ではあるが，エスノメソドロジーの流派で研究することは簡単なことではない。独特な術語をマスターすることに加えて，極端に詳細な分析を要求される。エスノメソドロジーの独特なスタンスと挑戦的なところに魅力を感じて，やってみたいと思った研究者でも，データ収集と分析のたいへんさに耐えられない者が多い。経営学のような分野の通常の学術誌はエスノメソドロジーのスタイ

ルになじみがなく，エスノメソドロジー的プロジェクトにそぐわない慣例的な書き方を要求されることがままある。しかしながら，うまくいけば，エスノメソドロジーは，脆弱極まりない社会的秩序を，つかの間ではあるが大胆に把握してみせるのである。

表5-1 エスノメソドロジーのハイライト

哲学的影響：	アルフレッド・シュッツ（Alfred Schutz），マルティン・ハイデガー（Martin Heidegger），タルコット・パーソンズ（Talcott Parsons）
主要研究者：	ハロルド・ガーフィンケル（Harold Garfinkel），エゴン・ビットナー（Egon Bittner），アーロン・シクレル（Aaron Cicourel），デアーダー・ボーデン（Deirdre Boden），キャンデイス・ウェスト（Candace West），ヒュー・メハン（Hugh Mehan），デイビット・シルバーマン（David Silverman）

中心概念

・現実は現在進行形で社会的につくり上げられるもの
　（Reality as an ongoing social accomplishment）
・現実の脆さ
　（The precariousness of reality）
・説明と説明すること
　（Accounts and accounting）
・文脈依存性
　（Indexicality）
・徹底的経験主義
　（Radical empiricism）

重要な実践

・日常生活の構造ではなくルーティンに着目する
　（Focusing on the routines rather than the structures of everyday life）
・歴史的文脈ではなく直近の文脈を重視する
　（Importance of immediate rather than historical contexts）
・インタビューは説明（accounts）として用いる
　（Usefulness of interview as accounts）

代表的研究

・*The Business of Talk*（Boden, 1990b）
・"The Storytelling Organization"（Boje, 1991）
・"Agnes"（Garfinkel, 1967）
・"Getting In"（Silverman & Jones, 1973）

06 エスノグラフィー

ネイティブの文化的理解

村本由紀子 ［訳］

　質的研究において，エスノグラフィーほど広く支持され，使われている用語はない。エスノグラフィーとは通常，集中的なフィールドワークならびに対象者に対する研究者の高いレベルの関与を指すが，とりわけ人類学的な学問領域においては大きな位置を占め，「ネイティブ（その土地の人びと）」を彼ら自身の文化のなかで理解する方法として発展してきた。他の解釈学の学派がそうであったように，エスノグラフィーもまた現象学的，社会構成主義哲学的な考え方に影響を受けて形づくられてきたが，そのルーツは文化人類学にあり，そのことがエスノグラフィーに独自の性格と物の見方を与えてきたといえる。シンボリック相互作用論，ドラマツルギー，エスノメソドロジーが主に社会学のなかで発展し，解釈学とドラマティズムが文学理論のなかで発展したのに対し，（1950年代後半までの）エスノグラフィーは，疑いようもなく「文化人類学のトレードマーク」だった（Schwartzman, 1993: 1）。その後，エスノグラフィーは，社会学，教育，ソーシャルワーク，看護，経営といった多くの社会科学領域に徐々に浸透した。人類学とのこうした親密な関係のなかにあって，近年のエスノグラフィーはこの領域における知的論争の影響を強く受け，興味深くかつ予期せぬしかたで再定義されてきた。エスノグラフィーは解釈学諸学派の一部として広く認められているが，上述のような事情のゆえに，本章で論じる最近の展開の多くは，文化人類学における現代的議論の大勢を占める，批判的・ポスト構造的・ポストコロニアル諸学派の鍵概念を先取りしている。

　エスノグラフィーは，これまでに論じられてきたどの学派よりも，徹底したフィールドワークという研究手法・方法論と強く結びつけて理解されやすく，研究プロジェクトの主たる構成要素として参与観察の実施が求められる。この視点からすると，エスノグラフィーは主として，研究対象となる人びとや状況との親密な結びつ

06 エスノグラフィー　79

きの進展を伴ったデータ収集の様式として概念化される（Prasad, 1997）。エスノグラフィーの手法にこうした要素のすべてが含まれることは間違いない。しかし，エスノグラフィーの伝統のなかで研究をおこなうには，より複合的な一連の深い関与と理解も必要とされ（Wolcott, 1995），それこそが複雑な人類学の遺産である。ジェームズ・クリフォードが正しくも観察したように，「エスノグラフィーはハイブリッドな活動である［…］それは，著作，収集，モダニズム的なコラージュ，帝国の権力，破壊的批評などとして，姿を現す」（Clifford, 1988: 13）。

　文化人類学において，エスノグラフィー（ethnography）とエスノロジー（ethnology）という語はしばしば同じ意味で用いられる。しかし一般には，エスノロジーは前近代のさほど「先進的」でない社会における社会経済的システムや文化的伝統に関する知識体系を指し，エスノグラフィーはエスノロジカルな洞察を生む記述的フィールドワークの実践を意味する。語源的には，文化や民族（ethno）（典型的には「よその」ネイティブな文化）について書くこと（writing）（graphy）という実践を指す（Vidich & Lyman, 1994）。実際，エスノグラフィーの伝統においては，研究者が自らのフィールドワークの物語を書いたり語ったりするという要素がきわめて重要である。加えて，多くの質的研究の領域ではもっぱら膨大なデータを収集するだけの目的でフィールドワークに類することがおこなわれるが，エスノグラフィーの伝統内でのフィールドワークでは，特定の文化のネイティブないし先住民たちに対する理解の形成が意図されている。「文化（culture）」に対するこうした執着は，エスノグラフィーおよび人類学に固有の特徴であり，この伝統に複雑さと（近年の）多くの論争をもたらしている。

1 エスノグラフィーにおける人類学の遺産

　エスノグラフィーは人類学において発展し，研かれ，完成された。以来，エスノグラフィーは，人類学から多くの実証的な（データに依拠する）学問領域へと拡がっていった（Prasad, P., 1997）。しかし人類学それ自身は，複数の知的諸学問が混在する多様で複雑な領域である。エスノグラフィーを人類学の全領域[訳注1]を代表するものとしてみることは誤りである。霊長類学（霊長類の行動を探究），進化人類学（考古学と関連が深い）といった多くの人類学の研究領域は，エスノグラフィーにほとんど関心がない。内的に共有された意味に焦点を当てているのは，文化人類学ないし象徴人類学のみだが，エスノグラフィーの伝統はここから生まれ，両者はいまや不

可分の関係にあるといえる。

エスノグラフィーの発展を理解するうえでは，二つの絡み合った影響——一つは哲学的，もう一つは物質的な影響——が鍵となる。まずは物質的なレベルで，「新」世界における植民地開拓の初期段階において，「見知らぬ奇妙な」文化に対するヨーロッパの好奇心から，由緒正しい学術的領域としての文化人類学が生まれた（Asad, 1973）。このとき，ヨーロッパの政府や探検者たちは，旅行者，宣教師，貿易商，冒険家，そして初期の植民地の行政官たちが書いた詳細な日記や記録に信頼を寄せていた（Asad, 1973; Vidich & Lyman, 1994）。これらのエスノグラフィー研究の先駆者たちは，やや素人的視点ではあったが，ヨーロッパの読者に向けてネイティブの習慣や実践に関する詳細な描写的報告を提供した。やがて，二つの大きな歴史的出来事のゆえに，主として非西洋の「未開」社会の文化パターンを体系的に（systematically）記述することへの関心が高まった。その第一は植民地主義の急速な進展であり，第二は北アメリカ開拓の絶え間ない拡大であった。

植民地主義と開拓運動は，服従や搾取，征服のターゲットとなった植民地の人びととやインディアンの国々を理解する緊急の必要性のきっかけとなった。植民地統治機関は，彼らの管轄下の「ネイティブ」たちを文化的に掌握する必要に迫られ，そのような理解を提供し得る長期間のフィールド調査をしばしば支援した。結局，こうした努力はかたちになり，英国と合衆国のエスノグラフィー諸学会やフランス民族学研究所（Institut d'Ethnologie）が組織化された。これらの学会のほとんどは，アジア，アフリカ，太平洋諸島におけるエスノグラフィックなフィールドプロジェクトのスポンサーシップを得て，政府や大学の人類学研究室と協力し，力のある組織に成長した。

北アメリカでは西方への侵攻が進み，征服や同化に到底従いそうにないネイティブ・インディアンたちとの絶え間ない軋轢が生まれていた。したがって，開拓担当官や合衆国政府は絶えず，さまざまなネイティブ文化に関する「真正（authentic）」か

訳注 1）この記述は，アメリカ合衆国における人類学を念頭において書かれている。アメリカ人類学会では，人類学とは人間の過去と現在を研究する総合的学問であるという立場をとり，考古学，生物／自然人類学，文化人類学，言語人類学を，人類学の下位領域として位置づけている（American Anthropological Association, 2016）。日本では，これらの四領域はしばしば別の部門で研究されており，たとえば生物／自然人類学は（霊長類学や進化生物学などのかたちで）理学部や医学部に，文化人類学は文系学部に属していることが多い。

つ豊かな情報を求めており，そうした情報が和平の試みに寄与することを期待していた。19世紀，二つの主要機関——インディアン管理局とスミソニアン研究所——が，優れた人類学者たちによるズニ族，ウィネベーゴ族，ホピ族等々に対するエスノグラフィック・フィールドワークの初期の支援者となった（Axtell, 1981）。20世紀になるころまでに，ネイティブ文化の研究とネイティブ芸術の収集を含むこれらのプロジェクトは，アメリカ民族学局，ロックフェラー財団，ピーボディ博物館，南西部の多くの慈善団体からも支援を受けるようになった。

　年月を経て，非西洋文化についての描写はプロフェッショナルな学術領域に成長し，数多くの人類学者を生み出した。彼らの異文化でのエスノグラフィー的探検は，しばしば一般の人や学者たちの想像力をかき立てることに成功した。ブロニスラフ・マリノフスキー（Bronisław Malinowski），フランツ・ボアズ（Franz Boas），マルセル・グリオール（Marcel Griaule），クロード・レヴィ＝ストロース（Claude Lévi-Strauss），マーガレット・ミード（Margaret Mead）といった伝説的人類学者たちはみな，非西洋文化におけるさまざまな角度からのエスノグラフィーを書いた功績によって，驚くほどの学問的成功をおさめた。多くのプロジェクトを通じた彼らの共通メッセージは，距離を置いた部外者の立場からでなく，むしろネイティブの視点（native point of view）で文化を理解したいという欲求であった。これらのエスノグラフィックな努力への哲学的影響は，明らかに現象学的かつ解釈学的なものであった——すなわち，文化的実践と共有された内的意味のローカルな解釈を強調したものだった。

　要するに，学術的エスノグラフィーの発達は，エティック（etic）よりもエミック（emic）な志向性によって特徴づけられ，外生的でなく内生的な視点で文化を識別することに力を注ぐものだった（Prasad, P., 1997）[訳注2]。にもかかわらず，エスノグラフィーの伝統は最初から，その主観的傾向性と，客観的かつ公平無私な科学の正当性への希求との間でせめぎあい，葛藤してきた。プラサドとプラサド（Prasad & Prasad, 2002）が観察したとおり，プロフェッショナルなエスノグラフィーは常に，研究対象となったネイティブたちに親密に近づくことと距離を置くことの両方を求めてきた。ネイティブ文化はその他者性と差異によって明確に特徴づけられる

訳注2）エティック（etic）とは，人間行動の普遍的な側面を追究する志向性であり，エミック（emic）は個々の文化によって現れる行動の差異と変化の側面を追究する志向性を指す。これらは，言語学における音声学（phonetics）と音素学（phonemics）の区別に基づいてつくられた文化人類学の概念である（Pike, 1967）。

ため，エスノグラファーは意味のある理解の獲得のため，彼らの文化に深く浸り込む必要があった。しかし，同時にネイティブ文化は科学研究のためのデータとみなされ，彼らのつくり出した物（アーティファクト）は潜在的な収集価値があると考えられてきたため，彼らの文化と距離を置き，客観的に研究することもまた，同程度に必要だった。エスノグラファーはある程度，ネイティブ文化と近接した親密な関係性を築くが，一方で彼らについて書くときには冷静で公正な書きぶりを採用することによってその親密さを隠し，緊張を解放した（Prasad & Prasad, 2002; Tedlock, 1991）。こうした矛盾にもかかわらず，エスノグラフィーの系譜は 20 世紀半ばまでには確立されたものとなり，さまざまな学問探究の領域で数多くのフォロワーを得るまでになった。

2 古典的エスノグラフィーの中心概念

　近年，エスノグラフィーの系譜はいくつかの興味深い道筋をたどっているが，それでもなお，その核となる要素には，古典的エスノグラフィーと同様の考え方をみてとることができる。古典的エスノグラフィーは文化人類学のなかで発展したが，その後，仕事の社会学，組織論，情報システム研究，行政，消費者研究といったさまざまな社会科学の領域の研究者たちに自らのものとして取り込まれ，用いられてきた。人類学のエスノグラフィーとその他のエスノグラフィーとの主な違いは，対象の選定に関する部分にある。人類学者は慣習的に「奇妙」で「エキゾチック」な文化に目を向けてきたが，その他のあらゆる領域のエスノグラファーは，日常の仕事，コミュニティ，組織場面における見慣れた（familiar）文化に関心がある。1950年代の初めにおこなわれた，工場プラントにおけるロイ（Roy, 1960）のフィールドワークや，スラムの近隣地域におけるホワイト（Whyte, 1955）の研究などは，エスノグラフィーを現代社会のあらゆる場面に拡張できることを示した例である。それ以来，エスノグラフィーの系譜は多くの質的研究の主流となり，エスノグラフィーは集中的で長期間のフィールドプロジェクトを表すもっとも人気のあるラベルとして選択されるようになった。

　エスノグラフィー（ethnography）という用語は，そのたいへんな人気にもかかわらず（あるいはその人気のゆえに），ときにはいい加減で表面的な短いフィールド観察の意味で用いられる。しかし古典的エスノグラフィーは，文化を深く理解するということを非常に真剣にとらえてきた数世代の人類学者たちがつくり出したものである。

古典的エスノグラフィーの中心的概念を，クリフォード・ギアーツ（Clifford Geertz）ほど刺激的に表現した人は他にいない。彼は"*The Interpretation of Cultures*"（『文化の解釈学』; Geertz, 1973）のなかで，シンプルだがパワフルなエスノグラフィーの理解を提起した。この章では，エスノグラフィーの系譜を形づくったマリノフスキーからメアリー・ダグラス（Mary Douglas）に至る多くの文化人類学者について精査することはできないので，主としてギアーツの著作に基づいて論を進めたい。

■ 意味の網の目

　現象学的な影響は，人間生活の中心的な原理として意味（meaning）を強調するが，ギアーツの考えもこのことが中心となって形づくられている。我々の日々の生活は，何層にも重なった意味に満ちており，複雑な象徴的システムのなかに織り込まれている。ギアーツはこれを意味の網の目（webs of significance）とよんだ。すべての人間の行為は意味の網の目のなかにあり，ネイティブが自らおこなう特有のローカルな解釈（local interpretations）を把握することによってのみ理解し得る。もし我々が現代の西洋社会における結婚式を詳しくみるなら，結婚式の儀礼（ドレス，音楽，新婦入場，ケーキカット，等々）がそこに参加する人びとにとってシンボリックな手がかりに満ちていることに気づくだろう。すべての重要な宗教的意味がはぎとられたもっとも世俗的な局面においてさえ，結婚式の儀礼は，なおも複数の象徴的メッセージを伝える。それらは，精神性や親族関係よりむしろ，消費や地位やコミュニティに関するメッセージであったりもする。ここでのポイントは，あらゆる文化的ルーティンは，それが戦略計画であれ，企業のカフェテリアでのランチであれ，地方自治体の改革運動であれ，また，年に一度のオフィスのクリスマス・パーティーであれ，特有のシンボルと結びついている，ということである。

■ 文化的文脈

　エスノメソドロジーと同様，エスノグラフィーは「社会や組織の日常経験や，人びとが日常生活のなかでおこなう日常の物事について」扱うものである（Bate, 1997: 1164）。そしてまたエスノメソドロジーと同じく，エスノグラフィーはこれらの日常の出来事が起きている文脈の理解に深く関わっている。しかし，エスノメソドロジーとは異なり，エスノグラフィーは（その場の状況的文脈というよりもむしろ），出来事や社会的相互作用が展開されている，より広範な文化的文脈（cultural context）に注意を向ける。伝統的な人類学にとっての文化的文脈とはバリ島やナバホ保留地

だったが，現代のエスノグラファーにとっては，ショッピングモールや病院，法律事務所，広告代理店，交番が文化的文脈ということになる。

　一言でいえば，ローカルな解釈は，そこで機能している幅広い文化的意味形成（cultural sense making）の把握を伴ってこそ可能になるというのがギアーツの主張である。我々の日々の解釈は広範な文化ないし下位文化のコードのなかに埋め込まれており，それらが日常の経験のほとんどを媒介する。かくも文化が重要である以上，ネイティブの視点を獲得するためには，集合的（collective）で公的（public）な相互作用の調査が必須のものとなる。実際，この点に関してギアーツには曖昧さがない。彼の観察では，文化とは個人の心のなかではなく，社会生活の公的領域のなかにある。それゆえエスノグラフィーは，日常の社会行為や相互作用に広がっている儀礼，儀式，伝説，神話，タブーといった文化的実践の理解に熱心である。

　「異国」や遠隔地の社会ではこうした文化的象徴に気づきやすいが，自分自身の文脈でこれを理解するのはとても難しい。しかし，エスノグラフィーは，人類学的レンズを内側に向けて（Rabinow, 1977），自分自身の文化を，あたかも見知らぬ，不馴れな，エキゾチックなものであるかのようにみることを求める。自分の分析をエスノグラフィックな流れに向かわせるために，ウォルコット（Wolcott, 1995）は自らの思考や記述に「文化的」という形容詞を滑り込ませるよう提案する。文化的バリア（cultural barriers），文化的セッティング（cultural setting），文化的習慣（cultural habits）といった用語の使用は，我々を文化的な解釈にコミットさせる。クンダ（Kunda, 1992）による，アメリカのハイテク企業におけるプレゼンテーション儀礼の調査は，組織を文化的実体として理解した好例となった。クンダは，この会社におけるさまざまなプレゼンテーションの儀礼がいかにして集団的利害に言及し，聴き手との親近感を伝え，それを受けた聴き手が当該の儀礼の枠組を積極的に再確認するかを明らかにしている。同様に，バーリー（Barley, 1988）によるCTスキャナー導入の研究も，導入に伴う儀礼的プロセスに注意を向ける。いずれの研究においても，組織やテクノロジーは，神話や儀式や迷信のなかに埋め込まれた文化的システムや人工物として提示されている。

■ 厚い記述

　ギアーツ（Geertz, 1973）にとって，厚い記述（thick description）とは，優れたエスノグラファーが読者に向けて，自らのフィールドワークから洞察に満ちた物語をつくり出すためにおこなうもののことである。エスノグラフィー（ethnography）と

いう語と同様に，厚い記述という語はともすれば使われすぎであり，あらゆる現場環境の細部に執拗な注意を向けること以上の意味をもたないこともしばしばである。厚い記述に関するギアーツ自身の議論はもっと複雑で訴求力があり，観察，分析，エスノグラフィーの執筆のすべての局面において，いかなる社会状況にも存在する象徴的間テクスト性を組み込むよう求めるものである。厚い記述は，エスノグラファーがフィールドにおいて，複合的でしばしば相矛盾するレベルをもったローカルな意味に注意を払うときにのみ可能となる。要は，厚い記述は，研究者が行動や発話を必ずしも額面どおりには受け取らないということを含意する。実際，ギアーツは，エスノグラファーが通常の行為の観察から社会的出来事を意味づけようとして直面する困難を強調している。彼が用いたのはウインクの例である。我々は単純な観察からいかにして，片方のまぶたのひきつり（無意識的な身体の動き）とウインク（自発的な目配せ）の違いを知ることができるのか，とギアーツは問う。さらに，ウインクはそれ自体，特定の文脈におけるローカルな行為者たちにとって多層的な意味を内包している。ギアーツがいうには，所詮，ある個人は知り合いのウインクを真似しているだけかもしれず，その場合，彼のウインクはいわくありげな行為というよりむしろおふざけということになる。ギアーツのポイントはきわめて単純である。単独の行為の詳細な観察が常に意味のある状況理解を生み出すとは限らない。複雑に積み重ねられたローカルな解釈をくぐり抜け，彼のいう「意味の構造」を明らかにすることによって初めて，人はわかりやすく洞察に富む文化のポートレートにたどり着くことができる。これこそが厚い記述によってもたらされるものであり，部分的には「異国の，字の消えかけた，省略だらけの，支離滅裂な，疑わしい修正や偏向した注釈に満ちた，しかし月並みな言語表現ではなく，次々に変わっていく具体的な行動の例で書かれた，原稿を読もうとするようなものである」(Geertz, 1973: 43)。

　どんな社会環境にも多義性や矛盾が備わっており，エスノグラファーはこれらを捨象して，共有された意味に焦点を当てたシンプルで単一の文化的説明を提供したいという誘惑にとらわれがちだが，厚い記述のためには，その誘惑に抗わなければならない。ヤング（Young, 1989: 188）が主張するように，この「組織において共有された価値の存在にとらわれることは，ナイーブであるばかりでなく，一見すると全体でまとまっているような感情や価値が，実際は組織内のグループ間でどの程度相異なっているのかを隠しもする」。厚い記述は，意味や利益の異なるクラスターを明らかにし，同時にそれらの相互の結びつきにも目を向けることを研究者に求める。ヤングがおこなった機械工の作業場の下位文化に関する研究（Young, 1989）は，組織

場面における厚い記述の優れた例である（この研究については本章の後半で論じる）。

■ 深い文化的親密さ

エスノグラフィーは元来，よそ者がなじみのない「異国の」文化に出会ってネイティブと同じような理解を得ることをめざすという研究ジャンルであり，（恐らくは他のどんな学派よりも）研究対象となるネイティブと親しくなることの重要性を常に強調する。エスノグラファーは，(a) 研究対象となる文化と親密になること，(b) 経験した親密さを論文のなかで伝えること，を期待される。ベイト（Bate, 1997）はこれを「その場にいる」レベルの品質（"being there" quality）だと述べており，これは確かに古典的エスノグラフィーの不可欠な要素である。

初期の人類学諸派においては，エスノグラファーは異国の地で長期間滞在し，自らローカルな伝統に身を浸して，その土地の言語や文化的慣習を学んできた。現代のエスノグラファーも，研究対象となるコミュニティのジャーゴンや語彙，習慣になじんでいることを表すことで，同じように文化に精通していることを示すよう求められる。ゴールデン＝ビドルとロック（Golden-Biddle & Locke, 1993）は，読者に真正性を伝えることのできるエスノグラフィーは好意的に評価されると指摘する。優れたエスノグラファーは，最終テクストに研究対象者が発したフレーズやコメントを挿入することによってこれを達成する。ヴァン＝マーネン（Van Maanen, 1973）による警察官の社会化に関する有名な研究は，見事なまでに，テクストのあちこちで新人警察官のことばを報告することによって，読者を彼らの世界にいざなおうとしている。

ネイティブな生活のしかたに関する「真正な」説明を提供するため，エスノグラフィーでは常に，参与観察という手法が何より好まれる。研究の真正性は，ローカルな出来事や実践の解釈を助けてくれるネイティブたち（インフォーマントとよばれる）との親密でインフォーマルな関係を築くことによっても高められる。

■ ナラティブの次元

エスノグラフィーの生成とは，データ収集や分析をおこなうことであり，またそれと同程度に，書くことでもある（Frake, 1983; Golden-Biddle & Locke, 1993; Rosen, 1991）。書くという技（ワザ）は常に，古典的エスノグラフィーの中心部分だった。力量の高いエスノグラフィーとは，特定の文化についての妥当な説明を提供する説得的で読みやすいナラティブである（Geertz, 1973; Prasad, P., 1997）。これは主として，

重要な細部に注意を向けること，ネイティブとの心地よい親密さを伝えること，そして，一貫性と明瞭さを保ちながら複数のローカルな解釈の余地をつくることによって，成し遂げることができる（Van Maanen, 1988）。古典派の優れたエスノグラフィーのテクストは，典型的には強いストーリーラインをもち，研究者自身のフィールドへの関与の証拠を示し，歴史・文化的文脈の感覚を伝え，フィールド内で起きた別々の出来事に対して一貫したストーリーを紡ぐものである。

エスノグラフィーは予測よりも洞察を生み出すものであり（Geertz, 1973），テクストの「真理値（truth-value）」の方が「事実値（fact-value）」よりも重要だ（Bate, 1997）と心に留めておくことも大切である。新米エスノグラファーはあまりに頻繁に，想像上の「全体像」を読者に示そうとして，あらゆる個々の（つまらない？）行為，発話，出来事を描写しテクストに盛り込むことに力を注ぎすぎる。さまざまな出来事から，洞察に満ちたニュアンスのあるストーリーを紡ぎ出すことの方がはるかに重要であり，それは，類似の状況にいる読者にも，さらには違う状況にいる読者にさえも，興味深くかつ有用なものとなる。ローゼン（Rosen, 1991）が指摘したように，エスノグラファーは究極的には自分自身の文化への理解を高めるために「異国」の文化を研究するのである。たとえば，企業の儀礼を支配的な組織の統制システムの一部としてとらえたクンダ（Kunda, 1992）の鋭い考察は，別の職場においてもどのようにして象徴的権力が行使されやすいかを我々が理解する助けになる。実のところ，優れたエスノグラフィーは，我々が見過ごしがちな，我々自身のローカルな下位文化に関する物事を「見る」ことを助けてくれるのである。

3 非正統的なエスノグラフィー諸派

古典的エスノグラフィーが象徴人類学のセンターステージを占めてきた一方で，同時に，この分野の周辺領域で，より実験的な分派が展開してきた。これらの分派で目立つのは，研究対象となる文化のなかに意図的に研究者のアイデンティティを埋没させようとすること（ネイティブへの転身），またはエスノグラファーとしてのアイデンティティを最終テクストのなかに明示すること（告白的エスノグラフィー）のいずれかである。

■ ネイティブになりきる（gone-native）エスノグラフィー
伝統的なエスノグラフィーが求めた意図的なプロフェッショナリズムや研究者

として距離をとる姿勢に対する反動は，ネイティブへの転身（turning native），すなわちいくぶん極端なまでにフィールドの文化に没入することへの関心を駆り立てた（Tedlock, 1991）。エスノグラフィーでネイティブになることは，ネイティブ経験の真正性を獲得するロマンティックな試みである。ここでは，ネイティブの文化に長期滞在することにとどまらず，エスノグラファーが，文化の日常的次元を可能な限り純粋なレベルで経験するために，ネイティブの一人に「なる」ことを意味する（Vidich & Lyman, 1994）。ネイティブ化エスノグラフィーの特筆すべき例として，ズニ族のシャーマンかつ戦闘司祭にまでなったフランク・ハミルトン・カッシング（Frank Hamilton Cushing）の有名なズニ研究がある（Evans, 1999; Vidich & Lyman, 1994）。もっと近年では，日本で芸者に「なった」リサ・ダルビー（Lisa Dalby, 1983）や，悪名高いヘルズ・エンジェルスに加入して彼らの文化を研究したハンター・トンプソン（Hunter Thompson, 1994）がいる。仕事や組織の領域では，工場の肉詰め作業者としての個人的経験に根ざした，ウィリアム・トンプソン（William Thompson, 1983）による精肉工場のエスノグラフィーがある。さらに最近の研究としては，メリーメイドの家事代行人やウォルマートのパート従業員（アソシエイト）として働いた自身の経験に基づく，バーバラ・エーレンライヒ（Barbara Ehrenreich, 2001）のアメリカ労働者階級下層に対する洞察がある。

■ エスノグラファーの回顧録

　ネイティブへの転身によって，エスノグラファーは自らの元来のアイデンティティを隠し，ネイティブとしてのそれを獲得しようとする。これとはほぼ逆のもう一つのトレンドとして，エスノグラファーが研究プロジェクト全体を通じて自分の役割に問題があることを自覚し，この自覚を最終報告書の一部にするというものがある。要するに，自伝的でほとんど告白的な要素がエスノグラフィーの作成に入り込み，研究者はそのなかで自らを，データ収集のプロセスでしばしばまごつく，アクティブで「人間的な」参与者として描き出す（Prasad & Prasad, 2001）。こうした「エスノグラファーの回顧録（ethnographic memoir）」（Tedlock, 1991）は，研究者の脆弱さを伝えるもので，自叙伝という文学ジャンルを強く想起させる。「エスノグラファーの回顧録において，著者は我々をフィールドにおける著者自身の生活の一角へと連れ出す。そこはひどく鮮明で感情に満ちた，あるいはユニークな出来事によって縁取られた場所である」（Tedlock, 1991: 77）。現代におけるエスノグラファーの回顧録の先駆の一つはグラディス・レイチャード（Gladys Reichard, 1934）によるナバ

ホ族の織工たちとのフィールド経験の魅力ある物語であり，ナバホ族の文化に対する彼女の私的な感情や反応を垣間見ることができた。そのおよそ30年後，ジェラルド・ベレマン（Gerald Berreman, 1962）はあるヒマラヤの村でエスノグラフィックな滞在をし，それを詳細に報告して同様の効果をもたらした。この一派の最近の著作にはこの他，ポール・ラビノー（Paul Rabinow, 1977）やナイジェル・バーリー（Nigel Barley, 1983）の仕事がある。ラビノーの著作はモロッコにおけるエスノグラフィーのきわめて回顧的な自伝的記述である。バーリーの方は，エスノグラフィー中の災難についての愉快な物語で，アフリカでは哀れな未熟者でありながらも好かれている新米としてバーリー自身が登場する。

　エスノグラファーの回顧録は，ときには「告白の物語（confessional tales）」（Van Maanen, 1988）として類別されることもあるが，古典的エスノグラフィーの伝統に対して興味深い挑戦を突きつけている。これらはエスノグラファーをテクストに直接に再挿入し，通例の記述には現れないような著者自身の姿を，絶えず目に見えるかたちで登場させる。ナイジェル・バーリー（Barley, N., 1983）などの回顧録においても，エスノグラファーは異国の文化のなかで自分の立ち位置を探している未熟な侵入者，無力な部外者，または愛すべきカモとして描かれる（Czarniawska, 1998）。エスノグラファーとしての不適切さをこうしてオープンに認めることによって，彼らの専門的知識の神秘性が取り除かれてエスノグラファーの無過失性が減じられる。こうした告白調の語り口はまた，エスノグラフィックなテクストのいつもの流暢なプレゼンテーションを中断させ，その構築性や気まぐれさに光を当てる。

4 エスノグラフィーの研究例

　人類学以外でも，エスノグラフィーには，「異国」とローカルな領域との両方で長期にわたって小説のような冒険をおこなうという心意気に惹かれた追随者が数多くいる。実際，マーケティングや消費者研究から職業・組織社会学の領域に至る多様な分野で，我流のエスノグラフィーには事欠かない。しかし，人類学以外の分野で研究するエスノグラファーたちは，「自身の」文化的文脈に焦点を当てることによる，人類学とはまったく別の困難に直面している。見慣れた「種族（tribes）」である学校教師や経営者や消費者を研究することには，特有の困難な問題がある。何よりまず，組織や団体の多くの側面はエスノグラフィックな調査にとって近づき難いものかもしれない。多くのエスノグラファーがすぐに気づくことだが，現場においてパ

ワーと特権をもつ人たちほど，エスノグラフィックな注視から自身を隠すのがうまい。経営者や企業エリートを観察することは，きわめてパワフルな集団を研究するということであり，彼ら自身がエスノグラフィーの実施や成果発表に大きな影響を発揮し得る（Rosen, 1991）。経営層や組織のエリートはまた，きびしい機密保持を要求したり，組織のためにそのような措置が必要という理由で，重役会議室，職場の安全記録，セクハラの苦情のような特定の領域への接近を禁じたりすることで，エスノグラファーを抑制することもできる。

　こうした障害にもかかわらず，真にスキルのあるエスノグラファーは，信頼できる内部情報源から得た話と，文書資料や個人的な観察所見とを創造的に組み合わせ，団体の内部サークルのはたらきを理解するに至る。アブラフィアとキルダフ（Abolafia & Kilduff, 1988）がおこなった，1980年の銀マーケット危機に関する文化的分析では，マーケットの鍵を握るアクターたちがいかに戦略的に価格の動きを操作したかを示すことができたが，これは他に類をみない研究である。彼らは，ウォール街の株式マーケットのフィールド観察，株式トレーダーへの克明なインタビュー，そして数え切れないほどのメディア・レポート（Abolafia, 1996）を頼りに，ウォール街の内部者，外部のプレーヤー，そして政府の間での緊張感あふれる争いの状況を描いた。また，エリートはつかまえにくいという問題を，公の集まりの場で彼らを観察することによって乗り越えたエスノグラファーもいる。ある広告代理店のクリスマス・パーティーを観察したローゼン（Rosen, 1988）の研究はその好例であり，上級管理職たちによる支配的な文化統制の実践が，彼らの私的な世界に直接アクセスすることなく描き出されている。

　経営や組織研究のフィールドにおいては，ネイティブの立場を不用意に扱いすぎたり文化の表層的な側面を扱ったりして非難されるエスノグラファーもいる。組織文化やビジネス文化といった概念は純粋に人気があるがゆえに，平凡でつまらない概念になりがちであると，バリー・ターナー（Barry Turner）のような評論家は嘆いている。ターナー（Turner, 1986）のみたところ，組織や社会の文化的ポートレートを描いたと主張する多くのエスノグラファーは，ネイティブの生き方について単純化された表面的な解釈を提供する「ポップカルチャーの魔術師」以上の何者でもない。ターナーはエスノグラファーに対して，古典的エスノグラフィーの英雄たちの足跡をなぞり，文化に自らを没入させてネイティブな視点を把握しようと真剣に試みる「実直な格闘家」であれ，と力説している。

　手短にいえば，現代のエスノグラフィー研究に対する批判は，多くの研究におい

て純粋な文化的没入が著しく欠落している点を問題視しているようだ。この欠落は，一つにはローカルな文化との純然たる近さに起因する。古典的エスノグラフィー派の人類学者は，見知らぬ遠い土地への旅を強いられ，その社会になじむべく，何か月も（ときに何年も）そこにとどまった。今日では，数回のつかのまの訪問でも，その研究はエスノグラフィックとよぶに十分だとされる。ベイト（Bate, 1997）は，「厚い記述」から「手っ取り早い記述（quick description）」へと変化が起き，そのことによって文化的説明がきわめて浅薄になったとしきりに嘆いている。彼がきびしく批判するように，今日では「長期間のフィールドとのコンタクト」は長期滞在のことではなく，短い往来を何度もおこなうことを意味している（ジェット機エスノグラフィー）。今日，組織人類学者はめったに歯ブラシを持参しない。「組織という未開地帯への旅は，安全できちんとした付添いつきの人類学的ツーリズムにすぎない」（Bate, 1997: 1150）。

　要するに，ベイトもターナーも，古典的エスノグラフィーの伝統にみられた豊かさの喪失を嘆いている。彼らの懸念の多くは正当だが，こうした要求水準になんとか応えられる現代のエスノグラフィーもあるということを指摘しておきたい。クンダ（Kunda, 1992）がハイテク企業でおこなった文化統制の研究は，データ収集，分析，成果発表のいずれをとっても素晴らしい。クンダはまず，（自身が大学院生時代をすごした）マサチューセッツ工科大学を通じてこの企業とのコンタクトを果たし，観察者として正式にアクセスできるよう交渉した。当初から彼は，企業のさまざまなアクターたちと会話形式の克明なインタビューをおこない，職場に定期的に通い，トーク，セミナー，グループ・ミーティング，トレーニング・セッションといった公のイベントのすべてに参加した。ローカルな窓口役（その多くは彼がインタビューを通じて開拓した人脈）の協力を得て，クンダはスタッフ・ミーティングやデザイン・セッション，レビュー・ミーティングにも参加するようになった。彼はフィールドワークの間を通じて，学術的な観察者，親しい友人，専門のコンサルタントといった役割の間を常に行き来した。彼の研究は，彼が築いた文化的親密さの程度と，ローカルな象徴的文脈に対するニュアンスに富んだ理解という面で，古典的なエスノグラフィーの理想像にも近いものだった。

　エスノグラフィーとしての深さの問題の一方で，我々は，多くの分野の学術雑誌の刊行形式が，型どおりの成果発表や簡潔さを強く求めるゆえに，文化的没入の追究を断念させる方向に働いていることにも触れておく必要がある。「その場にいる」かのような趣の強いエスノグラフィーは，たいてい書籍として刊行される。クンダ

（Kunda, 1992）の研究や，経営倫理に関するジャッカル（Jackall, 1988）の研究のように，書籍ならば著者はフィールド経験の詳細を開陳することができる。とはいえ，雑誌論文で，全体像（picture）とまではいかなくても，特定の状況に関して満足のいくエスノグラフィックなスライス（slices）を提供することは不可能ではない。カリフォルニアで集積回路を製造するハイテク企業において，シリコンバレー文化を研究したグレゴリー（Gregory, 1983）は，その好例である。グレゴリーはフィールドにおける多様な集団を「内側」から理解し，（マーケッター，エンジニアといった）「職業コミュニティ」の文化的影響の方が，個々人が働いている企業よりもはるかに強いということを興味深く描写した。グレゴリーはまた，こうした文化的ひらめきを，距離を置いた外部者としてではなく，ネイティブ自身の視点から我々に示した。

　均一の文化ではなく複合的な（multiple）文化の要素を巧みに示した優れたエスノグラフィーとして，ヤング（Young, 1989）によるレインコート工場の研究を挙げることができる。ヤングは，職場の結束を象徴しているようにみえる企業の儀礼に焦点を当てて，その見かけとは裏腹な，職場グループ間の隠された亀裂を明らかにし，その亀裂が儀礼のより細かな構造となって現れていることを見出した。また，消費者研究の領域では，シェリー（Sherry, 1990）がアメリカ中西部のフリーマーケット（蚤の市）における観察を続けた。これは，マーケット会場で見出される音，匂い，熱気を豊かに表現してみせた模範である。シェリーは，活力のない現代の消費社会において，マーケットの真の意味を取り戻すためにフリーマーケットが社会的重要性をもつという洞察も提示している。

　エスノグラファーにとって，自分自身の文化を研究することは，自分たちと同じような人びとが住む場所を調査するという問題に直面することでもある（Rosen, 1991）。エスノグラファーが観察下にあるネイティブと多くの文化的要素を共有するとき，文化そのものの当たり前の側面に気づくことの難しさを知ることになる。アルベッソン（Alvesson, 1993）が指摘するように，組織エスノグラファーはしばしば，現代の企業の中心的特徴を当然視して，それが歴史的に生み出されたユニークな文化的実践であるとはみなくなる。彼はこれを「文化的盲目」とよんだが，これは，組織エスノグラファーが「「管理」「組織化」，可能な限りの物事の「効率化」へのとらわれが，西洋文化，とりわけビジネス組織の特徴だ」といった記述をする，という失敗として表れる（Alvesson, 1993: 47）。文化の他者性と向き合う人類学者とは異なり，組織エスノグラファーは，「家にとどまったままで，文化的に見慣れたものを理解し解釈すべき対象に変えようと虚勢を張る」ことを憂うべきである（Rosen,

1991: 14）。

　文化的盲目は，見慣れた文化を異国のもののようにみるという意識をもつことで，低減させることができる。それは，ビジネス，学校，メディア，政府の人びとの「見知らぬ奇妙な」実践を目の当たりにしているビジターとしての自分を想像することである。この手の文化のレンズを使う利点を最大限に生かした研究の一つに，アブラフィア（Abolafia, 1996）によるウォール街の株式マーケットのエスノグラフィーがある。彼は株式トレーダーを，バリ島の闘鶏の主役たちと同じように，株式トレーディングという「ディープ・プレイ（deep play）」（Geertz, 1973）に興じているユニークな種族（tribe）として扱った。アブラフィアが文化レンズを巧みに使用したおかげで，我々は，トレーダーの世界を，合理的な経済交換の場という見飽きた世界とはまったく別の世界として眺めることができる。代わりに，彼は株式マーケットを強烈に象徴的な場として提示する。そこは，トレーダーたちがお金のためでなく地位のために戦う場であり，また，理性的な利害関係が直感やリスク志向性と交錯することによって，我々が普段マーケット行動と呼ぶものが生み出される場である。

5 エスノグラフィーの系譜における論争と新たな方向性

　ここ25-30年以上にわたり，人類学では古典的エスノグラフィーの伝統がきびしく糾弾され続けてきた。というのは，この学問分野自体が，劇的に変化する環境のなかで適切であるためには，再検証・再形成されねばならなかったからだった。文化人類学を巻き込んだ激動期を完全に把握するためには，エスノグラフィーの特有の発展のしかた，すなわち，辺境の開拓と植民地拡大というニーズに応えるためにネイティブ文化の深い説明が求められてきた，という経緯を思い返さなければならない。開拓の終わりと植民地支配の崩壊に伴い，いくつかの重要な変化が生じてきた。まず，「原始的」で「エキゾチック」な文化からきた「ネイティブたち」は，以前は古典的エスノグラフィーの受動的な対象者だったが，より能動的に，エスノグラフィーのテクストでの自分たちの描かれ方を問いただしたり，そこでの声を求めたりするようになった。彼らはまた，自らの文化の正統的なストーリーテラーの役割を果たすようになった。

　同時に，ときとしてナラティブ転回に分類されるような一連の強力な知的運動は，エスノグラフィーそれ自体を新たな言語ゲームとしてみることを，我々に強いるよ

うになった。すなわちエスノグラフィーを，「野蛮」で「エキゾチック」なネイティブたちに対して新帝国主義的な視線を向け続けることから現れた，西洋的ナラティブのジャンルと一体のものとしてとらえるということである。この問題に関してもっとも影響力のあるテクストの一つが，クリフォードとマーカス（Clifford & Marcus, 1986）の論文集で，そこではエスノグラフィーが，主題であるネイティブな文化についてよりも，むしろそれ以上に著者（ら）について読者に語る，文学的産物としてとらえられている。人類学におけるエスノグラフィーに関する論争では，昔のような主観／客観の区別や，求められる親密さの程度についての議論は少なくなり，テクスト中のレトリック（rhetoric）や表象（representation）についての論点が多くなっている。

つまり，これらの論争は，エスノグラフィーの無罪とはいえない性格（Van Maanen, 1995）を認めることによって生じ，これによって実践者たちは，ネイティブの文化を解釈し表象する際の自らの役割についていくらか自覚的になり，当惑し，皮肉な思いになる。「それどころか，エスノグラフィーに伴う道義的な曖昧さや政治的な複雑さは，縮小しながら相互依存度を増すポストコロニアル世界において，ますます明白になり，また問題になっている」（Van Maanen, 1995: 8）。

人類学のなかでは，これらの論争の極端な激しさはエスノグラフィーの実践に明らかな痕跡を残している。以前は周辺領域での非正統的な試みとみなされていたエスノグラファーの回顧録は，もっと一般的なものとなり，学術的想像を引き継ぐものになってきた。組織研究においてさえ，エスノグラファーが研究における自らの存在を明記せざるを得ないと感じるようになってきているが，そのやり方としては，本文ではなく付録に記されていることの方が多い（Kunda, 1992 など）。

これらの論争のもう一つの派生物は，テドロック（Tedlock, 1991）がナラティブ・エスノグラフィー（narrative ethnography）として特徴づけた，現代エスノグラフィーの一派である。エスノグラファーの回顧録と同様，ナラティブ・エスノグラフィーは，エスノグラフィーを「フィクション」[原注1] として理解することに由来する。ここでいうフィクションとは，それを書いた著者のみならず，間接的には，たとえば学術的著作の慣例や，研究者と対象者を分かつ深く沈みこんだ境界，理論やデー

原注1）ここでのフィクション（fiction）という用語は，偽りと同一視されるべきものではなく，エスノグラフィーのテクストがもつ構築的で創造的な性質を浮き彫りにするものである。

タ，等々の制度的構造によっても生み出されている（Clifford, 1988; Crapanzano, 1977）。ナラティブ・エスノグラフィーの目的は，これらの影響に抗うとともに，エスノグラフィーをつくり上げる際に，これらに対する気づきを伝えることにある。

　ナラティブ・エスノグラフィーは，研究努力のプロセス性を描き出すことに根本的に深く関わっているものといえるだろう。それは，研究者，学術機関，そして「力と意味が変化し続ける場での」さまざまなネイティブの対象者との交渉のなかから，最終的なエスノグラフィーがどのようにして現れるかを示すものである（Kondo, 1990: 8）。これを明らかにするために，エスノグラファーは，研究プロジェクトにおける一人の人間としての自己に焦点を当てるだけでなく，エスノグラティックな出会いそれ自体のもつ固有の性質にも目を向ける。ドリン・コンドー（Dorinne Kondo, 1990）による和菓子工場での研究は，研究者とネイティブとの相互作用の多彩な寸描を通してエスノグラフィックなプロセスを生き生きと描き出した例である。コンドーはまた，多様な概念カテゴリー（人種や性など）や制度的構造（学術的トレーニングや広範な政治問題など）のすべてがいかにして「力のマトリックス」を構成し，そのなかで彼女自身の研究の遂行や執筆がなされたのかを，明らかにしてみせた。このジャンルに属する他の研究者と同様，コンドーは多くの制約を壊し，それらへの気づきをエスノグラフィーのなかに盛り込みさえした。

　これらの論争，論点の多くは，経営／組織研究や消費者研究など，古典的エスノグラフィーがかろうじて正統性を獲得してきた分野には，まだ滲み渡ってはいない。これは本当に不運なことである，というのも，これまで述べてきた新しい動きの多くは，加速するグローバリゼーションや多文化主義の文脈に織り込まれたフィールドにとって非常に関連の深い認識論的な問題に，研究者たちを直面させるからである。消費者研究，広告，人的資源管理，情報システム管理，戦略企画等々，これらはみな，世界が（そして組織が）同質的なネイティブの住む単純で複雑さのない場所であり，外から来た専門家に簡単に理解し得るという前提のもとでは，もはや研究することができない。したがって，エスノグラファーはいまこそ，その発祥・故郷たる学問領域に目を向け，そこに起きている知的葛藤から何を学び得るかを知るべきときにきているのである。

表6-1 エスノグラフィーのハイライト

哲学的影響：	現象学，解釈学，象徴的人類学，フェミニズム，ポスト構造主義，ポストコロニアリズム
主要研究者：	ブロニスラフ・マリノフスキー（Bronisław Malinowski），フランツ・ボアズ（Franz Boas），フランク・ハミルトン・カッシング（Frank Hamilton Cushing），マルセル・グリオール（Marcel Griaule），マーガレット・ミード（Margaret Mead），メアリー・ダグラス（Mary Douglas），クロード・レヴィ゠ストロース（Claude Lévi-Strauss），クリフォード・ギアーツ（Clifford Geertz），ジェイムズ・クリフォード（James Clifford）

中心概念

- ローカルな意味（Local meanings）
- 意味の網の目（Webs of significance）
- ネイティブの視点（Native points of view）
- 文化的文脈（Cultural context）
- 厚い記述（Thick description）
- ネイティブへの転身（Turning native）
- 告白（Confessionals）

重要な実践

- 長期間のフィールドとのコンタクト
  （Prolonged contact with the field）
- 文化的盲目の回避
  （Avoiding cultural blindness）
- 文化的な声の多重性
  （Multiplicity of cultural voices）
- 説得力のある記述
  （Writing persuasively）
- 自らの著述における制度的制約への気づき
  （Recognizing institutional constraints on one's writing）

代表的研究

- *Making Markets*（Abolafia, 1996）
- *Crafting Selves*（Kondo, 1990）
- *Engineering Culture*（Kunda, 1992）
- "A Sociocultural Analysis of a Midwestern Flea Market"（Sherry, 1990）
- "On the Naming of the Rose"（Young, 1989）

II
深層構造に着目する系譜

　19 世紀末から 20 世紀にかけて，フランス，アメリカ，東ヨーロッパの数多くの思想家たちは，すべての社会的現象に関わる知識は社会の深層構造の基礎を学ぶことで次の段階に進めることができるという確信のもとに結束しはじめた。構造主義，記号論，記号学[訳注 1] と，いろいろな名前で言及されてはいるが，これらの理論を貫く共通する縦糸は，社会的現実の表層そのものが我々に語ることは非常に少ないという考えであった。社会的形態の真なる理解のためには，我々は根底の深層構造を見極めることが必要である。したがって，構造（structure）という用語は，この伝統にとっては明らかに重要なものである。要は，構造とは，システム（全体）の各要素（部分）が形式的に互いに関連し合っているその形態を指す。それはまた，これらの構造的編成が，どんなシステムのなかにおいても行為者や要素のふるまいを

訳注 1）　日本では，「記号学」は semiology の訳語として，ソシュールに由来するヨーロッパ系の流れで使われる一方，「記号論」は semiotics として，パースに由来するアメリカ系の流れに使われることが多いという。日本では「記号論」の方が一般的に使われると指摘されている（立川・山田，1990）。本書では，著者のプラサドが semiotics を用いているため，「記号論」と訳出する。

究極的に規定していると共通して考えられたということでもある。したがって，ふるまいを理解するためには，これらの深層構造にしっかりと通じていることが必要であった。

深層構造の概念に影響を受けるすべての学問的伝統は，言語哲学のフェルディナン・ド・ソシュール（Ferdinand de Saussure, 1966）[訳注2] に深く負っている。ソシュールの思想は，またたくまに言語学，心理学，文化人類学，さらに近年でいえばコンピューター科学も含め，多様な学問領域に浸透していった。チャールズ・サンダース・パース（Charles Sanders Peirce），ジャン・ピアジェ（Jean Piaget），クロード・レヴィ＝ストロース（Claude Lévi-Strauss），ノーム・チョムスキー（Noam Chomsky），ロラン・バルト（Roland Barthes），ツヴェタン・トドロフ（Tzvetan Todorov），ウンベルト・エーコ（Umberto Eco）らのような，そうそうたる知識人らも構造主義に何かしらの形で密接に関わっている。

多くの場合，構造主義者の系譜は，解釈的アプローチの系譜とは一線を画している。深層構造に対する構造主義者の焦点は，ある種，色濃い，反人文主義的な志向性（antihumanist orientation）を帯びている。これらの志向性において，個々の解釈自体は，その解釈を可能にしている形式的ではあるものの，みえにくい構造的編成に比べて，さほど重要ではないと考えるのである。ベストとケルナー（Best & Kellner, 1991: 19）が指摘するように，いかなる構造の分析も「客観性，一貫性，厳格性や真実」をめざすものである。というのは，すでにそこに存在している深層構造を求めて直線的に突き進む探求において，主観的評価をとらえることにはまったく関心がないからである。このように個別の行為者を，構造の符号（codes）や原則を映し出す「話す客体」（Lemert, 1979）以上の何物でもないと扱い，さほど重要だと考えなかったため，構造主義は，非人間的であるとも批判されてきた。

こうした欠点があるにもかかわらず，構造主義が社会科学にもたらした貢献の数々は無視できない。さまざまな形態の構造主義は，社会的現実は言語と言語形態（すなわち深層構造）によって大半が構築されているとみるソシュールの言語学に由来する形式的な分析様式を採用する。したがって，言語は，構造主義者の伝統にと

訳注2）ソシュール（Saussure, 1966）とあるのは，著者のプラサド氏が参考文献としている用いる英文訳の『一般言語学講義』の出版年度であるため，留意が必要である。原本はソシュール自身が著したのではなく，ソシュールの死後にソシュールの授業を受講し，学生が書き留めたノートを同僚が編纂したものだが，その初版はフランス語で 1916 年に出版されている（ブーイサック，2012）。

っては絶対的な基本であり，同時に主要な構成要素の（constitutive）役割を担うと考えられている。換言すれば，我々の社会は織り込まれた布地だとすると，言語はそのなかの素材にあたるといえる（Manning & Cullum-Swan, 1994）。このような言語の見方は，個人の経験や説明を越え，さらにそのような個人の経験を経験として可能ならしめる言語の枠組にまで到達する言語のもつ深い力に帰結する（Mautner, 1996）。

　長年にわたり，深層構造に着目する系譜は，ソシュールの言語理論を言語と非言語コミュニケーションのさまざまな形態，とくに，スピーチ，ライティング，建築デザイン，音楽，ファッション，文化儀礼などの形で拡張してきた。図II-1は，こうして拡張されてきた多岐にわたる構造主義者の伝統の概要を図示したものである。ソシュールの言語哲学の卓越した初期の分派は，ローマン・ヤコブソン（Roman Jakobson）やニコライ・トルベツコイ（Nikolai Trubetzkoy）が発展させた構造音韻論（structural phonology）のプラハ学派である。この学派は，言語を最小単位，すなわち，形態素（morphemes）に分解することに取り組み，独特のパターン，すなわち音素（phonemes）を探した。（後にチョムスキーに多大な影響をもたらすことになる）プラハ学派の音韻論者たちは，言語の研究を観察可能な意味のパターンから深層構造のレベルへと転換させた（Rossi, 1983）。その他の注目に値する構造主義者の系譜には，ロシア・フォルマリストのグレマス（Griemas, 1966）やウラジーミル・プロップ（Vladimir Propp, 1968）が含まれる。プロップ（Propp, 1968）の，ロシアの昔話のいわば代数学的な研究は，現在では構造主義の古典例とされる。プロップは，何百にものぼるロシアの昔話を研究したが，一つひとつの詳細な検討をするためではなく，中心的な骨組，つまり昔話の背後にある形態論（morphology）を明らかにするために研究したのであった。

　基本的な形態論は社会行動の形も説明できるというこの考えは，人類学でも進められ，主にレヴィ＝ストロースが婚姻や親族関係を言語形式として扱ったことがこの分野に多大な影響を与えた。基本的に，レヴィ＝ストロースは，文化現象のさまざまなセットには一つの中心となる（比較的固定化された）隠れた構造（hidden structure）があり，その範囲が人間の行動のあらゆる可能性を規定し，制限すると考えた（Turner, 1983）。ひとたび，我々がこれらの潜在的構造，もしくは，組織的原則を見出すならば，文化システムの日常活動はさらに理解しやすくなる。多くの人類学者たちは，自分自身や他者の文化内で働く内なる仕組みを把握するためにこのような深層構造分析に従事してきた（例：Foster, 1974; Sapir & Hoijer, 1967）。たとえ

ば，フォスター（Foster, 1974）によるアメリカ文化の構造主義者としての考察は，アメリカの文化全体を組織し，表現する支配的原則として，直線的な上昇志向を提唱している。言語，都市デザイン，そして，日常儀礼の分析を基にして，フォスター（Foster, 1974: 336）は，「我々の摩天楼，ジェット機，宇宙船などは，すべて，上向き（up）が好まれる傾向の証明となる。我々は職業においても「上」に移動する，すなわち，階級や組織の「頂上をめざす」。進化として解釈されるゆえ我々は類人猿より「上に」あるというのは偶然ではないし，特定の進化を意味しないなら［…］歴史は現在に向かって「下へ」動くことも偶然ではないだろう。「上へ」はよくて，「下へ」はよくないとする。また，「下へ」ということは「失格（out）」である。「低い」とされる性格は「高い」道徳的価値と対になっている」と結論づける。我々の社会のこの種の構造分析は容易ではないが，こうした分析手法は，労働と組織（Fiol, 1989; Manning, 1989），顧客調査（Mick, 1986），コミュニケーション（Broms & Gahmberg, 1983）の研究領域でますます多くみられるようになってきている。

　ここまでくれば，構造主義が社会形態の背後にある核となる抽象的原則を探求することにのみ関心があり，主観的経験や解釈に少しも比重を置いていないことは明らかである。また，構造主義では，個々人の行動は根底にある深層構造によってきびしく規定されているという前提のもと，個々人は社会文化的な状況において自律しているとは考えない。こうしたスタンスは，解釈主義の伝統とはかけ離れている。批評家のなかには，構造主義が還元主義（reductionism），反人文主義，過剰な科学主義であると強く非難する人もいるが，構造主義の支持者たちは，その主たる強みは，日常生活の細かい詳細を迂回して，基盤的な社会の枠組や原理に集中する力にあると考えている。構造主義は，社会科学にあっては常にどちらかというと限られた支持者がいたのみだったが，ポストモダニズムやポスト構造主義の進展に強く影響を与えはじめるにつれ，その重要性はここ50年間で急激に増した。こうした二つの系譜をよく理解するためには，初期の構造主義の概念への理解が求められることはいうまでもないだろう。このセクションでは，我々は記号論と多様な経験主義の学問における記号論の応用をみていくことにする。

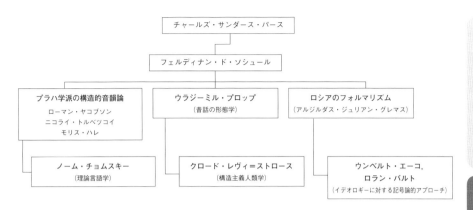

図Ⅱ-1 記号論・構造主義のハイライト

07 記号論と構造主義

社会的現実の文法

藤田ラウンド 幸世 [訳]

　現代の記号論（または記号学）と構造主義に関わる幅広いジャンルのすべてにおいて，ヨーロッパのフェルディナン・ド・ソシュール（Ferdinand de Saussure）とアメリカのチャールズ・サンダース・パース（Charles Sanders Peirce）の二人の言語哲学が起源となっている。通常，ソシュールが記号論の系譜の創始者とされるが，パースもほぼ同時期に同様の概念を発表していた。記号論の語源は，中世まで辿ることができ，当時は，医学的な症状，すなわち，病気の兆候（signs）の所見について言及するものであった。それが，イギリスの政治学者，ジョン・ロック（John Locke）が，社会のコミュニケーションを論ずるうえで人間の心によって表される記号の研究として記号を使いはじめたときに，この用語，すなわち記号論は哲学，および，社会科学の言説（discourse）のなかに登場するようになった（Rossi, 1983）。それ以来，記号論は，記号の科学（science of signs）として位置づけられるようになった。

　実際に，記号論とは，形式的な分析方法として概念化されると考えるのが一番適切だろう。つまり，記号がいかなる社会システムにおいてもどのように意味を伝えるのかを決定し，その中心となる原則を見極めるために用いられるのである（Eco, 1976）。記号論がこれらの基本的な原則の構造や文法に完全に焦点を合わせているという点に着眼することが大事である。記号論の研究者にとってあらゆる言語は，その文法（grammar）により結合され，一貫性が与えられるものであると考える。またその文法こそが言語での表現や意味の解釈を統制すると考える。言い換えれば，文法の原則は，単語が文として組織化される方法を支配しており（Fiol, 1989），その結果，コミュニケーションとして後にやりとりがされる際に生じる意味にも影響を及ぼすことになる。言語の「真の」意味を理解するということは，その文法の知識なしでは可能にならない。記号論や構造主義の多くの学派は，この言語モデル

を社会的現実にあてはめて応用したものであり，つまり，似通った原則の構造や文法が，たとえば，芸術，数学，社会慣習，高速道路の標識といったあらゆるコミュニケーション・システムの意味の表現を規定すると主張する（Fiol, 1989; Manning & Cullum-Swan, 1994）。こうした記号論の広がりが，社会科学の研究者たちをひきつけてきたのである。

1 記号論の哲学

　フェルディナン・ド・ソシュールの思想は，記号論と構造主義の伝統にとってきわめて重要なものである。しばしば近代言語学の父と紹介されるソシュールは，彼が言語と社会的行動の間に見出した強い結びつきを主要な知的貢献とする（Culler, 1976）。著名な自然科学の研究者[訳注1]の息子として，ソシュールは1857年にジュネーブで生まれ，ライプツィッヒ大学とベルリン大学で初期インド・ヨーロッパ語について学びはじめた。ドイツでは，彼は，青年文法学者（Junggrammatiker），または新文法学者（Neo-Grammarians）として名をはせていた研究者のグループに参加していた。このグループに属する研究者たちは，日常で使われる言語のパターンよりも言語の形式領域に関心をもっていた。その後，彼はパリでしばらく教鞭をとったが，ジュネーブ大学のサンスクリット語とインド・ヨーロッパ語の教授として故郷に戻った。ジュネーブで教えている間に，彼は後年，影響力をもつことになる言語理論を発展させた。ソシュールは，生きている間にはほとんど著作を残していないが，常に詳細で几帳面なノートを残していた。ソシュールの死後，彼の弟子たちがこうしたノートを編纂し，現在ではよく知られている *Course in general linguistics*（『一般言語学講義』）（1966）[訳注2]を世に送り出した。

　ソシュールのすべての思想に関わる研究は，言語と人間の意味創出の両者間の密接な関係に対する彼の好奇心が動機となっている。彼は，「人間の言語とは何か」

訳注1）ブーイサック（2012: 72）によると，フェルディナンの父，アンリ・ド・ソシュールは，鉱物学者兼昆虫学者であったという。

訳注2）ソシュール（1966）とあるのは，著者のプラサドが参考文献として用いる英文訳の『一般言語学講義』の出版年度であるので，留意が必要である。原本はソシュール自身が著したのではなく，ソシュールの死後にソシュールの授業を受講し，学生が書き留めたノートを同僚が編纂したものだが，初版はフランス語で1916年に出版されている（ブーイサック，2012）。

といったとてつもなく根本的な問いから始める。そして，あらゆる言語はそれぞれ
が記号のシステム（system of signs）であると提案することで，それに答えたのであ
る（Culler, 1976）。記号とは，何かそれ以外のことを表す，または象徴する何かで
ある。ここでの記号とは，言語の基本的な単位であり，それ自体は二つの要素から
構成される。それは，（語，または，音のパターンを示す）シニフィアン（signifier）と
（概念，または，事象を示す）シニフィエ（signified）である[訳注3]。ソシュールの考えで
は，シニフィアンとシニフィエは意味のレベルで離れがたいものである。たとえば，
犬という語（word）はシニフィアンであるが，イヌ科の動物と言及されるとシニフ
ィエである。両者が「犬」という記号を一緒に形作るのである。ソシュールは，シ
ニフィアンとシニフィエの間の関係は，完全に恣意的なものであるとさらに断言し
た（これが初期言語哲学との決定的な決別となる）。すなわち，いくつかのまれなケー
スを除き，もし特定の言語コミュニティによって受け入れられるのであれば，シニ
フィアンは他のどんな語とも置き換えられることができ，それまで通り同じ意味を
伝えることは可能であるという。たとえば，「犬」という語は，アトランダムに組み
合わせたような "grot"，"trub"，あるいは，"vulk" にも簡単に置き換えられると考
えられ，それでもまだ同じ動物を指すことは可能である。だからこそ，我々はフラ
ンス語で chien（犬），ドイツ語で Hund（犬）などの語を用い，これらの語はすべて
同じ事象を指しているのである。ソシュールのいいたいポイントは，シニフィアン
である犬，つまり chien にしろ Hund にしろ，これらの語が言及している動物とは
「自然に」，あるいは本質的に関連するものではないということだ。むしろ，特定の
言語システムから出現した恣意的な記号なのである。この視点からすると，言語は，
もはや社会的現実を映し出す鏡とみなすことはできない。逆に，言語は，現実にお
ける人の経験を後で組織化するために使われることになる，実際のスキーマや概念
的枠組を提供していることになる。

　さらにいえば，こうした記号自体は，各言語のシステムのなかでそれぞれに異
なるやり方で組織化されるということである。各言語は，言語が提供する基本的な

訳注3）ソシュールはフランス語で講義をおこなっているため，教授言語はフランス語であ
　　　る。影浦と田中（ソシュール, 2007: 118）が指摘するように，signifiant（シニフィア
　　　ン）と signifié（シニフィエ）は「能記」／「所記」，「記号作用部」／「記号意味部」，
　　　「シニフィアン」／「シニフィエ」など，日本語ではすでにさまざまに訳出されてい
　　　る。本章の訳語としては，プラサドの英語の原文における "signifier" をシニフィア
　　　ン（＝意味するもの），"signified" をシニフィエ（＝意味されるもの）とする。

言語のカテゴリーによって，人の経験を系統立てるための根本的な枠組を生み出す，記号の集合体の特定の編成から成り立っているというわけだ。それゆえに，人間の経験を理解するためには，人は基本的な言語構造を成り立たせているまさしくその構造を考察するという選択しかないということになる（Culler, 1976; Harris, 1987）。そのうえ，各言語は，異なる，内なる論理（inner logics）とそれを系統立てる原理によって作動する独自の記号システムなのである。たとえば，英語では，水が流れる様態は，その容量（たとえば，river 比較的大きな川，stream 流水・小川，brook 小川）で区別するシニフィアンにより言及されるが，フランス語においては，rivière と fleuve という語は，海に流れこむのかどうかという水の様態により区別される。別の論理もさまざまな言語に見出すことができるだろう。言語によっては，雪の白さの度合いによって，また他にも雪の肌合い（たとえば，wet, powdery など）により，語を区別する。また，英語のような言語などは，人の性格を描写するために食べ物の味覚を表す形容詞（例：sweet, sour, bitter など）を用いるが，他の言語にはそのような概念はない。カラー（Culler, 1976: 24）が強調するように，ソシュールのここでの論点は，「言語はそのシニフィアンを恣意的に選ぶというだけではなく，概念の可能性の広範な連続帯を言語によって好きなように分割することができる」のである。こうした異なる言語の系統立てられた原則が機能しているのかが，ソシュールの記号論の根本的な焦点であるといえる。

2 記号論と構造主義における中心概念

ソシュールの記号に対する興味は，個別の記号に留まるのではなく，記号全体の集合体や記号のシステムにまで及んでいる（Harris, 1987）。どんな個別の記号も，特定の記号構造内での他の記号との関係なしには意味をなさなくなると想定すると，記号のシステムに関するこの強調こそが，構造主義者の伝統の主要な部分であろう（Lechte, 1994）。ソシュール自身は，根本的な記号のシステムとしての言語に興味をもっていたのだが，彼の考え方は，これまで服飾（Holman, 1980）や企業の年次報告書（Fiol, 1989）から小売り販売取引（Pentland, 1995）や観光マーケティング（Uzzell, 1984）にわたるまでの，おびただしい数の他のコミュニケーション・システムの研究に脈々と応用されてきた。分析対象が異なるとはいえ，ソシュールの思想の核となる考え方は，こうした研究の多くのなかに確かにみられるものである。

■ ラングとパロール

ソシュールは，ラング（langue 言語の形式上の規則体系）とパロール（parole 日常の発話）の間で重要な区別をおこなった。ラングは，記号システムを司る基本的な文法や原則を指し，これは比較的固定している。ラングは，個別の経験の外に存在し，また，それぞれの言語のコミュニティのメンバーによって結ばれる隠喩的な契約によって存在する（Rossi, 1983）。日常の発話，すなわち，パロールは，日常のコミュニケーションで，言語構造（ラング）を個々人が自分のものとして使いこなすということを指す。これは，ラングと比較してはるかに個人特有のものであり，また，変化しやすいものである。

ソシュール（Saussure, 1966）訳注4) は，記号論の観点から考察するのに値するのはラングであり，その理由は，ラングは，個人の言語行為を代表するパロールと反対に，コミュニケーションの社会的特性を象徴するものだからであると論じた。ラングは，また，さまざまな発話の選択が可能となるその構造的枠組を提供するという理由からも，パロールよりさらに重要である。したがって，ラングを理解することは，あらゆる言語の内的論理をより正確に理解することを可能にする。具体的には，これは，広範な文化の組織的スキーマの源としての言語のなかでも，とくに文法規則（grammatical rules）とその他の形式的特性に焦点を当てることと言い換えられる。ソシュール自身の興味は言語にのみあったとはいえ，現代の記号論者たちは，まだ理論化されていないコードや文法を求めて，ソシュールの概念を（たとえば，広告や経営戦略といった）異なるコミュニケーション・システムを分析する概念にまで広げている。

■ 言語の共時的視点

たとえより理解が難しいとしても，ソシュールの核となる概念の一つは，言語に対する彼の共時的立場と関連するものである。これは，あらゆる言語は，言語についての過去の影響を考えることなしに時間のなかのある特定の時点において研究される必要があるという主張とも考えられる（Culler, 1976）。ここにおいても，彼はあらゆる言語の歴史的発展を重要視するべきだとする一般に考えらえていた見方からは距離をおく。ソシュール（Saussure, 1966）はつまり，言語の歴史的進化を追うこと（通時的見方）から，現在の形態を考察すること（共時的見方）へと我々の視点を転換

訳注 4）訳注 2 を参照。

させようとしているのである。実際に記号論は，いま現在の言語構造にのみ専念し，言語構造への過去の影響を放棄するところがきわめて特徴的である（Lechte, 1994）。

ソシュール（Saussure, 1966）は，通時的アプローチに対して，共時的アプローチの重要性を説明するためにチェスの比喩を用いる。彼が議論するところでは，予期せずチェスのゲームに引き込まれた人にとっては，（チェスの駒の）動きがどのように決められたかについての歴史はさほど有益だといえず，肝心なことは，駒が置かれた現在の状況である。通時的，あるいは歴史的アプローチは，実際のゲームを迷わせてしまうかもしれず，興味をかきたてても，見当違いで情報を見誤らせるかもしれない。一方共時的な見方は，現在おこなわれているゲームについてのはっきりした描写を提供するので好ましい。記号論から派生した異なる学問領域においては，現在の社会的な配置の基盤にある内なる論理に焦点を当てることは，何よりも重要であるとみなされるが，記号論者たちは，現在起きている事象の起源を遡ることにはそれほど気が進まないのである。

■ 関係性原理

ソシュールとパース両者の記号論は，言語をシステムとして考える。それは，異なる記号の入り組んだネットワークの一式なのである。個別には，記号は言語構造の境界の外では意味をなさない（Lechte, 1994）。要するに，記号は，同じシステム内の他の記号との関係によってのみ意味と価値を獲得するというわけである。たとえば「経営」という用語や記号は，同じ言語システムのなかの，労働者，経営者，監督といった他の記号との共通点と差異を通してのみ意味を獲得する。したがって，記号論者たちにとって，単一の記号を分析することは明らかに意味がない。何が関心のあるところかといえば，特定の出来事，状況，慣習における異なる記号間の関係性であるといえる。

ソシュールはさらに，あらゆる言語，すなわち，記号のシステムにおいて，記号間の関係性には広くとらえて二つの種類があると断言する。一つは範列的（paradigmatic）で，もう一つは統合的（syntagmatic）である。範列的関係は，対立する関係にあるという性質をもつ（Culler, 1976; Mick, 1986）。言い換えれば範列的関係とは，記号は，他の記号でないがゆえに，意味を正確に獲得するという関係性を指す。たとえば我々は，愛が何を意味するのかは，それが嫌悪ではないと知っているので理解する。同様に，何が夜かといえばそれは昼ではなく，何が仕事かといえばそれは怠けることではなく，また，何が科学技術かといえば，それは自然ではない

からというようにそれらの意味を理解するのである。範列的な関係は，本質的に反対側にあるものから自らの意味を引き出し，対となったセットの記号間での対比から自らの意味を引き出すのである（Mick, 1986; Thayer, 1982）。一方，統合的な関係は，異なる記号間の（程度や距離で表す）連合（associative）関係を指す（Fiol, 1989）。どのようなシステムであっても，複数の記号は特定の連鎖のなかで連合するものであり，たとえば，ある文のなかの語彙群，あるコーディネートされた服装のなかの衣類たち，あるいは，ある貸借対照表のなかの項目群などである。これらは，組み合わせの可能性のすべての様式を定義する統合的な関係である。ここで覚えておくべきポイントは，記号によっては特定の統合的関係のなかには属さないということだ。たとえば，カーテンは服のコーディネートの一部として有意味であるとみなされず，社内のゴシップに関わることは貸借対照表のなかに含められる場所はない。各々の記号のシステムは，ある記号は含まれ，他は締め出すというような多様な統合的関係のそれぞれの一式をもっているといえよう。

　記号論のシステム内では，あらゆる言語と記号のシステムは範列的・統合的関係の両者から同時に構成されるととらえられる。この両者を理解することで，私たちはあらゆるシステムの深層に隠れている構造と内なる論理を把握することができるようになる。

■ 外延的・内包的な意味体系

　記号論の伝統は，コミュニケーションのシステムのなかで記号により伝達される意味に深く興味をもつのみならず，二つの可能な意味タイプの差異を認めてもいる。最初のより単純なレベルの方は，外延的（denotative）で，記号が特定の記号化された対象（シニフィエ），すなわち，イメージにすぎないことを指す。この場合，「犬」という記号はイヌ科の動物，「赤いバラ」という記号は花，「支配人」は仕事の運営や監督を取り仕切る人を指すわけである。しかし，記号論者たちは，同じ記号がまた内包的（connotative）意味のさらに複雑なレベルを伝えることも十分認識している（Thayer, 1982）。これは，与えられた記号のシステムのなかでもシニフィエに関連している，二次的でわかりにくい意味のシステムを指すものである。したがって現代の西洋における文脈では，「犬」という記号は忠実を意味することがあり，一本の赤いバラはロマンティックな感情のシンボルでもあり，支配人はまた資本主義の企業の道具としてみられることもある。外延・内包的意味の両者は，どのような記号論分析においても考慮されなければならない。

■ 記号システムの類型

　記号論者たちは，統一性と複雑性の度合いの異なる，さまざまなタイプに記号システムを分けることが多い。「記号システムはゆるやかに，また緊密に結合され，統合されるが，そのなかでの関係性は多様なありさまを呈する。起源が同じでも機能において異なるもの，類推に基づくもの，また比喩に基づくものもある」（Manning & Cullum-Swan, 1994）。第一に，シニフィアンとシニフィエの関係性が比較的明白で直接的である明示的コード（explicit codes）から構成されたシステムがある（Culler, 1976）。明示的コード・システムの極端な一例は，点と線の特定の組み合わせが一つのことのみを表すモールスの電信用符号である。フランス語，英語，日本語，または点字などの言語使用は，部分的には複雑な内包的意味を成すこともあるが，明示的コードからほとんど構成されているといえる。

　第二に，我々全員は，表現コード（expressive codes）にあふれたシステムを保持するが，表現コードにおいては，多くの記号によってもたらされる意味は，かなりあいまいで，完璧な確実性をもって構築することが難しいのである（Culler, 1976）。芸術と文学は，意味においては豊かで，象徴的な内容においては複雑である表現的コードに満たされた記号のシステムである。これに対する一つの理由は，芸術的な作品の多くの形式は，意図的に人類共通の明示的コードを問いただしたり，パロディー化したりしており，結果としてコードを読み解くことをより難しくしているからである。

　最後に，我々がただちにコミュニケーションのシステムだと認識しない，社会生活における慣習的な次元もそうである。これらの記号化された社会的実践（codified social practices）は，多様な象徴的メッセージを伝えるために，統合的，かつ，範列的な記号の類型を組み合わせるのである。会社での会議，成績評価の会合，不動産売買，カクテル・パーティーなどはすべて，記号化された社会的実践であり，そうした社会的実践には，記号論的分析の助けで読み解くことのできる，基礎的な構造論理を反映した儀礼，エチケット，社会的慣習が浸透している。

3 記号論的アプローチの研究例

　言語構造の自己規定の性質に着眼をしたソシュールの発見は，結果として，いわゆる客観的世界とよびならわす外側にではなく，コミュニケーションの原則の内側に目を向ける学問的伝統へと導くことになった（Mick, 1986）。記号論の研究者たち

は，現実の我々の経験は，実際には我々が生きる場の言語システムによって，我々の誕生時にすでに記号化されて（precoded）存在しているという確信をもっている（Thayer, 1982）。言語人類学者，エドムント・サピア[訳注5]（Edmund Sapir, 1949: 162）は，「通常理解されているように，人間は社会活動の客観的な世界に生きているのではなく，彼らの社会にとって表現の媒体になるある特定の言語の恵みのもとにある［…］「現実世界（real world）」は，大部分は特定集団の言語習慣のうえに成り立っている」という見解をもつ。ここにおいて，記号論者たちは，「現実（reality）」は，人間の認識の外に独立した意味をもたないとする解釈主義者の信念を共有する。しかし，解釈主義者とは異なり，記号論の伝統では，意味の源を個別の解釈のなかにあるというよりも，社会のコード（記号）や構造のなかにあるとみなす。

　この言語と言語構造についての独特な記号論的観点は，多様な社会の場へと着実に拡げられてきたのであり，それらもまた，制度的に生みだされるコード（記号）あるいは解釈枠組の一式を通して判読できる「テクスト（texts）」として扱われる（Manning & Cullum-Swan, 1994）。この伝統のなかでは，事実上，文字どおりあらゆる社会的な現象は文化的テクストとしてとらえられる。具体的には，官僚的構造，クリスマス・ショッピングの行動様式，職業に付随するサブカルチャー，職場でのファッション，自動車の広告など，どれをとっても記号論の分析のうえで価値のある対象となる。

　もっとも突出した応用記号論の伝統の一つは，レヴィ＝ストロース（Lévi-Strauss）とサピアのもとで，構造主義人類学として一般に言及されるものへと発展していった。構造主義人類学は，いくぶん挑発的な命題に基づいている。その命題とは，さまざまな文化事象には隠された構造（hidden structure）があり，また構造は，形式的可能性の限られた集合の要素であるということである（Turner, 1983）。レヴィ＝ストロース（Lévi-Strauss, 1963; 1966）は，記号論分析に付されたときに，一つの神話が，語られているそこの文化についていかに多くを我々に告げることができるかという方法を体系的に論じた。彼にとっては，神話はその語りの詳細やニュアンスというよりも，神話に隠された構造，あるいは形態論がより広く，より強力な文化的傾向を暗示しているので究極的に興味が尽きないのである。その意味では，次に挙げる個人的な事例はこの概念を理解するために役に立つかもしれない。

訳注5）一般的にはエドワード・サピアと表記されることも多いが本書では Edmund と表記されている。

07　記号論と構造主義　*111*

　筆者の過去の職場である三つの大学において，くりかえし語られ，語り継がれた人気のある物語（神話）とは，その学科が幸福に満ち，満足のできる場であったころのかつての時代を描写するものだった。教授たちはみな，過度な野心はないが仕事に関心をもち，強い仲間意識が学科のなかで働いていた。このようなどこか平穏な状況は，輝かしい業績ゆえに雇われた新参者の着任により大いにかき乱されることになる。三つの物語すべてにおいて，新参者は現存する学科の文化を変革することに躍起になり，同僚に突飛で途方もない要求を突きつけ，それまでのしきたりの数々を踏みにじり，全般的な学科内全体の日常をみじめなものにした。学科全体は初めショック状態に陥るが，学科のメンバーたちは，押しの強いよそ者に思い知らせるために素早く体制を立て直した。そうして，数々の巧妙なやり方で，この三つの物語にでてくるよそ者は，結局，解任，もしくは退職させられ，その後は，学科は再び初めの幸福に満ちた状態に戻るというわけだ。記号論の観点から，ここで面白い点は，語りの詳細（たとえば，個人差，人柄，でしゃばりな不品行な振る舞い）や文化的文脈（すべての物語は三つの異なる国の大学で語られた）の違いに関わらず，基本的な神話の文法（grammar），すなわちラング（langue）は，事実上そっくりである。三つの物語のすべては，*Trouble in Paradise*（『極楽特急』）[訳注6] に出てくる神話と同じで，それら全部が優れたよそ者により混乱させられた大学の幸福な状況について共通している。また，まったく同じやり方で元に戻っている，というのもそこでは技能的に優れたよそ者を負かすために用いられたその現場に根づいた機略に富んだやり方を語っているからである。それらすべてには，魅力的で高い資格をもっているかもしれない外国人（よそ者）には用心をしろといった，同じ警告的なメッセージも含まれている。こうした神話はしたがって，神話を発展させた文化のなかにある不安や欲望への洞察を与えてくれる。

　物語や神話だけではなく，すべての種類の文化的実践もまた，記号論的にアプローチすることが可能である。バーリー（Barley, S. R., 1983）の葬儀所の詳細な考察は，葬儀業という，職業文化に潜んだ記号の構造について魅力的な洞察をみせてくれる。バーリーは葬儀業を文化的テクストとして扱い，葬儀屋とその見習いを観察し，インタビューすることから，その規則を支配する基本的な構造を抽出したのである。究極的にバーリー（Barley, S. R., 1983）の研究は，葬儀を執りおこなうことの背後で

訳注6）『極楽特急』（ごくらくとっきゅう，原題：*Trouble in Paradise*）は，1932 年に製作・公開されたエルンスト・ルビッチ監督の映画倫理規定前のアメリカ映画のロマンティック・コメディである。

働く強い力を理解する手助けをしてくれる。バーリーが示すように，葬儀業の本来の目的とは，喪に服す家族にとって「わざとらしくない自然さ（naturalness）」と親密さ（familiarity）をつくり出すことである。わざとらしくないという記号によって，遺体は安らかな眠りという理想化された様子に近くなるように準備されることになる。一方，親密さという記号は，「普段（normal）」の家と変わらない雰囲気の創造と部屋の飾り付けの選択をさせることになる。バーリーの研究は，職業文化に対する記号論的分析の価値の重要性を明確にするのである。なぜなら，彼の記号論的分析は，あらゆる文化の表層的慣習を越えて文化の骨組や基本的な記号にまで至っているからである。「そのような記号は［…］文化の一員たちにより，適切とされる行動や解釈をつくり出すための緊密に調整された規則を表すのである。一連の解釈規則をもつことによって，文化事象の研究者は，文化の一員たちが彼らの職業世界の他の側面をどのように解釈するかというだけではなく，文化の一員たちが職業世界のなかで直面する日々のありふれた問題をどのようにとらえるのかを，予測できるのである」（Barley, S. R., 1983: 410）。

　記号論の伝統のなかで複雑な組織を分析する他の研究者は，日々の仕事場の習慣やしきたりの表現の促進を規定している深層にある原則についても問いを投げかける（Fiol, 1989; Turner, 1983）。その一つの研究は，長期の戦略計画に関するブロムスとガーンベルグ（Broms & Gahmberg, 1983）の研究である。彼らにとっては，組織体は記号解読の必要のある神話の宝庫だと考えるわけである。これらの神話は，組織の「オートコミュニケーション（autocommunication）」，つまり，外部というよりも自分たち自身や自分たちの文化に直接的に向けられたメッセージの多様な形として典型的に現れる。要するに，オートコミュニケーションの形態として多種多様な組織に関わるテクストを扱うということは，ラング（langue），つまり，慣習的な記号論の深層構造に類似している，組織の無意識を追求することを意味する。ブロムスとガーンベル（Broms & Gahmberg, 1983）は，一人のCEO（Chief Executive Officer），あるいは，一つの会社の無意識の状態を表すオートコミュニケーション的テクストとして，長期の戦略計画を研究した。「行動のためのレシピではなく，それ（長期の戦略計画）は，何がなされるべきか，何がなされなければならないか，あるいは会社や組織にとって何がよいのかといった組織の神話に，組織に所属する人たち全員の心を夢中にする符号となるように仕立てられていた」（Broms & Gahmberg, 1983: 489）。全体的にみれば，彼らの研究は，戦略計画とはそのようにしなければならないという合理的な文書というのにはほど遠く，逆に組織の強い願望を描き出し，多

様な望ましいと考えられる役割を切り出し，集団としての組織にある希望や信念を
くりかえし教え込むといった神話的なテクストとなっていることを示唆する。

　言語哲学に記号論の伝統のルーツがあるとするならば，あらゆる類の文字化され
たテクストは一般的な分析対象となる。たとえば，フィオル（Fiol, 1989）は，社内と
社外の境界を会社が構築することと合弁事業に従事する傾向との関係を立証するた
めに，化学産業の企業の年次報告書を分析している。また，組織の力とリーダーシ
ップに意味を付与することを支配する規則を明らかにしようとした別の研究のなか
で，フィオル（Fiol, 1991）は，経営者自身の自己の概念化に対して社会的文法と記号
が及ぼす効果を追跡している。リーダーの「もっている（having）」もしくは「取得
している（acquiring）」力に関する既存の理解からは離れ，フィオル（Fiol, 1991）はさ
らに困難で根源的な研究設問を立てている――組織のなかで力はどのように承認さ
れていくのかという問いである。フィオルはアメリカの企業経営者として名高い二
人の大物，ヘンリー・フォード（Henry Ford）とリー・アイアコッカ（Lee Iacocca）
の自伝の記号論的分析を通して，この研究設問に取り組んだのである。

　フィオル（Fiol, 1991）は，両方のテクストのなかで，力の意味が構築されている
ことばの使い方のパターンをつきとめようとした。くりかえし出現するテーマを表
すことばのクラスター（塊）が，彼女の記号論の研究においての主要な単位である。
系列的関係について記号論的な発想を使いながら，フィオルは，二人のリーダーが
自身のリーダーシップの物語を紡ぎだすとき，核となる相反する概念として，一方
では選択と選択の不在をくっきりと区別し，また他方では，行動する能力と行動に
移すことのできない無能さの間にある相違をどのようにくっきりと識別しているか
を描いたのである。フォードが，選択と行動の両者を独立したものとして扱うリー
ダーシップのイメージを築く一方で，アイアコッカは，限定された選択の要素のな
かでどう行動するかにリーダーシップのイメージを築くという具合である。フィオ
ルの研究が示唆に富むのは，どのようにして組織の参加者たちが権力についての相
反する中心概念を単一の意味体系のなかに結合させるのか，そしてそのなかで組織
のリーダーシップが認められ，演じられるのかをみせてくれる点である。

4　構造主義の最近の動向と発展

　記号論，および構造主義の系譜は，それが文学批評，美学，社会学であろうとも，
多様なテクストを解読するための厳密で的確なプログラムを提供する。記号論のア

ピールの一部は，「不必要な（superfluous）」詳細を削りとり，記号システムの分析に一直線に向かうところにある。通常の記号論は，しかしながら，二つの理由によって非難を受けてきた。一つには，記号論は，役に立つわけでも正確であるわけでもない，記号システムの閉じられた（closed）概念化を採用する点であり，二つ目は，言語と文化の記号そのものの価値を帯びた特徴をまったく無視するという点である。記号論と構造主義におけるさらに最近の進展，とくにエーコ（Eco, 1984）やバルト（Barthes, 1953; 1972）の論考では，こうした批判のいくつかへの解決が試みられている。エーコは記号論的分析をより流動的で開放的におこなうことで知られ，一方，バルトはコミュニケーションのやりとりのシステムの中心である文化的イデオロギーを明らかにするために記号論を再考する。バルト（Barthes, 1972）の研究は，構造主義者の考え方を社会的な批評と結びつける初期の試みの一つであると位置づけられ，また，これがポスト構造主義の多くの知的発展の先駆けとなったことからも，注目に値する。

エーコ（Eco, 1976）は，文化的コンテクストから意味を導く「文化的単位（cultural units）」として記号（signs）や符号（codes）を再定義することで，記号論が柔軟性を欠くところを減らそうとした。またエーコは，どんな文化的テクストの読み手，もしくは解釈者も，従来の記号論で通常考えられている以上に自律性をもっていると論じる。こうした立場をとるなかで，エーコは，いかなる記号のシステム内においても更新や再生の可能性を考慮している。彼の主要な貢献は，あらゆる記号のシステムは，閉じられ，固定化されているというよりも，開放され，動きがあると彼が理解していることにある。記号のシステムを解放しようとするエーコの試みは，記号論を辞書（dictionary）のパラダイムから百科事典（encyclopedia）のパラダイムへと動かしたことであるとレヒト（Lechte, 1994）は記述している。記号論の初期の辞書的志向性は，記号の意味を固定しようと試み，そうした静的見方により縛られていた。事典的なアプローチは，意味の解釈を支配するルールを内側と外側の影響に開き，さらにもっと流動的なプロセスとしてとらえる立場にあり，「事典は中心のないネットワーク，出口のない迷路，あるいは，新たな要素にも開かれた限界のない影響力をもつモデルに一致するだろうと述べている」（Lechte, 1994: 130）。

バルト（Barthes, 1953; 1972）は，神話に対するレヴィ＝ストロースの関心を引き継ぎつつも，それに異なる味つけを加える。バルトのよく知られた研究，*Mythologies*（『神話作用』）（1972）訳注7 では，バルトは日常のイメージと広告のメッセージ，そしてポップ・カルチャーを高度に内省的な精査にさらしている。レヴィ＝ストロース

07 記号論と構造主義 *115*

からの離脱は，神話とイデオロギーを際立たせている対比にみることを可能にした。バルト（Barthes, 1953; 1972）にとって，イデオロギーに含まれるメッセージは，社会的現実の特定の側面を隠す（hide），すなわち，みえなくさせるゆえに，重要である。一方で，神話は何も隠さない。神話は，何を実際に物語るか，つまり，罪の意識のないメッセージがあまりに常識的なのでそれらは完璧に自然にみえ，それゆえ，いかにも当然である世のならわしの一部となるがゆえに重要なのである。バルトは，「神話は，歴史的な意図に自然な正当化を与え，偶発的に起きたことを永遠に起きているかのように見せる任務を担う」（Barthes, 1972: 142）とずばりと論じる。したがって，バルトは，神話を「白日の下で起きたスキャンダル（scandals occurring in the full light of day）」に例える。ここでの記号論の役割は，神話のなかに置かれた自然なものの符号（codes of the natural）の仮面を外し，もっともまことしやかな行為や語りは，特別の利害関係を示すための人為的な構築物であるということを明らかにすることである。深層構造に対しての記号論的関心を維持すると同時に，バルトは，この構造そのものがどのように社会のある部分を支え，他を支えから外すように働くのかを検証するのである。フランス文化におけるワインの神話的な役割に関する彼の議論では，良質で洗練された文化的商品を生産するという名目のもとで，農民の搾取がおこなわれているアルジェリアなどの例を挙げ，ワインの生産と資本，さらには植民地主義的利害関係の間の密な相関性を暴きだしている。

　バルトの構造主義の影響は，広告や販売を促進する資料に着眼する数多くの研究にみることができる（たとえば Williamson, 1978）。ウゼル（Uzzell, 1984）の観光マーケティングの分析はその興味深い一例となる。彼の研究は，自分を解放し，拘束とは無縁の1年ごとの逃避（escape）として西洋社会における休暇神話（holiday mythology）がつくり上げられていることを分析している。休暇神話は，異なる種々のプロモーション資料のなかでは，性，人種，国と結びついたステレオタイプを同時に強めることで成し遂げられているという。観光パンフレットの写真と文面の記号論的解読をもとに，ウゼル（Uzzell, 1984）はどのように休暇神話全体が，部分的には男性観光客が行動的で力強い役割を演じることからくる（たとえば，エネルギッシュなスポーツをする，または，女性を抱き上げる）イメージによって，また女性観光客がもっと受け身の役割（たとえば，海辺で日光浴をする，男性たちにじっとみつめられ

訳注7）原著の *Mythologies* は1957年出版であるが，日本語訳として，ロラン・バルト『神話作用』（篠沢秀夫［訳］，1967年，現代思潮社）がある。

ること）を演じることからくるイメージによって，つくり上げられていると描写している。ウゼルのここでの強調点は，休暇に関わる神話は，実質的に，男性が「もっている（having）（たとえば力をもつ）」そして女性が「存在する（being）（たとえば，男性の需要のためにただその場に存在する）」という記号のうえに成り立っているということである。さらにいえば，こうした階層的なジェンダー関係は，実際には写真や観光パンフレットに隠されている（hidden）のではないということである。むしろ，まさに先にバルトによって言及された「白日のもとに起きたスキャンダル」のように，我々の目の前にある。主要な問題は，これが物事の「自然」なあり方を表しているかのようにみえてしまうため，我々はこうした符号をみていても容易く読み解くことができないことである。記号論を通して，休暇であろうと，企業実績であろうと，公共政策であろうと，我々自身の文化の神話を解釈するときに，自分たちの文化的盲点に意識的に気づくことができるだろう。

　記号論と構造主義は，現代の組織研究や経営学のなかでより永続的な場があるのだろうか。そのもともとの魅力は，（記号論と構造主義の）系統的な分析を通して何かしらの形でとらえられ，明らかにされることが可能な隠れた構造のリアリティがあるのだという信念に部分的にはあるだろう。記号論は常に，解釈主義派の研究の解釈学的世界では欠けている，特定の存在論的快適さを提供してきた。しかし，記号論がポスト構造主義によってますます占有されるに従い，自分の分析のなかにある種閉じこもるという快適さを提供できなくなってきている。記号論と構造主義は，ポスト構造主義とポストモダニズムに与えた多大な影響力ゆえに，これからも常に重要な位置を占めるだろうが，現代の研究者にとってはそれ自体では以前ほど魅力的と感じることはないのかもしれない。

07 記号論と構造主義 *117*

表 7-1 記号論的・構造主義的伝統のハイライト

哲学的影響：	言語哲学
主要研究者：	フェルディナン・ド・ソシュール（Ferdinand de Saussure），チャールズ・サンダース・パース（Charles Sanders Peirce），ウラジーミル・プロップ（Vladimir Propp），クロード・レヴィ＝ストロース（Claude Lévi-Strauss），ウンベルト・エーコ（Umberto Eco），ロラン・バルト（Roland Barthes）

中心概念

・記号のシステム（Signs systems）
・シニフィアンとシニフィエ（Signifier and signified）
・ラングとパロール（Langue and parole）
・共時的アプローチ（Synchronic approaches）
・範列的および統合的な関係（Paradigmatic and syntagmatic relationships）
・明示的コードと表現コード（Explicit and expressive codes）
・記号化された社会的実践（Codified social practices）
・神話（Myth）

重要な実践

・基礎をなす文法の方を好み解釈学的詳細を迂回
　（Bypassing interpretive details in favor of the underlying grammar）
・個人主体の自律性の否定
　（Denying individual subjects autonomy）
・解釈的枠組を提供するものとして言語をみなす
　（Treating language as offering interpretive frames）

代表的研究

・*Mythologies*（Barthes, 1972）
・"Semiotics and the Study of Occupations and Organizational Cultures"（Barley, S. R.,1983）
・"Communication to Self in Organizations and Cultures"（Broms & Gahmberg, 1983）
・"Seeing the Empty Spaces"（Fiol, 1991）

III

批判的アプローチの系譜

批判的アプローチの系譜は，社会がどのように編成されているか（以下：社会編成）を，権力，支配，紛争というレンズを通して検討しようとする一組の知的な立場として特徴づけられる。批判的アプローチは，解釈の諸学派と同じように，我々の世界は社会的に構築されているという信念をもつが，こうした構築そのものがどの社会にもある権力関係や相反する利害によって媒介されていると考える（Collins, 1990; Prasad & Caproni, 1997）。つまり，彼らは，すべての現実は社会的に構築されたものであると確信しているが，個人や集団の行為を支配する利害の役割に関しては，解釈主義者よりもかなり懐疑的である。

ここでいくつかの意味を明確にしておこう。第一に，批判の伝統を，批判的思考（critical thinking）と混同してはいけない。批判的思考は自由主義的ヒューマニズムの枠組のなかで体系的に考えることを教え込もうとする教育学の運動として出てきたもので，それ以外なにものでもない（Prasad & Caproni, 1997）。批判の伝統も，私たちが社会編成について体系的に考えることに与しているが，これは権力，紛争，利害といった理論的枠組のなかでおこなわれる。第二に，批判の伝統は，既存の社会形態の間違いを指摘したり，非難（criticisms）したりするような狭い類のことをはるかに越えている（Alvesson & Deetz, 2000）。むしろ，システム全体を変える意図をもって，流

布している前提や社会実践を継続的に批判する（critique）ことに与している。

　つまり，批判の伝統は，批判と変化の両方に同時に関わっている。一方を欠いたのではあまり意味がない。そのため，批判の伝統では，他の知識人のように対象と距離を置くことが科学的であるという考えや，擬似的中立性の立場とははっきりと一線を画している。この点において，批判の伝統は，幅広い社会環境や実践（praxis）に批判的に関わるプロセスを学術研究や学問とみなす知識層（intelligentsia）の伝統と軌を一にしていった。

　すべての批判の伝統は，批判と変化を強調する点で，カール・マルクスの精神と哲学に深く負っている。マルクスは彼の著作 *The Theses on Feuerbach*（『フォイエルバッハに関するテーゼ』）（Marx, 1988: 123）において「哲学者たちは，世界をさまざまに解釈してきただけである。肝心なのは，それを変革することである」と述べ，西洋の多くの学問のなかに劇的にこれまでとは違う課題と方向性を提供した。マルクスは，間違いなく，批判の伝統の全体をカバーする知的な巨人のような人物である。最近の批判的組織研究のなかには，マルクスの重要な役割を認めることに対して著しく回避的なものもあるが，歴史，葛藤，解放といったマルクスの概念は，この伝統を発展させた中心概念である。この伝統に依拠する思想家のなかには，マルクスのいくつかの風変わりな考えや彼の性差別主義的，人種差別主義的，帝国主義者的な考えを問題視する者もいるが，批判の伝統におけるマルクスの圧倒的な知的な影響を無視することはできない。マルクスを心から受け入れたとしても，彼の考えを問題視したとしても，それは批判の伝統全体において主たる知的な拠り所であり続ける。

　批判の伝統におけるマルクスの影響は実に大きいが，その影響の性質や強さは決して一様ではない。マルクスの考えは脚色されたり着服されたり，ときには認識できないくらい違った形に変形されてきた。確かに，マルクスはこの伝統の中心的な思想家であるが，下位の諸学派におけるマルクスの解釈は多様である（さまざまな批判的アプローチの系譜の概要図として図 III-1 を参照）。たとえば，マルクスの原著に忠実である（true）と主張する保守的立場のマルクス主義（たとえば，Carchedi, 1977; Miliband, 1969），一般に変り種として知られている西側のマルクス主義または文化的マルクス主義（Gramsci, 1971; Lukács, 1923），フランクフルト学派から発展した批判理論（Adorno, 1951; Habermas, 1970; Horkheimer, 1947），構造的マルクス主義（Althusser & Balibar, 1971; Poulantzas, 1975），ラディカル・フェミニズム（hooks, 1989; Smith, D. E., 1987），カルチュラルスタディーズ（Hall, 1982; Williams, 1980）がある。他にも構造

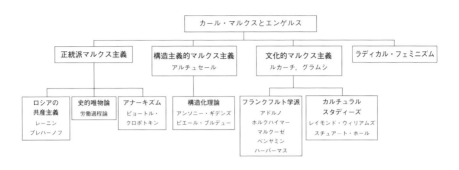

図Ⅲ-1　批判的アプローチの系譜

化理論のなかで近年発展したもの（Bourdieu, 1990; Giddens, 1979）などがある。

　批判の伝統の系譜は多様であり，その研究対象も女性，労働者，貧困層，特定の民族的マイノリティなど多様な集団で，どれも抑圧と搾取に焦点を当てていることが共通している。批判の伝統の核心には，物質的・象徴的な支配と，この支配から抑圧された諸集団を解放する際に随伴する利害への深い関心がある。驚くことではないが，それゆえに，批判の伝統の多くは確立した社会秩序，支配エリートらの結びつき，そして，どの社会的状況にもある利害の集塊を批判することに向けられている。批判の伝統のほとんどは解放のビジョンをもつため，断片的な解決よりも根本的な変化へと向かっており，どちらかというと急進的な改革に心を寄せていた。しかしながら，この急進性はきわめて多様で，既存構造を完全に解体することを支持する唯物論者もいれば，徐々にイデオロギーを変化させていくことに与するフランクフルト学派の信奉者もいる。

　多様な性質をもつ批判の伝統は，社会学，人類学，政治経済学など社会科学の幅広い領域においてかなりの影響を及ぼしてきた。マネジメントや組織の研究にもこの伝統のアイデアと概念が入ってきたが，それには少し時間がかかった。しかしながら1970年代から，批判的な考え方の着実な流れがこの分野にもしみ込んできて，批判的アプローチの流れを汲む学者は，組織行動や経営管理の実践を細かく分析するようになった。批判の伝統の研究では，労働関係における会計の役割（Cooper & Essex, 1977; Oakes & Covaleski, 1994），消費の家父長的土台（Bristor & Fischer, 1993），組織文化のヘゲモニー（Deetz, 1992; Willmott, 1993），組織の象徴がもつイデオロギー的な次元（Alvesson, 1990; Everett, 2002）などが検討された。

批判の伝統に基づいた組織研究・マネジメント研究は数年で普及し，批判的なものの考えを支持する定期会議や学術雑誌などの数多くの制度が整備された。これにより批判の伝統はいまに至っている。たとえば，英国で隔年に開催される Critical Management Studies Conference（CMS）や Academy of Management の年次大会前に実施される批判的アプローチの大会，『会計学における批判的視野（*Critical Perspectives in Accounting*）』や『会計，組織と社会（*Accounting, Organizations and Society*）』といった学術雑誌など，これらすべてが批判的研究を促進し，研究発表のための制度的な場を提供していた[原注1]。次の数章では，批判的アプローチの系譜のうちの四つの際立った下位の学派，史的唯物論，批判理論，フェミニズム，構造化理論についてみていくことにする。

原注1）ここで紹介した学術組織には，批判（critical）という用語を使っているものもあるが，本書で使われているよりも希薄な意味で使っている。大会関係者は，批判の概念を拡張的かつ柔軟に使い，より多くのものを取り込もうとしたがために，質的研究であればなんでも含めてしまっているところがある。しかしながら，本書の目的を考えるならば，批判という用語をしっかり理解することによって多くのことを得ることができるため，特定の著名で知的な批判的アプローチを取り上げる。

08 史的唯物論

階級，闘争，そして支配

岸磨貴子 [訳]

　史的唯物論は，カール・マルクスの歴史および資本主義の分析，そして彼の弁証法から発展した流派である。この流派を記述する際には，史的唯物論という用語が，マルクス主義よりも好んで使われる。なぜなら，マルクス主義というと，不幸にもドグマティックな教義やソビエトスタイルの共産主義の機能不全面をあまりにも多く含意して理解されるからである。史的唯物論は，社会における権力関係の把握に資するのみならず，すべての批判学派およびポスト構造主義やポストコロニアリズムの一部に，さほど目立ってはいないが，明らかに影響を与えている。

　史的唯物論は，これまで本書で議論してきたどのアプローチよりも，その規模は大きく野心的であり，そしてマクロな視点をもつ。具体的には，社会の階層化，イデオロギーの形成，階級間の闘争，構造的な権力のダイナミクスに焦点を当てている（Collins, 1990）。一般的に，史的唯物論では，研究プロジェクトの全体的な目的に合致していれば，量的な研究手法を採用したり，統計的データを収集したりすることにあまり反対していない。マルクスの多くの著作をみると，もともと彼は，歴史，経済，政治，科学，社会学の考えを自由に取り入れており，その意味でも史的唯物論は常に著しく学際的であった。そのため，史的唯物論は，あらゆる学派で盛んに取り上げられている。

　史的唯物論は，ライト・ミルズ（C. Wright Mills, 1956）の *The Power Elite*（『パワー・エリート』）のような組織社会学での鋭い研究を経由して，マネジメント研究や組織研究に入ってきて，組織の統制への関心を先導した。また，ポール・A・バランとポール・スウィージー（Baran & Sweezy, 1996）の *Monopoly Capital*（『独占資本』）のような経済学での古典的な教科書を経由して，独裁的で寡占的な状況下の会社内の経営ダイナミクスへの関心を刺激した。その後 30，40 年の間に唯物論

的な分析がおこなわれた事例として，会計実践（Oakes & Covaleski, 1994; Tinker & Niemark, 1987），ビジネスの歴史（Rowlinson & Hassard, 1993），作業場における関係性（Burawoy, 1979），コーポレートガバナンス（Kaufman, Zacharias & Karson, 1995）などがある。最近では批判的経営研究サークルで批判理論やポストモダニズムのジャンルの人気が高まったことから，史的唯物論の人気は陰りをみせるようになったが，それでも，史的唯物論は組織における強制的かつイデオロギー的な統制の側面を研究する多くの学者によっていまも追究され続けている。

1 カール・マルクスの哲学

　マルクスは，19世紀ヨーロッパにおける卓越したかつ議論の余地の多い思想家であるのみならず，多くの著作を生み出した一人でもある。マルクスの著作は，経済，社会，哲学など多領域にわたり，そこには驚くほど詳細かつ多くのことが書かれている。これらの著作をみていくと，マルクスの考え方にかなり重要な変化があったことがわかる。マルクスの膨大な文献を数ページに要約することは容易ではないし，たとえそうしたとしても，マルクスの学識を正しく全面的に判断したことにはならない。マルクス主義者の間でも，マルクスの膨大な著作のどれを重視するかについて合意されていないことが，要約作業をよりいっそう複雑にしている。*Capital*（『資本論』）(1977) がもっとも発展性のあるマルクスの著作であるとみなす者が多い一方，*The Economic and Philosophic Manuscripts*（『経済学・哲学草稿』）(1964)，エンゲルスと共著の *The German Ideology*（『ドイツ・イデオロギー』）(1932)，*The Eighteenth Brumaire of Louis Bonaparte*（『ルイ・ボナパルトのブリュメール18日』）(1963)，*Grundrisse*（『経済学批判要綱』）(1973) がもっとも重要であると主張する者もいる。

　さらにここ数十年では，マルクスの考えを次の二つに区別して考えることが有用であるという議論もある。一つは，マルクスの若いころの著作『ドイツ・イデオロギー』（より観念論的）で，もう一つは，後半の著作『資本論』（より唯物論的）である。マルクスの著作のいわゆる認識論的変化がポイントで，それを巡って，バーレルとモーガン（Burrell & Morgan, 1979）は，急進的人文主義と急進的構造主義のパラダイムを発展させている。しかし，このような見解は，マルクスの思想を必要もないのに二つに分け，必ずしもそれほど意味のあるとはいえない区別をつくり，マルクスの初期と後期の著作の間のおびただしい重複をおおい隠しているというのが私の立場である。いずれにせよ，史的唯物論を一つの流派として理解するためには，

両方の時期のマルクスの著作をみることが重要である。なぜなら、マルクス自身も、『ドイツ・イデオロギー』をエンゲルスと共同でまとめている間に唯物論の考えの基盤ができたと信じているからである（Bottomore, 1983）。

　マルクスは、この点において、フェルディナン・ド・ソシュール（Ferdinand de Saussure）のような学者とは正反対である。というのは、ソシュールの学問的な貢献は1冊の著書ですべてみてとることができるが、マルクスはそうではなかった。マルクスの著作は、かなり広く、かなり複雑で、かなり長い年月をかけて広がってきたゆえに、多様な（ときには相矛盾するような）解釈を助長することとなった。しかしながら、さまざまな点において本当に複雑であったために現在まで生き残っている概念も多くある一方で、訴求力を失っているものもある。

　複雑なマルクスの哲学をみるためには、変化しつつある19世紀ヨーロッパ社会が生み出した典型的な産物としてマルクスをとらえることが重要である。当時、文学や音楽、哲学などのサークルには、レアリズム（realism）とロマン主義（romanticism）という二つのジャンルが浸透し、それぞれが世間の注目を集めるために競い合っていた。レアリズムは古典主義からはっきりと脱し、貧困、暴力、不貞、社会的腐敗といった当時の具体的な社会問題に直接向き合っていた。フロベール（Flaubert）やディッケンズ（Dickens）、ユーゴー（Hugo）、ゾラ（Zola）のような作家は、社会的生活における悲劇的で汚い現実を詳しく描き、レアリズム的志向を多くのヨーロッパの文化的、社会的制度を批判するのに使った。一方、ゲーテ（Goethe）やシラー（Schiller）、フレデリック・ショパン（Frédéric Chopin）などのロマン主義者は、人間の表現力や創造力に焦点をあて、人の意思や自律性を大きく扱った。

　マルクスは、レアリズムとロマン主義の考えを融合し、自分の考えとした。まさにこれがマルクスの才能であり、多くの人を魅了した理由である。マルクスの著作は明らかにロマン主義の影響を受けていた。それは、マルクスが解放に対して熱意をもっていたこと、社会的障害を乗り越えようとする抑圧された集団のもつ力を信じていたこと、そして、人の主観的な力を支持していたことからもうかがえる。しかし、マルクスが分析しようとしたのは、貧困や雇用関係、労働環境、肉体的労苦にみられる人間の状況であった。このように、社会的正義や再分配に強い関心をもちはじめたのはマルクスが最初ではない。マルクスが執筆していたころの社会は、社会主義的なさまざまな思潮が優勢で、ユートピア社会主義のロバート・オウエン（Robert Owen）やサン＝シモン（Claude-Henri de Saint Simon）、シャルル・フーリエ（Charles Fourier）が、すでに人びとから強い支持を得ていた。マルクスの考えは、

はっきりと彼らの影響を受けている。しかし，マルクスは他の社会主義哲学者がしないことに取り組もうとした。彼がしたことは，多くの有名な社会主義の概念をきちんと織り込んで，史的唯物論の幅広い包括的な枠組を組み立てたことである。こうして，マルクスは，社会的状況を歴史的な観点から説明すると同時に，人間を解放に向かわせることもねらった。

　マルクスの著作が学際的であることはすでに述べてきたが，それが彼の著作を従来の方法では分類できなくしている。マルクスは，哲学者であると同時に，経済学者，政治学者，社会学者，文化的な事象に関する評論家でもあった。学際的であるがゆえに，マルクスは，経済的な次元（economic dimensions）に目を向けながら人間生活を分析した。これがマルクスの独創性であり，彼の時代にいた社会哲学者がしなかったことである。マルクスは，どのような社会においても，マルクスが下部構造（the base）といっている経済構造が，法律や家族，政治的統治のあり方を含むすべての社会編成を条件づけていると考えた（Marx, 1977）。

　いずれの社会であれ，下部構造は封建主義，資本主義，社会主義といったさまざまな形態をとり，それによって生産様式（mode of production）をつくり出す（Goldman & Van Houten, 1977）。また，人びとの消費の目的に合わせて社会を変容させる方法も生み出している。たとえば，農産物の栽培，家庭での洋裁，電球の工場生産などはその例で，その時代の下部構造によって，その生産様式がつくり出されている。マルクス（Marx, 1977）は，生産様式を通した諸関係および社会編成におけるすべてのスペクトラムを構造化するうえで，下部構造の概念が中枢の役割を担うと考えた。たとえば，封建主義は，拡大家族，そして，封建領主と奴隷の間の義務的な関係性を生んだ。一方，資本主義は，近代核家族が出現する原因をつくり，所有者と管理者，雇用者間の契約関係をつくった。また，下部構造は，文学や芸術，音楽，舞台を含む文化に対する人びとの意識とその実践のあらゆる形態にも影響を与えると信じられている。このようにさまざまな社会編成や文化的実践は，史的唯物論のことばでは上部構造（the superstructure）として総称される（Carchedi, 1983;Goldman & Van Houten, 1977）。

　下部構造と上部構造の緊密で複雑な関係の連結は，史的唯物論の核心であり，社会について研究している他の流派と区別する点である。ここでのマルクスの主要な貢献は，物的経済的条件と社会におけるすべての慣行の間を強く結びつけたことである。マルクスは，どのような経済関係も，それと呼応する生産様式とともに，国家，文化，家族，宗教を含むすべての社会的形成物（上部構造）をつくり出す原因と

なっていることを提示した。これは，社会の経済的基盤になんらかの顕著な変化が起きるときは，必ずその上部構造における一連の変化の引き金となることを暗示している（Bottomore, 1983; Carchedi, 1983）。このように考えると，下部構造は社会の骨格であり，上部構造は肉づきや顔つきと例えることができる。

いうまでもなく，下部構造と上部構造間のほとんど因果関係ともいえる緊密な関係は，過度な経済決定論（economic determinism）であるときびしく批判された。しかしこれに対し，史的唯物論の擁護者は，マルクス自身も過度に還元主義的に解釈される危険があることに気づいていたと反論している。というのも，マルクスは，この関係は，歴史的なものででこぼこがあり，タンデム（直列二頭立ての馬車）のように進んでいくものではないと特徴づけているからである（Bottomore, 1983）。エンゲルスは，経済決定論（economic determinism）は究極の事例においてのみ起こると信じられていたことを明らかにすることで，下部 - 上部構造の関係を擁護した。エンゲルスは 1890 年にブロッホにあてた有名な書簡のなかで，この点をはっきりと以下のように述べている。

唯物論的な歴史の概念によれば，歴史における究極的な決定要因は現実生活の生産と再生産である。マルクスも私もそれ以上のことをこれまで主張したことはない。ゆえに，もし誰かがこれをねじまげて経済的要因が唯一の決定因であるというなら，この提案は無意味で，抽象的な空文句になってしまう。経済的状態は下部構造ではあるが，上部構造のさまざまな諸要因もまた歴史的な諸闘争の経過に影響を及ぼし，その形態を決めるのに優位を占める事例も多い。

この流派の学者の多くはエンゲルスの著作の一部を取り上げながら，下部構造と上部構造の関係はたとえるなら鶏と卵のようなものであり，どちらが先かを決めることは経験的に不可能であるばかりか無意味な議論である，と考えている。この流派には経済状態の強さをめぐる議論もあるが，明らかなことは，経済状態が人びとの生活において重要な役割を担っていることである。また，この流派が同じように重視することは，社会のさまざまなセクター間の関係性である。職場であれ，儀礼であれ，芸術や政治分野であれ，その関係性を理解することは必要である。さらに，史的唯物論が強調するもう一つの主要な特徴は，どのような状況も全体をとらえることである。どのコンテクストにもみられる社会編成をシステマティックに描き出すことが重要であり，そのための方法論が「弁証法（dialectical method）」であ

る（Benson, 1983）。弁証法によって明らかにしようとする範囲は野心的である。それは，カーケディ（Carchedi, 1983）の研究にみることができる。彼は「研究方法として弁証法は，全体および部分，本質あるいは構造や担い手，内部にある論理，具体的な過去と現在の様子についての研究を有機的で一貫性をもって統合できなければならない」と述べている。

　弁証法は包括的なシステム・タイプ分析であり，ヘーゲルの歴史的必然（inevitability of history）の概念とも結びついている。ヘーゲルとダーウィンの影響のもとで，マルクスは，どのようにして封建制度やプレ資本主義のような経済時代が次の時代に道を譲り，究極的なで大きな歴史的瞬間——世界的な労働者革命から生まれた共産主義国家——に至ったのか，を明らかにする方法として歴史的分析に注目した。この命題は一般的に唯物論的歴史概念といわれて，マルクスの学問を疑問視する要因の一つであり，彼の思慮深い歴史分析をひどく損なっている。もし共産主義社会のこのようなユートピア像をまともにとらないならば，マルクスの歴史に対するアプローチは，仕事や組織，社会的相互作用の多層的な側面を理解するうえで非常に洞察に富むものになり得る。何といっても，この学派の最大の強みの一つは，妥協なき経験主義（empiricism），すなわち，その厳密かつ具体的な歴史研究への方法論的関与と，その日常的な物の存在（everyday material existence）のパターンへの注意深さにある。

2 史的唯物論の中心概念

　史的唯物論を最初に発展させたのは，マルクスとエンゲルスである。その後，グラムシ（Gramsci, 1971）やバランとスウィージー（Baran & Sweezy, 1966），ブレイヴァマン（Braverman, 1974），ダーレンドルフ（Dahrendorf, 1959），エドワード（Edwards, 1979），ブラウォイ（Burawoy, 1979），さらには，ネオマルクス主義，労働過程論や紛争社会学などによって発展され，巨大な学術体系となった。その学術体系は，一つに統合された哲学的な論拠というより，むしろ，人間の性質，社会・経済的な生活，紛争，支配という特定の本質的な概念に準拠して分析していくためのさまざまな経験的（empirical）な理論のセットである。では，これらの中心的な概念の詳細をみていこう。

■ 剰余価値と搾取

史的唯物論学派は産業資本主義および近代の経済関係を理解するうえで，搾取（exploitation）に目を向けることが重要であると確信している。システム内における搾取の役割を理解するためには，まず，マルクスの剰余価値理論の基本的把握が必要である。マルクスによると，すべての生産活動は労働力を通してのみ可能になる。労働者は労働力以外に何ももたないため，彼らは労働力を賃金と引き換えに資本家に売ることを余儀なくされる。彼らの労働力は農産物や工場での生産物の形か，もしくは人的サービスのなかで価値をつくり出す。しかし，ここに問題がある。労働者がつくり出した価値のほとんどは利潤となり，労働者ではなく資本家に還元される。利潤は労働力によって生み出される剰余価値（つまり，賃金として支払われないお金）であり，資本家によって収奪される。マルクスは，資本家が労働者に公平を欠く賃金を支払っていること自体を問題にしているのではなく，資本主義の雇用関係における不均衡な性質により労働者の労働力が十分に補償されることは決してないことを論じている。

したがって，史的唯物論派の多くは，実際の生産過程（これは，労働過程として言及されることもある）における剰余価値の創出や資本家による利潤の収奪について，詳細に描き出していくことに関心を向けてきた。数多くの研究が，伝統的な製造業（Stone, 1974）や金融サービス業（Knights & Willmott, 1990），企業の年次報告書の作成（Tinker & Niemark, 1987）を含むさまざまな経済の場における労働者の搾取と抵抗の出現を記録している。ここで興味深いのは，職場での関係のダイナミクスを説明するため，搾取（exploitation）の概念を鍵となる説明変数として使っていることである。

■ 階級と階級闘争

史的唯物論およびカール・マルクスとフリードリヒ・エンゲルスの著作は，階級と階級闘争という概念を発展させたとして，その功績が高く評価されている。階級の概念は，集団への帰属意識と集団間に生じる葛藤の概念をめぐってつくられたが，同時に，経済基盤にも根ざしている。というのは，階級は労働や特定の経済活動を通して出現するものだからである。そのため階級は，社会の物質的，イデオロギー的，政治的なものが一緒に織り込まれた決定的な社会関係のようなものとして定義される（Engels, 1845; Marx, 1977）。たとえば，私たちの社会には，プロレタリア（または賃金労働者階級），農民，ブルジョア（bourgeois）とみなされる専門をもった中産

階級，金融や資本家階級，通商従事者，職工，小売り商人からなる下位中産階級（プチブルジョア）といった階級がある。それぞれの階級は，物質的利害によって強く結びつけられており，こうした結びつきは，教育や選挙への関心度（Bowles & Gintis, 1976）から生活に深く染み込んだ文化的信念（Baritz, 1990），消費の習慣（Campbell, 1987）にわたる社会文化的な行動全般に作用する。

　階級は高度に階層化され，一部の階級が他の階級を支配する不平等な社会を生み出す。また一部の階級は，支配する階級を倒そうとしたり支配に抵抗したりして，抑圧的な階級のダイナミクスを覆そうとする。ゆえに，階級紛争と階級闘争は社会生活特有のことであり，避けられない。同時に，これらは本質的な変化への主要な道筋となることもある（Dahrendorf, 1959）。この点について，マルクスとエンゲルスは「いままで実在したあらゆる社会の歴史は階級闘争の歴史である」と *The Communist Manifesto*（『共産党宣言』）（Marx & Engels, 1948: 9）のなかで述べている。現代の史的唯物論では，社会の複雑な変容プロセスを長い時間軸でとらえるための有用な概念的レンズとして用いられている。

　史的唯物論学派にとって，階級闘争とは単なる暴力的な革命活動や労働闘争以上のものを意味している。階級闘争は（公然と，あるいは，ひそやかに）多様な物質的・象徴的資源をめぐって日々起こっているとみられている。公共政策の草案づくり，ニュースイベントにおけるメディア表現，仕事関連の新しいテクノロジーの導入，労働者と経営陣との間の団体協定をめざす試みなどにも，階級闘争をみることができる。主に，経済的利害関係のある特定の集団（階級）の世界観や行動がどのように形成されるのか，それが階級間の関係にどのように作用しているかを理解するうえで階級分析は役立つ（Goldman & Van Houten, 1977）。階級分析は，コリンズ（Collins, 1990）が指摘するように，革命をめざすという政治的な側面を抜きに使うことができる。つまり，ビジネスリーダー，金融投資家，肉体労働者のような集団，そして，建築家や会計士，マネージャーのような専門家集団の動機や決定を理解するうえで，階級闘争の概念は非常に強力な分析の視点となり得る。研究者は階級分析を通して，社会生活を決定している経済的な利害関係の役割に対して，真正面から目を向けることができるのである。

■ 疎　外

　マルクスは階級関係と革命闘争の理論家であるととらえられがちだが，彼の貢献でより長く続いたのは，産業社会における疎外（alienation）の分析である。剰余価

値の問題の議論でもっとも本領を発揮したのが，経済学者としてのマルクスならば，疎外の問題について詳細に記述したのは，人文学者としてのマルクスであった。マルクスは，彼の初期の著作で疎外について触れているが，本格的にその概念を発展させたのは1844年の『経済学・哲学草稿』である。疎外について考える際，マルクスはホモ・ファベル（Homo Faber）の概念を人間の本質をとらえるための前提とした。ホモ・ファベルとは，人間は本質的に創造することを好むものであるということを示す概念で，人は本来，創造者または生産者であることを意味する。

　ホモ・ファベルは，史的唯物論における疎外について議論するうえできわめて重要な概念である。マルクスによれば，仕事とは創造的実践（creative praxis）であり，それは主に労働プロセス内で得られる本質的な人間の属性である（Gorman, 1982）。マルクスにとって，仕事とは経済活動以上のものであり，人間のアイデンティティ，尊厳，インスピレーションの主な源なのである（Prasad & Prasad, 1993）。マルクスはこの視点から，資本主義の生産形態のもとでは，労働や生活経験が創造的実践からかけ離れ，疎外の極限状態になっていることを問題として指摘した。

　マルクスの見解では，資本主義（極端な分業と組み立てラインによる生産様式によって特徴づけられる）のもとでの労働条件の問題は，労働者から自らの仕事のコントロールを奪い，彼らが仕事へ関与するのを最小限にしたことである。その結果，労働者は自らの労働によってつくり出された生産物から疎遠（estranged）となり，自分の仕事への誇りを失い，最後には，完全に疎外の状態に置かれる。労働者が自分の労働に何の意味も見出せないとき，彼らの労働は経済価値以上の何ものにもならないのである。その結果が，疎外であり，人は自分の労働や能力を賃金市場で売買される商品（commodities）として経験するのである。

　資本主義社会では，手仕事の破壊と，労働自体の商品化（commodification）が深く制度化され，それがついに，交換価値（exchange value）が人間の経験を判断する究極の基準となり，社会生活の他の諸側面に広がっている。マルクス自身のことばでは，「物神崇拝（Fetishism of commodities）」ということばで記述したこの傾向が，社会全般に広がった疎外の原因である。労働者は，どの商品も労働から価値が引き出されているという事実を見失い，その代わりに価値は商品そのものの本来的な特性であると同時に市場での独立した労働の結果である（あるいはそのいずれかである）と信じてしまう。これが物神崇拝の概念であり，資本主義の特徴とされる。その結果，商品および市場は，人間のコントロールから独立したもので，人びとの行為や選択を規定する客観的現実としてみられるようになったのである。

史的唯物論者は，経験の商品化が実質的に社会生活の隅々まで広がっており，クリスマス，ロマンス，養子縁組，健康管理のような事象をすべて値札がつけられ商品に変えていると考える。史的唯物論派の学者にとって，社会の何もかもを商品化することは，第一にそして何よりも倫理的に支持できないことであり，次いで，資本主義の終焉に際して，このことが鍵となる役割を果たすであろうとしている。

■ 矛盾 (contradiction)

矛盾（contradiction）は，史的唯物論の中心的概念である。矛盾は，広義でとらえると，最終的にシステムを崩し得るようなシステム内の不調和，不一致，亀裂である。ベンソン（Benson, 1983: 333）によると，「矛盾は，社会生活の相反する（互いに受け入れがたい）やりかたの間に生じる衝突（対立）」であり，個人の行為というより，むしろシステムの構造のなかにある。システムの構造的な特性（たとえば，資本主義的な生産関係）それ自体が労働運動や労働組合のような別の構造をつくり出し，それが内部からシステムをひっくり返すこともときどきある（Bottomore, 1983）。これは矛盾の典型的な事例である。

いまの時代にも，他に数多くの矛盾をみつけることができる。職場へのテクノロジー導入の例を取り上げよう。職場にテクノロジーを導入するのは，生産にかかる費用を減らし労働過程へのコントロールを強めるためである。つまり，テクノロジーを取り入れて，労働（とくに，熟練労働）を代替しようとするのが資本主義の論理である。一方で，このような資本主義の実践のなかで，大量に失業者や不完全就業者がつくり出されると，全体の消費（それは，資本主義に生気を与えるもの）が減少することになる。ここに資本主義の主要なパラドックス（すなわち，矛盾）がある。すなわち，利益を上げようとする努力が反対の効果になりそうだと，賃金を下げ，さらに失業を増加させているのである。矛盾について理解するうえで，ギデンズ（Giddens, 1979: 141）の定義がその本質をよくとらえている。矛盾は「その諸原理が互いに関係し合いながら作動するが，同時に互いに相反するような，社会システムの構造特性の対立あるいは分裂」であるとギデンズは指摘する。矛盾は，急進的な変化への主なスタート地点を提供すると信じられていることから，史的唯物論の考えのなかでも枢軸的な概念とされている。矛盾は，社会内部（そして，より受け入れがたいところ）を暴露するゆえに，社会の成員のなかに深刻な不満を発生させ，本質的な変化を引き起こそうとする動きとなっていくのである。

■ イデオロギー

19世紀ヨーロッパでは，（ヘーゲルの影響で）イデオロギーの概念は比較的よく知られていたが，マルクスはイデオロギーについての独創的で卓越した考えを提示した。ラライン（Larraín, 1979: 34）が主張するように「マルクスによってイデオロギーの概念は成年に達した」のである。史的唯物論の鍵となる他の諸概念（とくに階級や矛盾）とは違い，イデオロギーについての一連のすばらしい多くの洞察ほどには，体系的なイデオロギー論をマルクスの著作にみつけることはできない。しかし，マルクスのイデオロギー（ideology）の考えは，日常生活で使われている価値や信念をひとまとめにしたものや世界観とは異なるため，区別して使う必要がある。マルクスは，物質的な状況から生まれ，社会で広く起こっている体系的歪曲（the systematic distortions）（Larraín, 1983）と同じように，イデオロギーという用語を否定的もしくは軽蔑的な意味合いで使う傾向がある。さらに，イデオロギーを，科学的に精査すれば払いのけられるような幻影もしく間違った認識と混同すべきでない。イデオロギーは，日常生活における現実の状況から生まれるもので，簡単には切り離せないものである。イデオロギーの興味深い例として企業のキャリアについて考えてみよう。企業におけるキャリアというイデオロギーは，低賃金で疎外された労働者集団に対してやる気をもたせるために，管理職や資本家階級によってつくり出されたものである，と史的唯物論者は考える。企業内での昇進を報償として，しっかり働く習慣と企業への忠誠心を労働者に教え込む一方で，彼らが企業の世界で「成功する（making it）」本当のチャンスを組織的に隠しているゆえにイデオロギー的といえる。また，企業内での昇進の本当のダイナミクスは，労働者のしっかりした仕事ぶりや忠誠心よりも，直接的なコネやネットワークにより大きく依拠していることを覆い隠していることもイデオロギー的である。

マルクスによると，すべての考えが必ずしもイデオロギー的というわけではない。イデオロギーとは，社会の矛盾を効果的に覆い隠し，それによって，社会で優勢なエリート集団が物質的な利害関心をさらに進めていく，人を欺くような考えのみを示すのである。重ねて述べるが，エリートによってつくられたすべての考えが必ずしもイデオロギー的というわけではない。イデオロギーとなるのは，エリートたちが自分たちの利害関心を押し進めるなかで，社会矛盾を組織的に無効化したり，否定したり，隠そうとするときだけである。自由市場を例に挙げて，マルクスのいうイデオロギーの概念をより詳細にみていこう。史的唯物論者によると，自由市場のいわゆる決まり事は，社会的に力をもつ集団が経済的行動をしばしば操作している

という事実を巧みに隠している。同時に，その集団——ウォール・ストリートや主要大学の経済学者，IMF を含む関係者や組織——にとって，自由市場が信頼を得ることは，自分たちの集団的な利権を守るためにも必要不可欠である。もちろん，すべてのエリートが必ずしも意識的に自分たちの私利を図るためにイデオロギーを使っているわけではない。ただ，彼らが，純粋に企業での昇進や市場の働きを価値あるものだと考えていても，現実を歪め私利を図ろうとする力があるゆえに，彼らの考えはイデオロギー的なものになるのである。

　史的唯物論学派のなかで，イデオロギーの概念を真剣に追求したのはマルクスだけではない。20 世紀には，著名なイタリア人思想家アントニオ・グラムシ (Gramsci, 1971) が「イデオロギー的ヘゲモニー (ideological hegemony)」の概念を発達させた。それは，あるイデオロギーが支配的社会集団によって促進され，ついには，社会の常識となって広く流布する世界観となることである。グラムシがイデオロギーを覇権的 (hegemonic) であると考えるのは，それが，社会で比較的広く受け入れられ，あまりにも当たり前になっているがために，人びとがそれを疑ったり，批判したりすることが事実上できない，という意味からである (Prasad & Prasad, 1993)。グラムシの「常識は人間の敵である」という有名なことば (いくぶんかは反感を買った) は，このスタンスから生まれたものである。グラムシにとっては，それゆえ，ある考えがイデオロギーになるのは，議論の余地のない正統性 (unquestionable legitimacy) と結びつき広範な影響力をもつときである。物事の自然な秩序の一部としてのイデオロギーというグラムシの考えは，フランクフルト学派の数名によって拡張された (これについては，次章で検討する)。

3 史的唯物論に基づいた研究例

　史的唯物論が，搾取，階級分析，資本主義のより暗い側面の暴露に強く関わっていることから，すべての学問探究の最前線で，組織，労働，企業の意思決定，ビジネス活動に真正面に向き合うことが研究の焦点になる。しかし，史的唯物論を狭く限定的なものと考えるべきではない。マルクスの著作 (多くの追従者のそれをいうに及ばないが) が圧倒的に広い範囲に及んでいることを考えれば，史的唯物論学派の研究には，一つ以上の道筋をとる可能性があり得る。唯物論の幅広い枠組のなかでは，マクロ (たとえば，労働力プールの変容) とミクロ (たとえば，ローカルな職場) のどちらかに焦点をあてることも可能である。また，資本主義のより客観的な構造

08 史的唯物論 *135*

（たとえば，ビジネスエリートのネットワーク分析）にも主観的な側面（たとえば，イデオロギーの影響）にも関心をもつことができるし，社会状況の変化をみるのに徹底的に歴史的観点を採用することもできる。このように多様な選択肢があるが，史的唯物論は，階級闘争，搾取，弁証法の価値への確信という一本の線でつながっている。

　社会科学のなかには史的唯物論の二つの流れがある。一つは仕事の社会学（sociology of work）とよばれる学派で，ハリー・ブレイヴァマン（Harry Braverman, 1974）や労働過程論（labor process theory）（Edwards, 1979; Marglin, 1974）の研究から広く続いている。もう一つは，紛争理論（conflict tradition）（Collins, 1990）として多分一番よく特徴づけられるもので，ラルフ・ダーレンドルフ（Ralf Dahrendorf, 1959）やアルヴィン・グールドナー（Alvin Gouldner, 1954）の研究，そして，マックス・ウェーバーのより批判的な著作でマルクスの思想の要素を深めようとした知的プロジェクト全般から発展してきた。誤解を恐れずに単純化すれば，一つめの潮流は，生産の時点（point of production）に生じる搾取の出現に焦点をあて，もう一つの潮流は，資本主義の構造（structures of capitalism）とそれに伴う紛争を分析することに力をいれているといえる。

■ 労働過程論と仕事の社会学

　マルクスの著作における基本的前提は，管理層と労働者間の葛藤的な関係と職場自体が抗争的になっている性質をめぐるものである。これらのダイナミクスがどのように作用するかが，労働過程論者の中心的な関心であった。この議論を盛り上げたのはブレイヴァマン（Braverman, 1974）であるとされるが，すでにエドワード（Edward, 1979）やマーグリン（Marglin, 1974）を含む 1970 年代から 80 年代の多くの学者が，職場での争いの不平等な性質に目を向けていた。彼らは，寡頭企業（oligarchic firms）の台頭が職場へのコントロールを強め，労働を安価にするために必要な道具や技術を資本の所有者や管理者の身に備えさせてきたと論じている。ブレイヴァマンはこれをきわめて問題視し，労働の劣化（degradation）と名づけ，労働力を削減するために整備された技術が，やがて手仕事の技能をだんだん低下させ，有害な性別による分業をもたらしたと考えた。また，マーグリン（Marglin, 1974）やエドワード（Edward, 1979）なども，製造業およびサービス業のどちらにおいても，20 世紀後半の資本主義では労働の力がどんどん失われて，経営者による統制が強まっていることを理論化した。この理論的志向性（最終的には労働過程論として特徴づけられる）は，要するに，生産の時点における統制と抵抗に基本的に関連してい

るといえる（Jaros, 2000）。

　そのあとに続く数十年は，明らかにこの理論に触発されたフィールド研究が次々と出された。概していえば，これらの研究は，管理者による統制が実行されたとき，労働者はそれをどのように受け入れたり抵抗したりするのかをミクロにとらえ，そのプロセスを検証している。この学派の研究では，さまざまな形態の観察（Barker, 1993; Burawoy, 1979; Martin, R., 1988）を通してデータを収集することが好まれているが，詳細なインタビュー（Ezzamel & Willmott, 1998），観察とインタビューを組み合わせた研究方法（Collinson, 1988; Gottfried, 1994），アーカイブデータ（Stone, 1974; Tinker & Niemark, 1987）の使用も研究方法として適切であるとされる。どの方法であっても，重要なことは組織や職場の外見からはみえない背後に入り込んで，問題となっている統制と搾取の本当の係争点を見定めることである。ここで，この学派のフィールドワークのいくつかを手短に概観することが役に立つだう。

　史的唯物論に基づく労働過程のフィールドワークといえば，まず，マイケル・ブラウォイ（Burawoy, 1979）の研究をみる必要がある。彼はシカゴの多国籍大企業のエンジン部署の作業場での生活を参与観察した。ブラウォイは参与観察者として工場で長期間過ごし，そこで仕事のやり方を学び，実際に工場での仕事もいくつかやりながら，作業場のコミュニティの一員となっていった。ブラウォイの研究の問いは，史的唯物論の流れからきている。彼は，どのように，そして，なぜ労働者は，作業場関係において管理される体制に自発的な同意（spontaneous consent）をするのか，また，それは労働者にとってどのような意味があるのかを確かめようとした。

　ブラウォイは，自分と仲間が記録した詳細な観察に基づいて，独創的な研究設問に対し複雑な答えを見出した。労働者の同意の問題を理解する鍵は，労働者の「どうにか仕遂げる（making out）」という現象にあるとブラウォイは論じている。彼によると，作業場の活動はプレイヤーがゲーム機を使って一人で，または他の人と一緒にするゲームのようなものである。これらのゲームには，労働者に金銭的なインセンティブ付きの達成すべき特定の生産目標があった。「どうにか仕遂げる（making out）」ことがどのように実際の作業場での中心的活動となっているのか，そして，その活動をめぐって現場の文化がどのように展開していったのかを，ブラウォイは詳細に示した。「どうにか仕遂げる」という文化は，究極的には，作業場関係のもっと搾取的な側面を曖昧にし，さらに，生産の社会的関係への合意を生み出していた。

　唯物論を理論的枠組として，集中的に現場でフィールドワークをおこなうという

ブラウォイの研究は，物的環境と職場生活の関係に関心のある研究者の関心をひきつけ，大きな学派へと成長していった。トンプソン（Thompson, 1983）の食肉包装工場での参与観察も，屈辱的かつ将来性のない仕事に耐える労働者の能力についてのものである。彼が示したのは，労働者は日々の仕事で奪われているプライドや尊厳を（比較的高い賃金ゆえに）高価なものを購入することでかろうじて維持していることであった。また，トンプソンは，どのようにして労働者が高消費パターンに入り，そのために食肉工場で働き続けなければならない状況におかれるのかも明らかにした。工場はこのように疎外を引き起こすが，同時に人びとのプライドを維持するための源にもなっている。そのため，労働者はそこから逃れられなくなっていたのである。

　労働過程を追究するフィールドワークでは，近年，労働者の主観性やアイデンティティの問題にますます注目するようになった。初期の労働過程論者は，主観性を十分に描いておらず，手仕事を過度に理想化して描写していた（Collinson, 1992）。また，その当時の研究者はアイデンティティの問題を，階級，搾取，矛盾など既存の唯物論の枠組でとらえようとしていた。主観性とアイデンティティが強調されるようになって，ジェンダーがより前面に出て意識されるようになった。たとえば，労働過程のダイナミクスでのジェンダーに基づく権力構造（Gottfried, 1994）や，職場関係に介在するジェンダーのイデオロギーの役割（男らしさなど）に目を向けるようになったのである（Collinson, 1992）。

　コリンソン（Collinson, 1988; 1992）は，最近米国企業に買収されたばかりの英国の大型車の製造会社で長期にわたるフィールドワークを実施した。コリンソンは主に，製造工場の労働者64名に詳細なインタビューをおこなった。ほとんどの人にインタビューを二回おこなったが，三回以上実施した人もいた。第一回目のインタビューでは，仕事で重要だと考えることについて，研究協力者に比較的オープンエンドに回答してもらった。インタビューを繰り返すうちに，コリンソンは，職場文化に研究の焦点をより当てるようになった。また，彼は，作業場，食堂，仕事へ移動するバスのなかで労働者仲間と積極的に会話し，インフォーマルな観察を通して，労働者がおかれているコンテクストを知ろうとした。そして，インタビューを分析・解釈する際にはコンテクストを含めて全体をとらえようとした。

　コリンソンの研究は，階級意識や労働者の主観性を形成するイデオロギーの力にも目を向けている点において，優れた唯物論の研究であるといえる。コリンソン（Collinson, 1988; 1992）は，労働者のアイデンティティおよび職場での関係性には，何

か矛盾や曖昧さがあることに目をつけ，その切り口から，エリート支配による悪循環の再生産を説明した。ブラウォイの作業場の事例では，労働者の「なんとか仕遂げる（making out）」という行為が作業場で中心的な原則として機能していたことが明らかにされ，コリンソンの製造工場の事例では，男らしく振る舞うことが主要な側面であることが示された。コリンソンは，作業場の労働者が，たびたび，冗談まじりの喧嘩腰で職場のきびしい管理体制に抵抗する様子を生き生きと描きだし，それを男性であるというアイデンティティの表出であると考察した。このように，彼の研究を通して，私たちは，インフォーマルな職場慣行が，階級やジェンダーといった労働者個々人の主観的立場と相互に関連していることを知ることができる。

　本章で取り上げた事例（Burawoy, 1979; Collinson, 1988; Thompson, 1983）は，主にエスノグラフィー研究の慣行に則っている。すなわち，対象者と親密な関係を築き，研究者が実際に職場に身を置きながら，ローカルな文化的実践にしっかり目を向けている。しかし，唯物論的なエスノグラフィーでは，状況の全体性（the totality）により大きな注意が払われる。つまり，文化的実践や主観的経験を，階級関係，イデオロギーの形成，資本家による統制といったコンテクストのなかでとらえようとするのである。その研究設問の例には，「支配に関する経営上のテクニックはどのように広がり続けるのか」（Barker, 1993），「労働者はこれらの支配に対してどのように，または，なぜ黙って従うようになるのか」（Burawoy, 1979; Collinson, 1992），「彼らはどのように支配に抵抗するのか」（Martin, R., 1988; Gottfried, 1994）などがある。統制と抵抗のミクロなダイナミクスが研究の中心であるため，この学派では，個人的な観察（参与もしくは別の観察法）はある程度必須とされているようである。インタビューだけに頼ってしまうと（たとえば，Ezzamel & Willmott, 1998 など），語りの豊かさが確かに損なわれがちで，また，語り（インタビュー）と彼らの日常での生活世界をコンテクストにつなげて解釈するようなことはできなくなるからである。

　ここで紹介した研究はすべて，労働過程における労働者の主観的な側面（Burawoy, 1979）に着目している。言い換えるなら，抑圧された集団を，疎外，イデオロギー，ローカルな生活世界に焦点を当てているがゆえに，それらはまさに史的唯物論の現象学的側面そのものである。一方で，労働過程の学派には，公的な制度や資本主義の構造関係を歴史的な観点から客観主義の考えに基づいて分析しようとする研究もある。この学派の研究は，経済史や政治学から大きな影響を受けており，アーカイブの記録や幅広い多様な文書をデータとして扱う。この学派の卓越した事例がキャサリン・ストーン（Stone, 1974）の研究である。彼女は 1890 年から

1920 年の間，米国における鉄鋼産業の労働市場の構造がどのように発展していった
か，その歴史を研究した。

　ストーンは記録文書をもとに研究をおこなった。対象としたのは，企業が自社の
歴史を記録した社史，新聞記事，自伝，政府が発表する各種レポート，労働協約，職
業用マニュアル，専門年鑑，そして鉄鋼産業に関する学術的論文などである。スト
ーンは，階級闘争と紛争の理論枠組を使って多様な記録文書を吟味することで，ど
のようにして米国の鉄鋼産業が熟練契約労働者を半熟練賃金従業員にしてしまった
のか，このことが労働力節約のための技術導入を可能にしたわけだが，その際，ど
のようにして鉄鋼労働者を新しい製造状況に適応させたかを明らかにした。産業の
変化は「自動的」かつ所定の技術革新の一部として起こるという慣例的な説明とは
対照的に，ストーンは，鉄鋼会社の管理者が，積極的にホームステッド・ストライ
キ[訳注1]を準備・利用して，熟練の鉄鋼労働者の現場での自治権と自律性を壊してき
たことを証明した。また，今日当たり前のように浸透している雇用の構造（たとえ
ば，昇進制度や従業員による株式保有など）の多くは，ホームステッド・ストライキの
後に導入されたもので，労働者に新しい条件や不利な条件を承諾させるための技術
として使われたことを示した。ストーンの研究は，史的唯物論のモデルとなる研究
の一つである。明らかにマルクスの理論的枠組を用いているが，彼女の実証的研究
は慎重で方法も確かであり，彼女の主張のすべては根拠となる文書によって裏づけ
られている。史的唯物論の精神に忠実で，データの活用・収集の観点においては歴
史的（historical）かつ厳密に経験主義的（empiricist）な研究であるといえる。

　客観的かつ主観的な側面の両方からせまった史的唯物論の研究は，ダニエル・ベ
ルトーとイザベル・ベルトー＝ウィアム（Bertaux & Bertaux-Wiame, 1981）によるフ
ランスの近代産業で生き残ったパン職人の研究がある。彼らは，パン職人の主観的
な生活世界をみごとに把握し，同時に，幅広い領域からパン職人を取り巻く社会・
経済的仕組みをとらえ，それらを結びつけた模範例である。ベルトーとベルトー＝
ウィアム（Bertaux & Bertaux-Wiame, 1981）は，フランスのパン職人がどのように，
そして，なぜ，巨大なパン産業との激しい競争に耐えることができたのかについて
明らかにしようとした。これは，一見，経済的かつ機能主義的な問いであるが，ベ
ルトーらはパン職人の文化に根づいた精神，その社会に残る伝統，パン職人が日々

訳注 1） 1892 年 6 月にペンシルバニア州ホームステッドのカーネギー鉄鋼会社と従業員と
　　　の間で起こったアメリカ労働史上において重要な労働争議，多くの死傷者がでた
　　　（Stone, 1974）。

の生活において物と関わる行為などが絡み合った複雑な布置のなかにその答えを見出した。彼らは，ライフヒストリー方法論（life-history methodology）とアーカイブの文書（archival）を組み合わせて調査をおこなった。主要な情報源は，パリとその郊外，北フランスの工業都市，ピレネー地域のある県で働くパン職人 100 人のライフストーリーである。

インタビューはかなり自由に進められたが，パン職人の人生経路の物質的な側面に焦点を当てていた。階級，家庭環境，職業選択の機会，労働時間数などがインタビューでは質問された。ライフストーリーの分析を通して，パン職人を取り巻く実際の労働状況，およびパン職人にとってのパンを焼くという営為がいかなるものかがみえてきた。そして，パン製造に関わる社会的な関係性の構造についてイメージを発展させることができた。ベルトーらは，これについて「私たちが関心を払いたかったのは，参与観察そのもの（インタビュー）ではなく，それを通して感じ取り明確になってくる社会関係の次元である。これが意味することは，データの収集と分析の段階を決して切り離さないということである」（Bertaux & Bertaux-Wiame, 1981: 178）と述べている。

彼らの研究は，階級闘争，イデオロギー，矛盾といった唯物論の中心概念を切り口とすることで，興味深い知見を得ることができた。それは，パン職人の家族関係がパン工房を支え，生き残りのための核となっていたことである。そこで，ベルトーらは，まず，事業の成功において重要な役割を担う者としてパン職人の妻に目を向けた。次に，成功の第二の要素を身を粉にして働くパン職人の気質から読み取り，彼らの（巨大な産業集団に反対する）階級の闘志に見出した。ベルトーとベルトー＝ウィアムの研究は，いくつもの点において印象的である。彼らはかなり厳格に唯物論の立場から，パン職人の仕事や生活，社会的環境を幅広く描いた。また，彼らは，パン屋の実践をミクロな観点からとらえると同時に，それを取り巻く幅広い社会状況を結びつけ，その間を弁証法的に行き来した。つまり，パン職人のナラティブを紡ぎながらも，それらを階級，階級闘争，物に関わる実践，イデオロギーなどの諸概念と統合したことで，パン職人の人間性や尊厳も見失うことがなかった。

■ 紛争理論（conflict tradition）

労働過程論は，生産の時点での搾取に焦点を当てるため，必然的にミクロレベルの研究となる。一方，紛争理論はよりマクロな構造にアプローチする。具体的には，鍵となる行為主体，エリートによる統制の戦略，社会的な連携，組織化のプロセス

について，紛争，利潤，支配といった唯物論の観点から読み解こうとする。紛争理論は，マクロ歴史社会学（macro-historical sociology）（Collins, 1990）ともいわれ，社会はさまざまな物質的および象徴的資源をめぐって利害が競合している集団（階級）から成り立っているという前提をもつ。この学派の主な関心は，どのように特定の集団が鍵となる資源をコントロールして，社会において支配的な立場を保持するのかを立証することであった（Baritz, 1974; Gouldner, 1954; Mills, 1956）。

　この学派の多くの研究者は，史的唯物論の影響を受けているが，彼らの多くはまた，マックス・ウェーバー（Weber, 1968）の著作から多くの考えを取り入れている。とくに，彼らはウェーバーの資本主義の社会的帰結（social consequences of capitalism）にたいへん関心をもった。ウェーバーは，マルクスのように革命的な闘争や社会主義による世界秩序の創造には与みしなかったが，マルクスが資本主義に対してもっていた不信については共有していた。このように「徹底的なウェーバー派の要は，資本主義に対して痛烈に批判はするが，別の形態の社会的な組織によってそれを凌駕することにはなんら与しないという立場」（Berrell & Morgan, 1979: 350）であった。さらに，従来の唯物論は資本主義の生産過程における支配と搾取に焦点をあてるが，ウェーバーは資本主義社会の管理体制のなかにある社会的な支配を追究した。そして，「鉄の檻（the iron cage）」という概念を提示し，近代的な官僚組織がもたらす構造的かつ制度的な合理性が疎外の原因になっていることを示した。

　制度的権威に対するウェーバーとマルクスの疑念は，この学派の主要テキストの土台となっている。たとえば，ライト・ミルズの *The Power Elite*（『パワー・エリート』）（1956），ローレン・バーリッツの *The Servants of Power*（『権力につかえる人びと──産学協同批判』）（1974），ラルフ・ダーレンドルフの *Class Conflict in Industrial Society*（『産業社会における階級および階級闘争』）（1959），マイケル・マンの *The Sources of Social Power*（『ソーシャルパワー──社会的な「力」の世界歴史』）（1986）などである。彼らによると，資源の不足や権力構造の存在（たとえば，官僚的序列）が共同で，社会での集団の対立を生み出すのである。それぞれの集団は物質的な資源と権力のリソースを手に入れようと，さまざまな方法（たとえば，威圧的な方法や説得的な方法）を用いてきた。紛争学派の研究者にとって関心があるのはこうした方法である。それゆえ，経験的研究に付される現象が社会的ネットワークや社会紛争，制度化のダイナミクスを含むことは驚くにあたらない。この学派の研究上の問いは，どのような利害が集団を連立へと動機づけるのか，エリートたちのネットワークシステムはどのようにして組織および鍵となる制度を統御しているのか，制度内の慣習は

特定の利潤を維持するためにどのように解釈されるのか，多くの公共の場において
どのように複数の利害集団が衝突するようになるのか，といったようなものである。

　紛争学派では，公的な組織も私的な組織も非常に重要な研究対象である。組織と
いうものは，利害が絡んだ一定の範囲内の決定をする重要な行為主体であり，同時
に，対立のダイナミクスが起こるコンテクストととらえられる。この学派の研究者
は，ビジネスにおけるエリートネットワークの形成（Useem, 1979），会計と公共政策
（Neu, 1992），重役連合の創出（Mizruchi & Stearns, 1988），強力な管理のイデオロギー
の出現（Scott, 1992），コーポレートガバナンスの歴史（Kaufman, Zacharias & Karson,
1995; O'Connor, 2001）などを切り口として，組織の現象を幅広く研究している。

　これらの研究は，記録文書に依拠していること，そして歴史的要因を重視して
いることに共通点がある。歴史的な動向やパターンを吟味する研究もあれば，緊急
に対処すべき今日的な問題を扱っている研究もある。ここでは，当時の優れた研究
事例として，ノイ（Neu, 1992）がカナダのオンタリオで調査した新株発行のプロセ
スに関する研究をみてみよう。ノイは，証券法も主要な組織体によるその解釈のい
ずれもが，完全に利害と無関係ではないことを論じたうえで，オンタリオ株式取引
所によって発行された新しい株式とそれに続く失敗について徹底的に調査した。ノ
イはこの研究を通して，さまざまなアクターと彼らの物質的利害を同定し，株の失
敗が複数の社会集団にとって，どのような結果をもたらしたかを追跡した。ノイが
最初にしたことは，株の発行や失敗に関する新聞記事を主な情報源として，証券法
制の立案に関して中立性などというものはないことを立証することであった。次い
で彼は，投資会社のような有力なアクターが，どのように彼らの利権と齟齬が生じ
ないようなやり方で，規制文書を読むのか，あるいは解釈するのかを明らかにした。
最終的にノイは，市場というものは自由な力で動いているようにみえるが，実はそ
の背後では利権の巣窟がうごめいていることを暴き，さらに，仲介組織の行為によ
って，どのようにオーナー経営者の利益が個人や小規模投資家のそれより優先され
るようになるかを明らかにした。

　この学派には，他にも，組織での出来事や人物の歴史的側面を強調し，それらを
社会関係や紛争のより広い地平に位置づけようとした研究もある。チェスター・バ
ーナード（Chester Barnard）の古典的著作 *The Functions of the Executive*（『経営者
の役割』）に対するスコット（Scott, 1992）の素晴らしい検討，および，産業経営にお
ける民主主義の必要性について述べたオードウェイ・ティード（Ordway Tead）の
著作に関するオコナー（O'Connor, 2001）の考察はともに，史的唯物論学派の模範例

である。両者はともに，バーナードやティードのアイデアが，どのような文化的コンテクストのなかで生まれたかを歴史的に理解しようとした。また，これらのテクスト形成には，さまざまな利害やイデオロギーが絡んでいることを明らかにした。

スコット（Scott, 1992）は，バーナードの研究が米国の特定の階級の利権を反映したものであるとみている。スコットによると，20世紀初頭は新しい階級——専門職と管理職——が台頭してきた時代で，彼らは大きな経済力をもっていたが，その力を正当化する正統性と道徳的権威を欠いていた。チェスター・バーナードもこの問題を十分認識しており，管理者が道徳的な態度をとれるようになり得る本を執筆した。スコットは，慎重に文献調査をおこない，バーナードの著作に影響を与え，それを大成功へと導いた組織的なネットワーク（たとえば，ハーバードサークル）が存在していたことを明らかにした。

同じように，オコナー（O'Connor, 2001）は，オードウェイ・ティードの研究を20世紀初頭に米国で広がっていた産業民主主義の言説と関連させて解釈している。オコナーの労作は，ティードの著作がいくつかの意味で，労働組合の役割に関する当時の重要な問いへの答えであったことを明らかにしている。なぜなら，当時は，世界産業労働組合（International Workers of the World: IWW）のストライキやラドローの虐殺のように暴力的で血なまぐさい労働者と経営陣の対立があった直後だったからである。オコナーは，ティードの著作を従業員の代表性や団体交渉に関する目下の論争への調停として書かれたものとして理解したほうがよいと説得力のある指摘をしている。

スコット（Scott, 1992）やオコナー（O'Connor, 2001）の研究において，その中心になっているテクストがその時代の出来事やイデオロギー，紛争を理解することによって，生き生きと蘇ってくる。彼らの研究は，社会関係を幅広く全体的にとらえようとしていること，階級の利権や闘争に意識を向けていること，その時代の物質的状況の細部にしっかりと目を向けている点で，史的唯物論学派の見本である。

紛争理論は，また，組織のさまざまな側面や国家や社会との複雑な関係を検討する広範な歴史研究を生み出した。このジャンルのよくできた二つの研究は，マーティン・スクラー（Sklar, 1988）の *The Corporate Reconstruction of American Capitalism, 1890-1916*（訳書なし）と，カウフマン，ザカリア，カーソン（Kaufman, Zacharias & Karson, 1995）の *Managers vs. Owners*（訳書なし）である。これら二つの研究は全面的に文書資料に依りながら，個人の自由，私有財産，連邦主義を含む神型なアメリカの理想と企業の不安定な関係を歴史的に検討している。カウフマン

144

ら（Kaufman, Zacharias & Karson, 1995）は下記の四つの問いを追究するために，関連する訴訟の事例，会社定款，法律雑誌，コメンタリー集，パブリックスピーチ，150年分の学術論文をデータとして調査をおこなった。四つの問いとは，（a）アメリカ合衆国の企業の法的根拠（legal identity）をめぐる社会的論争，（b）企業の責任と説明責任についての論議，（c）コーポレートガバナンスの再構築，（d）1960年代までの専門職としてのマネジメントの制度化と1980年代までに高まったマネージャーたちの連帯である。

　史的唯物論のなかのこの分派（紛争理論）の研究スタイルは，質的研究と典型的に結びついたエスノグラフィーとははっきりと異なっている。研究の範囲はきわめて野心的であり，その方法は記録された事実（fact）と文書証拠を探して，縦断的かつ厳密に経験的である。要するに，これらの研究は歴史研究の方法にかなり影響を受けている。経営研究や組織研究の分野では，すでにミクロレベルでの研究が普及しているが，これらの研究はこれにマクロな視点を提供した。その価値は，統計情報よりも質的情報を使いながら，イデオロギー，コーポレートガバナンス，集団の利権といったマクロな構造的特質を，多数の組織群を横断し，かつ長期間にわたって検討できることにある。

4 史的唯物論における批判と論争

　史的唯物論の伝統で研究することはかなり挑戦的なことである。まず，この伝統自体が，多くの複雑な概念に精通し，丁寧かつ厳密な経験的研究を進める熱意など多くのことを要求する。そのうえ，この史的唯物論の系譜の研究者は，正統性を信奉しているとか，知的な党派を組んでいるとか，マルクス主義の教義に盲従しているといった非難に対して自分の研究を弁護していなかければならないことがしばしばある。これは史的唯物論についてのフェアな批判であろうか。そして，史的唯物論的研究をしている研究者はこのような批判にどのように応えることができるのであろうか。

　ここにはいくつかの論点が含まれている。一つめは，史的唯物論だけが人間の本質，社会的相互作用，そして現実についての基本的前提にしっかりと関わっている唯一の西洋の知の伝統ではないことを知っておくべきである。独自の存在論と認識論的立場をもち，それを簡単には放棄しなかったのは史的唯物論者だけではなく，ドラマツルギーの研究者，エスノメソドロジスト，記号論の研究者（ここではすべてを挙げないが）もみな同じであった[原注1]。20世紀後半の社会科学のいくつかの領

08　史的唯物論　*145*

域で厳格な正統派マルクス主義が伸展するに伴い，史的唯物論もまた不当と思える
ほどの攻撃を受けるようになったようである。しかし，苦労して指摘してきたよう
に，史的唯物論の学問的な学派のほとんどは，党の公式路線と連携することを避け
て，社会における紛争や支配について我々の理解を促すために，マルクスの概念の
多くを（盲目的というよりむしろ）選択的に用いている。この流れからもわかるよう
に，史的唯物論は，エスノメソドロジスト（文脈依存性を重視）や記号論の研究者（社
会現実を文法的に理解）などの学術的に対等な立場にある人たちよりも，教条的であ
るとはいえない。

　二つめは，史的唯物論はもはや機能していないという批判である。とくにソビエ
ト連邦崩壊後，多くの批評家が史的唯物論は完全に時代遅れとなり，それゆえ現代
の社会のあり方を理解するうえでほとんど役立たないと論じた。この批判はどちら
かというと見当違いである。社会のなかに集団や階級がある限り，史的唯物論は支
配の変わりゆく実態への多様な洞察をもたらす源である。スポンサーであった共産
主義国家が崩壊したことで，狭義の政治的イデオロギーへ余儀なく従わされること
から史的唯物論を解放し，権力，紛争，利権に着目した調査が自由にできるように
なったといえよう。

　三つめは，史的唯物論を陰謀論の一種であるとする批判である。すなわち，あら
ゆる行為や出来事が，幅広いエリート層が社会を完全に支配するための戦略として
とらえられているというのである。この批判も，どちらかというといいすぎである。
確かに唯物論者は，社会は利害関心に動かされるという見方をとっており，利害関
心やエリートによる支配以外のことをあまりみることができない学者も少なくない。
しかしながら，多くの学者が，利害関心そのものが複雑で，あいまいかつ予測不能
なものであることに気づき，イデオロギーや彼らが置かれている文化といった他の
力によって，媒介されていることを認めている（たとえば，Burawoy, 1979; Collinson,
1992; Martin, R., 1988）。たとえ，拡大する管理支配を冷酷で容赦のないものとして

原注1）多くの学術界にみられた史的唯物論に対する強い非難は，とくに冷戦の終焉直前ま
　　　で広がっていた地政学的状況の結果である。史的唯物論はマルクスの概念と非常
　　　に近いため，ソビエトスタイルの社会編成を承認するものとしてある人にはみら
　　　れてきた。本章の最初の方で議論したように，これは事実でないことが多い。し
　　　かし，こうした認知はおそらく，ソ連と敵対していた米国においては，英国やイス
　　　ラエル，イタリアといったその他の西洋の国よりも，史的唯物論が学術的に周辺化
　　　されたことの説明を与えた。

描いている研究（たとえば，Barker, 1993; Stone, 1974）でさえも，根拠となる記録文書や丁寧な参与観察に基づいて，そう認めているのであり，何の根拠もなくこうした議論を単にやっているのではない。

これまでの批判は外からの批判，つまり，批判の伝統の立場でない人からの批判である。しかし，我々は内からの論争や批判にも注意を向ける必要がある。これから示す議論は，史的唯物論のなかだけではなく，批判の伝統という広い領域で起こっている。長く議論されている一つの問題は，史的唯物論が，社会の他の要素に比して，経済基盤に相対的自律性と重要性を付与していることにあった。皮肉にも，唯物論者が経済的要因を一番に考えていることが，あまりにも唯物的（materialistic）であると非難されている。この批判に対しては，ケース・バイ・ケースで答えていく他ない。いくつかの著作（たとえば，ブレイヴァマン）では，確かに，賃金，仕事の不安定さ，身体的な労働状況，明白な統制システム，仕事，組織，社会における他の物質的側面を著しく強調している。しかしながら，他の多くの著作（Bertaux & Bertaux-Wiame, 1981; Collinson, 1992; Scott, 1992）では，支配における階級闘争と階級の営為が，どのように彼らがおかれている文化，アイデンティティ形成，個人の所属と交差しているかを加味して探究しているのがはっきりとみてとれる。以上のことから，史的唯物論の伝統のなかで研究する際には，過度の経済還元主義に陥る危険がある（possible dangers）（確実にそうだというわけではないが）ことを意識しておく必要がある。

また，史的唯物論は，ジェンダー問題への配慮が欠けているとたびたび非難されてきた。ウィルソン（Wilson, 1996）は，史的唯物論が圧倒的にジェンダーに対して盲目（gender blindness）だと述べているし，唯物論の研究においてもジェンダー問題を隠蔽する企てが続いている（Linstead, 2000）という非難もある^{原注2)}。他にも，史的唯物論はヨーロッパ中心主義であるという非難（Gandhi, 1998）や階級の枠組に固執して人種を見落とす傾向があるという非難（hooks, 1989）もある。換言すれば，唯物論は階級に固執するがゆえに，それ以外のさまざまな種類の社会的な苦闘，とくに多様な社会的アイデンティティ（人種や民族など）やさまざまな歴史的経験（奴隷

原注2）唯物論のジェンダーバイアスに対する内部の批判としてすばらしいものとしては，レイ＝ブリス（Wray-Bliss, 2002）のイギリスの労働過程論におけるこの問題の詳細な研究を参照してほしい。レイ＝ブリスは，ジェンダーが社会関係において重要な要因であると広く認識されたとしても，女性の研究対象の実際の描かれ方は根深い問題であり続けることを論じている。

制や植民地主義）が介在しているそれらを認識できていないのである。

　アクターの意識（consciousness）を過度に重要視する史的唯物論の傾向に対して，不安を感じている批判理論の研究者もいる。とくに，その行為が理性で計算した結果でないならば，それはすべてイデオロジカルな操作であるという前提をもつ点においてである（Prasad & Prasad, 2001; Wray-Bliss, 2002）。この問題は，唯物論が合理的主体（rational subject）へ固執していることと，それによって，意図的でも合理的でもなく，また必ずしもイデオロギー的でもない力をみる能力がないことにある。この筋の批判は，言説への志向性（discursive orientation）と軌を一にしており，ポスト構造主義やフェミニズム学派に近い研究を生み出してきた。

　史的唯物論は多くの批判にもかかわらず，労働，組織，制度などのさまざまな側面を扱う学問に圧倒的な遺産を残した。歴史に着目したこと，利害関心やネットワークの力を認めたこと，実証に使える材料を実直に追究することなどすべてが，この伝統のなかで研究することを洞察に満ちた心躍るものにした。実に不幸なことは，マルクスの著作に史的唯物論のルーツがあることがときどき抵抗を受け，史的唯物論は極端に教条的であり，正教信奉的（orthodoxy）という評判を（それはすべて当てはまるわけではないが）立てられたことである。経営研究および組織研究において，史的唯物論の価値は，まさに，統制と搾取の不快なダイナミクスに惑わされることなく，エンパワメントと人間の解放という目標を断固として追求する決意にある。

表 8-1　史的唯物論のハイライト

哲学的影響：	マルクス主義，ネオマルクス主義，労働過程論
主要研究者：	カール・マルクス（Karl Marx），フリードリヒ・エンゲルス（Friedrich Engels），マックス・ウェーバー（Max Weber），アントニオ・グラムシ（Antonio Gramusci），ハリー・ブレイヴァマン（Harry Braverman），アルヴィン・グールドナー（Alvin Gouldner），ラルフ・ダーレンドルフ（Ralf Dahrendorf）

中心概念

・弁証法（The dialectical method）
・下部構造と上部構造（Base and superstructure）
・階級と階級闘争（Class and class analysis）
・疎外（Alienation）
・矛盾（Contradiction）

重要な実践

・歴史的レンズの使用
　（Employing a historical lens）
・階級闘争および搾取のコンテクストにすべての行為を位置づける
　（Placing all action in the context of class struggles and exploitation）
・物的・経験的条件への細心の注意
　（Close attention to material empirical conditions）
・構造的要素とイデオロギー的要素の関連を追究
　（Tracing connections between structural and ideological elements）

代表的研究

・"Artisanal Bakery in France"（Bertaux & Bertaux-Wiame, 1981）
・*Managing the Shopfloor*（Collinson, 1992）
・*Managers vs. Owners*（Kaufman, Zacharias & Karson, 1995）
・"Back on the Way to Empowerment"（O'Connor, 2001）
・*Chester I. Barnard and the Guardians of the Managerial State*（Scott, 1992）

09 批判理論

ヘゲモニー，知の生産，コミュニケーション行為

灘光洋子［訳］

　批判理論は，落胆と失望が極端な形で現れた知的産物といえる。それはヨーロッパのファシズムとナチズムの恐るべき支配に対する落胆，そしてスターリン的社会主義およびアメリカにみられるような繁栄する高度消費社会の文化的空洞化への失望である。批判理論のルーツは1923年にフランクフルトに創設された社会研究所（フランクフルト学派として知られる）に遡ることができる（Wiggershaus, 1994）。フランクフルト学派の当初の目立ったメンバーはマックス・ホルクハイマー，テオドール・アドルノ，エーリッヒ・フロム，ヘルベルト・マルクーゼなどで，社会状況の体系的批評を展開したが，その目的はより良い（すなわち，より正しく，意味と価値のある）世界を思い描き（envisioning）それを実行すること（implementing）であった（Kincheloe & McLaren, 1994; Steffy & Grimes, 1986）。研究所は終焉を迎えたが，ドイツ人哲学者ユルゲン・ハーバーマスがフランクフルト学派の考えをコミュニケーション理論の新しい基礎とすることで，彼らの主要な理論的貢献を活性化し，新たな命を吹き込むこととなった（Murray & Ozanne, 1991）。

　この学派の複雑さに取り組む前に，批判理論（critical theory）ということばが広くも狭くも使われ得るということに留意すべきだろう。広い意味で使うときには，批判理論とは文化批評（cultural critique）への関心によって結びつけられた多様だが互いに関係した広範囲にわたる考え方を意味する。フランクフルト学派，ネオ・マルクス主義の分派，ポストモダニズム，ラディカル・フェミニズム，カルチュラル・スタディーズは往々にしてこの領域に包括される。しかしながら，本章では批判理論をかなり狭義にとらえ，主にフランクフルト学派およびユルゲン・ハーバーマスによって奨励された社会的探究の系譜を扱うこととする。

　この本で扱った他の批判理論の系譜と同様，批判理論はマルクス哲学の中核とな

る解放の企てに深く関わっている。同時に，フランクフルト学派のメンバーおよび
その信奉者たちは，ゆきすぎた経済還元主義は脆弱さを生むと考えており，そこか
らマルクスの有益な考えの多くを蘇らせることに専念してきた（Jay, 1973; Murray
& Ozanne, 1991）。したがって，批判理論とはマルクスの資本主義批判と労働者革命
の理論の見直し（revision）から生じており，それを今日の社会政治状況の分析に
関連づけることを意図している（Bronner & Kellner, 1989）。フランクフルト学派が
統一見解を述べたことは一度もない，というのは特筆に値する。文化批評に対し系
統的なアプローチを展開したと主張する理論家もいない。実際のところ，批判理論
（critical theory）という用語そのものは，ニューヨークのコロンビア大学に研究所と
そのメンバーが移転した 1937 年に用いられたにすぎない（Bronner & Kellner, 1989）。

　初期の研究所は，美学とはなにか，そして文化産業の広汎な影響の理論化にもっ
とも関心を寄せていたように思える。ドイツが次々と危機（政府の失墜，社会的不穏，
進行するインフレ，反ユダヤの波，ナチの台頭など）に見舞われたため，研究所とその
メンバーたち（大半がユダヤ人）は国から逃れ，ニューヨークに移転することを余儀
なくされた。亡命下で，彼らはファシズムのルーツやさまざまな影響力のある社会
化の中心となる制度（学校や家族）が，不条理で強制力をもった社会的・政治的な権
威の浸透に加担していることについて書きはじめた（Adorno, 1969）。

　かつて，アメリカでは多くの批判理論家たちは，強烈な文化的疎外感と物質的
に繁栄する近代社会の無意味さと，それを合理的なものとする考え方に嫌悪感を覚
えた。アドルノ，フロム，ホルクハイマー，マルクーゼも同様にアメリカ文化を軽
薄（mindlessness）と感じ，世論や人びとの行動が強制や暴力を行使することなし
に容易に操られることに当惑した。つまり，彼らの仕事の大半は文化批評（cultural
critiques）を意図しており，それは近代の機能不全がもたらした結末（Adorno &
Horkheimer, 1972; Horkheimer, 1947）と現代産業社会における意味の喪失（Fromm,
1955; Marcuse, 1964）への深い憂慮を提起しようとするものだった。彼らはこぞ
って利益重視の知識の本質を解明しようと試み，社会的な不正に立ち向かい切り
崩すことを明確な目的とした解放のための知識を産出することの重要性を強調し
た。第二次世界大戦以降，フランクフルト学派創立メンバーの大半はドイツに帰国
し，研究所を再開し，このような路線に沿った研究を続けた。ヘルベルト・マルク
ーゼだけがアメリカに残り 1960 年代の対抗文化運動の主要な担い手の一人となっ
た（Wiggershaus, 1994）。フランクフルト学派の創立メンバーが亡くなった後も，彼
らが入念に築き上げた文化批評の流れは途絶えることがなかった。ハーバーマス

09 批判理論 *151*

(Habermas, 1972; 1976) は理性と専門家の知識システムへの批評をさらに展開し，精力的にこの学派を継承した。彼の業績は異なる学問領域にも多大なる影響を与え，その範囲は行政学や社会学，政治学，コミュニケーション研究にまで及ぶ。

つまり，批判理論の学派ではマルクスの主要ビジョンである解放に依拠しつつも，社会や構造的編成のベースを経済におく見方から脱却しようとする。批判理論家は，むしろ初期のマルクスが強調したイデオロギーやコンプライアンスの方をはるかに重要視してきた。まさに，資本主義を史的唯物論が強調する強制的（coercive），搾取的（exploitative）側面からではなく，イデオロギー（ideological）やヘゲモニー（hegemonic）の観点から論じたといってよい。我々の目的にとって強制とヘゲモニーの区別をすることは重要である。強制とは抑圧，脅し，圧力（経済的圧力を含む）を直接的に行使し，追従を迫るが，ヘゲモニーは（この学派では）自らがすすんで服従する過程を意味する。このヘゲモニーへの強い関心により，経済ではなく文化的プロセス（cultural processes）を理解する方向に向かうこととなった。

フロム（Fromm, 1955）とマルクーゼ（Marcuse, 1964; 1966）の業績を通じて，批判理論はフロイトの精神分析（psychoanalysis）をも文化批評に導入した。実際，批判理論の精神分析的洞察に対する親和性は，批判理論の顕著な特徴の一つであると論じることは簡単だろう（Bronner & Kellner, 1989; Murray & Ozanne, 1991）。文化レベルにおける否認，退行，ファンタジー，ナルシシズムは，広くはびこる疎外とイデオロギーによる操作を理解しようとする批判理論家たちによって研究された心理状態のいくつかである。批判理論の史的唯物論からの分岐点は，現代社会における革命の担い手についての見方に現れている。批判理論家はプロレタリア階級の労働者よりもむしろ学生，知識人，周縁化された人びと（アフリカ系アメリカ人など）や第三世界の人たちによって革命がもたらされる可能性をみていた。

西洋での批判理論の台頭は 1960-1970 年代の時代精神（zeitgeist）に負うところが大きい。マルクーゼ（Marcuse, 1964），フロム（Fromm, 1955），ホルクハイマー（Horkheimer, 1947）の考えの多くは当時のヨーロッパの大半および北米に吹き荒れていた文化的な反乱精神や政治に対する幻滅感と強く共鳴した。チャールズ・ライク（Charles Reich）の *The Greening of America*（『緑色革命』）(1972)，イヴァン・イリイチ（Ivan Illich）の *Tools for Conviviality*（『コンヴィヴィアリティのための道具』）(1973)，セオドア・ローザック（Theodore Roszak）の *The Making of a Counter Culture*（『対抗文化の思想—若者は何を創りだすか』）(1969) などのベストセラーは，批判理論家が詳細に説明した多くの中心的テーマを世に知らしめた。具体的には，科学技術の限

界，ゆきすぎたプロフェッショナリズムや官僚制の危険性，資本主義体制がもつ家父長的かつ人種差別的傾向，近代や経済的繁栄のなかで生態学的にも実存的にも意味のある生活を送ることができない我々の無力さについてであった。

さまざまな学術領域で増大する影響力と競い合うように，批判理論は一般大衆にもその存在感を知らしめていった。教育分野では，パウロ・フレイレ（Paulo Freire）が名著 *The Pedagogy of the Oppressed*（『被抑圧者の教育学』）（1970）で近代教育を単に知識を受け取る（receiving）だけの受身的な集団を生産するシステムとして非難したことを通して，批判理論は永続的で強力な足跡を残している。北米では，学校を抵抗と民主化の芽を育む場と位置づけたヘンリー・ジルー（Giroux, 1983）の批判理論の流れをくむ考え方が息づいている。批判理論の顕著な存在感は，社会学（Burris, 1989），行政学（Denhardt, 1981），消費者研究（Murray & Ozanne, 1991），コミュニケーション研究（Deetz, 1992），会計学（Power, 1994），組織研究（Alvesson, 1987; Steffy & Grimes, 1986）に広くみうけられる。これらすべての分野で，批判理論家たちは組織，制度編成，社会慣習，専門職の精神構造について思慮に富む途絶えることのない批評をしてきた。同時に，価値中立的な立場を体系的に拒否（reject）し，人間の解放と社会正義の目標を明確にめざす研究をしている。

1 批判理論の哲学

フランクフルト学派の今日に至る貢献の多くは，著名なヨーロッパの思想家，すなわちカント，ヘーゲル，ウェーバー，マルクス，フロイトの理論との哲学的対話を通して生まれた。批判理論は主な現象学者の考えを集約し，それをマルクスの解放のための企ての中核に据えたともいえよう。フランクフルト学派の真の功績は，マルクス理論の唯物論的関心より人間の主体的（subjective）要素に特権を与えたことだ（異論を唱える者もあろうが）。ハンガリーの哲学者であり改革派マルクス主義者だったジェルジ・ルカーチの古典『歴史と階級意識』（Lukács, 1923）は初期の批判理論家に強い影響を与え，彼らが全体主義とイデオロギー批判の論議を展開するうえで大きな拠り所となった。

批判理論の特徴をひと言で表すとすればイデオロギー批判（ideology-critique）だろう。それは，社会生活の隅々にみられるイデオロギーの力への絶え間ない体系的な批評である（Held, 1980）。ハーバーマスをはじめとするフランクフルト学派のメンバーにとって，我々が資本主義，社会主義，ファシズムの好ましくない，権威的

特性を受け入れるのはなぜかを説明できたのはイデオロギーの力だけだった。批判理論学派内では，イデオロギーとは現実を体系的に歪曲するあらゆる言説を意味し，それらは社会的不均衡や不公平を隠蔽（conceal）したり正当化（legitimate）したりする（Habermas, 1972）。批判理論の目的は生活の至る所に潜んでいるイデオロギーを射抜くことであり，その射程は政府，公共政策，法，科学，教育，経営実践，メディア，娯楽，そして家族にまで及ぶ。最終目標は，大衆が支配の根源に気づくよう促し，イデオロギーの影響力を打破することにより，我々の意識と権力構造に抜本的変革をもたらすことにある（Held, 1980）。

イデオロギー批判において批判理論は，現代文化と社会のありとあらゆる分野に執拗なまでに目を向ける強力な分析レンズを得た。フランクフルト学派の創立メンバー，ハーバーマス，そして多くの最近の批判理論信奉者たちは科学技術，マスコミ，知の生産，セクシュアリティ，疎外などの多岐に渡る領域をイデオロギー批判の対象としてきた。次のセクションでは，実質的に批判理論が対象とする領域をいくつか論じる。

■ 文化産業の分析

社会の文化面に対するマスメディアの影響力は増す一方で，これは常に批判理論家にとって関心の的であった。古典的著作である *Dialectic of Enlightenment*（『啓蒙の弁証法―哲学的断想』）(1972) において，アドルノとホルクハイマー（Adorno & Horkheimer, 1972）はマスコミ（ラジオ，テレビ，新聞など）が次第に個人の意識を浸食していくことを危惧している。これや他の著作でも，メディアの作用だけでなく，文化消費，とくに音楽，ドラマ，映画，アートに対するメディアの支配力を理解するようよびかけている。アドルノとホルクハイマーは娯楽産業が与える影響，とくに独裁主義（ナチズムなど）や政府の干渉を受けない自由企業体制（アメリカなど）下においても同じように，いかに巧みにそれが文化を操作し得るかについて強い懸念をいだいていた。

マスメディアへの批判的分析は今日では当たり前のことだが，このような研究の多くはフランクフルト学派に負うところが大きく，フランクフルト学派はこの分野における先駆者といっても過言ではない。実際，批判理論学派はイデオロギー論と美学論を結合させた，マスコミュニケーションの媒体の研究に効果的に用いることができる哲学的枠組の構築に多大に寄与している（Held, 1980）。とくに，アドルノ（Adorno, 1991）の仕事は現代社会における芸術の商品化がどのような結末を生じさ

せるかについて我々の注意を喚起する。アドルノは，本物の芸術，つまり彼がいうところの自律した芸術（autonomous art）の根底には常に破壊性が潜んでいて，それゆえ本物の芸術には我々の意識がとらえる現実を無効にし，思いもかけない選択肢を提供する可能性があると信じていた。しかしながら，文化産業では芸術はその文脈から引き離され，商業目的（commercial purpose）のためだけに陳列されることで，このような機能は弱体化される（Adorno, 1991）。たとえば，多くの伝統的な民謡に必ずみられる誇りや反抗の要素は，単なる聴くことの楽しみ（pleasure）にお金を払う聴衆のために「わざとらしく」舞台で披露されるとき，消え去ってしまう。同様に，印象派クロード・モネの絵画がルーブル美術館で展示されるとき，あるいは無数の模写が美術館のお土産店やトレンディなアートギャラリーで観光客に売られるとき，作品に元来込められているはずの皮肉や異議申し立てといったメッセージが失われてしまう可能性がある。アドルノの批評は，いやおうなく受動的で批判精神を欠いた文化の消費者（参加者ではない）を生む商業娯楽の論理へと向けられた。批評の核は商品化（commodification）に伴う芸術の自発性と真正性の深い喪失感にある。

　このような文化産業の解説はコミュニケーションやメディア研究に強い影響を与え，バンス・パッカード（Packard, 1957）からトッド・ギトリン（Gitlin, 1983）に至る作家たちがメディアの日常的機能のイデオロギー批判をおこなっている。この傾向は現代社会における消費や宣伝の批判的研究にとくに強くみられる（Ewen, 1976; Jhally, 1987）。

■ 価値観を担った科学と知の生産

　批判理論学派にみられる顕著な特性の一つは，社会科学における知の生産への価値論理学的（axiological）アプローチにある。まず，批判理論家は知識を中立的情報（neutral information）とはみなさない。また，知識を個人やより広範な社会の関心といったものから切り離すことなどできないと考える（Craib, 1992; Murray & Ozanne, 1991）。つまり，批判理論家はすべての知の生産（経済学，心理学，経営理論など）は社会的そして歴史的に構築された権力関係に媒介されて成立しているとの考えを受け入れている（Kincheloe & McLaren, 1994）。このような前提から，批判理論では研究者は自らの学問の基盤となる価値観や利害に自覚的であること，さらには現代社会に浸透している多くの不正や圧制的な実践に立ち向かうための研究に従事することが求められる。「伝統的研究者は中立性に固守するが，批判的研究者は往々にしてよりよき世界のために戦うことを公表している」（Kincheloe & McLaren, 1994: 140）。

09　批判理論　*155*

　いわゆる知識とされるものへのこのようなアプローチこそが批判的（critical）と
よばれるもので，知識をそのまま受け入れることを拒絶し，すべての知識体系を執
拗なまでに精査し，そこにどのような利害が絡んでいるかを暴き，明らかに解放を
目的とした知の生産に従事しようとする。批判理論の流れを汲む多くの分派も，知
識そのものが生産される過程（processes）に注目し，もっとも有益で自由解放に向
かわせる知識は，複数の社会層に属する人たちの間で交わされる対話（dialogues）
から生まれると主張する。一方，科学者や研究者，あるいは専門家とよばれる人た
ちによって受動的な大衆に押しつけられた知識は，現場との関連性を同じようには
もち得ない。会話と密接な関わりを強調することは，参加型リサーチ（participatory
research）（Freire, 1970）とよばれる社会科学の方法論を発展させた。この参加型リ
サーチは，リサーチ・デザイン，情報収集，研究の実施に至る全段階において研究
「対象者」の関与を重視する。

　専門家の意見に対する批判理論の懐疑的姿勢は，ハーバーマス（Habermas, 1972）
が今日いろいろな形の知識が高度に専門化されていることに対し，懸念を抱いてい
ることからもうかがえる。とくに彼は日常生活での実践的問題（環境の悪化，失業，
人種差別など）を，資格を有し認定された専門家によってのみ解決可能な社会技術的
（sociotechnical）機能不全として定義する傾向が高まることに強い疑義を唱える。ハ
ーバーマスによれば，日常問題を技術的専門家によっていつも解決しようとする試
みは，深刻かつ非民主的なさまざまな影響を社会にもたらすことになる。

　これは専門家の知識がしばしば，問題を科学的かつ数学的モデルへと変換した
り，生物学，経済学などの複雑なことばに翻訳することで，問題やその可能な解
決策を神秘化する（mystify）ことによる。失業問題はこの傾向を示すよい例だろ
う。現場からのインプットによって問題解決がなされるはずのことが，専門家（主
にエコノミストや政治アナリスト）に乗っ取られ，もっとも影響を受ける当事者には
容易に理解できない高度な技術的・科学的言語に置き換えられる。ハーバーマスに
とって，この種の専門家の知識は，彼がいうところの歪められたコミュニケーショ
ン（distorted communication），つまり，自由かつ平等な形での対話や情報交換が阻害
されたコミュニケーションの原因にしばしばなる。ここでも，批判理論家の役目は，
専門家の知識のコミュニケーション的価値を疑問視し，それを参加型の知識産出と
問題解決に（可能な限り）置き換えることである。

第Ⅰ部

第Ⅱ部

第Ⅲ部

第Ⅳ部

■ 支配の社会心理学

フランクフルト学派の主要な目標は，西欧民主主義がもつ全体主義や権威主義に対する脆弱さ[原注1]を理解することにある。何年にもわたり，批判理論家はこの現象の説明に心理的要因を組み入れてもきた。彼らは問題の根底には西洋社会を横断してますます広がりをみせる疎外があり，その大半は産業労働の抑圧された状況に起因しているとする（Fromm, 1955）。ブルーカラー労働者の疎外は，失業と価値がないという感覚が募ることによって生じているが，行政官，セールスマン，官僚，中間管理職などのホワイトカラー労働者たちや専門家たちの場合，その問題ははるかに複雑である（Baritz, 1990; Marcuse, 1964）。一般に信じられていることとは裏腹に，オフィスワークはテクニカルな技能や専門性をそれほど要求してはいない。求められているのはいわゆるパーソナリティのスキルとでもよべるもので，たとえば上司や顧客を喜ばせたり，融通が利いたり，同僚や先輩たちとネットワークづくりができるというようなことで（Baritz, 1990），これらはすべて（長期的にみれば），自分自身を貶めることにつながる。とくに男性にとってはそういえる。

現代産業社会の多くでは，職場での無力感は家族内での統制力と権威の失墜によりさらに助長されている。つまり子どもたちがさまざまな問題により大きな発言権をもち，両親からの影響は減ずる一方という家庭環境がある。しかも，国や地方自治体が子どもの学校，健康，レクリエーションに関係する親の伝統的な機能の多くを着々と肩代わりしている（Lasch, 1977）。その結果，男性は徹底的に去勢されて（emasculated）しまった。つまり，これまで当然もち得た家庭と仕事における権威を失ってしまったのである。こうして男性たちは性差別的動向にカリスマ性を感じ，傾倒することとなる。というのも，この権威主義的構造は安定感を取り戻させ，嫌悪の性差別的メッセージは自尊感情の低さを補ってくれるからだ[原注2]。

原注1）フランクフルト学派メンバーの関心はもともとヨーロッパでナチズムとファシズムが民衆をひきつけた理由を説明することにあったが，彼らの問題意識の多くがなぜ現在の西洋社会においてキリスト教原理主義や白人分離主義などの差別主義や権威主義が勢いを増してきているのかを理解するうえでも有益であることは間違いない。

原注2）これは批判理論のおもしろい領域であるにもかかわらず，この学派の労働や組織の研究者が本格的に取り組んでこなかったことはいかにも残念である。この文化心理学という分野（批判理論学派と一体となっている）は全般的に多くの著名な組織研究者たち（たとえば，マッツ・アルベッソン（Mats Alvesson）やヒュー・ウィルモット（Hugh Willmott）など）から概ね無視されてきた。彼らはハーバーマスによって提唱されたイデオロギー批判を緩やかに用いるに留まっている。

2 批判理論の中心概念

先に強調して述べたように，批判理論学派は，近代，科学，テクノロジー，大衆文化，セクシュアリティをめぐる文化批判をめざしていたすべての多様な考えと理論を融合したものと考えるのがもっともふさわしい。批判理論の著名な個々の思想家たちは現代社会の異なる側面について論じている。たとえば，アドルノは文化産業と美的判断の形成との関係にもっとも関心を示した。ホルクハイマーはもっぱら近代の危機について書いた。フロムとマルクーゼは，疎外に関する入念な理論をマルクスとフロイトの洞察と絡め，さらに発展させた。そして，ハーバーマスが専心したのは，民主的合意に到達する社会的プロセスであった。この学派のすべての著名な思想家たちに共通していえるのは，学問を実践すること (scholarly praxis)，そしてイデオロギー批判のあくなき追求であった。それにも増して，彼らがもっとも関心を寄せたのは，自分たちの趣向にそった問いを探求することであり，形式的に共通する批判理論の主要部分の研究に資することにはあまり関心がなかった。このような過程で，彼らは我々に，ときに互いに重なり合う切れ味の鋭い概念を遺産として残した。

■ 道具的理性

アドルノとホルクハイマー (Adorno & Horkheimer, 1972) の道具的理性 (instrumental reason) という概念は，批判理論のなかでもより煽動的で急進的とされる。道具的理性は独特の思考論理であり，世界を観る方法であり，啓蒙運動の哲学から生まれ，次第に社会的相互作用や関係性のあらゆる様式を支配するようになった (Craib, 1992)。道具的理性は，すべての自然現象を客体化し道具化する (instrumentalize) 傾向を伴った啓蒙思想から生まれたが，この思想は自然界のすべての要素を個々人の目的達成のために使う原材料としてみなす誇らしげな「科学的」態度を有する (Adorno & Horkheimer, 1972)。この見方では，たとえば，木は主に材木やその他の使用目的の材料とみなされ，美しいものや神聖な自然としてはみられない。

アドルノとホルクハイマー (Adorno & Horkheimer, 1972) にとって道具的理性に関する主な問題は，それが社会生活のありとあらゆる領域にまで波及し，人間や社会関係が道具と同じように扱われてしまうことにあった。このテーマはフロム (Fromm, 1955) の疎外論においても展開されてきている。人びとが自分自身の価値

を見失ってしまうのは，物質的な成果――たとえば仕事，社会的地位，収入，職業移動など――によって評価されてしまい，誠実さやユーモアのセンス，人間的温かみなどは軽視されるためだとフロムは論じる。したがって，道具的理性とは根本的に計算的（calculative）立ち位置にあり，功利主義以外の世界を思い描くことが不可能になる。

道具的理性はマルクスの概念である商品への物神崇拝と非常に似ているが，この状態の源を資本主義的生産様式ではなく啓蒙運動の哲学にあるとする。したがって，批判理論は近代（modernity）をより過激に批判するようになり，異なる形態の全体主義（ファシズムとソ連式共産主義）や20世紀後半のゆきすぎた資本主義，ホロコーストのような驚くべき非人間的行為までも近代のせいで起こったとみなす（Bauman, 1989）。

批判理論家たちによれば，道具的理性は狭い意味での問題解決や機能性の観点から知識をとらえる見方を推進もしている。このような物の見方はテクノクラート意識（technocratic consciousness）（Alvesson, 1987）とも呼ばれ，知識を目的のための手段としてしかみなさず，知識自体を生き方とみる立場とは対立している。さらに，道具的理性はすべての領域，哲学，言語学，数学などの学問分野をコンピュータ・サイエンスなどの応用分野の単なる女中か「下働き」に変えてしまったと批評する（Craib, 1992）。つまり，道具的理性は正式な知識とは，（a）日常の人間のあり方からはかけ離れたもの，また（b）自然，人びと，社会装置を統制しようとするもの，という文化的見方をもたらした。

また，批判理論家は道具的理性によって，科学はどのような社会的信条によっても影響を受けてはならず，完全に価値中立的な（value-neutral）営みであると我々が信じ込むようになったと嘆く。このような見方こそが経済原理に基づいて一定レベルの失業を推奨するようなモデルを経済学者に構築せしめ，そのモデルはそれによって生ずる貧困や苦しみには無頓着なのだ。このケースでは（数多くの他の事例と同じように），道具的理性は経済を実際に生きる主体的経験の現実の一部としてではなく，抽象的なもの（abstraction）として概念化することを推進している。

■ 一次元的文化

一次元的人間（one-dimensional man）という用語は間違いなくマルクーゼ（Marcuse, 1964）の現代社会における疎外に関する刺激的な解説とみなすことができるが，産業資本主義によってそれ以外の考え方や存在のあり方が破壊されてしま

ったとするマルクーゼの見解はアドルノとホルクハイマー（Adorno & Horkheimer, 1972）の議論とも共鳴するものがある。マルクーゼのディストピア的分析は，テクノロジーと道具的合理性がすべての反対勢力を統合吸収し，(a) 個人と社会，(b) 階級間の想像上の衝突の可能性さえもが消滅する一方で，現実には搾取と不公平がますます激化していく世界を描いている（Bronner & Kellner, 1989）。マルクーゼ（Marcuse, 1964）の論旨の中心は，実証主義の哲学とともに産業資本主義は自然な世界をテクニカルなもの（technical world）に変えてしまい，テクノロジーが最高峰に位置し，人の感情や実体験といった主観的世界は，次第にテクニカルな関心事の支配下に置かれてしまうというのである。かつての主観と客観の二次元的世界であったものが，次第に客観のみに価値が置かれる世界になってきている。それを，マルクーゼ（Marcuse, 1989: 122）自身が次のように述べている。

> 人はもはや二次元的世界には生きていない。一次元的存在となってしまった。いまや一次元的な現実しかなく，厳格な意味で実体のない現実，あるいは，実体はテクニカルな形（technical form）で表象される現実，テクニカルな形が内容であり，本質となっている。意味や主張はすべて人の行動や物体の枠内でのみ認められ，それは効率的で，理論的，かつ実践的な操作といった一次元的文脈でとらえられる。（強調は著者による加筆）

この社会の一次元性こそがきわめてイデオロギー的であり，執拗な批判が大いに必要なのである。一次元性は至るところでみられる極端な標準化（standardization）によっても促進される。アドルノ（Adorno, 1991）は，資本主義によってもたらされた恐ろしいまでの不安定感（高い経済的流動性，拡大家族の崩壊などによる）を同定することで興味深い心理的ねじれをここに加味した。生活用品，初等教育，メロドラマ，ヘルスケア，銀行取引，保険など，生活の隅々にみられる標準化は，この不安に対する資本主義の応答なのだ。

標準化はなじみのあるものを強調し，意外性を取り除くことで，偽りの安全性を取り戻させる。標準化された製品は，個人が自分の自由意志で選択し消費しているという印象をもつことで，往々にして個性的であるという幻想を与えてしまうが，現実には，大半の製品，サービス，日常の出来事は均一で，統制されてしまっている。

マルクーゼをはじめとする批判理論家たちにとって，消費の偏在によって現代文

化の一次元性が実質的に駆り立てられていることは明らかで，このことが人も経験
をも商品に変えているとする。マルクーゼ（Marcuse, 1964; 1966）の現代セクシュ
アリティ論も，この大量消費主義の衝動が広く浸透していることを描いている。後
期資本主義における消費者中心文化では，快楽の追求はより受け入れられるよう
になったばかりでなく，それに積極的に関わりお金を費やすことが奨励されてい
る。セックスは（楽しい活動として）より自由かつ解放的になっていった。マルク
ーゼ（Marcuse, 1964）が述べるように，本や映画はよりエロティック（erotic）にな
り，セックスは次第に「大衆のアヘン（opium of the masses）」として宗教に取って
代わるようになった。マルクーゼの洞察の卓越さは，現代の性の乱れや性的冒険は，
解放や罪としてではなく商品化の衝動の別の形として理解されるとみたことにあ
る。このような風潮では，セックスの相手に求められるのは忠誠心やコミットメン
トではなく，テクニック，満足，快楽である。セックスの相手はより取り替え可能
（interchangeable）となり，結婚は半永久的な性格を失い，人間関係，家族や家庭へ
のコミットメントは衰え，次第にセックスにおける刺激への止むなき追求に取って
代わられるようになった。このような状況では，仕事や職業にさらに傾倒するよう
になる。マルクーゼによれば，この新しいセクシュアリティは，職場での労働時間
や努力をさらに求める近代産業の雇用主にとっては非常に好都合で，そうであれば
こそ後期資本主義の一次元的論理に同調しているといえる。

■ コミュニケーション的行為

　ハーバーマス（Habermas, 1984）によるコミュニケーション的行為理論は，意識哲
学から脱却し，批判理論を言語使用の分析に基礎づける試みであった（May, 1996）。
ハーバーマスは他の批判理論家と同様，テクノクラート意識の問題や，彼が「生活
世界の植民地化（colonization of the life-world）」とよぶ現象の進行に関心をもっては
いたが，最近はコミュニケーション的行為の理論を発展させることに取り組んでき
た。この理論は言語学に基づき，初期の批判理論家の脆弱さを多少なりとも乗り越
えようとするものであった。

　コミュニケーション的行為の理論はハーバーマス（Habermas, 1984）の命題，す
なわち，人間とはコミュニケートする存在であり，さらには，真の合意（genuine
consensus）に達するという理想がコミュニケーションには（その本来の目標として）宿
っているという考えから生まれた。ハーバーマスは，社会はそのメンバーが行為調
整（coordinated activities）することでつくられ，維持されると論じることで，この理

論に到達した（May, 1996）。また，この調整はコミュニケーションの産物であり，どのような形であれ，社会が社会として成立しているならば，コミュニケーションはある時点で，同意，理解，合意に向かう必要がある。したがって，合意は間違いなく人間のコミュニケーションと社会についてのハーバーマスの理論の基盤となっている。

効果的かつ倫理的であるためには，合意は合理性（rationality）と平等（equality）が保たれた状況下で達成されなければならない。実際，ハーバーマスは，どのような社会的プロセスにおいても合理的に合意に達することの重要性を一貫して強調している。社会的同意は，合理的に，ことばを使って，いかなる強制や操作も介入させない状況で導かれることが必須である。これが実践されたとき，文明社会として機能するにはどうしても不可欠な，ハーバーマスがいう理想的スピーチ・コミュニティ（ideal speech community）が存在することになる（Habermas, 1984）。

理想的な発話状況では，個人一人ひとりが討議に参加する対等の権利をもち，討議のプロセスや結果に影響を与えるような隠れた動機や自己欺瞞はない（Baert, 1998）。理論的には，理想的な発話状況では真の表象，発言の自由，いかなる選択に対しても合理的評価が保障される。ハーバーマスは，スピーチ，文書，会話，インタビューなど，ありとあらゆるコミュニケーション状況において理想的スピーチ・コミュニティを追究するべきだと強く説く。組織での会合，実績評価のための面接，カウンセリングのセッション，実業界 - 政府間の円卓会議（これはほんの一部だが）は，すべて現在進行形のコミュニケーション的行為の状況である。したがって，このような考え方からすると，批判理論は仕事や組織の領域にも直結する。

■ 体系的に歪められたコミュニケーション

ハーバーマス（Habermas, 1984）の理想的スピーチ・コミュニティという概念の中核を成すのは，歪められないコミュニケーションを可能とする条件である。ハーバーマス自身が言及するように，社会状況の大半は残念ながら，歪められた（distorted）コミュニケーションで特徴づけられているといってもよいだろう。本来あるべき意味のある会話が排除されたり，理想的スピーチ・コミュニティを成す条件が侵害されれば，たちまち歪められたコミュニケーションが出現する（Deetz, 1992）。ただ，ハーバーマスの関心は体系的（systematically）に歪められたコミュニケーションであって，歪められたコミュニケーションのすべてが対象になるわけではないという点には留意する必要がある。コミュニケーションの歪みの多くは，メッセージの意味づけが個々人で異なることや，メッセージがうまく表出されず話し

手の考えを正確に伝えることができないために生じる。このような歪みは体系的というより個別的なもので，個人や相互作用の特質によって起こる。

　ディーツ（Deetz, 1992: 187）は，体系的に歪められたコミュニケーションを「特定のシステムを戦略的（潜在的ではあるが）に生産というよりむしろ再生産する継続的プロセスで，［…］この形ではシステム自体が自らの概念的関係性に還元されてしまうため，別の言説，すなわち制度的解釈枠と相入れない不一致は排除される」と説明する。体系的に歪められたコミュニケーションは単に人を欺いたり，錯覚を起こさせるのではなく，社会的，制度的な実践という形で具体的に刻まれ（Kincheloe & McLaren, 1994），そこには常に権力が介入していることを知っていることが重要である。

　体系的に歪められたコミュニケーションは概して言論閉鎖（discursive closure）のプロセスによって維持されている（Deetz, 1992）。言論閉鎖とは，相反する見解を封じ込め，一般人が論争を詮索することを妨害し，そうしているようにはみえないが真の対話を抑制することである。閉鎖は，特定の言説を価値あるものとみなす一方，ある言説を周縁化することで可能になる（Alvesson & Deetz, 2000）。さまざまな質的研究を単なる逸話として退けることは言論閉鎖の一例であり，このようにしてすべての論争や討議が一つの圧倒的な告発によって封じ込められてしまう。ディーツ（Deetz, 1992）は言論閉鎖の一般的戦略についてさらに詳しく述べ，資格剥奪，自明視，主題回避，和平工作[訳注1] などを紹介している。これらの戦略は，自分たちの利益のために動くとは限らない市民集団によるさまざまな社会的編成への同意を取りつける際に用いられることが多い。

　言論閉鎖は，理事会，公的声明，フォーカス・グループでの話し合い，ワークショップ，従業員のカウンセリングなど，いかなるコミュニケーション行為においても起こり得る。環境管理の討議において別の重要な見解を排除することも，体系的に歪められたコミュニケーションのよい例として挙げられる。この場合，環境管理の言論は管理経営者や会社側の主張に支配され，別の意見を急進的，稚拙，イデオロギー的に党派的偏向が強い，あるいは争い好きと位置づけることで体系的に排除する（Prasad & Elmes, 2005）。ここで注意すべきは，このような言論の排除は，明らかな弾圧といった荒っぽいやり方ではなく，別の立場の正当性を低下させるような巧妙な振る舞いによってなされるということだ。言論閉鎖はさまざまな私的，公的空間においてコミュニケーションを歪める強力な方法となっており，それゆえに批判的社会探究の重要な標的といえる。

3 批判理論学派の研究例

　批判理論は経営・組織研究および関連分野で注目を集めてきたが，それは主に経験的（empirical）というより概念的レベルにおいてである。批判理論に関して産出された多大な研究は，主要概念の紹介（Kincheloe & McLaren, 1994; Steffy & Grimes, 1986），方法論的な支柱に関する議論（Forester, 1983; 1992），経営，会計，情報システム，消費者調査といった研究分野への応用を強調したもの（Alvesson & Deetz, 2000; Lyytinen, 1992; Morgan, 1992; Murray & Ozanne, 1991; Power & Laughlin, 1992）が中心となっている。さらに，現代の経営や組織での実践を語る際の哲学的な起点として批判理論を取り上げた論文（Deetz, 1992; Prasad & Prasad, 1993; Willmott, 1984）もいくつかあるが，これらは一般的に体系的フィールドワークとみなされるものはやっていない[原注3]。フィールドワークをする研究者はハーバーマスの後期批判理論（つまり，コミュニケーション的行為の理論）に影響される傾向にあり，初期フランクフルト学派が提唱する支配の社会心理にはほとんど関心を示さない。アルベッソンとディーツ（Alvesson & Deetz, 2000）が指摘するように，批判理論の伝統は経営・組織

訳注1）本章では，ディーツ（Deetz, 1992）が挙げた八つの言論閉鎖のための戦略のうち，四つが紹介されている。資格剥奪（disqualification）とは，発言権をもつ者を想定し，それ以外の人間の意見は正当でないとして排除することで，たとえば，専門家という位置づけは，それだけで決定権をもち，権力を行使できる一方で，専門家以外の見解は退けられたり，無視されたりもする。社会的に構築されているにもかかわらず，あたかも自然にもともとあったかのごとく扱う自明視（naturalization）により，他の見方の可能性が閉ざされ，話し合いの余地すらない状況に陥ることもある。男性の攻撃性，女性の涙が所与のものとして受け取られ，それを理由に特定の職業から締め出されたりするケースはこれにあたる。対立を生む可能性のある話題を避ける主題回避（topical avoidance）の例としては，家族の集いで宗教や政治の話は避ける，あるいは職場で家庭の問題を口にするのははばかられる（たとえ，それが仕事がらみの問題であっても）などが挙げられよう。比較的「安全な」話題に終始することで，葛藤を覆い隠し，タブー視される話題の背後に潜む権力から目をそらす働きがある。和平工作（pacification）とは，関連があるかのように思える話題をあえてもち出すことで論争の矛先をそらすことである。同一労働・同一賃金を求める労働者に対して，より恵まれない環境にある失業者や低所得者を引き合いに出すことで，クレームの要点を軽視し，注意を別の方向に転じさせるなどはこれにあたる。

原注3）これらの著作による貢献を軽視するつもりはまったくない。単に，この学派の学者の多くは批判理論の哲学的側面に集中し，経験的な研究にはあまり力を注いでこなかったことを指摘しているにすぎない。

研究においては充分に生かされていないといわざるを得ない。

　本質的に，批判理論学派の研究は，現象学的スタンスを社会批判や実践への関与に結びつける必要がある。批判理論は解釈的伝統と同様に，主観的な生活世界を探求することに関心を寄せるが，その分析には批判的切り口と倫理的色彩が伴う。したがって，特定の解釈学派と批判理論を組み合わせることが可能であり，その結果，批判的エスノグラフィー（Kunda, 1992; Rosen & Astley, 1988）や批判的解釈学（Prasad & Mir, 2002）などの相乗効果があり活力に満ちたハイブリッドな学派が生まれた。コムストック（Comstock, 1982）のように，リサーチ・プロジェクトのデザイン，実施，分析を導く五つのステップを踏むことが批判理論の伝統における研究には必要だと論じる者も幾人かいる。

　まず最初のステップは解釈で，どのような状況が研究対象になるにせよ，異なる利害関係者の生活世界を内側から理解することが求められる。批判理論が重視するのは対話（研究者と対象者間）であり，対話を通して（できれば）自然な状況下で個人や集団の解釈的理解に至ろうとする。第二のステップは，人びとの主観的理解[原注4]を仲介すると同時に制約もする社会文化的構造（sociocultural structures）とその過程を理解することが求められる。第三のステップでは，先の二つのステップの結果を統合し一つの分析としてまとめ，社会的行為者の主観的解釈と既存の社会文化的構造をつきあわせる。この時点で，研究者はイデオロギー批判（ideology-critique）をおこない，積極的に不整合，矛盾，歪曲，不均衡を追求する。

　批判理論学派の研究の大部分はこの段階に留まっているが，コムストック（Comstock, 1982）は，批判理論研究者はさらに二つのステップに踏み込むべきだと主張する。第四のステップは気づき（awareness），もしくは関与の段階で，研究者は自らの学術的解釈をさまざまな関与者たちと共有することで，これまでとは異なる実践や社会的取り組みを可能にするようなナラティブを提供しようとする。最後のステップは応用実践で，身近な状況を変化させ社会的正義を保証できるよう批判的視点で計画されたアクション・プログラムを関与者自らが立案できるよう研究者が支援する段階である（Comstock, 1982）。

　アルベッソンとディーツ（Alvesson & Deetz, 2000）のように，批判理論学派の研

原注4）この段階は3章で論じた解釈学的循環（hermeneutic circle）に酷似している。ただ，総じて批判理論は伝統的解釈学に比べると，より広い社会構造を構成する権力に注視している。

究にはことばに対する高いレベルの感受性（language sensitivity）が必要だと強調する者もいる。これは，（研究のプロセスにおいて）ことばの多重性と曖昧さを認識すること，そしてことばの使用とはいわゆる事実を確認するための抽象的情報を運ぶ手段というより，ローカルな文脈で理解しなければならない行為（action）だと承知するということである。

　批判理論学派の研究は，二つの道筋，テキストや記録データにするか，あるいは目の前で進行中の状況や出来事にするか，いずれかに分かれる傾向にある。前者の研究者は通常，ハーバーマスやリクールに触発されており，批判的解釈学の伝統と非常に近い立ち位置にある。進行中の出来事を観察することを選択する研究者は，批判的エスノグラファーといって差し支えない。これらの研究者は広い意味で古典的エスノグラフィーに沿っているが，研究主題の概念化およびリサーチ・クエスチョンの設定にきわめて批判的な切り口で臨んでいる。批判的解釈学者と批判的エスノグラファーはともに批判理論に多大な影響を受けており，そこに特定の解釈諸学派をうまく合流させている[原注5]。すでに3章で批判的解釈学については詳しく論じているため，本章では批判的エスノグラフィーにより紙面を割くこととする。

　批判理論学派のエスノグラフィーで深い関心をもって取り上げられるのは，生活世界の植民地化である。生活世界の植民地化とは，企業や国家によって，仕事，遊び，家庭，近隣，ヘルスケア，ニュースメディアなどで我々の意識が乗っ取られること，それらが一次元的に物象化された現実へと変容することを指す。批判的エスノグラファーはイデオロギー批判を用いて我々のさまざまな生活世界の要素を精細に吟味する。彼らは経営管理上の意思決定における倫理の不在（Jackall, 1988），企業の儀式的催し物（Rosen, 1988; Rosen & Astley, 1988），コミュニケーション・スキルの研修プログラム（Elmes & Costello, 1992）などの現象を取り上げ，そこに広く浸透している体系的に歪められたコミュニケーション・パターンを暴こうとする。

　おそらく，卓越した批判的エスノグラフィーとしては，ロバート・ジャッカル（Jackall, 1988）のアメリカ人管理職が倫理的な帰結を伴う意思決定を日ごろどのようにくだすのかを綿密に調べた *Moral Mazes*（訳書なし）が挙げられよう。企業内の多くの事例と管理職へのインタビューをもとに，ジャッカルは管理職が職場での

原注5）批判理論家が解釈学派の多くと密接に絡み合う傾向にあることは，この二つの明確な区別がほぼ不可能であることを物語っている。たとえば，批判的エスノグラファーは同時にエスノグラフィーと批判理論の二つの世界に精通している。どちらか一方の側に属しているとも，双方に属しているともいえるのである。

振る舞いの指針として自らが定める「モラルの運用ルール（moral rules-in-use）」について調査した。批判理論の伝統に従い，ジャッカル（Jackall, 1988）はまず解釈的な手順から始め，管理職たちの主観的な生活世界をキャリア上昇志向，帰属グループ，上下関係への不安，効率的な活動への熱意などの連鎖的集合体であると理解した。さらに，それは「陽気で楽観主義的な態度をみせることに絶大な評価を与える，実用的成果をめざした世界である」（Jackall, 1988: 56）と彼は述べている。

批判的な構想で著作を仕上げるにあたり，ジャッカルは経営管理業務の社会構造（Comstock, 1982）を綿密に調べ，大部分の組織で複雑に絡み合ったコミットメントの連鎖がつくり上げられており，これが直属の上司に対して非常に強い忠誠心を育む文化を醸成していると論じた。次に，フィールドワークから得られた膨大な事例から，ジャッカルはこうした形の忠誠心がどのように，たとえ管理職自身が熟考すべき場面においてすら，日常的な経営上の意思決定に介入してくるのかを示した。管理職の主観的な生活世界と管理の社会構造を合わせることで，ジャッカルはいかにして官僚制が職場でのモラル意識を形成するかを明らかにしている。ジャッカルの経営管理上の意思決定に対する批判は，倫理に無頓着な管理職個人を責めたり，非難しているわけではない。そうではなくて，アメリカ人管理職の生活世界やアイデンティティを形成する管理主義の気風や道具主義のイデオロギーなどの組織の（systemic）文化的要素に焦点をあてたものである。ジャッカルはまた，「管理職は常に打算的で，すべての状況，すべての他者，そして自分自身をも，物，商品として値踏みすることを身につけている。吟味し，再整理し，それにあわせ手直ししたうえで，箱に詰め，宣伝して販売するものとしてである」（Jackall, 1988: 119）と指摘する。

エスノグラファーと同様，批判理論家もありふれた生活や行為の驚くべき豊かさ（richness）を充分に理解している。フォレスター（Forester, 1992: 47）が述べているように，「専門家官僚の状況では「ありきたりの業務」とされていることには，権力と権威の政治的闘争，アイデンティティを巡る文化的交渉，「目の前の問題」がいかに社会的に構築されるかといったことが重層的に深く織り込まれているのだ」。これらの研究者たちは経験主義的，かつ現象学的な感受性という点ではエスノグラファー的であり，権力，ヘゲモニー，それらがもたらす悪しき結末の関係性に焦点をあてるという点においては批判的である。つまり，この学派の伝統を継承する研究は，フォレスター（Forester, 1992）が「ハーバーマス流のフィールドワーク」と特徴づけるように，多様な制度的環境における文化のイデオロギー的要素にきわめて強い関心を向けている。

ここでは，この伝統の精神を体現した二つのフィールド研究について述べよう。まず，エルムズとコステロ（Elmes & Costello, 1992）によるコミュニケーション・スキル・ワークショップの研究であり，もう一つはローゼンとアストリ（Rosen & Astley, 1988）による企業内でのクリスマス・パーティーの研究である。双方とも組織力学にはびこる隠れた歪みを明らかにしており，ありふれた官僚的やりとりを通して複雑なイデオロギーの力や権力関係を観察している。エルムズとコステロがワークショップでの権力の神秘化（mystification）に焦点をあてているのに対し，ローゼンとアストリは儀式的なイベントにおける権力力学の不明瞭化（obfuscation）に注目する。神秘化も不明瞭化も体系的に歪められたコミュニケーションの核である。エルムズとコステロは神秘化を，そうとは気づかれずに他者の経験を操作する技と定義している。ローゼンとアストリは不明瞭化が生じるのは，効率とか利益主義などの社会組織の単一の原則が具体的な現実として受けとめられ，主観的体験に影を落としはじめるときだと述べる。

　エルムズとコステロ（Elmes & Costello, 1992）は，小規模ではあるが成功している経営管理トレーニング組織，ABC を調査した。ABC はアメリカ全土で活動しており，フォーチュン誌が挙げる 500 社の多くと仕事をしている。この二人の研究者は 4 日間の経営管理コミュニケーション・スキル・セミナーを参与観察した後，ワークショップの参加者，トレーナー，会社の所有者に対し，インフォーマル・インタビューもおこなった。さらに，研究者の一人は ABC のトレーナーとして雇用されていたこともあり，このことはこの会社をより広い文脈で理解するうえで役立っている。エルムズとコステロはコミュニケーション・スキルの研修セミナーを社会劇（social drama）として概念化することでこの研究に取り組んでいる。社会劇とはヴィクター・ターナー（Turner, 1969）が展開した概念で，通常の構造的関係を部分的に棚上げし，そこから人を解き放して，支配的イデオロギーと一致する新たな「合意」を巧みにつくり上げる儀式やイベントを指す。エルムズとコステロは，ABC の究極の目標は対人コミュニケーションは「スキル」であるというパラダイムへ参加者を転換させる（converting）儀式と位置づけている。したがって，ワークショップ自体がその目的のために設けられた社会劇としてみることもできる。

　彼らの研究はこの転換のプロセスがいかになされるかを詳細に示している。まずはじめに，ABC がどのようにして多くの象徴的コミュニケーション行為を通して強烈なオーラを醸し出しているかを明らかにした。たとえば，ABC 創立者の効果的コミュニケーションに関する本を巧みに玄関広間に置く，研修セッションで最新

のコミュニケーション・テクノロジーを駆使する，最終日にはクリスタルグラスに注がれたシャンパンなどの儀式を見事に演出してみせたりするのだ。オーラづくりは会社の信憑性を参加者や消費者に印象づけるうえで要となっており，これにより転換が容易になされていた。エルムズとコステロは転換を促進するためのさまざまな戦略についても論じている。特記すべき戦略の一つに，4日間を通じて参加者の前でワークショップを肯定する発言を求めることが挙げられる。それはトレーナーによって参加者からワークショップに関するインプットやフィードバックといった形で誘導された。つねに公の場でなされ，肯定的なコメントを出すよう大きなプレッシャーが参加者に課されていた。こうすることでコミュニケーション・スキルの価値への合意が形成されていたのである。

　マイケル・ローゼン（Rosen, 1988; Rosen & Astley, 1988）は広告代理店の批判的エスノグラフィー（約10か月に及ぶ）をおこなった。当時，彼はまず組織内のある人物のもとに配属されたが，後に組織のさまざまな部署や職階を巡ることとなった。ビジネス・ミーティングへの出席，電話対応の追跡，社内ソフトボールチームでの活動，社内のいろいろなメンバーとの定期的なランチなどを通して，彼はまさに組織の人間となっていったのである（Rosen, 1988）。本章で取り上げるのは，社会統制の強力なメカニズムを覆い隠すお決まりの儀式として開催される恒例のクリスマス・パーティーである。エルムズとコステロと同じくローゼンとアストリも概念ツールとして社会劇（social drama）を用いている。社会劇とは通常の構造的関係性の一端を少なくとも一時的に棚上げした状態のことをいう。ターナー（Turner, 1969）に準拠して，ローゼンとアストリは社会劇は，社会的現実についての新たな解釈や再解釈をする場を提供し，支配の形態についての好ましい合意を形成するためによく用いられると論じている。

　パーティーは象徴的なコミュニケーションとしてあらゆる角度から吟味された。従業員が身につける（改まった）服装，それに対する上司の（気軽な）装い，パーティー会場の設計，そこでなされている社会的やりとり，経営陣へのあからさまなジョーク，従業員参加のダンス，会社の文化を茶化した寸劇などは，象徴的コミュニケーションの例である。このような要素を分析することで，ローゼンとアストリ（Rosen & Astley, 1988）は，パーティー自体がともに飲み，食い，踊り，笑うことでいかに組織内の共同体（community）意識を維持する遊びの空間（ludic space）として（経営陣によって）つくられているかを明らかにしている。しかしながら，彼らが主張してもいるように，一見自由で形式ばらないパーティーが，官僚的現状を覆い

隠し，さらに再生産もしているのだ。トップ経営陣への（民族的，性的）ジョークが大目にみられるのはそれが一瞬かつ一過性である限りにおいてであり，装いの違いは階級の差を想起させ（立場とは逆のファッションであるにもかかわらず），従業員の伴侶が参加を許されないことは会社が彼らの人生の大部分であり，友人も職場でつくるものという前提を強化しているのである。つまるところ，自由を謳歌し，（スキットやジョークで）組織の要求がいかに不合理かを茶化しているようにみえても，これは官僚的エートス（精神）の正当性を確認するためのパーティーなのだ。ローゼン（Rosen, 1988: 478）が強調するように，「クリスマス・パーティーを有効に機能させるには，この会社 Shoenman & Associates のメンバーが月曜日の朝に会ったとき，前の週の木曜日や金曜日，あるいは1週間前や1か月前とは違った行動様式をとる必要などない。同じように振る舞うことこそが重要で，それによって何があっても Shoenman & Associates という体制が再生産されるのだ」。

　批判理論学派で研究するには，いかに無害でありきたりにみえようとも，社会的そして制度的営みの素朴さ（innocence）を疑う姿勢が求められることがおわかりだろう。経営管理ネットワーク，職場でのパーティー，研修のワークショップはどれもヘゲモニー形成の可能性を秘め，支配層が被支配層の合意をあからさまではない形で巧みに取りつける場とみなされている。したがって，批判理論家が関心をもつ現象は無限に存在する。こう考えるなら，経営管理，組織，あるいは関連する現象をきっちりと調べている研究者はそれほど多くはない。パワー（Power, 1992）は会計士の社会化を研究するにあたり批判理論を用いることを提唱したが，それに応じた研究者もいないわけではない。ディーツ（Deetz, 1992）とデンハーツ（Denhardt, 1981）は我々の生活のすべてが公的・私的な組織の支配下にあることを詳しく書き記している。我々の社会生活を侵食する標準化について，非常に示唆に富む研究をしたのはジョージ・リッツァ（Ritzer, 1996）で，彼の著作はファスト・フードの流れ作業的メンタリティーが健康管理，教育，銀行業などに蔓延していることを論じている。

　批判理論的分析が適している分野としてマーケティングと消費者研究が挙げられる（Alvesson, 1994; Murray & Ozanne, 1991）。アドルノとホルクハイマーが元来大衆文化に関心をもっていたこと，そしてハーバーマスが言語とコミュニケーション行為に注目したことを考えると，広告と消費は明らかに批判研究の候補といえる。この分野での業績は，歴史，コミュニケーション，カルチュラル・スタディーズなどを含む数多くの学問分野に見受けられる。このジャンルにおける古典，スチュアー

ト・ユイン（Ewen, 1976）の*Captains of Consciousess*（訳書なし）は，アメリカの広告業界とそれが情緒的不安定さと愛国心に訴えることで一般の人びとの感性の乗っ取りに成功したことに関する包括的な歴史研究である。彼の著作は（消費者研究では彼に続く研究者はほとんど現れなかったが）経済側面より，明らかに文化の側面を強調した歴史社会学のお手本となっている。

4 批判理論についての論争と新たな方向性

　強烈な信奉者を擁する学派であれば，それが何であっても例外なくいえることだが，批判理論も誹謗と無縁ではない。一般的に二つの流れがあり，(a) 広義の批判的学派に対しおおむね対立姿勢をとる者，(b) 批判理論の根源的な目的にある程度共感を示す者からの批判がある。最初のグループの大部分は従来の実証主義の考え方に従い，批判的研究はあまりに逸話的であり，信頼性のある一般化は不可能，研究者は自らが掲げる価値観に極端に偏向していると訴える（Donaldson, 1985）。さらに，ある種の批判理論研究は実践へのこだわりや研究プロジェクトに対象者が参加することを理由に非科学的であると酷評されたりもする。

　このような批判の多くに誠意をもって対応することは難しい。それはこれらの批判が往々にして批判理論の認識論的基盤への誤った理解に基づいているように思われること，批判理論をこの学派においては何の意味もない実証主義的基準を守らせようと躍起になっているようにみえることなどによる。とはいえ，この偏向の問題について手短に議論する価値はあろう。批判理論は，あらゆる形の知の生産において中立ということはあり得ないと（absence of neutrality）認めることから始まっている。この考え方では，批判理論家も自分自身の倫理的立場や価値志向性を率直に認めることになる。これは，この学派に忠実な批判理論家が組織の幹部を無頓着に中傷したり，たいした理由もなく企業を責めたりすることを意味しない。そうではなくて，大いなる疑いをもって臨むということだ。同時に，この疑いは根拠のないものではなく，近代とそれに対する不満について高度に洗練された理論的討議に基づいていることを認識することが重要である。批判を真に妥当なものとするには，批判理論の認識論の中核に迫る必要があるだろう。

　フェルドマン（Feldman, 2000）が，個人のエンパワメントという名のもとに過去の伝統との関連をすべて断ち切った形で現代的個人主義を促進しようとしたと批判理論を非難したことは，この学派に対する批判をさらに混乱させた。フェルドマン

の批判は見当違いで，批判理論をきわめて狭く（narrow）文字どおりに（literal）解釈することに基づいているように思われる。彼の反論は，そもそも批判理論は社会的伝統という過去の遺産を犠牲にして，個人の理性や自律性に特権を与えているという信念に端を発している。フェルドマンがいかにしてこのような見解に至ったかは定かではない。確かに，ハーバーマスの近代（つまり合理的主体）に対する判断が非難されてきたことにはそれなりの理由がある。しかし，アドルノ，ベンヤミン，マルクーゼなどの批判理論家は近代に幻滅し，社会の過剰な合理化（over-rationalization）にネオ・ウェーバー的不安[訳注2]を抱いたことで知られる。しかもフェルドマン（Feldman, 2000）はイデオロギー批判と，過去およびその道徳的伝統の完全否定とを同一視する。ここでも彼は誤解している。批判理論は過去の徹底的な検証を求めているわけではなく，ヘゲモニー的性格をもつ文化的な実践や伝統を否定しているだけなのだ。また，批判理論は，社会変革を煽る際にも，民主主義と正義の理念に導かれている。歴史の修正（revision）は支持するが，歴史の完全否定を奨励しているのではない。

　ポスト構造主義などのポスト実証主義の伝統からも批判されており，彼らはハーバーマスが自律的な合理的主体を過度に信頼しているのは，依然として意識に対するマルクス的こだわりをひきずっているからだと批判する。合理的な意識の主体そのものが近代と啓蒙の産物であり，イデオロギー批判が必要であるのに，批判理論はそれに気づいておらず，特権的に扱っていると糾弾されているといういい方もできる（Alvesson & Deetz, 2000）。組織研究では，この種の論議が職場での日常的な抵抗について論じたもののなかにみられ，ジャミアー（Jermier, 1988）やクレッグ（Clegg, 1994）のような批判理論家は行為者の意図を示す明らかな証拠があるときに

訳注2）ウェーバーは合理化がプロテスタンティズムの禁欲主義（禁欲的に労働し，規律正しい品行方正な生活を送り組織化すること）を体現する方法でありながら，結局は後期資本主義の「鉄の檻」につながり，「精神のない専門家」「心情のない享楽人」を生むだけだと否定した（ヴェーバー，1989: 365-366）。
　　　破滅的ともいえる時代を背景に（ソヴィエトのスターリン主義，ドイツのナチズム，アメリカの原爆投下や文化的退廃など），批判理論家が抱いた近代の合理化に対する絶望はウェーバーと共鳴する。たとえば，ホルクハイマーとアドルノの『啓蒙の弁証法―哲学的断想』は，なぜ理性が社会の進歩や人類の解放を可能にするのではなく，新しい野蛮な状態に陥っていくのかという問いから書かれており，ハーバーマスは著書で，ホルクハイマーとアドルノの論を「マクス・ヴェーバーの有名な主題の変奏」とも評している（ハーバーマス，1990: 194）。

のみ，抵抗の存在を認めているとして非難されている（Prasad & Prasad, 2001）。このような立場の問題は，無意識であったり計算されていない敵対行為は抵抗とはみなされず，理性的でないとか誤った意識の産物として軽視されたり忘れられたりさえすることにある。

　また，批判理論は男に対する女，さまざまな民族，ストレート対ゲイなどの異なる被抑圧者集団の経験を適切に差異化できていないとして攻撃もされてきた。要するに，批判理論家は被支配層を対象とするとき，被支配集団の内部自体に存在する亀裂や緊張についても，より広い意味でのヘゲモニーの型と各々の集団の関係性についても考慮しているとはいい難い。そのため，フェミニストにとって批判理論の大きな欠陥は家父長制を支配の特殊な形式だと軽視し（Weedon, 1997），その結果，ジェンダーに対する無知・無関心（gender blindness）をのさばらせてしまったことにある。

　脱構築と世界的な非植民地化の流れの影響下で，批判理論もその理論化が，（a）ヨーロッパおよびヨーロッパの理論を知的基軸としていること，（b）非西洋社会の人びとに対する西洋の支配の形と西洋自体が経験している支配の形とを区別できていないことから，明らかにヨーロッパ中心主義的（Eurocentric）な形を永らえさせていると非難されてきている（Poster, 1989）。多くの指導的立場にある批判理論家がつねにヨーロッパ中心主義の視点にとらわれ続けてきたことは認識しなくてはならない。たとえば，ハーバーマスはヨーロッパにおける啓蒙プロジェクトを完成させることが理想的スピーチ・コミュニティの基盤になると固く信じている。アドルノの文化に関する著作の大部分は非西洋ジャンルの芸術や音楽に対してあからさまに軽蔑的で，とくにジャズは聞き手を「退化させる影響（regressive effect）」があると結論づけている（Alleyne, 1999）。このように，批判理論はますますこれらの批判に応えなくてはならない立場に追い込まれている。

　批判理論学派からの反応はさまざまだ。ハーバーマス自身は彼のコミュニケーション行為の理論の正当性を活発に守り続けており，公的な会話が合理的かつ隠し立てなく成立しさえすれば，理性と社会の統合が可能で人間は必ず解放されると強調する（McCarthy, 1978）。批判理論の中核を成す考えの多くに強く影響された他の者は，パウロ・フレイレ（Freire, 1970）が提唱した活動・参加型路線をとることを選択した。このような研究者は批判理論の理論的複雑性を長々と論じたりすることも，産業化された西洋社会の問題に取り組むこともあまりない。代わりに，第三世界や西洋社会でもより周縁化された層に関連する問題に関心を寄せている（Escobar,

09 批判理論 *173*

1995; Fals-Borda & Rahman, 1991)。さらに，批判理論の多くの主要概念と大衆文化および労働者階級の文化に関する理論やポストコロニアリズムを結合させて，カルチュラル・スタディーズとして知られる刺激的でハイブリッドな学派を打ち立てた研究者もいる (Hall et al., 1980; Williams, 1980)。このような趨勢を考えると，より新しい知の潮流に吸収され，「純粋な」批判理論というものは姿を消しつつあるといってよいかもしれない。

　欠陥があることは確かだが，これから批判理論にどのような運命が待っていようとも，多くの学者にとって批判理論学派は，「左派に残された最良のもの」(Poster, 1989: 3) であり，それは，歴史と全体性への関与を放棄することなく，マルクス主義の主体的かつ理想的な見方を保持し続けている。経営研究では，批判理論家は多様な文化領域に偏在するヘゲモニーを暴くことで，職場や社会で当たり前になっている要素を問題視してきた (Alvesson, 1987; Rosen, 1988; Willmott, 1993)。つまり，批判理論は「現在を過去と未来の間に位置する一時期として理論化すべく不断の努力を続けており，社会に対し歴史という鏡を掲げて，社会の一時的かつ誤りやすい特性を認識することを余儀なくし，いまある何かを解体し大きく向上させることができると力説する […]。批判理論は，我々は苦痛の真っただなかに生きていて，苦痛を軽減するために成すことは多く，そのプロセスで理論は重要な役割を果たすという想定から生まれた」(Poster, 1989: 3)。

表 9-1　批判理論のハイライト

哲学的影響：	現象学，マルキシズム，精神分析，言語学
主要研究者：	テオドール・アドルノ（Theodor Adorno），マックス・ホルクハイマー（Max Horkheimer），ヴァルター・ベンヤミン（Walter Benjamin），エーリッヒ・フロム（Erich Fromm），ヘルベルト・マルクーゼ（Herbert Marcuse），ユルゲン・ハーバーマス（Jürgen Habermas）

中心概念

・大衆文化（Mass culture）
・イデオロギー批判（Ideology-critique）
・道具的理性（Instrumental reason）
・一次元的文化（One-dimensional culture）
・コミュニケーション的行為（Communicative action）
・理想的スピーチ・コミュニティ（Ideal speech community）
・体系的に歪められたコミュニケーション（Systematically distorted communication）

重要な実践

・制度的実践のヘゲモニーを可視化
　（Uncovering the hegemony of institutional practices）
・社会の象徴的次元に注視
　（Focusing on the symbolic dimensions of society）
・研究対象者との対話と参与
　（Dialogue and participation of research subjects）
・研究者の価値観に対する自覚
　（Acknowledgment of researchers' values）

代表的研究

・"Mystification and Social Drama"（Elmes & Costello, 1992）
・*Captains of Consciousness*（Ewen, 1976）
・*Moral Mazes*（Jackall, 1988）
・"Christmas Time and Control "（Rosen & Astley, 1988）

10 フェミニズム

中心的社会原則としてのジェンダー

岩田祐子［訳］

　過去数世紀の間，女性が軽視され（invisibility），搾取されている（exploitation）状態にあることに対する懸念が広く広まり，そこからフェミニスト学派の大半が生まれた。女性が軽視されているということは，主に公共の場——すなわち職場，政治，メディア——においてずっと憂慮されていることであり，それらの場所では女性は役職の大半を手に入れることが否定されているということである。女性が搾取されているということは，公共の場と私的な場の両方で憂慮されてきた。職場では，女性は昇進の可能性がほとんどないままに，低賃金の職位に一貫してついてきた。家庭では，家族の世話をするという仕事が給料を支払われない形での労働として制度化されている。妻として母として主婦としての貢献は，大部分は認められないままである。さらに，女性の体は，絶え間ない搾取の対象——売春，ポルノグラフィ，風俗産業の一部として——である。

　有名な個々の女性たち（たとえば Abigail Adams や Mary Wollstonecraft）が過去に女性の権利の問題を問いかけてきたが，今日我々が理解しているような西洋のフェミニストの学派は，主に 1950 年代と 1960 年代に生まれた考え方や社会運動の結果である。シモーヌ・ド・ボーヴォワール（Simone de Beauvoir, 1957）やベティ・フリーダン（Betty Friedan, 1963）のような初期のフェミニストたちの著作と女性解放運動の台頭が，現在のフェミニストの学派の基礎をつくっている。アカデミックな研究の学派として，また社会政治的な運動として，フェミニストの学派の進化を評価することは重要である。この点において，フェミニズムはマルクス主義と驚くばかりの類似性をもっている。フェミニスト研究は，「女性中心」の観点から世界をどうみるかについての幅広い思想体系を暗に提示している（Lengermann & Niebrugge-Brantley, 1990）。政治的フェミニズムは，女性の教育，機会の均等，賃金格差，中絶

の権利，女性の体の客体化，女性の健康，妊娠の権利などについて主に憂慮している（Weedon, 1997）。しかし，もしフェミニズムが二つの異なる分野をもっているとみなすのならば間違いであろう。多くのフェミニストたちは，政治的な議題をとても真剣にとらえ，政治的な議題をフェミニスト研究や実践という，より学問的な形に組み込もうと絶えず試みている。アカデミック・フェミニズムからフェミニストによる政治を分けることに対する拒絶が，フェミニズムが本質的に攻撃的で，男性や男らしさに関わるすべての事柄に対して敵対しているという誤解が広まったことの原因だろう。これは，フェミニズムの正しい描写からは明らかにほど遠いものである。フェミニストの学派は，過去，そして今日まで続いている男性優位のパターンに対して鋭く批判しているが，しかし，男性や男らしさに対して一様に反対しているのではない。

　この本のなかで議論されている多くの他の学派とは違って，フェミニズムは最初は社会的政治的運動として台頭した。そしてそれがアカデミックな研究に強い影響を与えはじめたのである。フェミニストの学派は，最初は大学における女性学学科やプログラムとして制度化され，それはしばしば学際的な特徴をもつものだった（Calás & Smircich, 1992）。数年して，フェミニスト研究者は，文学，文学理論，歴史学，社会学，人類学，教育学，哲学などのさまざまな分野にみられるようになった。フェミニストたちは，女性の参加をより正確に反映するように歴史を書き直すことに取り組んだ。彼らは，家族，健康，教育，仕事などの分野における女性の生活や案じていることの理解に焦点を当てた。1980年代の後半までには，フェミニストの学派は，経営やその関連分野に影響を与えはじめ，1990年代までには十分な数をもつ集団として明らかに認められるようになった。過去15年あまりの間，フェミニストの観点から複数の経営的・組織的問題を検討することについて持続的な関心がみられる。これらのなかには，消費者研究とフェミニズム（Bristor & Fischer, 1993），組織リーダーの言説にみられるジェンダー的な特徴（Calás & Smircich, 1992），企業の職場における妊娠（Martin, 1990），銀行におけるジェンダー化された労働体制（Acker, 1994），チームベースの仕事にみられるジェンダー化されたサブテクスト（Benschop & Doorewaard, 1998a: 詳しくは本書34-36頁参照）などがある。

　本書のなかで扱われているどの学派よりも，フェミニズムは存在論的・認識論的前提において，おそらくもっとも多様性がある。事実，フェミニストの学派を単一なものとして語ることはいくぶん誤解を招く。我々は本当は，複数のフェミニスト学派——それは，しばしば社会のさまざまな側面をつくり上げる際の女性の生活や，

ジェンダーの役割に全般的に関心があるということ以外には，結びつけるものがほとんどないくらい多様なのだが——に言及すべきなのである。よりよく知られたフェミニスト研究の学派のいくつかには，リベラル・フェミニズム，女性の声／経験フェミニズム，ラディカル・フェミニズム，ポスト構造主義フェミニズムなどがある。次のセクションは，より広いフェミニスト学派の範囲内で，いくつかの異なる知的な構成要素についてより注意深くみることにする。

1 フェミニスト理論と哲学

　異なるフェミニストの学派のなかで驚くほど知的な多様性があるにもかかわらず，それらはすべて探求の中心的対象として女性に焦点を当てているということで統合される（Lengermann & Niebrugge-Brantley, 1990）。リベラル・フェミニズムは，すべてのフェミニスト学派のなかで，もっとも直截的でもっとも複雑さからは遠いものである。このフェミニズムは，女性の法的立場を改善し，男性と同等の給料を確保し，女性が給料が高く自己を満足できるようなキャリアをめざせるように組織を変革することに主に関心がある（Ferguson, 1984）。この章ではリベラル・フェミニズムを論じることはしない。なぜなら，リベラル・フェミニズムは実証哲学の存在論的・認識論的立場から外れておらず，したがってポスト実証哲学の学派で研究をしている研究者たちにとっては関心がもてないものになるだろうというわかりやすい理由からである。それにもかかわらず，リベラル・フェミニズムはフェミニスト学派のなかで（アカデミアのなかにおいても外においても）もっとも人気のある要素の一つである。リベラル・フェミニズムは，フェミニストの思想の全体的な範囲を代表しているとしばしば間違って信じられている。このセクションではフェミニスト研究の発展において影響のある他の三つの下位学派を注意深く検証する。

■ 女性の声／経験フェミニズム

　シモーヌ・ド・ボーヴォワール（De Beauvoir, 1957）と社会心理学のあるジャンルに強い影響を受けて，1970 年代と 1980 年代にますます盛んとなった一連の研究は，次のような想定から生まれている。すなわち，女性の典型的な人生経験——それらは女性の知的プロセスを形作る——は，男性のものとは基本的に大きく異なるので，自己や世界との関係についての概念は男性のものとはやはり非常に異なるだろうというものである（Bernard, 1981）。これらの違いの多くは（自然もしく

は生物学的違いというよりも）強固な社会的構成に根ざしているにもかかわらず，異なる生の道のりにおいてほとんど認知されていないまったく異なる女性の主観性（subjectivities）に帰着していると，多くのフェミニストたちが論じている。より深刻なことには，男性の経験や価値システムは正常なものとして制度化されており，男性の基準から外れた女性は，まったく無視されるか逸脱したものとして判断されている。この特定のフェミニスト学派の中心的目標は，（a）女性の経験が違うことからくる差異を認め賞賛すること，（b）女性の声やアイデンティティを尊重すること，そして（c）最終的には，社会の仕組みを修正し，より女性のニーズに合ったものに変えることである（Belenky et al., 1986; Bristor & Fischer, 1993）。

　女性の経験における違いを理解することの重要性についてのキャロル・ギリガン（Carol Gilligan）の研究は，この下位学派に関するより深い理解を与えてくれる。ギリガンの研究（Gilligan, 1977）は，道徳性の発達についてのコールバーグ（Kohlberg）の理論を，フェミニストの観点から再構築したことで一番よく知られている。コールバーグは，彼のモデルのなかで，女性は男性よりもより低い道徳性の発達段階で機能する傾向があると論じた。ギリガンが男性と女性についての彼女自身の研究をおこなったとき，彼女は，女性は自分自身を異なる（しかし必ずしも劣っているわけではない）道徳的な方向に導くような理由づけの様式を採用すると指摘した。より重要なことに，道徳性の発達は，男性を個人主義で独立したものにし，女性を（老人などの）世話をして，共同体志向になるように準備させる，ジェンダー化された社会化の構造によって根本的に形作られると彼女は主張した。ギリガン（Gilligan, 1977）によれば，そのような社会化のプロセスは，男性と女性の倫理の発達を異なる方向へと強く仲介する。すなわち男性は正義という抽象的な（abstract）事柄を信奉し，女性は地域共同体とのつながり（connections）に基づく倫理を重視するようになる。

　ギリガンの仕事は，一つの社会的アイデンティティ集団（訳者注：男性）の想定や経験を全人類に誤って広げようとしているという根拠に基づいて，確立した理論を論破しようと試みたことから注目に値する。したがってギリガンは，社会科学はどの程度まで男性の経験にのみ基盤を置くことが許されるのか，その結果として女性についてはどのくらい妥当性があるのか，という重要なフェミニストの疑問を問いかけた。ギリガンの仕事の後に，歴史，文化，現代の制度においての女性の心理や女性が住んでいる「異なる」世界に関する多くの研究が続いた。たとえばベレンキーら（Belenky et al., 1986）は，自分自身の性別化された経験に基づいて（男性とは）異なる方法で「知識獲得方法」を発展させようとする女性の傾向について調べ

た。ボールディング（Boulding, 1976）は，これまでの歴史において多分に軽視され
てきた女性の役割を研究した。ケラー（Keller, 1985）は，科学の世界での女性の経
験を考察した。

　女性の声／経験を研究する学派の主要な貢献は，男性のみの経験をすべての社
会のダイナミクスを説明する基盤として受け入れることを拒絶したことにある。ベ
レンキーら（Belenky et al., 1986）やギリガン（Gilligan, 1977）やその他の研究者の
仕事は，多くの男性中心の経営学理論——動機，リーダーシップ，仕事への関わり
——をジェンダーの違いをまったく無視しているという理由で疑わしいとしたので
ある。このように声／経験フェミニズムは，知識の発展における男性の経験が果た
している中心的役割に注目することで，我々が受け入れてきた知恵の多くを相対化
（relativizes）したのである。しかし，声のフェミニズムは，現代の社会科学を相対化
するということにとどまらない。それはしばしば，女性が概念をつくるプロセスや
世界と関わる方法を，男性のそれらよりも「すぐれている」と暗に提示する。ジー
ン・ベーカー・ミラー（Miller, 1986）の社会心理学の関係性理論は，この傾向の例
である。女性の経験に基づく（男性とは異なる）発達モデルを提供し，ミラーは男性
の経験に基づいたモデルが強調する個人主義や自律より，つながりや相互依存の卓
越性を賞賛している。関係性（より女性的な流儀としてみなされるのだが）は，家族・
近隣・身近な職場内での関係を形作り，社会的結合を保持する能力という点で賞賛
される。いうまでもなく，何人かのコメンテーター（異なる流派のフェミニストを含
む）は，女性の心理と女らしさを現実を越えて理想化するこの傾向に対しきびしく
批判的である。

　女性の声／経験フェミニズムは，裏口から本質主義を取り入れたということでも
非難されている（Eisenstein & Jardine, 1985）。言い換えれば，この学派は，女性のア
イデンティティや関係スタイルは生まれつき形成されるというよりはむしろ環境に
よって形作られる（すなわち社会的に構築される）ということを主張するが，それに
もかかわらず，彼らはこれらの性質をおそらく女らしいものとして具象化し，これ
らを階級，エスニシティ，国籍に関わらず，すべての女性に対し暗に拡大しようと
し続けている。

■ ラディカル・フェミニスト学派

　女性の声／経験フェミニズムが社会心理学の成果そのものである一方，ラディカ
ル・フェミニスト論にはマルクス主義社会理論の強い痕跡がある。ラディカル・フ

ェミニストたちは，重要な中心概念として階級の代わりにジェンダーをつかい，唯物論者の立場から，女性の搾取と抑圧に関する問題を追及する。マルクス主義に根を下ろしながら，この学派は方向づけにおいて明確に（マルクス主義者よりも）よりマクロ歴史学的であり，家父長制の犠牲者であると同時に家父長制を再生産する存在である女性という，より現実的な見方をしている（Walby, 1990）。ラディカル・フェミニストにとって，女性の搾取は，家族，産業資本主義，官僚制度，教育，科学，メディアといった多くの制度的構造のなかで，しっかりと瓦のように重なり合っているのである（Ferguson, 1984）。

　ラディカル・フェミニズムの中心に，ジェンダーは単に社会的役割だけではなく，社会生産組織から生まれた全般的階層システム（system of stratification）（Hartsock, 1983）そのものでもあるという考えがある。またラディカル・フェミニズムは，社会生産の唯物論的概念を，非経済的物質の生産を越えて社会生活そのものの生産まで広げている。これは，子どもの出産や養育，家庭の維持，性的・感情的労働，社会的地位の創造までをも含み得る（Hartsock, 1983）。またラディカル・フェミニズムは，ジェンダーに沿った社会生産システムの階層的秩序に対しても警戒するよう我々に促している。レンガーマンとニーブルジェ＝ブラントリー（Lengermann & Niebrugge-Brantley, 1990: 323）が記しているように，「社会生産組織に基づきイデオロギーによって維持されている普遍的な階層システムのなかで，ジェンダーは階級と同様，一つの社会構造である」。

　したがってイデオロギーはラディカル・フェミニズムにとって，もう一つの重要な概念である。どのようにして女性が服従的な地位に一貫して閉じ込められるのかだけでなく，第一になぜ多くの女性がこのような状態を受け入れるのかということを説明するのは，イデオロギー（かなり唯物論的な意味での）なのである（Martin, P. Y., 1988）。複数のイデオロギーは，規範的で当たり前とされる社会次元を確立する。したがって，女性になっていくということは，イデオロギーのプロセスであり，それはスミス（Smith, 1979）がいう「支配関係」——女性を支配し，管理し，組織し，そうでなければコントロールする構造のなかでの一組の地位——を説明することができるのである（Smith, 1979; 1987）。たとえば，現代の女らしさの多くのイデオロギーは，たとえそれらが女性の搾取を再生産し続けているとしても，たいへん誘惑的にもなり得る。スーパーマム（Supermom，北米の中流階級の多くに広がっている）というイデオロギーは，このよい例である。というのは，このイデオロギーは，多くの女性が職場でキャリアを執拗に追い求め，一方同時に完ぺきな母と主婦であろう

とすることを確実なものとする。母として，妻として，職業人として，成功しよう
とするこの過程において，現代の西洋社会の女性たちははるかに多すぎる日々の課
題を背負い，高いレベルのストレス，フラストレーション，不安に耐えている。し
かしながら，多くの女性たちは男性よりもはるかに安い給料を支払われ続けており，
キャリアの昇進に対して男性よりもはるかに多くの障害に出会っている。しかし，
スーパーマムのイデオロギーはたいへん強いものなので，男性よりも物質的にも象
徴的にも少ない報酬しか受け取れないにもかかわらず，多くの女性は公私両方にお
いて（男性よりも）より勤勉に働くことを喜んで受け入れている。

　ラディカル・フェミニズムは，ジェンダーをすべての分析の中心に置きながら，
とりわけ社会構造についての考え方を書き直すことに専念している。「フェミニス
ト言説の目的は，女性の経験と，それを奨励し正当化する制度の形状との関係をは
っきり述べることである」(Ferguson, 1984: 29)。この学派にとってとくに重要なこ
とは，ビジネス，官僚制度，広告，消費の世界——そこでは制度的実践が，すべての
行為において一見完全に「合理的で」ジェンダー中立的にみえるのだけれども，シ
ステム内の女性の位置を日常的に特定している——を理解することである。

　組織とは，性別分業をはじめ，この（性別の）分断をさらに強化するシンボルやイ
メージを生産するジェンダー化された総体（gendered entities）であるということを，
ラディカル・フェミニズムは常に強調している。組織論理の反映としての仕事の評
価についてのアッカー（Acker, 1990）の議論は，この見方のよい例である。仕事の
評価とは，組織ヒエラルキーを合理化し「公平な」給料を決めるために，産業企業
のなかで使われる共通のテクニックである。仕事の評価は，やがては，さまざまな
組織の活動を規制する一連のルールと政策に帰結する。仕事の評価の論理は，責任，
仕事の複雑さ，階層的な地位との間の適合性を想定している。組織的論理のなかで
は，仕事とヒエラルキーは，それらの保有者ももたず，人間の体ももたず，ジェン
ダーももたない抽象的カテゴリーである。しかし，やがては，抽象的な仕事は，具
体的な体をもたない労働者によって担われることとなり，この時点において，「抽
象的な仕事をする切り離された労働者が実際の労働者にもっとも近づくのは，フル
タイムで終身の仕事を人生の中心に置いている一方，妻や他の女性が彼の個人的な
欲求や子どもの世話をしているような男性労働者である」(Acker, 1990: 149)。ここ
でのアッカーの要点は，仕事の評価における暗黙の労働者イメージは，男性であり，
仕事そのものの概念も暗に性別で分けられているということである。

　アッカーや他の多くのフェミニストたちがすぐに注目したように，肉体をもたな

い労働者という抽象的な概念は，潜在的なジェンダー関係を覆い隠し（obscuring），
同時に再生産する（reproducing）ことにおいて重要な役割を果たしている。結果と
して組織には，ジェンダーに関する全般的な沈黙と，セクシュアリティとジェンダ
ーの対立に対する抑圧が蔓延している（Martin, 1990）。セクシュアリティの抑圧は，
官僚制度にとって不可欠であり，女性の排除と組織における非人格化から生まれて
いる。ここにおいて再び，女性の不可視化と抑圧とともに我々は取り残される。し
たがって，ラディカル・フェミニスト学派は，制度構造を性的な階層性と女性の搾
取の主要な原因としてきびしく批判する。女性を抑圧する構造を維持し，再生産す
るために，人種・エスニシティ・国籍がジェンダーと交差する（intersect）プロセ
スに立ち向かう努力をした，カービー（Carby, 1985），フックス（hooks, 1984），フリ
ードマン（Friedman, 1998）やその他の諸作家によって，ラディカル・フェミニズム
は，最近その学問領域を広げた。この観点からみると，女性の抑圧と服従はジェン
ダーにすべて帰することはできない。むしろ，ジェンダーと他者性のさまざまな指
標（訳者注：人種，エスニシティ，国籍など）との関係性に帰することができる。

■ ポスト構造主義フェミニズム論

　ポスト構造主義フェミニズムは，言語・主観性・社会組織と権力との関係と，さ
まざまな社会階層において，ジェンダー・ダイナミクスがどのような派生効果をも
たらすかを追求する（Weedon, 1997）。ミシェル・フーコー（Michael Foucault），ジ
ャック・デリダ（Jacques Derrida）や他のフランスの言語哲学者の研究に大いに触発
されて，ポスト構造主義フェミニストたちは（Irigaray, 1974），言語（language）と
言説（discourse）をフェミニスト研究の中心に置いた。さらに，この学派は普遍的
で超越的な真実の主張を大いに疑っており，知識生産のすべての制度を権力の行使
――これにより女性は言説的に（かつ不利益に）社会に位置づけられている――とし
てみなしている（Diamond & Quinby, 1988; Gavey, 1989）。「ポスト構造主義フェミニ
ズムは，社会におけるみたところ非難の余地がない真実と知識の構造の正体をあば
き，社会成員の多くを沈黙させ抑圧する神話的社会構成を暴露することを助ける」
（Calás & Smircich, 1992: 244）のである。

　第一に，この学派の知的な位置を，ポスト構造主義のいくつかの要素（13章で議
論した）を理解することなしに，完全に理解することは難しい。けれども，ポスト構
造主義フェミニズムの簡単なスケッチをここでは試みる。過度の単純化の危険を冒
していうと，ポスト構造主義フェミニズムは，さまざまな社会の分野において性別

によって分けられた主体性を構築する（constructing gendered subjectivities）にあたり，言語と他の形の表象がいかに重要な役割を果たしているかに関心がある。とくにこの学派は，性別化されたアイデンティティと経験に基づく解釈が権力基盤のなかでどのように収まっているかを理解するために，ポスト構造主義から言説（discourse）という概念を借りている。この学派における言説は，発話・文書・会話などをはるかに越えたものを指し，主体性の形成を支配し，社会世界の解釈を仲介する「さまざまな知識の総体，言明の制度，知識生産のストラテジーとプロトコル，そして行動の文化的・下位文化的文法」を指すのである（Prasad, 2001）。ウィードン（Weedon, 1997）にとっては，言説は，社会的制度，思考様式，個人の主体性を構築し，かつそれらのなかで再生産される社会の「構造化原則」である。物質的権力が行使され，権力関係がつくられ永続されてしまうのは，この言説を通してである（Gavey, 1989）。

　言説はさまざまな個人やグループの役割や期待を規定することに対して責任があり，かなりジェンダー化されている。女らしさ，家族，経営，消費，科学などの言説は，行動のジェンダー化された分野を示し（Flax, 1990），それぞれが脚本（script）と期待を伴う，主婦，キャリアウーマン，スーパーマム（Supermom）といったジェンダー・アイデンティティを創造する。「ポスト構造主義フェミニズムは，女性を不利にする既存の権力関係を理解し，変革の機会と戦略を明らかにするために，言語，主体性，言説の観念に依拠している」（Bristor & Fischer, 1993: 522）のである。

　ポスト構造主義フェミニズムの主要な貢献は，主体性を実際に変えることができる流動的な現象へと変容させたことにみることができる。これは女性の声／経験学派——そこでは女性になることや女らしさ（それらは社会的に構築される）のような主観的な状態をより不変なものとみなしている——からの大きな決別である。しかし，ポスト構造主義フェミニズムがこのような言説を変えることを簡単な仕事としてみなしていると結論づけることは間違っているだろう。彼らは影響力のある言説を取り除くことは難しいものとしてとらえているが，言説の変革は可能で，社会を女性のためにもっと居心地のよいものに変えようとしているフェミニストたちの主要な課題の一つだとも主張している。

　ポスト構造主義フェミニストたちは，女性に対してはキャリアウーマンとかスーパーマムということばで常に言及されるのに，「キャリアメン（career men）」とか「スーパーダッド（Superdads）」という概念はどうしてないのかと尋ねることによって，支配的な言説をいつも問いただしている（interrogate）。もしくは彼らは，仕事や専門職というイメージが男性と常に結びつけられ続けており，一方女性は家庭やレジャーの

イメージを常に結びつけられ続けるのはなぜなのかと問うかもしれない。またこの学派における権力の概念は，より拡散した（diffuse）ものである。権力は，男性エリートの手のなかにのみ集中しているというよりも，いたるところに潜んでいる。権力は，個人が権力を行使することはあまりないような言説の場でとくにみつかる。要するに，ポスト構造主義フェミニズムは，ケースバイケースで，「特別な利害関心のために権力が働くことを説明し，権力に対する抵抗の機会を分析することが可能である。ポスト構造主義フェミニズムは，主体性と意識を言語のなかで社会的に生み出されるものとみなし，また闘争や変革可能な場所とみなして，［…］ヒューマニズムの合理的で自己表出的な主体を脱中心化する理論である。この学派は，身体化された主体として個人を構成する物質的な関係や実践の重要性を強調し，主観的な意識というレベルでの変革の政治的な限界を説明することもできる」（Weedon, 1997）。

　ポスト構造主義フェミニズムは，ヒューマニズム的女性主体を放棄し，あらゆる形の本質主義を早計に（熟考せずに）否定したということで，ラディカル・フェミニストと声のフェミニストたちから批判されてきた。また，過度の相対主義と女性の経験に立脚していて，社会的・言語的プロセスから距離を置くのではなく，むしろそれらに依存していると攻撃されている。しかし，（ポスト構造主義フェミニストの）擁護者たちは，その真の貢献は女性と男性の主体性と，我々の生活の言語・権力・物質的コンテクストとを繋ぐ方法を提供する理論的基盤のなかにあると論じる。ギャビー（Gavey, 1989: 472）が指摘するように，ポスト構造主義フェミニストは，「複雑さと矛盾を含み［…］，家父長制やジェンダー関係についての唯一の決定的な原因の説明しか提供できないさまざまな理論を越えるものである」。

2 フェミニスト学派の中心概念

　フェミニスト学派は驚くばかりの多様性によって特徴づけられる一方，いくつかの概念は，（フェミニスト学派のなかの）すべての学派にとって共有される関心事である。性とジェンダー，家父長制と性別による分業などの概念は，上述したすべての下位学派にとっての関心事である。たとえ，それぞれの下位学派がこれらの概念に異なるアプローチをとるかもしれなくてもである。加えて，フェミニスト認識論の問題は，より広い学派にとって中心をなす重要性がある。この節の残りでは，これらの概念のいくつかを簡単に扱うことにする。

■ 性とジェンダー

性とジェンダーの概念は，異なるフェミニスト学派の構築につながる一番の構成要素を成している。性とジェンダーの区別は，相互の関係と同様，この学派の研究者たちにとっては驚くばかりに重要である。あらゆる種類（stripes）のフェミニズムは，一つのアイデンティティ・グループ（すなわち女性）を生物学的特徴（性）とジェンダーの社会的構築に基づき，差別や服従させることは不正義なのだという強い感覚から生まれていると主張することは誇張ではないだろう。

性は，まさに生物学によって生じる。性は，人間を男性・女性として分類する生物学的基準に基づいた社会的な合意を応用することによって決定される（West & Zimmerman, 1987）。人によっては，生物学的な性を染色体の集まり——これは生殖器や再生産システム，ホルモンの違いなどに現れる——によって決定されるものとして理解する（Alvesson & Due Billing, 2002）。すなわち人の性別は，比較的不変と信じられている肉体的基準によって完全に決定される。

ジェンダーは，これと対比して，（性よりも）もっと獲得的地位である。というのは，ジェンダーは，社会的・心理的・文化的手段によって社会的に構築されるものであるからだ。ジェンダーは，男性もしくは女性であることの「行動的側面」を指し，複数のダイナミックな社会的プロセスのなかで，それらのプロセスを通して生産される。一般的には，ジェンダーは「パターン化され社会的に生産された男性と女性との間，女らしさ（feminine）と男らしさ（masculine）との間の区別」を指す（Acker, 1992: 250）。さらに，多くのフェミニストにとって，ジェンダーは中立的プロセスではなく，権力的で支配的なプロセスである。なぜなら「女性と男性との間の差異を誇張し，性別不平等を維持するために社会が構築した分類」だからである（Reskin & Padavic, 1994: 3）。

一見，性の概念は完全に固定化しており，ジェンダーの概念はいくぶん流動的にみえるかもしれない。しかしながら，両方の概念は一見してみえるよりも問題を含んでいる。第一に，アルベッソンと デュー＝ビリング（Alvesson & Due Billing, 2002）が提案したように，生物学的な性自体が社会的に定義されたものであり，したがって文化的な現象だと理解されなければならない。第二に，いくつかの生物学的特徴自体が，医学的修正がますます可能になり，完全に不変だとみなすことができなくなっている。このことが，結果としてジェンダーを理解することをますます複雑にしている。第三に，ジェンダーは疑いなく社会的に構築されるのだが，驚くほど確固としていて変化に抵抗するのである。たとえば，男性と女性の違いは，社

会的に生産されるのだが，基本的で永続的だと典型的にはみなされ，そのことが
その結果ジェンダーをそのようなもの（基本的で永続的なもの）にしている。したが
って，「ジェンダーを実践する（doing gender）ということは，既存の社会支配のメ
カニズムとともに，社会構造を支える知的な枠組を構築することである」（West &
Zimmerman, 1987: 147)。

　フェミニストたちは，ジェンダーは多様な制度的・非制度的でインフォーマルな
メカニズムによって，絶えまなく進行する形で維持されていると論じる。ジェンダ
ーの制度的強化は，建物の物理的レイアウト（例：男性と女性のトイレの分離）のな
かに，男性は建設作業や財政により向いていて女性は優秀な看護師や図書館員にな
れるという，広く受け入れられている社会的期待のなかに，そしてスポーツ大会が
男女で分かれていることのなかに，明らかに示されている（Goffman, 1977)。またジ
ェンダーは，インフォーマルな日常のインタラクションにおいて——男性が女性の
ために重い物を運ぶときに，また，カジュアルな会話のなかで女性が無視されたり
遮られたりするときに——生産される（Fishman, 1978)。社会が資源の再分配や公
共政策に関係のある問題に取り組むとき，男性と女性というカテゴリーは明白に重
要性をもつ（West & Zimmerman, 1987)。そのような場合，女性中心のプロジェクト
や女性的な職業が必ず貧乏くじを引くのである。したがってジェンダーは，男性と
女性との間の行動的差異を本質化する能力——たいていは女性に不利となるのだが
——のゆえに，フェミニストの学派にとって継続的な関心事である。社会編成の性
別化による本質を掘り出すことは，フェミニストの課題の重要な部分である。とい
うのは，そのことが社会のより広い組織のなかに，女性の関心や好みを順応させる
ための第一歩だからである。

■ 家父長制

　家父長制（patriarchy）という用語が初めて有名になったのは，エンゲルス
（Engels, 1902）の研究によってである。エンゲルスは，家父長制は私的所有権の隆
盛とそのようなものとして女性を扱うことから生まれたと論じている。しかしなが
ら，この用語の我々の今日の理解は，1960年代後半と1970年代に理論化されたラ
ディカル・フェミニスト理論に負っていることが多い。当時は，家父長制は「性の
論理」（Firestone, 1970）のかなり広い枠組のなかに入れられていた。「性の論理」の
なかでは，性が（階級よりも）すべての女性の抑圧の原型（prototype）とみなされて
いた。

ラディカル・フェミニズムのなかで，家父長制は女性の搾取の構造的要因として明らかにされている。簡単にいうと，家父長制は男性による女性の体系的な支配（systematic domination）のことを指し，それは経済的・社会的・文化的制度を男性が支配することによって，獲得され，維持され，再生産されている（Ferguson, 1984; Smith, P., 1987）。家父長制があまりにも短時間で隅々まで広がり，取り除くことが困難なのは，家父長制の制度的な（institutional）特徴のせいである。家父長制はそれ自身が，性／ジェンダーの制度的編成の明らかな形態だが，資本主義や帝国主義といった他の抑圧の制度と一緒に複雑に入り組んでいる（Millet, 1970）。教会，国家，家族，すべての形の官僚制度，職業などはみな，体系的に女性を権力の中心からはずし，さまざまな方法で女性を服従させる家父長制なるものとみなされる。

組織や職場は典型的な家父長制とみなされる。多くのフェミニストたちが指摘するように，家父長制は組織を驚くほどしっかり掌握している。伝統的な官僚制度組織は新しい形に屈服したのだが，組織の形態や文化において，家父長制の要素を強く保持している。バリス（Burris, 1989）のテクノクラシー（技術主義）についての議論は，新しく解放的にみえるコンピュータ技術の到来があったとてしても，家父長的傾向があることを語る一例である。テクノクラート組織は，後期資本主義の条件のもとで，コンピュータ技術に依存するハイテクな職場やサービスコンピュータの周辺に現れ，経済的機会や仕事の組織を著しくジェンダー化されたやり方で変化させている（Burris, 1989）。組織内の職階が崩壊し，「専門家」と「非専門家」制度の分極化が起こり，強大な技術主義イデオロギーが広まるなかで，テクノクラート組織は，組織ヒエラルキーの下層に，女性もしくは「ピンクカラー」労働者から成る準専門職，比較的固定された階級を創りつつある。それゆえに，テクノクラートの組織は，一見「現代的」で進歩的な組織であるようにみせているが，家父長制的伝統を体現化した制度的職業編成の長い連なりのなかの最新版にすぎないのである。

家父長制は組織のなかで日々，どのように働いているのだろうか。家父長制の条件下では，男性や男らしさと結びつく行動要素に価値が置かれ，さらには評価される。一方，女性もしくは女性らしいとみなされるものは，よくても価値が低いものとされ，最悪の場合は中傷されることもある（Firestone, 1970; Mills, 1988）。家父長制組織は，二つの点において女性に対し不利な影響を与える。第一に，ある種の資質（例：精神的なタフさ，客観性を求める能力など）を，これらの資質が常に男性に見出されるかどうかに関わらず，男性のものとみなす。第二に，家父長制組織は，男性に向いているといわれる職業（金融，会計，コンピュータデザインなど）に女性がつ

くのを妨げる堅固な，しかしみえにくい障壁をつくり出す。とりわけ，家父長制は，女性をより力の弱い組織部門にしばりつけ，（構造的・文化的手段を使って）彼女らがそこから抜け出せないように阻害する。家父長制組織はまた，驚くほど粘り強さがあり，男女に平等な機会を保証するようにつくられた多くの法律に関わらず，変容することが難しい。

■ ジェンダーによる分業

　フェミニスト学派全般にとって基本的な関心は，あらゆる文化，時代において，仕事が性別で分けられた領域に体系的に組織化されることである。どのような仕事内容がどちらの性にとって適切とみなされるかに関して，また多様な仕事の形態を性によってタイプ分けする際の厳密さの程度に関して，相当なばらつきがあるにもかかわらずである（Marshall, 1994）。家父長制の不可欠な要素としてみなされ性別で分けられた労働は，女性の搾取の原因であり，家父長制の再生産のメカニズムである。フェミニストたちは，女性の抑圧の全体像を掴むためには，性別に分けられた労働の多様性を理解することが重要であると主張する。したがって，フェミニストの研究の大きな部分は，このような性別による分業の性質を記述し，性別に分けられた労働が誰の利益になっているのか，どのようにすれば描きなおすことができるかもしれないかを想定することである。

　はじめに，性別による分業は，賃金労働と無賃金労働の間にみられ，また，賃金労働内においても，無賃金労働においてもみられることを認めることは重要である。歴史的に，もっとも驚くべき性別分業は，給与／賃金労働に従事する多数の男性と無給労働につく不均衡なほど多数の女性との間にあり続けている。女性の無給労働自体，異なる形態をとる。女性の無給労働のもっとも目に見える形は，毎日の家事と子どもやお年寄りの世話を含む家庭においてである（Marshall, 1994）。資本主義企業の経営に従事する専門職や幹部職の人たち（主に男性であるが）の数が増えるにつれて，女性の無給労働が，一家の稼ぎ頭である男性を，仕事の社会的側面以上で支える行動をも含むようになってきた（Kanter, 1977）。このような無給労働は典型的には，企業幹部をもてなすこと，夫のビジネスもしくは外交旅行に付き添うこと，夫の仕事上の野心にとって象徴的な価値があるボランティア活動に従事することである（Finch, 1983）。農業や中小企業においては，女性はしばしば果物を詰める，経理を担当するなどの無給労働に駆り出される。

　多くの例において，賃金が支払われない女性の労働は，直接的な強制によって

起こるのではなく，女性自身の側の自らの意思による服従によって確保されている。これらの女性たちが無給労働をするのは，夫や家族にとっての自分の義務であると信じるから，他の機会が得られないから，または賃金が得られる選択肢を探すだけの資格や自信がないからである。とくにラディカル・フェミニズム学者たちにとっては，このことは重要な領域である。というのは，この領域が，継続した女性の搾取と女性たちを私的な領域に閉じ込め続けることを確実にするために，家父長制のイデオロギーが物質的な利害と絡み合っている領域だからである。

　ラディカル・フェミニスト学派にとって同じように関心があるのは，賃金労働における強い性別分業である。これは西洋社会内部においても，西洋と非西洋の間においてもみられる。西洋社会の女性は，低賃金の事務・小売り・サービス部門に圧倒的に多くみられる。他に問題となっている北アメリカの傾向としては，女性がフルタイムで雇用されることが少なくなり，パート・タイム労働や期限つき契約の増加である（Marshall, 1994）。結果として，より多くの女性が，低報酬で福利厚生がほとんどないデータ入力やコールセンター・オペレーターのような中心から離れた労働部門に移動しつつある。グローバリゼーションとそれに伴う「暴走する資本」（runaway capital）の力学は，臨時やパート・タイムのさまざまな労働形態へと強制的に追い込まれている西洋の多くの下層の女性労働者をさらに追いつめている。同時に，第三世界の下層の女性たちは，多国籍企業によって危険で専制的な環境に低賃金で雇用されつつある。これらすべてのケースにおいて，家父長制の労働構造，組織，雇用法律が新しい性別分業のもとで，女性を従属させ搾取し続けているのをみることができる。

■ セクシュアリティ

　セクシュアリティは概念として，性とジェンダーの間の相互関係と同様，性とジェンダーの両方を包括する（Caplan, 1989）。セクシュアリティは，いかなる社会的な状況においてもみられる性的な行動・感情・心理のすべての形状を指し示す。我々（個人的にも集合的にも）が，どのようにして男性と女性のカテゴリーを理解するようになったのか，また我々がどのようにして自分自身を男性（もしくは女性）として表現するのかが，セクシュアリティの一部分である。人びとはセクシュアリティという観点で——セクシュアリティは自分のコアとして解釈されるのだが——自分自身をみるように奨励される（Caplan, 1989）。まとめると，セクシュアリティは，性別役割・性的アイデンティティ・性的な好み・男らしさや女らしさの概念・性的

な魅力・セクシャルハラスメント（以下，セクハラ）を含むあらゆる種類の性に関連した現象を指す（Hearn & Parkin, 1983）。セクシュアリティは，明らかに変化する概念である。キャプラン（Caplan, 1989: 2）が指摘したように，「あるコンテクストにおいて何がセクシュアルなのかは，別のコンテクストでは当てはまらないかもしれない。すなわち，ある経験は，社会的に学んだ意味を適用することによって（のみ）セクシュアルになる」。セクシュアリティは，フェミニストたちにとってたいへんな関心事である。なぜなら，女性の従属や女性の従属への抵抗にとって中心的な言説の場だからである。

　組織やメディアのような公的な制度構造は，異なるセクシュアリティの発達において鍵となる役割を果たしている。なぜならそれらは，男性と女性が自分たち自身を，そして互いの関係を眺めるやり方を形作っているからである（Burrell & Hearn, 1989; Ferguson, 1984）。セクシュアリティは多様な方法で組織によって，そして組織のなかで生産される。それはジェンダー化された分業の構築と維持においてもっとも明瞭にみられる（Acker, 1990; Marshall, 1994）。よりみえにくいのは，組織のシンボル（象徴）やイメージから生み出されるセクシュアリティで，それらは，ジェンダー化された役割や分業を説明し，表現し，強化し，ときには挑戦さえする（Acker, 1990）。

　組織は，セクシュアリティを同時に抑圧し強化することにより（ある意味皮肉なことだが）セクシュアリティを生産している。ファーガソン（Ferguson, 1984），マーティン（Martin, 1990），アッカー（Acker, 1990）とその他の研究者たちが説得力をもって示しているのは，セクシュアリティの否定が，(a)「性別に中立な」論理の導入と(b) 職場においてマネージャーや従業員のなかにセクシャルな力学が活発に存在すること（例：性的魅力，セクハラ，妊娠など）を認めるのを拒否することによって，いかにして起こっているかということである。この組織でのセクシュアリティを拒否することに対する一貫した傾向が，女性を組織にとってよりみえない存在，もしくは問題ある存在にしているのである。同時に，組織はまた広告や企業の年次報告において，女性を慰め・喜び・欲望の源として呈示することにより，日常的に女性を性の対象とする（Benschop & Meihuizen, 2002; Mills, 1997）。初期の英国航空（当時はBOAC）についてのミルズ（Mills, 1997）の研究は，組織におけるセクシュアリティ化の面白い描写をみせてくれる。当初の女性客室乗務員たちを性的なものとは無縁の存在とする脱セクシュアル化（desexualization）の言説が，彼女たちを欲望の対象として美化し描写するエロティック化言説に取って代わられたのである。二つの言説，脱セクシュアル化言説と官能化言説は，女性を特殊な組織的役割に制限し，組

織の他の領域に進むことを許さなかったのである。

3 フェミニスト学派の研究例

　フェミニスト学派は，会計学，人類学，歴史，コミュニケーション研究，組織研究，労働社会学などのさまざまなアカデミックな領域において，印象的でほとばしるようなフィールドワークを触発することに成功した。しかし，以下のことを指摘することは価値がある。すなわち，ジェンダーに関する研究それ自体がフェミニストの傾向を必ずしも暗に意味するとは限らないということである。経営学における女性（例：Powell, 1988）や組織における性差（例：Ibarra, 1992）についての多くの研究は，女性とジェンダーに焦点を当ててはいるが，この章で論じているさまざまなフェミニスト学派の認識論的・存在論的な方向づけとは親近性をまったくといっていいほどもっていない。

　フェミニスト学派の研究者たちは，彼らが分析する現象と彼らが用いる方法という点において，多くの分野をカバーしている。伝統的な男性の仕事領域に入っていこうとする女性の努力（Fonow, 1997），公的組織におけるジェンダーと人種の力学（Ostrander, 1999），組織リーダーシップ言説の性別による暗黙の了解事項（Calás & Smircich, 1991），いわゆる理想的労働者の性別による抽象化（Tienari, Quack & Theobald, 2002）と核戦争専門家の攻撃的な男らしい言説（Cohn, 1987）は，フェミニストの最大の関心事の一部を形作る事柄のいくつかにすぎない。データ収集においては，フェミニストたちは参与観察（Fonow, 1997; Ostrander, 1999）と詳細なエスノグラフィック・インタビューを明らかに好んでいることが示されている。もちろん公式・非公式なテクストの言説分析もまったくされていないわけではない（Benschop & Meihuizen, 2002; Calás & Smircich, 1991）。フェミニストたちが存在論的・認識論的な基盤に基づいてほとんど一様に拒絶するのは，実証主義の科学的手続きである。

　フェミニストたちは，自分たちが対象に近づける（closer）方法を大いに好むのである。なぜなら，女性の主観的な（subjective）生活世界——その世界は，社会科学の男性支配的な領域において，多くの場合無視され，単にみえないのだが——を理解することに主要な関心があるためである。したがってフェミニストたちは，ジェンダーを自分たちの現象学的探求の中心に据えることに関心があるという意味で，きわめて現象学的である。フェミニストたちは，「客観性は卓越した真実を求める原

則でなく，むしろ資本主義社会のなかで支配的な男性の排他主義的な経験から引き出されるものである」という根拠に基づいて，自分たち自身が対象から距離を置くことに反対である（Lengermann & Niebrugge-Brantley, 1990: 326）。したがって，研究者が彼女・彼自身を自分の研究の対象者から離すことはできないし望ましくもないとフェミニストたちは主張する。実際，ラインハルツ（Reinharz, 1983）のようなフェミニスト研究者たちは，研究者と対象者との間の「相互に認め合うこと」と，研究は双方（研究者と対象者）によって協同して生み出されるということへの気づきをはっきりと要求してきた。

　実践において，そのような立場は，最低でも，研究者たちが自分自身の社会的位置を認め，個人的課題が研究プロジェクトを導いていることを自覚し，自分自身をはっきりと研究テクストに挿入する（insert）ことが必要になる。したがって，フェミニスト研究をうまくおこなうことには，より多くの自叙伝的詳細を提供することや，また通常の研究報告ではたいがい取り上げられないごちゃごちゃした研究の現実のいくつかを暴露することにより，研究に個人的な色合いをもたす（personalize）ことを含むのである。この伝統で研究しているコーン（Cohn, 1987），フレッチャー（Fletcher, 1999）や多くの他の研究者たちは，たいへんな努力をして誰が研究者で，どんな種類のジレンマをフィールドワークのなかで経験したかを読者たちに気づかせようとしている。さらに，研究対象者は研究の産出に責任があるという信念は，研究デザインや研究知見の解釈に研究対象者を包摂（inclusion）し，積極的に従事させることへの強い決意を必要とする。フェミニストたちが，研究ノート，予備分析，記事の初稿を研究対象者と共有し，彼らがコメントをするように誘うことは珍しいことではない（Fletcher, 1999; Ostrander, 1999）。

　フェミニスト学派のいくつかのセクションは，研究者が女性の主観的な経験をより広い女性コミュニティのなかで最終的には共有できるようなテクストに翻訳する（translating）ことによって，女性の主観的な経験に声（voice）を与えることを要求する（Lengermann & Niebrugge-Brantley, 1990）。フレッチャー（Fletcher, 1999）のアメリカのハイテク企業における女性エンジニアに関する研究は，卓越した男性社会――この場合は，エンジニアの世界――に女性の視点を入れた研究のよい例である^{原注1)}。フレッチャーは，6人の女性エンジニアを定期的に「追跡」し，フォローアップ・インタビューとともに彼女たちの日常を毎日観察した。インタビューでは，同じエンジニアたちに，フレッチャーが目撃した出来事について解釈してもらった。このデータに基づき，フレッチャーは，女性エンジニアは彼女がよぶところの「関係的実

践」に従事していると断定している。関係的実践とは，私的な領域（典型的には女性の世界）から生まれた行動パターンのことで，連携，相互依存性，集団性などの特徴を含むものである（Fletcher, 1999）。フレッチャーはその後，これらの関係的実践が，より広範な男性によって組織されたエンジニア文化のなかで——そこでは関係的実践は価値のあるものではないし，理解もされない——やがては消えていくことを示している。

　いくぶんラディカルなタイプのフェミニスト研究者たちは，組織的な実践や政策のジェンダー化された（gendered）性質を明らかにすることに，より関心をもつ傾向にある。仕事や組織が性別に分かれることは，組織の公的かつ私的なレベル両方に存在すると信じられており，インタビュー，書類，観察の助けによって引き出される。これらのプロセスの多くは，簡単にはみえないし，ジェンダーの隠された面を探すことはラディカル・フェミニスト研究の多くを特徴づけるものである。オランダの銀行セクター（ジェンダーの表出という点においては比較的バランスのとれた労働力により特徴づけられている）の研究において，ベンスホップとドーアワード（Benschop & Doorewaard, 1998b）は，これらの組織の性別に分けられたサブテクストを発掘するために，公的な会社のデータに加えてインタビューを使用した。これにより今度は，権力に基盤を置いたジェンダーの力学が普及していることを暴露した。彼らのサブテクストの分析は，女性を上級職階の「お飾り」として雇用し，小さな子どもがいる女性をよりみえない，より重要でない仕事に追いやり，暗に女性よりも男性を好むという昇格基準を発展させるというある種の組織的な傾向を主に明らかにした（Benschop & Doorewaard, 1998b）。

　またフェミニスト学派の研究者たちは，企業のニューズレター（Mills, 1997）や年次報告（Hammond & Oakes, 1992）などの書類を全面的に利用して，テクスト，数字，写真のなかのジェンダー表象すべてが組織のジェンダー化にどのように貢献しているかを探求している。ベンスホップとマイヒューゼン（Benschop & Meihuizen, 2002）が論じているように，年次報告のジェンダーの文化的表象は，組織の象徴的なジェンダー秩序（symbolic gender order）を構成しかつ反映しているという意味があるのである。年次報告は，また組織の文化を形成することにも暗に貢献している。

原注1）フレッチャー（Fletcher, 1999）は自分の研究を部分的にはポスト構造主義だとしているが，彼女の研究は，私的領域に由来した女性の働き方や女性の価値観についていくぶん本質主義的な想定をもっていることから，（ポスト構造主義というよりも）もっとずっと女性の声／経験学派に典型的だといえる。

ベンスホップとマイヒューゼンは，年次報告がテクストやイメージのなかで，男性を家計維持者とし女性を世話する人とする古典的なステレオタイプをいかに体系的に強化しているかを示している。これらのイメージは問題である。なぜなら，それらは男性と女性のキャリアに対する心構えの違いについての組織的な期待を是認しているからである。年次報告の暗黙の了解事項は，女性はキャリアの追及において家庭の責任により悩む傾向にあること，また一方男性は仕事に没頭できることを暗に示し続けている。したがって，男性は，重要なポジションに対して，より信頼でき，より生産性の高い候補者として，銀行の言説において再び立ち現れるのである（Benschop & Meihuizen, 2002）。

　客との相互作用のあるサービス業に関するライドナー（Leidner, 1991）の研究は，日々の社会的プロセスとしての仕事がジェンダー化されるより複雑な状況を提供している。ライドナーが明らかにしたように，仕事のジェンダー化は，天然のままの男性もしくは女性のステレオタイプがある特定の仕事に認知的に付与されることによってなし遂げられるのではない。ライドナーはマクドナルドでフィールドワークをおこない，そこで，食べものを提供する人たち――窓口で人びとに応対する人たち――を研究した。また Combined Insurance という会社で保険の代理人を研究した。食べものを提供する人たちは圧倒的に女性が多く，保険代理人は圧倒的に男性が多いが，どちらの仕事も一見したところではジェンダーの想定にどっぷり浸っているというわけではなかった（Leidner, 1991）。しかし，ライドナーのインタビューと（働く人たちとの）会話は，以下の結論を導いた。すなわち，食べものを提供する仕事は女らしい仕事として，保険代理人の仕事は男らしい仕事としてごく普通に定義されていた。食べもの提供の仕事は，女性により適した仕事としてみられていた。なぜならその仕事は，従事者がプライドを飲み込み，客の相当な無礼や失礼に耐えることができることが要求されるからである。それは男性が癇癪を起こす傾向があるので，処理するができないであろうと想定されることなのである。

　逆説的になるが，保険代理人の仕事は，典型的に女性の性質とみなされる行動――たとえば相手に合わせることや相手を喜ばせようとすること――を要求しているにもかかわらず，男性の仕事と定義されていた。ライドナー（Leidner, 1991: 173）が指摘するように，「しかしながら，仕事が女らしい能力の表現としてみなされるときでも，男性の仕事が男性のアイデンティティを支持するのとまったく同じようには，女性のアイデンティティの証拠を示しているとはみなされない。なぜなら，大人の女性のアイデンティティは有給の仕事によって獲得されるものとは伝統的に

みなされてこなかったからである」。ライドナーの研究は，ジェンダー化のプロセスを支える膨大な複雑性を描写したという点で，フェミニスト学派における職人芸（craft（wo）manships）を示した優れた一編である。ライドナーが示したように，ジェンダー化は確固としていると同時に流動的なものでもある。

　フェミニスト学派は，歴史的に労働における女性の搾取と隷属に主に焦点を当ててきた。しかし，多くのフェミニスト研究者たちは，これらの状況とうまく折り合いをつけたり（cope），できるだけ抵抗したり（resist）してきた女性の能力を追究することにも同様に関心を注いできた。抵抗のフェミニスト研究は，組合の結成や改革といった公的で集合的な女性の抵抗の形（Fonow, 1997; Sugiman, 1992）とともに，よりみえにくい手段で家父長的構造を壊そうとする非公式な試みの両方をみてきた（Hossfeld, 1993; Paules, 1991）。しかし，どちらの研究も，母性や女らしさといった女性のセクシュアリティのメタ言説によって仲介されたジェンダー化された抵抗の戦略（gendered strategies of resistance）に注目している（Costello, 1987; Prasad & Prasad, 1998）。

　シリコン・バレーのハイテク製造業における女性労働者たち（主に移民）についてのホスフェルト（Hossfeld, 1993）の研究は，支配と抵抗を扱ったフェミニスト・フィールドワークの興味深い一つである。ホスフェルトはまず，性・階級・人種の区分けに根ざした経営側のイデオロギーが，労働者の従属を操作することにいかに成功しているかを検証した。工場の監督者たちは，移民女性の間抜けさ・迷信・ホルモンの傾向についての数限りないステレオタイプを露骨に使って，彼女らを規律でしばり，諭し，自尊心を傷つけていた。しかし，ホスフェルト（Hossfeld, 1993）はまた，イデオロギーによる操作は監督の道具だけではないことを示した。受け身で忍耐強いようにみえる陰で，女性労働者たちは，非公式の譲歩を経営側から得るために，労働条件をより自分たちに好ましいものに変えるために，このまさに同じステレオタイプを使用していたのである。

　フェミニスト研究の多くが「女性」をやや一枚岩で問題がないカテゴリーだと扱っているが（例：Fletcher, 1999），他の研究のなかには，女性たちを特徴づける階級・人種・宗教・エスニシティのラインにそって，はっきりとした違いがあることに気づくことを強く促す研究もある。フェミニスト研究者たちはまた，多様な社会的・経済的・文化的位置にある女性たちの間の複雑な関係の検証を主張している。確かに，多くのフェミニスト研究者たちは，異なる人種・階級・エスニシティの背景をもつ女性たちの間や女性と他の少数派集団との間のインタラクションにますま

す焦点を当てることにより，これらの呼びかけに答えようとしている（Ostrander, 1999; Tom, 1993）。

　トム（Tom, 1993）のフェミニスト銀行における組織内力学の研究は，組織における さまざまな女性グループ間の軋轢を検証したとくに精巧な研究である。銀行における1年間のエスノグラフィック・フィールドワークに基づいて，トムは一般に共有されている女性の体験についての広く信じられているが根拠のない神話を挑発的に論破した。その代わりに，彼女は片方に銀行支配人とそのスタッフ，もう片方に銀行の方針の受け手となる低所得の女性たちがおり，その間での深刻な亀裂が大きくなっていることを明らかにした。トム（Tom, 1993）がこの研究で示したことは，女性の体験を同一のものとしてではなく，それぞれ多様なもの（differentiated）として扱おうとし，また女性の関係を本質的に協働的で共同体主義的なものというのではなく，衝突の可能性を含んだものと理解しようとすることである。

　人種とジェンダーのこれらの交差が，ミルチャンダニ（Mirchandani, 2003）のカナダの沿海州で自営業の仕事をしている女性たちを詳細に調べた研究にもみられる。広範で詳細なインタビューの助けを借りて，ミルチャンダニは，女性企業家たちの多様性豊かな感情労働を描写している。ミルチャンダニは，女性の感情労働を調べた多くの研究――これらの研究を次の二点から彼女は批判している――に挑戦することから始めている。第一に，それらの研究は人種的に同一のサンプルに完ぺきに依存する傾向がある。第二に，すべての女性労働者や専門職（人種・宗教・エスニシティに関わらず）は白人の女性労働者や専門職従事者たちとまったく同じ体験をしていると想定している。女性企業家たちの多様なサンプルを調べた彼女の研究は，まったく異なるストーリーを提示した。彼女の研究は，とくに難しい顧客を扱うときに，異なる人種的位置づけ（racial locations）が，自営で仕事をしている女性によって使われる感情労働の形式を媒介することを示した。ある程度は，これらの異なる方策（ストラテジー）は必要なのである。なぜなら客自身が，彼女たちの技術レベルについて，あらゆる種類の仮定と偏見をもって女性企業家たちに近づくからである。それゆえ，白人の女性企業家たちは難しい顧客を扱うとき，冷静な手順を採用する傾向がよりあるのに対し，一方非白人の女性企業家たち（とくにアフリカ系カナダ人）は，顧客が物事を異なってみるように説得するために，客と接するその場でより懸命に働くのである。まとめると，ミルチャンダニの研究（Mirchandani, 2003）は，特権と排除の相対的な場面として機能するために，人種とジェンダーがどのように交差しているかについての有益な示唆を提供している。

10　フェミニズム　*197*

　フェミニスト学派におけるフィールドワークの議論は，言語と言説に関するフェミニスト研究に少し触れることなしには完全とはいえないだろう。女性の搾取の場所としての言語は，ラディカル・フェミニストたちにとって中心的な重要性を常にもってきた。一方，言説の一部としての言語は，ポスト構造主義フェミニストたちを夢中にし続けてきた。仕事の世界を言語学的にみたいへん力強い研究は，防衛に従事する頭脳を使う職業の人びとの日常世界——核政策の上層レベルで働く行政・科学専門家たち（ほとんど全員男性）——を研究したキャロル・コーンの研究（Cohn, 1987）である。コーンは，防衛技術と軍縮を担うある大学センターで参与観察者として，講義に参加し，防衛の専門家と会話をし，彼らに詳細なインタビューをおこなったのである。コーンは，分析を通して，核戦争や軍事強化をめぐる議論に充満していたジェンダーと性の主題を取り出した。ミサイル羨望（missile envy），垂直で直立したミサイル発射台（vertical erector launchers），重量比に対しての推進力（thrust to weight ratios），深い貫通（deep penetration）といった用語が，日々の核装備の議論で浴びるように使われていた。コーンは，核装備の増強や核戦争の可能性ですら一種の男性ファンタジーとして設定されるような文化を奨励するために，軍事・武器産業の両方が，同性愛的な興奮（homoerotic excitement）の気配とともに，このファルス（男根像）のような比喩的表現を秘かに利用していると主張した。

　同時にコーン（Cohn, 1987）は，防衛専門家の言語がいかに合理的な男性科学専門家の雰囲気に覆われているかをも示した。科学とファルス比喩的表現のこの結合が，核戦争の亡霊を制御するかのような感情と亡霊から距離があるような感覚を参加者に与える高度に魅力的な（seductive）言語を生み出していることを続けて論じている。彼女が気づいているように（Cohn, 1987: 706），「構造的に（structurally）いって，テクノクラートの言語は犠牲者の立場から彼ら（防衛専門家）を切り離し，計画者，使用者，行動者などの位置に置いている。［…］技術戦略的な言語の話し手は，核兵器の犠牲者というよりも核兵器の使用者としての言語的立場のおかげで，核戦争を犠牲者の立場からみることから逃げることを許され，むしろそう強要されているのである」。結局，コーンの研究は，専門家世界について，いくらかの当惑する示唆を我々に提供している。すなわち，専門家世界では，いまにも起こりそうな死，危険や破壊は，専門性や性的優位性をもつ男性の言語によって覆い隠されているのである。

　言語へのこの関心を共有するポスト構造主義フェミニスト学派で仕事をする研究者たちは，組織に関するテクストの研究に，よりひかれている。これらのテクストとは，組織理論における「古典的な」著作（Calás & Smircich, 1991; Mumby & Putnam,

1992)，経営側の実践に関する人気の高い書籍（Fondas, 1997），企業の政策や報告書（Martin, 1990）といい得る。脱構築に関するデリダの哲学（13章で広く論じられている）に実質的に影響を受けて，フェミニストたちはこれらのテクストを注意深く読んだ。すなわち隠された意味やイメージを求めてというよりも，どんなテクストであれその背骨を形作る常に移ろう二つの対立の間に現れるジェンダー化されたアイデンティティやコードを探すために読んだのである。脱構築の助けを借りて，これらのフェミニストたちは，女らしさよりも男らしさを，女性よりも男性を優遇する二項対立制度から生まれる概念（リーダーシップや経営のような）を問題化した（Mumby & Putnam, 1992）。例証となるのが，古典的なリーダーシップのテクストを調べたカラスとスミルシッチ（Calás & Smircich, 1991）の研究で，もっと詳しくいうと，チェスター・バーナード（Chester Barnard），マクグレガー（McGregor），ヘンリー・ミンツバーグ（Henry Mintzberg）とピーターズとウォーターマン（Peters & Waterman）の著作をテクストとして調べたのである。カラスとスミルシッチは，テクストのなかにあるジェンダーの隠されたメッセージを探しているのではない。むしろ，リーダーシップを世俗的なゲームとして維持している文化的・修辞学的条件（cultural and rhetorical conditions）を暴露する目的で，それらを脱構築しているのである。少し異なるやり方で，マーティン（Martin, 1990）は，新製品を始める企業の報告を詳細に調べ，テクストのなかで女性のプロダクト・マネージャーの最近の出産へ言及することがいかに女性従業員を限定された方法で位置づけ，同時にいくつかのジェンダー的紛争を抑圧しているかを示した。

　これらのフェミニストによる脱構築は，どのテクストにおいてもジェンダー化したサブテクストや隠されたメッセージを常に探しているラディカル・フェミニストや批判的解釈論者によってなされるテクスト分析とは非常に顕著な違いがある。これに反して，ポスト構造主義フェミニストがより関心をもっていたのは，いかなるテクスト（話されたものであれ，書かれたものであれ，それ以外のものであれ）がどのように編集されているかを評価することであり，テクストの基本的な構造成分（structural composition）が，ジェンダーが第一に発言できるようにどのように指示を出しているかを理解することである。そうすることでテクストの構成に働いている権力の基盤をしっかりみつめているのである。ポスト構造主義者フェミニストたちは，慣習にとらわれない研究発表のスタイル──さまざまなテクストの断片を並置し，論点を明らかにするために標準的な文法規則を破るなどのやり方──にしばしば訴えるのである。このようなスタイル上の逸脱は，この学派のより破壊的な目

標と哲学上矛盾はしないし，注意を引くだけのためにつくられた一連のかわいらしい策略にすぎないわけでもない（一般にはそう信じられているが）。

　そうなると，これはフェミニズムのより論争の余地のある傾向の一つ——すなわち，アカデミック・ライティングの確立された慣習の多くに従うことの拒絶——へと我々を導くのである。この学派が，個人的なことを強調すること，多様な学問の資料を喜んで借りること，幻想的で詩的なトーンを多用すること，多くのテクストの形を喜んで実験することは，（フェミニスト学派の）認識論的・存在論的性向になじみがない人たちには，疑わしく「非科学的」とみえてしまうかもしれない。しかし，多くのフェミニスト・サークルのなかでは，創造的な表現や学問の影響を融合することは，フェミニスト研究を紡ぐことにとって不可欠であるとみなされている。レンガーマンとニーブルジェ＝ブラントリー（Lengermann & Niebrugge-Brantley, 1990: 321）が適切に記しているように，「フェミニストの叙述は，形式的な分析様式と直感的・個人的・美的・さらには啓示的な知の様式にアピールするようなやり方を，意図的に編み合わせている。［…］フェミニスト理論にとっては，このトーンは，十分満足いくものである。というのは，フェミニストたちは，支配の一つの手段かもしれない制限された学問領域のビジョンから逃れたいと望むのであれば，芸術と科学，実にすべての真実を探究する戦略を総動員することが必要だと主張しているからである」。

4　フェミニスト学派における論争と新たな方向性

　1960年代に生まれたまさにそのときから，フェミニスト学派は，多くの論争や討論の対象にずっとなってきた。フェミニスト理論の役割，フェミニスト政治の性質，フェミニストの包括性の程度，そして将来のフェミニストの課題の発展についての関心すべてが広範な討論や熟考の引き金となってきた。

　フェミニズムは社会変化に断固として関与してきたが，それがために過度に政治的（political）で，科学的中立性（scientific neutrality）に欠けると非難する多くの批判の的になってきた。しかし，多くのフェミニストたちにとっては，この政治的であるという非難は悪というよりは，家父長制や女性の隷属の理論的批判から自らの正当性を引き出す美徳なのである。史的唯物論の伝統において実践がまさに要求されるように，フェミニスト政治も非常に理論的に推進されているのであり，この学派の不可欠な一部なのである。フェミニズムが「個人の政治」を是認したことは結

局，女性の毎日の経験を家父長制や社会変化への抵抗の場所としてみるためのスタート地点なのである。

　しかしながら，ウィードン（Weedon, 1997）が指摘するように，フェミニスト政治とフェミニスト理論の間には目に見える緊張がある。フェミニズムのある派は，フェミニスト理論にむしろあからさまに敵対しており，多くの理論は，女性の主観的な経験を相変わらず無視し，さらに退ける合理性の狭い概念に根ざした言説の男性形であると論じている。他のフェミニストたちは，すべての形の理論を捨てることは逆効果になるだろうと主張している。そのフェミニストたちは，女性について生み出された知識のタイプと知識生産の社会的関係の両方を変革することにもっと熱心に取り組むことを提唱しており（Weedon, 1997），とりわけ知識と知識生産との関係を詳細に調べる再帰性（reflexivity）を含むことの重要性を強調している（Calás & Smircich, 1992）。最近のポスト構造主義フェミニズムにおける発展は，これをおこなうことにもっとも近づいている。

　同時に，ポスト構造主義がフェミニズムにもたらした強い影響は，論争的な要素を含まないわけではない。一般的に，ポスト構造主義は，あらゆる種類の本質主義を嫌い，「女性（woman）」や「女らしさ（femininity）」のような固定化されたカテゴリー（fixed categories）の使用を深く疑問視している。ポスト構造主義者たちは，「男性（man）」や「女性（woman）」のような基本的概念を根本的に問題だと取り調べ，それらの用語ではなくジェンダーについてのもっと多元的で流動的な理解を好んでいる（Alvesson & Due Billing, 2002）。フェミニスト学派のいくつかのセクションは，この立場に明らかに不安を抱いており，そのような意識的に相対的な立場は，女性の声が聴衆を得はじめ，フェミニズムがある程度のアカデミックな正当性を得はじめたちょうどそのときに，フェミニズムの社会的影響を弱めるかもしれないと論じている。多くのフェミニストたちは，再帰性についての考え方や普遍性の拒否を受け入れているにもかかわらず，ポスト構造主義について相反する感情を抱いたままでいる（Flax, 1990）。

　またフェミニスト学派は，人種・宗教・エスニシティ・国籍というものとフェミニスト理論や研究との関係について格闘を続けている。20年以上もの間，西洋のフェミニズムのいくつかのセクションは，フェミニズムが，想定された共通の抑圧を基盤として，女性を一つの（singular）グループにカテゴリー化する傾向をもつとして（Mohanty, 1988），また，非白人女性と第三世界の女性に関する問題を無視しているとして（Davies, 1983），自分たちの理論的実践が西洋と第三世界両方で主流から

10 フェミニズム　*201*

排斥された女性たちに対してもつ影響について驚くほど気づいていないとして，激しく批判されてきた（Bulbeck, 1998; Mohanty, 1988）。フェミニスト研究者の幾人かは，これらの批判を真摯に受け止め，「差異を生むすべての主要な軸——人種・階級・エスニシティ・セクシュアリティと宗教は，ジェンダーと交差し，どのような言説のなかでも対象者の位置に多様性を提供する」ことを認めている（Moore, 1999: 61）。カラスとスミルシッチ（Calás & Smircich, 1993），ホルビノ（Holvino, 1996），ホスフェルド（Hossfeld, 1993），ミルチャンダニ（Mirchandani, 2003），トム（Tom, 1993），そしてその他の研究者たちの研究は，これらの問題への鋭い感受性を示している。しかしながら，組織や経営研究におけるフェミニスト研究は，あまりにも頻繁に女性を相対的に不変なカテゴリーとして扱い，多様な社会的かつグローバルな場所の至るところでのジェンダーの複雑なダイナミクスには，あまり注意を払わないことが続いている（例：Benschop & Doorewaard, 1998a; Fletcher, 1999）。上記で述べたようなわずかな例外はあるが，組織科学におけるフェミニスト研究は，新帝国主義のグローバル経済，コロニアリズムの持続する栄光や西洋文化パターンに合わせようとする制度的圧力などが，職場での女性の生活や組織におけるジェンダーの構造に与える膨大な影響をまだ認識できていない。

　組織や経営に関する研究に対してのフェミニストたちの全般的な貢献は，疑う余地がない。フェミニストたちは，組織のなかの女性について沈黙を破ることも，女性の見方を最前線近くにもちだすことも，ジェンダー化されたものとして組織を理解できるよう助けることにも，ずっと責任を負ってきている。しかしながら，この学派が適切であり続けるためには，性・ジェンダーの認知的・人口学的側面だけを調べることから離れて，職場における女性とセクシュアリティを制度的（institutional）に理解することにもっと精通しなければならない。この点では，労働社会学者や公共政策の研究者たち（例：Acker, 1990; Cohn, 1987; Mirchandani, 2003; Tom, 1993）は，経営分野のフェミニストの同僚たちよりももっと冒険的であり続けている。いくつかの顕著な例外はあるが，経営や組織の研究におけるフェミニストの仕事は，女性の声／経験の伝統から抜け出すことはめったにしていない。社会心理学と認知心理学がもつ組織的行動に対する強い影響は，このことに対して部分的に責任があるだろう。心理学は，女性リーダーシップ・スタイル，女性の意志決定方法，女性のメンターリングのパターンなどについての終わることのない研究へとフェミニスト研究者たちを押しやっている。またこの学問の経営者への強い偏見は，組織内でより従属的な位置にいる女性を調べたり，権力をもった女性と組織の周辺

部にいる女性との関係性を探求したりすることから，フェミニストを遠ざけている。この心理学的（そしてそれゆえ個人的な）強調は，研究者たちが，ジェンダーとセクシュアリティがグローバルな権力の布置に絡みとられるさまを研究することを妨げている。世界銀行の政策，グローバルな資本の増大する流れ，貿易障壁の解消などが女性やジェンダーの力学に対してもつ意味は，社会的ネットワークをつくったり，チームで仕事をする女性マネージャーの能力よりも影響力が大きいかもしれないのである。我々はフェミニスト学派の研究者たちが，これらの複雑な事柄を引き受け，より豊かなフェミニスト研究のポートフォリオを生み出すことを期待するしかないだろう。

10 フェミニズム　*203*

表10-1　フェミニスト学派のハイライト

哲学的影響：	マルクス主義，実存主義，関係性の心理学，ポスト構造主義
主要研究者：	ジーン・ベイカー・ミラー（Jean Baker Miller），キャロル・ギリガン（Carol Gilligan），ドロシー・スミス（Dorothy Smith），ジョアン・アッカー（Joan Acker），リュス・イリガライ（Luce Irigaray），クリス・ウィードン（Chris Weedon）

中心概念

・性とジェンダー（Sex and gender）
・セクシュアリティ（Sexuality）
・男らしさと女らしさ（Masculinity and femininity）
・女性が知を得る方法（Women's ways of knowing）
・家父長制（Patriarchy）
・社会文化的に構築された性による分業（Gendered divisions of labor）

重要な実践

・対象者と親近性をもつ
　（Achieving closeness with subjects）
・研究の叙述を個人化する
　（Personalizing the research account）
・学際性を追求する
　（Pursuing multidisciplinarity）
・女性の声に場所を提供する
　（Providing a space for women's voices）
・すべての社会的編成におけるジェンダー化された性質を理解する
　（Understanding the gendered nature of all social arrangements）
・知識生産のプロセスを調査する
　（Interrogating the processes of knowledge production）

代表的研究

・"Reporting Gender"（Benschop & Meihuizen, 2002）
・"Voicing Seduction to Silence Leadership"（Calás & Smircich, 1991）
・"Sex and Death in the Relational World of Defense Intellectuals"（Cohn, 1987）
・"Their Logic Against Them"（Hossfeld, 1993）
・"Serving Hamburgers and Selling Insurance"（Leidner, 1991）
・"Challenging Racial Silences in Studies of Women's Emotional Work"（Mirchandani, 2003）
・"Children of Our Culture"（Tom, 1993）

11 構造化と実践の理論

権力という枠組のなかでの二元論を超えて

谷口明子［訳］

　構造化理論（structuration theory）とは，とくに西欧の社会理論における伝統的な二元論の克服に言及する際，イギリスの社会学者であるアンソニー・ギデンズ（Anthony Giddens）の研究体系を指し，一方，実践の理論（praxeology）とは，フランスの人類学者ピエール・ブルデュー（Pierre Bourdieu）の研究を指す[原注1]。ギデンズとブルデューの間には仕事上の交流はなく，またお互いの研究を引用することもほとんどなかったが，両者は一つの学問の伝統を打ち立てた。構造化と実践の理論によって，それまで長らく続いていた対立（たとえば，客観と主観）が解決されたのである。ブルデュー（Bourdieu, 1977）のめざすところは，初期の研究から，理論と実践の間同様，客観的条件と主観的解釈の間をつなぐことであった。ブルデューに遅れること数年，ギデンズ（Giddens, 1976; 1979）もまた，行為主体性（agency）と構造の間，そして分析のミクロレベルとマクロレベルの間に蔓延している二元論を克服しようとしていた。以後20年の間に，両者ともに学界で名を成し，さまざまな社会科学領域に強い影響を及ぼしはじめた。その領域は，社会学，人類学，政治科学，コミュニケーション学，組織・経営学，情報システム研究に及んでいる。

　要するに，構造化理論と実践の理論は，20世紀マルクス主義（とりわけアルチュセール（Althusser）とフランス構造主義者たち）における構造の強調と，現象学や実存

原注1）ギデンズ（Giddens, 1976; 1984）は自分の理論的論文を構造化理論（structuration theory）とよんでいたが，ブルデューが自身の論文を指してその用語を用いることはめったになかった。しかしながら，支配パターンの考察において，ブルデューは，支配パターンは頑健なのではなく，たくさんの可能性と構造化に開かれていると指摘している（Mahar, Harker & Wilkes, 1990）。両者の研究を構造化の問題を扱っているとする研究者たちは増えてきている。

主義における過度の主観主義へのブルデューとギデンズの個人的な不満に端を発している。両名は、（a）より関係的（relational）でプロセス志向（process-oriented）の権力という概念を展開すること（Everett, 2002），そして（b）あらゆる社会的状況における個々のアクターの積極的かつ再帰的な取り組みを認めることによって（Baert, 1998; Craib, 1992），これら二つの学問的伝統を融合しようと試みてきた。ギデンズもブルデューも，疑いなくマルクス（Marx）の影響を受けてきた。実際，ギデンズは1973年の著作において，実践のなかで階級同士がどのように作用し合い経験されるのかを理解するために，具体化された階級概念を超えるものとして，構造化の概念を導入した（Whittington, 1992）。ブルデューのマルクスとの近接性は，権力闘争（power struggles）は社会生活にはつきものであるという彼の主張にみてとれる（Inglis, 1979）。しかしながら，ブルデューにとって，これらの闘争は，経済的であるのと同じくらい，象徴的かつ文化的なものなのである。したがって，ブルデューはマルクスの圧政的な社会関係の再生産（reproduction）への関心を援用しつつも，マルクス経済主義に象徴主義というデュルケーム（Durkheim）の社会学を加味しているというメイ（May, 1996）の主張は正しい。同じことが，ギデンズについてもいえる。

　ともにマルクス理論に根ざしているとはいえ，ブルデューとギデンズには，それぞれの理論的ポジションの展開において，興味深い本質的差異がある。ギデンズのマルクス理論の拡張は，明らかによりミクロ社会学的（micro-sociological）であり，一方，ブルデューは，より人類学的（anthropological）である。人びとが自分のなすべきことや利益を保つうえで，構造がどのように取り込まれ（appropriated），創造的に解釈されるのかを明らかにするために，ギデンズ（Giddens, 1976; 1979）は，日常生活のなりたちと個人の能力についてのハロルド・ガーフィンケル（Harold Garfinkel）の考え（5章参照）をかなり使っている。したがって，彼の構造化理論は，権力という広範な枠組のなかで個人の選択（choice）と社会的能力（social competence）の重要性を強調する傾向がある。人類学のトレーニングを受け，レヴィ＝ストロース（Lévi-Strauss）に依拠しているがゆえに，ブルデューは，構造化というものの見方における中心的力動として文化（culture）に目を向けている（Bourdieu, 1977; 1990）。主観と客観，ミクロとマクロの間をつなごうとの試みにおいて，ギデンズとブルデューは，異なる道筋をとっているのである——ギデンズは構造の再生産における個人の解釈の役割に焦点をあて，ブルデューは個人の選択・能力・行動への文化的制約を強調している。両理論家とも批判的（critical）と思われている——なぜなら，マルクスの影響を受けているというだけでなく，両者とも権力を重視し，構造とその

再生産，社会変容の問題に関心を向けているからである。これらのすべては，より広い批判学派の中心をなすものである。以下，本章においては，ギデンズとブルデューの理論的考察，および構造化と実践の理論に関する彼らの研究の中心概念について詳しく検討していく。

1 アンソニー・ギデンズと構造化理論

　ギデンズは，その学問的目的，および，カバーする社会問題の幅広さゆえに，しばしば野心的（ambitious）と評される（Baert, 1998; Cassell, 1993; May, 1996）。30年間にもわたり，ギデンズは，(a) デュルケームやマルクスの古典的社会学に挑戦し，(b) 現実を構成する力としての社会理論の重要性を主張し，(c) 構造と行為主体性の二元論を超えた理論的アプローチを展開し，(d) 近代の状況，および，社会的関係や自己アイデンティティ形成への近代のインパクトを検討してきた。

　しかしながら，ギデンズはおそらく構造化理論を明解に論じたことでもっともよく知られている。彼が最初に構造化理論を展開したのは *New Rules of Sociological Method*（『社会学の新しい方法規準』）(Giddens, 1976) においてである。同書は，安定した象徴秩序というデュルケーム思想への大胆な挑戦であり，また，魅力的で豊かな社会構造の概念を提案していたため，ギデンズを一躍有名にした。ギデンズの構造化理論は，その中心目的が人間の行為を構造的説明と結びつけることにあるメタ理論とみなされてきた（Riley, 1983）。構造化理論は，解釈的アプローチの系譜の中心的前提概念と構造主義の前提概念を，批判的アプローチの系譜の旗印である権力や支配というより広い枠組のなかで融合する試みである。

　驚くことではないが，構造化理論には，複数の理論的影響の跡をみてとれる。個人は自身の行為をコントロールし，かつ行為についての知識もあるとも認めつつ，社会の底部に沈殿する構造を強調しようとしたギデンズは（Riley, 1983），マルクス主義，エスノメソドロジー，ハイデガーの現象学，オートポイエーシス，ウィトゲンシュタイン（Wittgenstein）の言語哲学を参考にしている（Baert, 1998; Craib, 1992）。ギデンズは，これら多様な哲学の流れを，社会的行為が構造的基礎をもつこと，および，社会的構造の基礎は個々人が構築することの両方を，首尾一貫して説明できるものにまとめあげている（Giddens, 1976; 1979; 1984）。クライブ（Craib, 1992）やキャッセル（Cassell, 1993）のような論評者にとって，構造化理論は，マルクス主義や構造機能主義のように伝統的な「グランド・セオリー（大理論）」のかっちり

した型にはまるものではなかった。代わりに，ギデンズは自らの構造化理論を社会科学においてくりかえし現れ続けている特定の問いに向き合う手段とみなしていた（Cassell, 1993）。他の人は，構造化理論は我々の社会的世界においてみつかるかもしれない何かへの一般的なガイドのようなものともいう（Craib, 1992）。

要は，構造化理論は，人びとがルーティンとして構造を活用する諸プロセス（processes）についての注意深く考え抜かれた説明なのである。昔ながらのやり方にせよ，創造的なやり方にせよ，多少は形を変えることがあっても，それによって構造を維持し，再生産するのである（Giddens, 1976; 1979）。ギデンズにとって，構造は人びとの行為主体性の前提条件（preconditions）であり，かつ意図せざる結果（unintended outcomes）でもある（Baert, 1998）。個人は，日々の仕事や社会的相互作用において必然的に社会構造（例：言語，規則，慣習）に依拠せざるを得ない。こうした構造を日常活動においてとりいれるときでさえ，再確認・再生産がおこなわれる。したがって，ギデンズ（Giddens, 1976; 1979）の枠組では，構造と行為主体性はいかなる存在論的分離もなく，構造は，他ジャンルの社会理論によってみなされるような固定化された外在的なものではない。

ギデンズの構造化理論は，多様な社会哲学的流れの単なる綜合（synthesis）以上のものである。社会構造の再生産（reproduction）は，社会的アクターのアクティブな行為主体性を通して起こり，「時空間での相互作用が状況づけられていること」（Giddens, 1984: 110）によって顕在化するという彼の主張が，ギデンズの構造化理論展開の支柱である。確かに，ギデンズが異なる時間的なレベルを社会構造の再生産のアイデアと結びつけることができたことは，社会理論への彼の主な貢献といってよいだろう（Cohen, 1989）。ギデンズ（Giddens, 1979）によれば，ある一つの時間的連なりの端に，アルフレッド・シュッツ（Alfred Schutz）の持続（durée）概念——すなわち，繰り返されるルーティン仕事の日々の経験があるという。時間的連なりのもう一方の反対の端が，長期にわたる不変の構造を意味するフェルナン・ブローデル（Fernand Braudel）の長期持続（longue durée），すなわち制度的な時間（institutional time）の概念である。個人のライフスパンは，この二つの間，すなわち日々の存在と制度的時間の間にある。これは，死へ臨む存在（Sein zum Tode），すなわち人間存在の有限性というハイデガーの概念によってもっともよくとらえられている。構造化理論の展開にあたり，ギデンズ（Giddens, 1979）は，日常的存在，すなわち持続（durée）というレベルの行為がどのように長期持続（longue durée）の再生産に貢献するかを示しながら，これら異なる時間的スパンを関連づけている（Baert, 1998）。そ

うするなかで，ギデンズは，構造と行為主体性の分断だけでなく，多くのジャンルの社会理論に存在するミクロとマクロの分断をも超えることができたのである。

構造化理論を発展させつつ，ギデンズは，権力，構造，行為主体性，そして制度の自分なりの定義もうちたてていった。構造と行為主体性双方についてのギデンズのアイデアは，独自性に富み，多少複雑で，社会変容や社会構造からの抑圧に抵抗する人びとの能力を説明する一助となるものである。より最近の著作では，後期近代という条件下での自己アイデンティティの形成と親密性の変容を検討するために，彼の構造化のアイデアを使いつつ（Giddens, 1991; 1992），ギデンズは近代の経験的帰結によりいっそう直接的に取り組んできた（Giddens, 1990）。

2 ギデンズの構造化理論の中心概念

構造化理論の展開におけるギデンズの主な目的は，構造と行為主体性の昔ながらの分断を超えること，そして同時に，権力の重要性と人間の行為の時間的次元を認めるような社会的行為の説明を産出することであった。この目的を達成するために，ギデンズは構造と行為主体性の概念を再考せざるを得ず，実践意識と言説的意識の対立や，構造化（structuration）といったその他の概念を産み出した。本節では，数多くある彼の中心概念を探究する。

■ 構　　造

ギデンズの社会構造の理解は，社会学におけるどの考察よりも，応用可能性に富み，普及している。権力に関する過度に決定論的な見方を避け，ギデンズ（Giddens, 1984: 25）は，「社会システムの構造特性は，再帰的に組織化する実践の手段でもあるし結果でもある」と論じている。すなわち，人びとは日々の行為に従事するとき必然的に構造に依拠しなくてはならないが，構造もまた，人間の行為を通して表に現れ，恒常的に再生産されるのである。このように，ギデンズにとって構造は，独立した存在論的位置づけをもつものではなく，活動のなかで始められ，社会のなかで個々人のなかに認知的に維持されるものなのである（Whittington, 1992）。ある意味，ギデンズの構造の概念は，実体としての外的存在性を欠いているとさえいってもよいだろう。なぜなら，構造とは個人の存在がつくったものの一部だからである。ギデンズ（Giddens, 1984: 25）自身も次のように述べている。「構造は個人にとって「外的」なものではない。社会的実践のなかで記憶の痕跡として（as memory traces），そして例として示さ

れるときには，ある意味，個人の活動にとって外的というより「内的」なものである」（強調の「 」は著者加筆）。

　構造が個人のマインドセットや行為のなかにのみ存在するならば，ギデンズは，構造を社会的行為を決定づける一枚岩，あるいは単独のものとはみなせなかったはずである。その代わりにギデンズは，「構造の二重性（duality of structure）」という鍵概念を打ち出し，それによって構造は強制力をもつ（constraining）と同時に自律性を付与する（enabling）という両面をもつものとみなされている。言い換えれば，構造は個人の行為の範囲を限定もするが，さまざまな環境へ適応するために従来とは異なるあり方で解釈されることもあるし，創造的に用いられることもある。こうした考え方は，ギデンズ（Giddens, 1984: 179）の「社会システムの構造特性は，［…］個人がそこから逃れることができないながら，その内側では自由に動きまわれるような部屋の壁のようなものである」とのことばによく示されている。言語は，制約と可能性という構造的な力をもつもののもう一つの例である。いかなる言語も我々が何をどのように言うのかを限定するが，その同じ言語をさまざまな創造的表現のなかで使うことができるのである（Craib, 1992）。ギデンズによる構造の二重性という概念は，構造化理論にとって非常に重要である。なぜなら，構造の二重性概念は，可能性を重視しているからである。この可能性によって，システムの力がもつ制約の発想と対峙して，創造的な社会的行為の機会が慎重に開かれているのである（May, 1996: 108）。

　ギデンズの考えにおける構造とは，規範，手続きと慣習，資源（resources）（配分的資源と権威的資源の両方を含む）から成る社会的ルール（rules）の総体のことを指す。資本，テクノロジー，スキル，熟練，これらはすべて資源である。ギデンズは，さらにあらゆる社会に存在する三つのタイプの構造を特定した。(1) 意味作用の構造，(2) 支配の構造，(3) 正統化の構造の三つである。意味作用の構造（structures of signification）とは，私たちの世界の解釈やコミュニケーションを司る規則やスクリプト，コード，慣習のことをいう。言語は，我々の生活に意味を付与する社会的・文化的儀式であるがゆえに，もっとも強力な意味作用の構造である。支配の構造（structures of domination）とは，資源をコントロールするもののことであり，銀行・政府・商業目的の企業などの経済的・政治的組織が含まれる。最後に，正統化の構造（structures of legitimation）とは，規範的制度や価値やタブー，行動のモラル・コードといった文化の総体のことである。教会・寺院・取締り組織・裁判システム全体といったこれらすべてが一つの社会の正統化の構造の鍵となる要素なので

ある。

　ギデンズはこれら三つの社会構造の分類を分析の道具として便利に使っているが，注意しなくてはならないのは，実際の社会状況では，これらの構造は互いにオーバーラップしていることである。その最良の例が教会であろう。教会はあらゆる正統化の構造の一部であり，社会的価値やモラルを示す機関である。現代西欧社会では，教会はまた権力構造や支配構造でもある。教会は莫大な資本を所有し，教会附属の学校や大学を通して知の領域をもコントロールしている。最後に，教会は意味作用の象徴的秩序の一部でもある。なぜなら，その宗教的かつスピリチュアルなメッセージは，個人がよりどころとする認知的世界の根本を構成するからである。原罪と徳，贖罪，プロテスタントの勤労の倫理，神への義務等々の概念は，教会や他の宗教機関によってつくられた根本的な構成概念である。同様に今日の世界にあるその他多くの構造も，異なる構造領域で互いにオーバーラップしている。

■ 行為主体性

　ギデンズが個人の行為主体性に付与した重要性は，批判学派のなかではいくぶん特殊である。本質的に，ギデンズは再帰性（reflexivity）というエスノメソドロジー的アイデアを重視した。そこでは，個人は自分の行為や自分の行為の条件や結果に鋭く気づいているとされている（Giddens, 1976; 1982）。このように，アクターが規則やその他の構造に依拠しているとき，彼らはそれを意識していないのではなく，むしろ巧妙かつ聡明な方法で依拠しているのである。しかしながら，我々が個人を自分自身の構造の使い方にあくなき注意を払う存在として考えないように，ギデンズはばらばらの行為の連なりではなく，行為の継続的流れ（continuous flow of conduct）として，行為や行為主体性をとらえるハイデガーの概念も取り入れている（Baert, 1998）。そうすることによって，ギデンズは，行為主体性を計算された行動から切り離し，個人の行為主体性を自己利益（self-interest）という意識的な動機に由来するというより，人びとの個人的能力や社会的能力に由来するものとして論じた。このように，ギデンズ（Giddens, 1982）が戦略的行為（strategic conducts）という用語で表していることは，彼にとっては「意図のある（purposeful）」というよりも「結果的に目的をもつ（purposive）」ものである。すなわち，人びとははっきりした意図によってのみ導かれるわけではないが，（にもかかわらず，もっと焦点化されないやり方で）自分や他者の行為に注意を向けているのである（Baert, 1998）。

　行為主体性についてこのように強調することによって，ギデンズは社会構造か

ら全能のパワーのいくらかを奪い，個々のアクターが社会構造によって制限されているようにみえる状況にあるときでさえ，アクターをエンパワーしている。何よりも，ギデンズによって，我々はルールに縛られた状況のなかでアクターにとって利用可能な選択（choices）に注意を向けざるを得なくなっている（Giddens, 1976; 1979）。選択肢の存在は，個人が常に行為に干渉（intervene）したり，または行為を差し控える（refrain）ことができることを意味している。選択と能力の両方の助けを借りて，ギデンズは個人を構造に抵抗（resist）し（Whittington, 1992），社会を変容（transformation）する力を生得的にもつものとしてとらえている。近代に関する後年の研究のなかで，ギデンズは，構造による制約を超えるものとして，一連の個人的選択肢を目にみえる形で示している。自分自身に正直であることへの近代文化の強調は（Giddens, 1991），数えきれないほど多くの伝統の衰退とも相まって（Giddens, 1990），それぞれのライフスタイルやアイデンティティをかたちづくるうえでのより大きな選択を個人がおこなう状況をつくりだしている。個人は，自分が望まない社会的拘束や伝統から逃れることがより簡単になり，その結果，近代社会においてはそれ以前にはないほどの変容する力（transformative capacities）を経験しているとも，ギデンズは述べている。

■ 構 造 化

　構造化の概念は，構造の流動性と個々人のアクティブな行為主体性に関するギデンズの議論に端を発する。構造化のプロセスは，社会は人間の行為を通してのみ生産・再生産されると主張しつつ，社会の重要性を取り戻そうというギデンズの試みである（Craib, 1992）。構造化理論には，支配の弁証法（the dialectic of control）というマルクス主義概念の影響が明確に残されている。ギデンズにとって，構造と行為主体性の間の弁証法は，社会変革と個人のエンパワメントの種を含むものである。あらゆるアクターは，この支配の弁証法に参加しており，そしてこの支配の弁証法は，最低限に見積もっても，個人に挑戦する力を，そして最大限には社会変革の力を与えるものである。

　「構造化とは，生成的ルールや資源を適用することによって，社会システムを生産，または再生産することである」（Riley, 1983: 415）。構造化は，現実の社会状態において二つのあり方で起こる。第一に，アクターは構造的特性をまったく同じに解釈するわけではないことは，覚えておかなければならない。アクターは，選択的に（selectively）社会構造のある次元に依拠し，それ以外は無視している。アクターは

また，従来とは異なる思いもよらないあり方で，（自分自身，あるいは他者のために）構造を解釈し，枠づける。これら新しく，かつ選択的な構造解釈は，他のアクターからも受け入れられ真似され，ついにはそれそのものが構造として社会の地盤となる。法的原理，組織ポリシー，宗教的教義，社会的儀式を含むあらゆる構造編成様式は，すべてこのような選択的で創造的な解釈に対して開かれている。

　第二に，ウィッティントン（Whittington, 1992）が示すように，アクターが複数の社会組織のメンバーであることは，構造化のもう一つの源である。たとえば，大企業の管理職は，コミュニティ団体や民族団体，消費者権利擁護団体などの組織にも参加している。それらの組織から，多様な構造的特性を，矛盾をはらむようなものさえも，この管理職たちは会社にもち込むこともあるかもしれない。ウィッティントン（Whittington, 1992: 697）にとって，このことは「厳格な資本主義的ロジックから独立したかたちの権威や行動規範のうえに打ち立てられている管理的行為主体性の可能性を許容する」ものであった。したがって，このように，構造は行為主体性を打ち砕くのでも禁ずるのでもなく，むしろ実際に，複雑性（complexity）と矛盾（contradiction）という条件のもとに行為主体性に自律的な力を与えている。したがって，構造化とは，要するに，実際の社会的実践のなかで社会システムの再生産と変革を通して，社会システムと状況に埋め込まれた人間の諸活動とを関連づけるプロセスなのである（May, 1996）。

3　構造化学派の研究例

　構造化理論に関するギデンズの研究が最近のものであることを考えると，ギデンズの研究に触発された実証研究の数の多さには驚きを禁じ得ないだろう。研究者たちは，（他のもののなかでも）テクノロジーの導入（Kling, 1992; Orlikowski, 2000），組織文化の政治的側面（Riley, 1983），起業実践（Boissevain, 1990），保険市場のコンピュータ化（Barrett & Walsham, 1999），広報部門のイデオロギー（Filby & Willmott, 1988）に，構造化理論的観点から目を向けてきた。構造化理論の観点から研究することは，あらゆる社会現象のプロセス（processual）にずっと焦点をあて続けることを必要とする。関心をひくのは，社会や文化が活性化されたり（enacted），つくられたりする過程である。テクノロジー，社会的儀式，言語，そしてイデオロギーは，すべて研究の対象となる。なぜなら，それらは，固定化された構造もしくは揺るがない実体としてではなく，生産・再生産され，適用され，変革されるものだからである。

11 構造化と実践の理論 *213*

　構造化学派の研究をおこなう者にとって，よく引用されるギデンズの二重の解釈学（the double hermeneutic）という概念をよく知っていることは助けとなる。二重の解釈学というアイデアを通して，ギデンズは，いかなる社会科学者も自分の研究対象者の世界を解き明かすために苦労するが，同時に，社会科学の理論的世界もまた，同じ研究対象者によって社会的アクターとしてのその人なりの能力のなかで解き明かされ，解釈されていることを常に意識してなくてはならないと強調している（Cassell, 1993）。ギデンズは，このように，社会科学者の存在を，社会を構成し変革していく力をもつ，高度に生産的で影響力をもつ個人とみなしていたのである。

　構造化学派の研究をおこなうことは，また，くりかえしをよしとする姿勢（iterative orientation）が求められる。すなわち，概念とデータ，アクターと構造，そしてミクロな領域とマクロな領域の間を常に行き来することをいとわずおこなうのである。この点において，構造化は解釈学的循環の追究と非常によく似ている（3章参照）。しかしながら，構造化理論は，解釈学よりも鋭く焦点化されている。バレットとウォルシャム（Barrett & Walsham, 1999）が述べているように，構造化理論は，特定の個人や相互作用への研究者の焦点を導くがゆえに，フィールドワークにおいて感度を高めるためのツールとして非常に価値がある。ギデンズ自身の研究は，構造化プロセスの信じられないほど複雑かつ力動的な特徴を強調している。アクターと社会構造の間の往復（movement）についての彼の鋭いセンスは，実際の研究プロジェクトにおいてそう簡単にはとらえることはできない。不幸にも，この学派のなかの多くの研究者たちは，行為主体性と構造の関係性（relationship）にはあまり関心を向けずにそのどちらかに過剰に集中する傾向がある。ライリー（Riley, 1983）の組織文化の政治的次元に関する研究は，適例である。

　ライリーの研究では，ある巨大な親企業の傘下にある二つの専門性の高い子会社を取り上げ，そこで政治的文化をつくり上げる際に使われる象徴を特定しようとしている。彼女の研究はまた，この文化の再生産についても理解しようとしている。ライリー（Riley, 1983）の研究データは，異なる組織メンバーとの40のインタビューにおけることばである。彼女は，インタビューのなかで使われている決まり文句や比喩，フレーズ，ジャーゴンを検討し，組織の政治的文化構築におけるそれらの使われ方を理解したのである。不幸にも，ライリーのその後のデータ分析や発表は，ギデンズの構造化概念とはほとんど類似性のないものだった。彼女は，意味作用・正統化・支配というギデンズの概念を援用して構造の分類をおこなったにすぎない。そこで動いていたであろう構造化プロセスについて何か詳しく吟味されているわけ

でもなく，アクターが構造の素材をいかに（how）使って政治的文化を構築したのかについての考察もない。その構造化理論を使った主張は，組織の政治的文化生成のダイナミズムについてほとんど新たな知見をもたらしていないため，研究全体としてはどこか満足がいかないものになっている。

　要するに，構造化理論研究の流れのなかで研究するには，構造と行為主体性の間の関係への弁証法的（dialectical）で種々のニュアンスに富むアプローチが必要となる。オーリコフスキー（Orlikowski, 1993; 2000）のテクノロジー導入についての研究は，ある程度これを達成している。オーリコフスキー（Orlikowski, 2000）の基本的ポジションは，コンピュータテクノロジーは実体のある独立した存在というよりむしろ，ユーザーとの相互作用とに依存する仮想的存在（virtual existence）であるというものである。このポジションは，構造化学派の中心的アイデアを反映している。彼女の Notes（PC ソフト製品名）に関する研究では，テクノロジーは「実践のなかのテクノロジー（technologies-in-practice）」としてのみ存在し，その特性や機能についてのユーザー自身の理解に強く影響されている。二つの異なる会社における Notes の採用に関する彼女の研究（Orlikowski, 2000）によって，どのようにテクノロジーが，慣性，適用，そして変革の三つのあり方で生成されるのかについて理解できる。慣性志向，適用志向の取り入れ方は，現状維持もしくは現状強化を助長するのが典型であり，一方，変革志向で取り入れた場合は，組織変容へとつながる可能性が高い。オーリコフスキーの研究は，実践のなかのテクノロジーという状況にいつも存在している可能性のスペクトラム（a spectrum of possibilities）を提供しているため面白いものになっている。個人の選択と能力への彼女の焦点は，構造化理論学派の研究を継承するものである。

　構造化理論研究の流れにある IT 技術と社会変革との関連に関するより包括的な研究としては，バレットとウォルシャム（Barrett & Walsham, 1999）の実証研究がある。彼らは，ロンドン保険市場における電子トレーディングアプリの導入について検討している。彼らの研究は LIMNET——ブローカーと選ばれた保険引受業者の間の格付け作業のやりとりをコンピュータでコーディネートする電子データ交換が提供するサービス——を取り上げている。バレットとウォルシャム（Barrett & Walsham, 1999）は，さまざまなデータ源を使いながら，LIMNET の実施に関する大規模な縦断研究をおこなった。彼らの研究の中核は，保険ブローカー，保険引受業者との 94 の詳細な半構造化インタビューであるが，同時に，ロンドン市場の歴史や文化について彼らに多くの示唆をもたらした数多くの一次資料・二次資料も利用し

た。これら資料には，戦略プラン，ミッション・ステートメント，ニューズレター，年次報告，地方新聞記事が含まれていた。加えて，彼らはまた，ロンドンのシティ周辺の市場で，保険のリスクプレースメントのプロセスを観察し，同時に，ブローカーや保険引受業者がオフィスやロイズ[訳注1]のトレーディングルームで働く姿を観察した。

バレットとウォルシャムは，新しいテクノロジー（LIMNET）が，さまざまな時間 – 空間設定においてどのようにビジネス相互作用を促進しているかを示し，それによって，昔ながらのブローカーと保険引受業者の間の対面での仕事のここちよさが脅かされているとしている。これらの対面相互作用は，受け入れ可能なリスクの位置づけに関する意思決定プロセスに欠かせないものと考えられていた。彼らの研究が進むにつれ，バレットとウォルシャム（Barrett & Walsham, 1999）は，LIMNETを「掘りおこしメカニズム（disembedding mechanism）」とみなした。すなわち，ロイズのローカルな文脈から格づけ活動を分離し，時空を超えたグローバルな相互作用の可能性を開いたのである。彼らは，次に，この掘りおこし作業が，信頼関係の醸成や，組織的な省察，市場で働く個人のアイデンティティ形成に与えるインパクトについて検討した。全体として，彼らの研究は，ロンドン保険市場というより広い文脈における個人とテクノロジーとの関係を検討するために，構造化理論を巧みに活用している。それによって，個人の認識でもテクノロジカルな決定論のどちらにも導かれない社会変革のありようを我々に示している。

広報部門における対立するイデオロギーについての彼らの構造化理論学派研究のなかで，フィルビーとウィルモット（Filby & Willmott, 1988）は，個人の行為，組織構造，組織外の構造（本ケースの場合は，職業的神話）を関連づけた。彼らの研究は広報専門家と会社が与えた仕事の遂行との間の象徴的仲介（symbolic mediation）の探究という面白いものである。この研究は，もともとは 2 名の著者のうち 1 名によっておこなわれたが，二つの段階でおこなわれた。第一段階（9 か月間）では，研究者たちは，その部門の正規の訓練の受け手としての位置づけをもちつつ，こっそり隠れて参与観察をおこなった。第二段階はその後 18 か月間つづき，同じ研究者がその組織に，今回は，観察者としてオープンに再エントリーした。この時期に，彼はまた，スタッフメンバーに非構造化インタビューを数多くおこない，観察された出来事や議論について解釈をしてもらった。

訳注 1）ロイズ保険組合。

構造化理論学派にならい，フィルビーとウィルモット（Filby & Willmott, 1988）は，組織文化をまとまりのある一枚岩のものとみなすのを避けていた。その代わりに，職場に存在する文化的分裂とイデオロギーの差異化に焦点をあてた。そして，彼らはある職業構造がこの差異化の源であることを発見したのである。たとえば，ジャーナリズムの背景をもつ被雇用者は自分たちの仕事の情報的（informational）側面を強調し，一方ジャーナリズムの背景のない被雇用者は自分の仕事の販売促進的（promotional）側面を強調し，自分たちの仕事をより魅力的なものとしてとらえていることを見出している。この研究は，構造化理論学派の流れに忠実な研究である。なぜなら，この研究は行為主体性（この事例のなかではアイデンティティ形成という行為のなかでの）を，組織外の専門家コミュニティを含む多様な源から出てくるものとして理解しようとしているからである。

同じ研究のなかで，フィルビーとウィルモット（Filby & Willmott, 1988）はまた，広報の専門家が，自らのより組織的な下位文化を守るために，官僚的慣習などの構造をどのような方法で取り入れているのかについても探究している。広報業務の効率性についての官僚主義的期待に従うように内部向け情報ブックレットを書くことによって，専門家たちは，組織のその他の人びとに広報業務の本質について再確認させ，それによって過度の官僚主義的な干渉から自分たち自身を守るために構造的神話を利用していた。しかし，これらの構造を自分自身の利益のために使ったときでさえ，彼らは自分自身がつくったパラドックスに囚われている。フィルビーとウィルモット（Filby & Willmott, 1988: 346）が述べるところによると，「官僚主義を大規模で具象化された権力で染めることによって，これらの専門家たちは，彼らを広報部門のクローゼットに閉じ込めた権力関係と対決する機会をつかむどころか気づく可能性さえも実際には否定してしまった」のである。この例のような観察は，複雑な構造化プロセスを描き，行為主体性と構造に日々の組織的活動における役割を付与することができるという点で模範的な（構造化学派の）研究といえる。

ギデンズの考えは，多くの後継者をひきつけている。彼らは，自分たちの研究を構造化主義とラベリングし，ギデンズの概念を自分たちの実証研究に援用していると主張している。しかしながら，これらの研究者たち全員が，ギデンズのアイデアを忠実に翻訳しているかについては疑問が残っている。明らかに，彼らが抱えているのは簡単な課題ではない。ギデンズの構造化理論はシンプルとはほど遠いものであり，分析のなかでミクロレベルとマクロレベルの複雑なバランスをとる必要がある。しかし，フィルビーとウィルモットらの研究者たちが我々に示しているのは，

その課題は完全に対応不可能というわけではないということである。ウィッティントン（Whittington, 1992）が指摘するように，一般に，ギデンズの構造化に関するアイデアは，残念なことに，いくぶん偏った形で限定的に適用される傾向がある。研究者たちはギデンズの構造か行為主体性のどちらかが，もう片方に害を与えていることを強調している。さらに，構造と行為主体性の力動的な関係性を吟味するという，はるかに難しい（しかし，中心的な）課題にはほとんど注意が払われていない。このことは，情報システムの分野において顕著となっている。情報システム分野では，構造化理論がたいへんよく用いられている。この分野の研究者たちは，IT（構造）をユーザーがどのように取り入れているかに焦点を当てるとき，行為主体性を強調し，社会構造それ自体が，複雑な IT の取り入れ方に作用することについては無視する傾向があった。

　社会的アクターの解釈に焦点をあてることは，構造化理論を十分正当に論じていることにはならない。構造化理論が構造と行為主体性の二元論を超えることをめざしていることは明らかである。さらに，個人ユーザーの解釈に焦点を当てることは，シンボリック相互作用論やエスノメソドロジー的見地からよくおこなわれている。構造と行為主体性の弁証法的で力動的な関係についてのギデンズの概念を研究者たちがより真剣にとらえている限りは，構造化理論の系譜は意義をもち続ける。

4　ブルデューの社会理解と社会研究

　ブルデューとギデンズを比較するにあたっては，西欧の知的伝統のなかにおける主観と客観の分断を超越することへの両者の関心，そして社会研究における再帰性を復活させることへの共通の関心について言及せざるを得ない。ギデンズにも増して，ブルデューは社会的実践の理論（social praxeology）に関わってきた。社会的実践の理論においては，理論と実践が同時に展開し，常に相互参照しあっている（Bourdieu, 1977）。ブルデューの社会的実践の理論もまた，社会的世界についての彼のいくぶん複雑な見方と結びついている。社会プロセスに関する彼の一貫した考えを発展させるにあたり，ブルデューはデュルケーム，ウェーバー（Weber），マルクスの概念的な糸を，複雑で知的なタペストリーに織り上げている。要するに，ブルデューはマルクスの唯物論をデュルケームの観念論と融合し，これらと社会的地位の生きた経験に関するウェーバーの思想とを融合している（McCall, 1991）。この古典的な社会学理論の複雑な融合によって，ブルデューはライフスタイルとライフチ

ャンス，物質的資源の関係を現実的に分析することができたのである（May, 1996）。

　このように，ブルデューは，文化・社会構造・行為の関係を吟味する象徴権力の社会学（sociology of symbolic power）を提供している（Swartz, 1997）。ギデンズは構造化の概念を通して構造と行為主体性を関連づけたが，ブルデューも文化的闘争（cultural struggle）という観念を通して同じことをしている。実際，この概念はブルデューの社会についての見方の中心となるものであり，彼は，さまざまな諸資源（あるいは諸資本）——経済的・象徴的・文化的いずれにせよ——をめぐる集団間（階級・民族・その他）の終わりなき文化的闘争とみなしている（Bourdieu & Wacquant, 1992）。ブルデューは文化的闘争を強調することを通して，ギデンズとは二つの大きな点において異なっている。第一に，ブルデューは社会的プロセス内の文化的（cultural）ダイナミクスを強調したが，このことは，ギデンズほど個人の行為主体性に重きを置かないことにつながる。そして第二に，社会生活には闘争（struggles）が蔓延しているというブルデューの主張は，彼がギデンズに比して葛藤という観点から世界をみていることにつながる。まとめると，両者は（a）構造と行為主体性の関連づけ，（b）社会システムの存続力と再生産力に深い関心をもっているが，ブルデューのアプローチはよりマクロ人類学的であり，行為主体性に対する文化的制約を強調している（Alexander, 1995; Inglis, 1979）。

　ブルデューの出発点は，マルクスと同じく，権力闘争が社会のいたるところにはびこっていることにある。しかしながら，ブルデューの関心は，マルクスよりもはるかに象徴世界（symbolic world）に向いている。ブルデューは，象徴世界を物的なものと定義しているが，一般にはそうは認識されていない（Mahar, Harker & Wilkes, 1990）。美的嗜好，経営スタイル，広告イメージ，ロック・ミュージックなどが象徴世界の構成要素の例として挙げられる。ブルデュー（Bourdieu, 1977; 1990）は，まずこの象徴世界の重要性を確立し，それから象徴領域が日々の生活，および，階級や集団間のグローバルな支配関係をいかに媒介しているかを明らかにするための研究体系をつくり上げることをめざしている（Cronin, 1996）。ブルデューの実践の理論においては，象徴システムを理解することは決定的な意味をもっている。なぜなら，象徴システムは，社会的世界の「正しい」定義を暗黙裡に押しつけることによって支配を正当化するからである。言い換えれば，象徴システムは，はなはだしい社会的不公平を矮小化することによって，階層化された抑圧的なヒエラルキーの存在と再生産を直接的に助長している。それらを完璧に正統で望ましいもののようにみせてしまうことすらある。一例として，重役と一般労働者との大きな賃金格差を多く

のアメリカ人が簡単に受け入れていることが挙げられる。高級感のある雑誌やTVショーの類の象徴システム要素は，贅沢な生活を美化し，こうした格差をすばらしいものにすらみせてしまう企業リーダーシップ崇拝をつくり上げるのである。その他の要素（経済学者など）は，こうした格差を本来的な市場の力が現実に反映したものであるとして正当化する。これらの要素はともに，(a) こうした格差をアメリカン・ドリームへの冒涜とみなすことを不可能にしてしまう文化，そして (b) 逆説的に，こうした不公平を同じアメリカン・ドリームの現実の一部分とみなしてしまう文化をつくり上げる。

　広い意味では，ブルデューの象徴システムはイデオロギーや，体系的に歪められたコミュニケーションという概念ときわめて近く対応している。イデオロギーも歪められたコミュニケーションも，史的唯物論や批判理論の学派の中核である。しかしながら，ブルデューは，社会集団がどのように象徴空間をめぐる競争（contests）に関わるのかを説明するために，さまざまな形の資本を採用し，そしてそれら社会集団をより広い制度的な場のなかに位置づけ直すことによって，この象徴システムという考えをきわめて独自性に富む形で用いている。ブルデューは，包括的な（いくぶん複雑な）議論を展開するなかで，なじみのある社会学的概念（資本・ゲーム・場）を再び取り上げ，新しい概念セット（たとえばドクサやハビトゥス）を打ち出した。その結果が「象徴的利害関心の理論，資本の理論，象徴暴力と象徴資本の理論を含む象徴的な力や実践の政治経済学」なのである（Swartz, 1997）。要は，ブルデューは，常に個人の認知構造（cognitive structures）と社会構造（social structures）の双方と象徴世界の関係を（Everett, 2002），文化的闘争というより広い枠組のなかで常に考え続けることで，我々の関心を象徴世界へ向けたのである。

　ブルデューの主な貢献は，いわゆる物質的世界そのもの同様，象徴的側面をも物質的であると評価したことにある。芸術，音楽，旅行やレジャー，ファッション，エンターテインメントの世界は，象徴的側面であるが，我々の日常生活に本質的な物質的影響力をもち，それ自体が社会的意味の形をめぐっての利害関心と密接にからまった葛藤の領域でもある（Bourdieu, 1977）。ブルデューの主な関心は，文化的・制度的プロセスのブラック・ボックスを開くことである。ブルデューは，この文化的・制度的プロセスを，物質的対象や交換といった「現実」世界の周辺的なものとしてというよりも，それ自体がもともと重要な政治的領域であるとしてとらえていた（Swartz, 1997）。

　象徴的局面を精査するうちに，ブルデューは，利害関心志向の戦略（strategies）に

我々の注意を導いている。この戦略は，さまざまな物質的・象徴的利害関心を最大にするために社会集団によって用いられるものである。彼のいくぶん通常とは異なる戦略概念に注意を払うことも重要だろう。ブルデューは，戦略が常に意識的計算の産物であるとは限らないと考えていた。彼によれば，戦略は癖や伝統や慣習，信念，民間伝承その他文化的・社会的遺産によってつくられているという（Bourdieu, 1977）。このように，個々のアクターは社会的戦略を発展させるときに行為主体性を行使するかもしれないが，行為主体性は過去や現在の社会構造によって強く媒介されるものでもある。要約すれば，ブルデューは，自分がみている類の行為は意識的操作を超えたものであると主張し，戦略的行為の合理的行為者モデルを否定している。むしろ，ブルデューは，利益と戦略双方を社会的ヒエラルキーのなかでのアクターのポジションによって定義されるものとみなしている。ブルーカラー労働者，芸術家，会計士，あるいは CEO という個人のポジションが象徴的局面での戦略選択において決定的な役割を果たすと考えている。

　ブルデューの社会的実践の理論は，また，社会科学実践における批判的省察[訳注2]を展開する必要を強調している。彼の省察的なものの見方は，「参加的客観化（participative objectification）」を必要としていた。参加的客観化とは，特定の理論的枠組や世界を探求する方法が立ち現れやすいような社会歴史的・認識論的状態に，くりかえし批判的に立ち戻ることである（Bourdieu & Wacquant, 1992）。要するに，ブルデューの主張では，社会科学が真に意味あるものになるためには，その発展の背景となるような知識社会学に気づく必要があるというのである。多くのフェミニストやポスト・モダニストたちと同様，ブルデューもまた，研究者の社会的位置づけがその研究者が唱える学説へ及ぼす影響について，研究者自身が認識することの重要性を強調している（Everett, 2002）。

　ブルデューにとって，省察もまた，研究者共通の三つのバイアス——社会的バイアス（social bias）・場のバイアス（field bias）・知識人バイアス（intellectualist bias）——を克服するのに有用であるがゆえに，重要となる。社会的バイアスは，年齢・ジェンダー・国籍・民族・職業・西欧周辺や第三世界でのメンバーシップ等々に関する研究者のアイデンティティの位置どりに端を発し，あらゆる社会状況に関する

訳注2）reflexivity とは，自分のあり方を振り返って自分の位置づけを確認すること。本書
　　　では，通例にならい，ギデンズ研究では「再帰性」，ブルデュー研究では「省察」
　　　との訳をあてている。

研究者の解釈に影響を及ぼすのである。場のバイアスとは，初心者なのか経験のある研究者なのかといった，研究者の学問的領域におけるポジションに起因し，研究焦点やどのくらいお金をかけられるか等々を決定する。最後に，知識人バイアスはその職業の需要や，研究者が一流の学者・力のある知識人・エキスパートな社会科学者とみられたい気持ちによって強くなる。これらの職業的野心によって，研究者は，社会的現象を，実践を要する重要問題としてというよりむしろ，学問的関心を呼ぶ単なる学術的好奇心の的としてのみ扱うようになってしまう（Bourdieu & Wacquant, 1992）。こうしたバイアスを克服するために，ブルデューは，研究者は自身の社会的位置づけを，自分たちが社会的相互作用の研究に用いているのと同じ文化分析にさらすことを主張している。しかしながら，このことを研究発表において第一人称の声を採用することやエスノグラファーの回顧録における自伝的説明を提供することと混同してはならない（6章参照）。エヴェレット（Everett, 2002）が述べているように，ブルデューは実際に，見栄を張ったり過度にナルシスティックにならないようにしていた。彼が本当に求めていたのは，研究者が自身のポジションについてより広い文脈で真剣に評価し，実施中の研究においてそれがどのような影響をもつかについて把握することである。

　ブルデューの実践の理論を語るうえで，関係性分析（relational analysis）の概念の言及なしに終えることはできないだろう。このことばは，社会生活とは実体（substance）をもつものとしてではなく，常に複数の現象との関係性（relationships）のなかにあるものとして研究されるべきであるとの彼の主張を言い換えたものともいえる。たとえば，重役の賃金といった現象は，それ自体は本質的な意味を何ももたないが，労働者賃金や他の組織的報酬システムとの間の関係のなかで考えられたときにのみ意味が展開するのである。このように，ブルデューは変数を差異的・階層的に順序づけられた「関係システム」へと組み込んでいくこと強調した（Bourdieu, Chamboredon & Passeron, 1991）。「この関係的・弁証法的アプローチによって，ブルデューは一般性（普遍）のなかの特殊性（独自性），そして特殊性のなかの一般性を把握することができたのである」（Everett, 2002）。

5 ブルデューの実践の理論における中心概念

　一番の核心は，ブルデューの著作はすべて社会的実践に関するものであるということである。彼の実践に関する理論の概要を説明するとき，ブルデュー（Bourdieu,

1977）は，社会的アクターが自分の社会的ポジションをつくり出しそして維持する際に用いる創造的戦略と，これら戦略への文化の影響に焦点を当てる。これらの社会的実践を理論化するにあたり，ブルデューは場（field），ゲーム（game），資本（capital），象徴暴力（symbolic violence），そしてハビトゥス（habitus）などの入念につくられたことばを用いている。これらの概念を厳密に理解することは，ブルデューの実践の理論研究の流れで研究したいと思う者にとっては必須であろう。

■ 場とゲーム

　場とは，研究者の注意を集めるこうした文化的闘争に関連した文脈のことである。場は，支配する側の集団と（程度はさまざまでも）支配される側の集団によって占められている。場では，両者ともに自身にとって利益のあるポジションを維持しようと闘っている（Mahar, Harker & Wilkes, 1990）。ヘルスケア・教育・博物館・債権市場，そしてタバコ産業は，闘争がおきやすい場の例である。ブルデュー（Bourdieu, 1990）本人のことばでは，場は「社会的関係のネットワークであり，社会的ポジションの構造化されたシステムである。そのシステム内では，資源や参加資格，アクセス権をめぐって権謀術策がうごめいている」とされている。

　ブルデューの場に関する丁寧な研究の成果として，研究者たちは，特定の社会的関係を理解するために直接的もしくはわずかに関連するアクターと制度の全体像を把握するようになった。確かに，ブルデューのアイデアを用いて真摯に研究するすべての者にとって，関連する場をマッピング（mapping）することは研究活動の中核である。我々は，場が固定化された動かないものではなく，力動的（dynamic）かつ関係的（relational）なものであることにも注意をはらうべきである。また，場は，同質的で内的に一貫しているものと考えるべきではない。むしろ，場は，(a) その場の再生産メカニズムと (b) 場の内にある物質的・象徴的資源をめぐる終わりなき緊張と闘争によって特徴づけられている（Everett, 2002）。ブルデューが場の重要性について強調したことにより，彼の研究は，よりマクロな色合いをもち，ローカルな実践を理解することを超えてより広い社会権力とパターンの認識へと開かれていった。

　場は，また，特定のルール（明文化されていようといまいと）にしたがって特定のゲーム（games）がおこなわれる社会的空間として理解することもできる。しかしながら，スポーツの試合（ゲーム）とは異なり，このゲームは真剣勝負であり，勝者への重要なごほうび（キャリア上の昇進など）と敗者へのきびしい罰（仕事や社会

11 構造化と実践の理論 **223**

的ポジションの喪失)をもたらす。どの場も，多様な社会的競争者たちによって絶えることなくおこなわれているさまざまなゲームの文脈なのである。たとえば，アカデミックな場の内では，学術的論文の刊行や主要な研究費をめぐる競争が中心的なゲームである。そのゲームには，アカデミックなプレイヤーが参加している。一方，タバコ産業では，(タバコに) 好意的な法律制定を求めるロビー活動や，喫煙と健康に関する懸念を広める広告の発表が重要なゲームとなるだろう。これらのゲームに参加する競争者たちは，互いに対等な立場にたつことはめったになく，ある者が他者よりもはるかに有利なポジションにいるのが通例である。たとえば，あるプレイヤーは，特定の経済資本という形のある種の「切り札」を配られているという利点をもって出発できる。また別のプレイヤーは，その育ちゆえ，あるいは彼らの社会的ポジションにつながるその他の経験ゆえに，ゲームに勝てそうな感触 (feel for the game) をもっている。ブルデューの関心の多くは，このようにこれらのゲームが戦略化され，社会のさまざまなグループによっておこなわれていることにあった。

■ 資　本

　ブルデューの資本概念の複雑な再定義は，社会研究への彼の最大の貢献である。ウェーバーの社会的地位や名声に関する議論をふまえて，ブルデューはさらにニュアンスに富み，独自性のあるアプローチを資本概念におこない (May, 1996)，マルクスの資本についての考えを，物質，社会，文化といった多様な形式の社会権力にまで発展させている (Swartz, 1997)。ブルデューの基本となる議論は，個人と集団が，社会的序列のなかの自らのポジションを改善・維持・あるいは強めるために，多様な経済的，社会的，そして文化的資源を基盤にしているというものであり，これらの資源はさまざまな形の資本から成り立っているのである (Bourdieu, 1991)。

　ブルデューは，経済・文化・社会の三つの資本を区別している。経済資本 (economic capital) とは，財産や投資，油田などの手で触ることのできる物質的資産のことである。文化資本 (cultural capital) とは，もっとぼんやりとしており，資本の物象化 (objectified) され身体化 (embodied) された形の資本から成る (Bourdieu, 1991)。物象化された文化資本とは，希少本・芸術作品・優良ワインコレクションなどであり，これらは価値や正統性を定義する特定の文化的局面に依拠している。物象化された文化資本は，中世文学の学問的訓練やワインの銘柄を見分ける力などの特別な文化的能力をもつ者によってのみ用いられ，評価の対象となり得る。身体化された文化資本とは，幼少期に内面化された文化的性向 (cultivated dispositions)

の総体のことをいう。この文化的性向は，差別化という文化的記号を内包する美的嗜好や判断スキーマとなる（Bourdieu, 1984）。古代エジプトのモニュメントに関する知識，バロック音楽鑑賞，シュールレアリズムについて滑らかな会話ができる力，さまざまなグルメ食品に個人的になじみがあることは，すべて文化資本の身体化された形である。「文化資本は，弁別システムの要であり，そこでは文化的ヒエラルキーが社会的ヒエラルキーと対応し，人びとの趣味が階級を示すものとして大きな力をもっている」（Thornton, 1996）。

　一方，社会資本（social capital）とは，権力や特権への道に簡単に近づける個人的なコネのことである。会員制クラブのメンバーシップや政治家やビジネスリーダーの知り合い，貴族階級との親戚関係，社会的な影響力のある人的ネットワークにアクセスできることは，すべて社会資本の例である。ブルデュー（Bourdieu, 1986）は，その他のタイプの資本についても議論している。よく知られているのは，制度資本（institutional capital）と象徴資本（symbolic capital）である。制度資本（ときに認定証がもたらす資本ともよばれる）の例として，有名大学の学位や社会的に名の通った組織への正式加盟が挙げられる。ハーバードやケンブリッジの学位をもっている，あるいは，外交問題評議会のメンバーであることは，制度資本を得る方法である。ブルデューは，また，象徴資本（symbolic capital）という用語を，あらゆる形式の経済資本以外のものを指して用いている。このように，象徴資本は，社会的・制度的・文化的であり得るのである。

　資本の形式を区別することによって，ブルデューは社会構造についての厳密な垂直モデルから脱し，多様な社会集団を，厳密に目盛づけされた社会的階段上にではなく，高度に複雑な多次元的な空間のなかに位置づけたのである（Thornton, 1996）。したがってブルデューは，マルクスの社会階層化理論を踏襲しつつも，階級に関する物質主義的モデルにかなりの柔軟性をもち込んでいる。これらの資本間関係ダイナミクスに関するブルデューの見解は，また，普遍主義的前提というより，特定的前提（particularistic）をベースにしている。言い換えれば，ある人の社会的空間内のポジションは，確かにその人の資本によって決まるが，その他の資本もまたさまざまな場において異なる価値をもつことが多いのである。ある種の資本はその他の資本に転換することがあるという柔軟性もまた，ブルデュー（Bourdieu, 1991）によって示された概念である。たとえば，社会的コネクション（社会資本）は，有利なキャリア機会に即座につながる可能性があり，その結果高い給与（経済資本）を得るに至ることがある。文化資本をもつ者も，権力集団のなかをうまく泳ぐことができ，結

11 構造化と実践の理論 *225*

果的に，経済資本へのアクセスにつなげることができる。ブルデューは資本の転換可能性（convertibility）を強調したが，彼は文化資本も社会関係資本も経済資本がもつ安定性はもたないことを認めてもいる。その理由の一つは，文化資本の蓄積は批判と疑惑によって揺らいでしまう可能性があるからである。経済資本は，また，他の資本よりも維持・移動・計算しやすい（Bourdieu, 1991）。文化資本を欠いても経済資本が豊かになることは可能である（文化資本の欠落がスティグマと指摘される新富裕層（nouveau riche）がその例である）。結局，ブルデューが考えた資本の使用と蓄積は，大いなるダイナミズムと流動性によって特徴づけられるのである。

■ ハビトゥス

ハビトゥス（habitus）ほど常にブルデューと関連づけられる専門用語もない。ハビトゥスとは，社会的空間と資本を個人のアイデンティティと理論的に関連づけるためにブルデューがつくった概念である（Everett, 2002）。同時に，不幸にも，これほど誤って用いられる用語もないだろう。ハビトゥスはルーティン化した行動や文化的スクリプトへの追従と受け取られることがよくあるが，実際はもっと複雑なものである。ハビトゥスということばは，個人の立ち居振る舞いやマナー，スタイルを意味するギリシャ語の hexis を語源としている。ハビトゥスは，人間のなかに身体化された歴史を探索するためのブルデューの道具となっている（Shilling, 1993）。ハビトゥスとは社会的アクターの心身に染みつき（deposited），アクターの特定の社会的戦略の選択と実行を左右する文化的要素（cultural components）である，というのがもっともよい説明であろう。

ハビトゥスは，ある人の個人的経験と関連する文化的遺産の総体であり，個人の会話スタイル，ジェスチャー，身体的動き，美的感覚や正義感，アイデンティティが該当する（Shilling, 1993）。スオーツ（Swartz, 1997）は，ハビトゥスは個人的主観と社会的客観のリアリティを相互に貫く概念であるとしている。ブルデュー（Bourdieu, 1990）自身は，ハビトゥスを次のように定義している。「持続的で，転換可能な個人の性向のシステムであり，構造を構造化するものとしてあらかじめ機能するように構造化された構造である。すなわち，意図的に特定の結果をめざすこともなく，また，目的を達成するために反対をおさえこむことなしに，実践と，その結果に客観的に適合するような表象とを生成・組織化する際の原則である」。

簡潔にいえば，ハビトゥスとは，経験の集積の総合体および個人の創造力によってできる心身の枠組であると，我々は位置づけることができる（Everett, 2002）。あ

る人の発音，ことばの使い方，最高級チーズを評価する能力，オペラの知識，同僚と
うまくやっていく能力は，すべて我々のハビトゥスの構成要素である。各人のハビ
トゥスは，明らかにその人独自のものではあるが，同時にある範囲で文化的に学習
された性向をも反映している。この個人の行為傾向と社会構造の関連性こそが，ハ
ビトゥスをブルデューの社会的実践に関する議論のなかの鍵概念にしているゆえん
である。さらに，ブルデューはハビトゥスと階級的位置（class position）も関係づけ，
ハビトゥスは階級を弁別する行為規則であるとも主張している（Calhoun, 1993）。

　ブルデューによれば，ハビトゥスは，個人が特定のアイデンティティ・グループ
（たとえば，女性，専門職，ブルーカラー労働者）の一員であるという位置づけの感覚
（sense of place）や，社会的戦略を実行するスキーマシステム（system of schemes）
を生成するという（Calhoun, 1993; Lechte, 1994）。このように，ブルデューは，ギデ
ンズよりも現存する機会のパターンを永続させようとする社会構造のあり方を意識
していた。なぜなら，アクター本人が社会生活における自分自身の人生上のチャン
スをどう見積もるかはその人の階級ポジションによって強く媒介されるとブルデュ
ーは主張しているからである。「ハビトゥスは，多様な階級機会によって自己成就
的予言を生成する深く構造化された文化的母胎の一種である」（Swartz, 1997）。この
位置づけを与えられることで，ハビトゥスはそれなりに持続的（durable）とも理解
されるべきであろう。一人の人のハビトゥスは時間の経過によって変化するかもし
れないが，それは一夜にしておこるものでは決してない。したがって，ハビトゥス
の概念を真剣に取り入れることは，社会文化的決定論をある程度受け入れることで
あり，方法論的個人主義に反対のスタンスをとることになる（Everett, 2002）。同時
に，ブルデューは，ハビトゥスを絶対的な力をもつ存在とみなすことには警告を発
している。「ハビトゥスは，人びとがその意味を悟る運命ではない。歴史の産物と
して，ハビトゥスは常に経験の影響をうける性向のオープンシステム（open system
of dispositions）なのである」（Bourdieu & Wacquant, 1992）（強調は原著）。なによりも，
ハビトゥスは，実践としての文化（culture as practice）を理解しようという研究の系
譜を打ち立てるブルデューの試みの土台なのである。

■ 象徴暴力

　実践としての文化に関する理論を打ち立てるにあたり，ブルデューは現代の複雑
かつ多様化する社会に蔓延する「象徴暴力」に本質的な焦点をあてている。象徴暴
力に焦点をあてることで，ブルデューは，権力の行使と永続の正統性（legitimacy）

の問題について研究者たちに警告する批判的研究の長い伝統の一員となったのである。ブルデューのこの問題についての考えはアントニオ・グラムシ（Antonio Gramsci）のヘゲモニーについての考察（8章参照）や新マルクス主義者たちのイデオロギーへのとらわれを彷彿とさせる。要するに，ブルデュー（Bourdieu, 1990）は，抑圧的で階層化された社会関係は，どのようなものであれ，恒常的な正当化を必要とし，それがないとあまりにも多くの緊張や抵抗行動に脅かされてしまうだろうと論じている。彼はまた，このような正当化あるいは正統化のプロセスは，たとえ我々全員にそれがはっきりと目に見えなくても働いていると指摘している。

象徴暴力を構成するのは，この不公平で抑圧的な社会的配分の正統化の成功なのである。象徴暴力は，本質的に（ブルデューの言によれば）「ドクサ的」な社会においてもっとも影響力がある。ドクサ的な社会は，社会経済的構造（公的にも私的にも）に疑問をもたないことと，社会的不平等についての絶対的な沈黙を特徴とする。象徴暴力は，支配的集団が自分たちに都合のいい構造的・文化的あり方を，力や強制を用いることなしに，他方（被支配集団）に押しつけ，あたかもそれが完璧に自然で望ましいもののようにさえみせてしまうときに生起する（Baert, 1998; Swartz, 1997）。米国の民営化された高等教育の高価で階級志向的なシステムが広く受け入れられ，尊敬さえされていることは，社会物資やサービスの不平等な配分のドクサ的（doxic）（あるいは常識的）な黙認の最良の例である。

象徴暴力は，不公平な社会構造の陰にある利害が，中立あるいはモラルに導かれた選択とさえも「誤って認識される」ときにも現れる（Bourdieu, 1990）。この誤認識の古典的な例は，慈善事業と公教育をめぐるブルデューとド・サン＝マルタンの議論（Bourdieu & de Saint Martin, 1974）において提示されている。彼らは，かつての追いはぎ貴族の慈善活動や20世紀の資本家一族による美術・音楽・公教育・宗教・放送への支援へと我々の注意を喚起する。こうした活動はチャリティや博愛などの「より高邁な」動機によっておこなわれていると広く認識されてきたが，慈善事業はしばしば象徴暴力の戦略なのである。その戦略は，経済資本の過度の集中について再確認し，豊かな少数派の権力のうえに慈悲深い顔を載せるためにつくられたものである。したがって，慈善事業は大衆の意識をコントロールするきわめて有効な方法となり，富と不公平についての疑問があがるのをおさえる力を有することもしばしばである。象徴暴力の一つとしての慈善事業は，物理的な強制よりもはるかに効果的なのである。成功するためには，象徴暴力もまた，被支配集団（彼らが支配されていることに気づいていようがいまいが）の暗黙の追従に依存している。エヴ

ェレット（Everett, 2002）は，「象徴暴力は，ものごとの秩序・実践の論理・共謀と内的敗北を通して容赦なく実行され，象徴的に支配されている人びとは，共謀して自分たち自身への裏切りに個々に手を染めていることを示唆している」と述べ，この現象を簡潔に定義している。

6 ブルデューの実践の理論を用いた研究例

　省察，理論的一貫性，そしてデータへの細やかな注視という諸点において，ブルデューの実践の理論ほど厳密な学派はほとんどない。多くの研究者が，社会的実践についてのブルデューの比類ないひらめきを魅力的と感じつつも，データ収集・分析，そして発表に関してやらなければならないことのあまりのたいへんさにひるんでしまう。しかしながら，ブルデューの実践の理論は，研究者たちにとって，社会的アクターのミクロな主観的世界をマクロな客観的構造の世界と関連づける最善の方法であり続けている。この新しい学派は，文化や制度の編成を研究するのにとくに適している。なぜなら，この学派は，歴史的・構造的な力を，社会的位置どりに関する個人および集団の戦略とともに検討する方法を提供してくれるからである。

　他のポスト実証主義者とは異なり，ブルデューが支持する実践の理論は，賃金や収入レベル，消費パターン，専門職の流動性といった「客観的な」情報を収集する方法としての大規模調査実施に対してまったく異を唱えない。このような調査は，ある集団や個人が所有する経済資本・制度資本・象徴資本を明らかにするうえでしばしば有用である。実践の理論が反対しているのは，（ハビトゥスのような）まったくもって主観的な現象を測定すること（measurement）である。このように，この学派において研究するということは，調査データ，現場観察，アーカイヴ記録を含む多様なデータに取り組む準備ができていることを意味する。ブルデュー自身の実証研究でも，質問紙・インタビュー・ドキュメント分析を用いるなど，あらゆる方法論的志向を駆使している。

　ブルデューの実践の理論は，さまざまな社会現象をテーマとする研究に刺激を与えてきた。デンマークの革新的女性運動の政治的実践（Walter, 1990），法律会計事務所の国際化（Dezalay, 1995），アフリカの植民地主義の遺物（Goke-Pariola, 1993），会計職の倫理的ディスコース（Neu, Friesen & Everett, 2003），イギリスの「レイヴ（rave）」ダンスという大衆サブカルチャーの研究（Thornton, 1996）がその例として挙げられる。フランス社会における階級に応じた美的性向の発達に関するブルデュ

ー（Bourdieu, 1984）自身の見事な研究は，実践の理論学派に属する研究の最良の例である。パリとリール（フランスの小さな地方都市）において 1000 名以上を対象に実施された大規模な質問紙調査は，ブルデュー（Bourdieu, 1984）のプロジェクトの支柱となっている。この調査では個人の学歴・収入レベル・階級的背景・音楽の趣味・映画鑑賞習慣・家具購入・服装の好みのスタイルに関する「客観的な」情報が収集された。質問紙調査に加えて，いくつかの詳細なインタビューも補足的におこなわれ，同時に収入レベル・余暇活動・フランス語新聞の購読状況に関する政府の調査も用いられた。これらのデータをすべて用いて，ブルデューは現代フランスにおける趣味の発達と実践に関する豊かな物語を創出した。

　ブルデューの研究のもっとも優れた点は，フランス文化史のなかで，いわゆる客観的データ（収入レベル・階級的背景など）を文脈化したことである。この結果，明らかに階級によって異なるハビトゥスに基礎を置く美的性向と趣味の形成についての説明が導かれたが，どちらの形成に関する説明も卓越したロジックに支えられている（Bourdieu, 1984）。ブルデューが注意深く示したように，フランス貴族階級および上流階級のハビトゥスは，派手な贅沢（ostentatious indulgence）のロジックに支配されている。一方，知識階級のハビトゥスは，貴族的な美的嗜好性（aristocratic aestheticism）のロジックに支配されている。中間階級のハビトゥスは，ぶざまな上昇志向（awkward pretention）のロジックによっておおむね形成されている。労働者階級のハビトゥスは，気どらない無教養（antipretentious ignorance）と服従（conformity）によって支配されている。多様なデータをとることによって，ブルデュー（Bourdieu, 1984）は，各階級の主要な性向（master disposition）がフランスのあらゆる生活場面における趣味の実践や美的消費にどのように影響を及ぼしているのかについて，説得力のある説明を提示することができた。客観的データに大きく依存しつつも，ブルデューの最終的な分析は細やかで，生の手触りの残る，そして完全に非実証主義的なものであった。特定の階級関係の「事実性」を証明しようとするのではなく，ブルデューは社会構造についての客観的な情報を使い，同時に，日常経験や歴史理解についての主観的説明を用いて，趣味・社会的位置づけ・制度の永続的な権力についての複雑な理論を展開した。彼の研究は，階層化の枠組を強調しつつすべての社会現象（客観・主観ともに）をより広い社会文化的環境のなかに位置づけることの重要性を我々に気づかせてくれる。

　一般に，ブルデューの実践の理論は，政治運動（Walter, 1990）や専門職領域（Dezalay, 1995）におけるさまざまな社会的闘争や戦略の研究に適しているとされる。

1960 年代終わりにデンマークで始まった革新的な女性運動であるレッド・ストッキングに関するウォルターの研究は，社会的戦略が社会的決定論と自由意志の間の緊張をうまく処理する方法についての興味深い洞察を提供している。彼女の研究は，運動初期の人びとの注意を集めた戦略に目を向けている。この戦略は，主流の家父長制的社会の各方面から反対されるのと同じくらいフェミニストや社会主義者からも反対されていた。インタビューとアーカイヴ記録によって，ウォルター（Walter, 1990）はレッド・ストッキング運動の方向性や背後にある原因を検討している。彼女の主な焦点は，セクシュアリティと一夫一婦制という普及しているドクサ（doxa）（あるいは，当然と思われていること）に反旗を翻す方法として，女性の魅力とロマンティックな愛という理想をレッド・ストッキングが公に放棄したことにある。ウォルターは，レッド・ストッキングをフェミニスト運動の奇妙な一派としてではなく，既存のセクシュアリティのハビトゥスと闘う女性の集団として理解させてくれる。レッド・ストッキングは，女性のセクシュアリティ，ロマンティックな愛，一夫一婦制結婚という信念によってつくられた感情的な監獄から，デンマークの女性を解き放つような新たなハビトゥスをつくり上げようと集団で闘っていた。ウォルターが実践の理論へ依拠していることは，彼女がレッド・ストッキングの抵抗を促進する構造的な前提条件（structural preconditions）に注意を払っていることからもわかる。同時に，彼女はこれらの異端のディスコースの訴えとこのディスコースがデンマーク社会の別の部分に敵意を引き起こす力とを探索している。このように，彼女の研究のあらゆる部分において，焦点はレッド・ストッキングと敵方との文化的闘争であり続けているのである。

　ドザレ（Dezalay, 1995）の法律会計事務所の研究は，象徴空間をめぐるさまざまな闘争に焦点をあてている。彼の関心は，国際化のプレッシャーにある。国際化は専門職の世界の形勢を変え，アメリカとヨーロッパにおいて優勢なディスコースをめぐる争いを引き起こした。ドザレは，新たな象徴空間をコントロールしようという試みにおける法律，税理，会計事務所のこうしたグローバルな変化への反応を辿っている。グローバル化された新たな領域での主な闘争は，アメリカとイギリスのビジネスモデル間の闘争であった。アメリカモデルでは法律専門家のハビトゥスが優勢であるが，イギリスモデルでは会計専門家のハビトゥスがより力をもっている。同時に事務所とそのメンバーもまた，確立された技能的専門家アイデンティティを捨てて新たな起業家アイデンティティへと移行することで，従来とは異なる形で自分たちを位置づけている。

11 構造化と実践の理論　*231*

　実践の理論の流れに沿った研究をおこなうにあたり，ドザレ（Dezalay, 1995）は，階級の役割にも注意をむけ，これらのさまざまな言説の動きには，富裕層と中流階級を不確実性から守る戦略がいかに伴うかを示している。彼の主な指摘は，新しいゲームのルールは学歴資本（一流ビジネススクールの学位という形）に特権を与えるような形で引き出されてくるということである。そして，エリートとブルジョワは，有力なビジネス家系であるがゆえに生まれながらに与えられているこうした資格（そしてそれゆえの正統性）を，自分たちの子どもが大学という場で確実に獲得していくようにするのである。結局，この学歴資本の蓄積は，職業的専門性の永続性と転用可能性を確実なものにすることで，富裕層と中流階級を経済的・政治的なリスクから守っている。ドザレの功績は，階級ポジションが象徴空間をめぐる闘争の中心にあることを忘れずに，ブルデューの象徴空間をめぐる闘争への関心を踏襲できていることである。

　実践の理論の進化した伝統の例としては，ソーントン（Thornton, 1996）によるイギリスの「レイヴ（rave）」ダンスクラブにおけるサブカルチャーの研究が挙げられる。ブルデュー同様，ソーントンは，クラブの文化は本質的に趣味の文化（taste culture）であり，音楽・人・ダンスにおける共通の趣味をベースに集まったものと考えている。彼女は，「レイヴ」クラブをひと夏のみ，あるいは長くても 2, 3 年一緒にいるだけの境界が流動的なその場限りのコミュニティと考えていた。これらのクラブ文化を理解するために，ソーントンは，ポップカルチャーのなかで何が本物（authentic）で正統なのかに関する彼らの内的な文化的ヒエラルキー（cultural hierarchies）に焦点をあてている。ソーントン（Thornton, 1996）の研究アプローチは細心かつ徹底的である。彼女はアーカイヴ資料を検討し，第二次世界大戦後の音楽レコードと録音されたイベントの正統性の歴史的変遷をたどっている。加えて，彼女はクラブカルチャーの（インタビューと観察から成る）エスノグラフィー研究をおこない，「アシッドハウス[訳注3]」サブカルチャーを 1980 年代から 1990 年代初期の狂乱（rave）運動に結晶化させる際にはたしたメディアの複雑な役割について検討している。もっとも注目すべきなのは，彼女が正統性の概念を問題として取り上げ，クラブのアイデンティティにおける正統性構築のなかでのメディアの矛盾に満ちた

訳注3）アシッドハウスとは，1980 年代に流行したシンセサイザーを使った電子音楽のジャンルである。薬物の幻覚作用のような幻想的なサウンドゆえにこうよばれたという説と，薬物使用と関連が予想されるようなパーティと関連するためこうよばれたという説がある。

役割を認識したことである。ソーントン（Thornton, 1996）のこの文化研究は，アイデンティティの位置どり（positioning）に関するブルデューの関心に沿うものであり，また，ブルデューの考えを逸脱的なポップカルチャーにおけるメディアの影響の理解にまで広げている。

オークスとタウンリーとクーパー（Oakes, Townley & Cooper, 1998）のカナダ・アルバータ地区の文化的・歴史的組織（博物館や記念モニュメントなど）についての研究も，この学派の優れた研究例である。彼らは特定の生産フィールド（Bourdieu, 1989）から大規模な生産フィールドまでフィールド全体を検討し，多数の組織において，システマティックな事業計画の導入が，象徴暴力の行使を通して，いかに変化を促進したかを示している。オークスら（Oakes et al., 1998）は，文化的歴史的組織における新しい事業計画のイニシアティブを象徴暴力として概念化した。なぜなら，それらの組織への絶大な影響力とコントロールは，参加者たちにはまったくみえないか，まったく気づかれないかのどちらかだからである。しかし，それらが我々に説得的に示しているように，事業計画プロセスは，フィールドの資本の再構成とアイデンティティの再定義という重要な示唆をもっていた。

オークスらは，個別の歴史遺産や博物館だけでなく財務省コミュニティ開発部，CFHR（文化的施設と歴史的資源）課を含む複数の地方自治体にあるさまざまな文書資料を参照した。参照された文書には内部向けのメモや事業計画，計画書類，手紙類も含まれていた。加えて，オークスらは，さまざまな部署に所属する56人を対象とする半構造化インタビューをおこなった。これらのデータを総動員して，オークスらは，事業計画が全組織に与えた多大な影響を辿っている。（成果や経営目的といった）新しいことばを使いはじめることによって，事業計画は伝統的な世界観を新しいものにすげかえた。この新しいことばを通して，計画はまた従業員のアイデンティティを再定義するはたらきをもった。従業員たちは，ものの数か月で，キュレーター・研究者・教育者であることから起業家や危険を顧みない挑戦者と自らをみなすようになったのである。

このオークスら（Oakes et al., 1998）の研究は，その理論的洗練と文化的・制度的文脈への着目，私的および公的なディスコースのニュアンスに富んだ読み，そして象徴暴力についての鋭い理解という諸点ゆえに，実践の理論を用いた研究例といえる。オークスらが我々に示してくれたのは，大規模な組織的変化についての示唆に富む見解であり，その主観的特徴を無視することもなく，そして，変化の本質や効果について美化して述べることもなく示している。オークスらの研究は部分的に

11 構造化と実践の理論　　*233*

は制度学派に位置づけられるが，実際のところ，制度論の新しい展開へのブルデューの影響を認めることなくブルデューを論じることはできないであろう（DiMaggio & Powell, 1983; Meyer & Rowan, 1977）。ディマジオとパウエル（DiMaggio & Powell, 1991）は，新しい制度論の導入にあたり，実践活動の概念を発展させるうえでブルデューのハビトゥスの概念に依拠したことをはっきりと認めている。しかし，制度論は，制度的フィールド（institutional field）という用語を用いていることに明らかなように，他のブルデューの考えをも取り入れている。ディマジオとパウエル（DiMaggio & Powell, 1983）では，フィールドを「関連する行為者の総体」と定義していたが，この定義はブルデューのフィールドの理解に近いものである。制度論者たちはまた，ブルデューの象徴暴力へのこだわりから大きく離れることなく，正統性のダイナミクスにも大いなる関心を寄せている。制度論者たちは，ブルデューほどには明らかにこのプロセスに批判的ではないが，彼らの組織や制度についての詳細な記述の多くはブルデュー自身の考えと非常によく似ている。二つの学派をつなげようというより大きな努力は，双方にとって利があるだけでなく，組織的・社会的プロセスについての我々の理解も高めてくれるだろう。

表 11-1　構造化理論のハイライト

哲学的影響：	カール・マルクス（Karl Marx），マルティン・ハイデガー（Martin Heidegger），ルードヴィヒ・ウィトゲンシュタイン（Ludwig Wittgenstein），ハロルド・ガーフィンケル（Harold Garfinkel）
主要研究者：	アンソニー・ギデンズ（Anthony Giddens）

中心概念

- 構造と行為主体性（Structure and agency）
- 構造化（Structuration）
- 二重の解釈学（The double hermeneutic）
- 意味作用，支配，正統化の構造（Structures of signification, domination, and legitimation）

重要な実践

- 概念とデータの往還
  （Iterations between concepts and data）
- 行為者と構造の関係性への焦点化
  （Focusing on the relationship between actors and structure）
- その場特有の構造化とより広い制度的文脈への関連づけ
  （Relating local structurations to wider institutional context）

代表的研究

- "Electronic Trading and Work Transformation"（Barrett & Walsham, 1999）
- "Ideologies and Contradictions in a Public Relations Department"（Filby & Willmott, 1988）

表 11-2　実践の理論のハイライト

哲学的影響：	カール・マルクス（Karl Marx），マックス・ウェーバー（Max Weber），エミール・デュルケーム（Émile Durkheim），クロード・レヴィ＝ストロース（Claude Lévi-Strauss）
主要研究者：	ピエール・ブルデュー（Pierre Bourdieu）

中心概念

- ・場とゲーム（The field and the game）
- ・資本（Capital）
- ・ハビトゥス（Habitus）
- ・象徴暴力（Symbolic violence）

重要な実践

- ・場のマッピング
  （Mapping the field）
- ・関係的アプローチの採用
  （Adopting a relational approach）
- ・研究者バイアスを克服するための省察の利用
  （Using reflexivity to overcome researcher bias）
- ・異なる社会集団間の文化的闘争への焦点化
  （Focusing on the cultural struggles between different social groups）

代表的研究

- ・*Distinction*（Bourdieu, 1984）
- ・"Business Planning as Pedagogy"（Oakes, Townley & Cooper, 1998）
- ・*Club Cultures*（Thornton, 1996）

IV

「ポスト」がつく
諸学派の系譜

　20世紀後半は,「ポスト (post)」という接頭辞がつくさまざまな題目のもとで,哲学的,経済的,社会文化的,文学的,政治的な論争の空前のほとばしりがあった時期である。ポスト産業主義,ポスト資本主義,ポストフォーディズム (post-Fordism),ポストモダニズム,ポスト構造主義,ポストコロニアリズムなどは,(a) 後期資本主義の始まりとともに起こった社会経済的・文化的な状況,もしくは (b) 近代西洋の思想全体に対する内外からの過激な批判をめざす知的な立場,のいずれかに言及するのに使われた用語である。第Ⅳ部の関心は後者にあり,ポストモダニズム,ポスト構造主義,ポストコロニアリズムとして括られている知的革新に焦点をあてることとする。

　これら三つのポスト (post) の学派はともに,啓蒙運動以降の西洋哲学や科学の大きな体系を支える主要な考えに異論を唱えて,西洋形而上学への唯一の手ごわい挑戦をしている。ポストモダニズム,ポスト構造主義,ポストコロニアリズムは,違ったやり方で,ともに,西洋形而上学の核心を突き,それを壊している (Lemert, 1997; Rosenau, 1992)。これら三つは,啓蒙思想や近代が生み出した制度の中心的支柱に異論を唱えている。産業化,科学的合理性,国民国家,自由民主主義,専門知識,自然を手なずけることなどは,すべてきびしく問い直され,抑圧的であるとし

て多くのレベルで拒否されている。したがって，いくつかの面でポストの諸学派は，批判の系譜，とりわけフェミニズムの諸ジャンルやハーバーマスの批判理論よりもいっそう過激（radical）である。ポストモダニズムやポスト構造主義を批判の系譜の新種として扱うことに益があるとみる解説者（e.g. Alvesson & Deetz, 2000）もいるが，そのような過度の包括的分類は，批判の系譜との共通性のみを強調して，二つの系譜の差異をないがしろに扱うゆえに，ポストの諸学派を正当に評価しているとはいえないきらいがある。これは，しかしながら，ポストの諸学派が，批判の系譜と深層で繋がっていないとか数世代にわたる西洋的思想ときっぱりと完全に断絶しているとかを意味しているわけではない。明らかに，そうではない。これら三つの学派は，確立したマルキシズムや批判理論にかなり異論を唱えているとはいえ，主な西洋の哲学者，とくにニーチェ，ハイデガー，ソシュール，そしてマルクス自身にも多くを負っている。同時に，ヨーロッパの伝統の外のアフリカ，アジア，ラテンアメリカ起源の知的・文化的影響のある人や第三世界のレジスタンスの哲学者（ガンディーやホー・チ・ミンなど）にもインスピレーションを求めていた（Young, 2001）。

　三つの学派は，接頭辞ポスト（post）と啓蒙運動の遺産への持続的な深い懐疑では共通しているが，起源，こだわり，やるべきことにおいては本質的に違っている。単純化のリスクを犯していえば，ポストモダニズムは現代の消費文化の意味コード（Baudrillard, 1983）と科学の言語（Lyotard, 1984）にこだわる傾向があるが，ポスト構造主義は社会組織の言語的機構（Foucault, 1973; 1977b）や，どのようなテクストにも脱構築の可能があるということ（Derrida, 1976）にもっと関心を寄せているといえよう。他方，ポストコロニアリズムは，コロニアリズムの文化的・制度的遺産（Said, 1978; Spivak, 1990）と人種や居住地をもとにそこの全住民を服従させ続ける際の遺産の役割に，より大きな関心をよせている。

　ポストの諸学派はフランス言語哲学に多くを負っており，もともとは典型的にフランス的と一般にいわれている。確かにポストモダニズムやポスト構造主義を代表する卓越した人物のいく人かは，1960年代の実存主義と構造主義的マルキシズム双方への幻滅の次に起こったフランスの知的運動から出ていた。ジャン・フランソワ・リオタール（Jean François Lyotard），ジル・ドゥルーズ（Gilles Deleuze），フェリックス・ガタリ（Félix Guattari）やジャン・ボードリヤール（Jean Baudriallard）は，ポストモダン学派のよく知られた人物であり，ジャック・デリダ（Jacques Derrida）やミシェル・フーコー（Michel Foucault）はポスト構造主義を先導した二人である。しかしながら，ポストモダニズムとポスト構造主義には，非フランス的で非西洋的

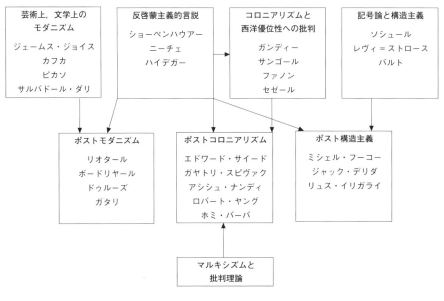

図IV-1 「ポスト」がつく諸学派の系譜

な先行者や別の形もある (Bhabha, 1994; Docherty, 1993; Young, 2001 を参照)。同じように，ポストコロニアリズム（いくつかのポスト構造主義学派と類似性をもつが）は，ほとんどがフランスの外，インド，アメリカ合衆国，イギリス，トルコと中東，イタリア，ラテンアメリカ，中国，アイルランド，オランダで発展した。比較的短い期間にこれら三つの学派は全世界に広がり，それは，文学批評，史学，政治学，地理学から人類学，コミュニケーション，芸術史や建築を含むさまざまな学問，美学など専門分野を横断し，拡大している。ここ15年で，これら三つのポストの学派は，経営・組織研究にもかなり食い込んできており，研究者は，現今のみならず歴史上の組織編成についての研究にそれらの考えを取り込んでいる (Boje, 1995; Clegg, 1990; Cooper & Burrell, 1988; Prasad & Prasad, 2002)。

　ポストの学派は明確に賛成を表明する信奉者を多く生み出したが，学界内にも一般向け・インテリ向けどちらの出版界にも敵意の大波を生んだ。この敵意の多くは，ポストモダン，ポスト構造主義，ポストコロニアルの立場を誤解していることに容易に帰すことができるだろう。この状況は，これらの学派内で使われたいかにも難解そうな語彙によっていっそう難しくなってしまった。ロゴス中

心主義（logocentric），ブリコラージュ（bricolage）[訳注1]，テクスト間相互関連性（intertextuality），超現実（hyperreal）やシミュラークル（simulacrum）[訳注2] のような用語（これは一部でしかないが）には，訓練を受けた哲学者や社会科学者さえ，ポストの諸学派になじみのない場合は，当惑する。こうした語彙の恒常的使用は，ある人たちにとっては，いらいらさせられるものであり，奇をてらったものである。しかしながら，公平のために，これらのことばをもう少しよく理解するまで，そのような判断を保留にするように学者たちに求めねばならない。

　ポストの諸学派への敵意の多くは，その課題の破壊的（subversive）な性質によっても引き起こされている（Lemert, 1997）。近代やその制度への彼らの持続的批判は，現状にとって潜在的に危険である以外の何ものでもなかった。三つの学派すべては，理性的人間の存在，科学や自由の価値の暴虐さ，国民国家の抑圧的な性質を攻撃することで，現在の社会を支えている権威や正当性の中心柱を，十分に掘り崩しえた。つぎの三つの章でそれぞれの学派のユニークな特徴について述べるが，まずは共通点のいくつかを探ってみよう。

　三つの学派のもっとも明白な共通の土台は，すべてに接頭辞「ポスト（post）」が付いていることにある。ポスト（post）という用語は，何らかの余波の状態（aftermath），近代，構造主義，あるいはコロニアリズムに続いた後の状態であることを意味しているかのようにみえる。いくつかの側面で，そのような解釈は（部分的には正当であったとしても）不完全といえる。というのは，それに加えて，ポスト（post）という用語は，過去の伝統の否定（negation），過去からの決裂（rupture）を暗に指してもいるからである（Best & Kellner, 1991）。実際，ポストモダニズムは明白に近代を拒絶し，ポストコロニアリズムは植民地でおこなわれていたことを非難し，またポスト構造主義はフランス構造主義からの離脱である（Lemert, 1997）。さらに，三つの学派において，「ポスト（post）」は決裂や拒絶のみならず，新しいアイデアや社会的実践を再び生成し布置する（regeneration and reconstellation）ことを

訳注1）フランス語の動詞 bricolur（「繕う」「ごまかす」）に由来。レヴィ＝ストロースが『野生の思考』（Lévi-Strauss, 1966）のなかで，土地の人びとが端切れや手許にあるものを使って必要なものを手作りしていることを bricolage とよんだことに由来する。さらに，理論や設計図に基づいて物をつくるエンジニアリングに対して，手に入るものを寄せ集めて試行錯誤的に新しいものをつくることを bricolage とよぶようになった。デリダは，この考えを言説一般に敷衍した。

訳注2）仏語で simulacre，英語で simulacrum（単数形），simulacra（複数形）。ボードリヤールがよく使う用語で独特の意味が付されているが，詳しくは，本書255頁参照。

も意味している（Hassan, 1987）。離脱や再建は，しかしながら，不連続な出来事ではなく，ポスト（post）という用語は過去への依存（dependence）とある程度の連続（continuity）も含意している（Best & Kellner, 1991）。

　ここで取り上げる三つの学派にとって，近代の中心的な論理とダイナミクスは重大な問題であり続けている。それゆえに，近代（modernity）という用語で意味されていることを理解することが肝要である。一方で，近代（modernity）とモダニズム（modernism）を区別すること，ポスト近代／ポストコロニアル（エポックあるいは時期として）と学問上の学派としてのポストモダニズムやポストコロニアリズムとを区別することも重要である。modernity も modernism もともに最近とか現在を意味する modo というラテン語の語根から派生している。10 世紀ころには，moderniということばは，イタリアの諸都市では「今風の人」を指すのに一般的に使われていた（Kumar, 1995）。全般的に，近代（modernity）はヨーロッパの封建制度と中世に続く時期を指し，その誕生はルネサンスとおおむね一致している（Kellner, 1990; Sarup, 1993）。政治分野（アメリカおよびフランス革命によって），そして社会経済分野（産業革命によって）でのさまざまな革命的な変化も近代へと向かわせる兆しとなった。

　近代という時代は，神秘的・迷信的な信念の絶対的拒否と理性と科学的手続きの採用を旨とする啓蒙思想とも密接に結びついている（Rosenau, 1992）。近代の形成にベーコンとデカルトの影響は否定しがたい。人間性の際立った特徴として理性（reason）を賞賛することで，近代の軌跡を科学的技術的合理性とリベラル・ヒューマニズムに向かわせた。近代は，イノベーションの精神と新しいことを常に発明することに従事することであり（Berman, 1983; Kellner, 1990），過去の伝統（とくに宗教や文化的など）は有用なことや価値あることをほとんど提供しないことを暗示している。かくして，近代は，強力に前向きで未来志向であり，人間発展の究極のときとか（Kumar, 1995），「歴史の終焉」（Fukuyama, 1989）[原注1] としばしばみなされている。結局，近代は，あらゆる職業・階層における高度に制度化された差異化（differentiations）によって鋭く区分されはじめたそんな時代である。近代は，健康，宗教，教育，仕事，家族などがそれぞれ別の社会的場を占めはじめ，互いに交わることが少なくなりはじめた時代である。

原注1）近代は，欧米的あるいは西洋的な事象である。地球上のあらゆる部分が，同じ時期に近代の時代に入るとみなされるわけではない。世界の大部分は，まだ「後進的」あるいは前近代とみなされている。

近代は，確かにモダニズム（modernism）の同意語ではない（Kumar, 1995）。モダニズムは，19 世紀末に初めて顕在化した文化的・美学的運動であり，最終的に 20 世紀前半にさまざまな芸術や建築の分野で花開いた（Best & Kellner, 1991）。いろいろな面で，モダニズムはより過酷で疎外的な近代の特徴への文化的造反として理解するのが一番よい。とくに職場や家族内，社会や政治などのより広い公的領域で疎外をつくりだした近代の責任に対する文化的な造反である（Sarup, 1993）。芸術や建築の分野では，近代は古典主義やバロック伝統に対する一つの反応でもある。ここでは，近代は，飾り立てた装飾よりも単純さや機能性を賞賛し，装飾は純粋スタイルの実践には不必要な娯楽として拒否されている（Connor, 1989）。モダニズムはスタイルにおける大胆な実験とも関連している。ジェームス・ジョイス（James Joyce）やカフカ（Kafka）のような小説家やストリンドベリ（Strindberg）やブレヒト（Brecht）のような劇作家，コルビュジェ（Corbusier）やヴァルター・グロピウス（Walter Gropius）のような建築家，イェーツ（Yeats），エズラ・パウンド（Ezra Pound），マラルメ（Mallarmé）のような詩人，ピカソ（Picasso）やサルバドール・ダリ（Salvador Dali）のような画家は，モダニズム運動の異なる位相の代表である。

モダニズムで採用されたスタンスの多くは，ポストモダニズム内の批判的立場のいくつかと似ている。当然のことながら，これは非常に混乱を招く。この不明瞭さを払拭するために，モダニズム運動の何人か（たとえば，ジェームス・ジョイス）はポストモダニズムの先駆者としてしばしばみなされていることをまず認めなければならない。ゆえに，二つの伝統の間にはかなり重複がある。第二に，詳しくみれば，モダニズムによる近代批判にもかかわらず，多くの近代の基本的な前提と目標，とりわけ個人主義，自由，進歩，解放をモダニズムは否定はしていないことがわかる。クマール（Kumar, 1995: 85）がいみじくも認めているように，「モダニズムは，近代を肯定すると同時に否定もし，またその原則を継続し，かつその核心に挑戦している」。

類似の混乱がポスト近代（postmodernity）とポストモダニズム（postmodernism）やポスト－植民地（ハイフンのある post-colonial）とポストコロニアリズム（postcolonialism）といった用語の使い方にも拡がっている。一般的にポスト近代とかポスト－植民地は，特定のグローバルな出来事と関係した時代（epochal）を指す用語であり，一方ポストモダニズムとポストコロニアリズムは，芸術，学問，文化的伝統の全体を指している。他の二つの用語については，各々 12 章と 14 章でもっと詳しく説明するので，ここでは簡単にポスト近代（postmodernity）とポスト－植

民地（post-colonial）という用語について考察したい。

　単純にいえば，ポスト近代（postmodernity）は近代の次の時代である。ある人は，それをどちらかというと近代を延長（extension）したもの（Bell, 1973; Jameson, 1992），あるいは近代をより濃厚にした（intensive）変種（Best & Kellner, 1991）とみなすが，別の人たちは，主に近代からの決裂（rupture）によって特徴づけられる時代とみる（Sarup, 1993）。何がポスト近代を構成しているか，また，ポスト近代が歓喜あるいは失望のどちらをもたらす時代になるかについて，完全な合意があるわけではない。ジョージ・スタイナー（George Steiner, 1971）やダニエル・ベル（Daniel Bell, 1976）のように（政治的な両極から）ポスト近代を批判し，非難する人たちは，ポスト近代を西洋文明にとって虚無的で文化的に危険な時代とみている。ベル（Bell, 1976）のような著者はポストモダン社会における知識と情報（knowledge and information）（生産に対するものとして）がはたす中心的な役割を強調するが，この見解は他の多くの解説者とも共有されてもいる。ポスト近代をマルクス主義の立場で批判しているジェームソン（Jameson, 1992）は，それを後期資本主義の発展とみなせると記している。彼は，それを過剰消費と社会腐敗によって特徴づけられる時代とみている。

　チャールズ・ジェンクス（Charles Jencks, 1989）のようなポスト近代の賞賛者はポストモダン時代を「情報爆発」によって特徴づけられるとし，情報爆発が究極的には，あらゆる宗教的・経済的な正統的慣行から地球のすべての場所を解放するという。さらにジェンクス（Jencks, 1989）をはじめとする他のものたち（Lash, 1988）は，ポスト近代を旧来の官僚制が崩れ，脱差異化された社会が勃興するので，無秩序（disorder）が増大する時代として描いている。脱差異化（de-differentiation），すなわち，さまざまな境界（国家間，職場と家庭，ジャンルの異なった芸術）が壊れるという考えは，ポスト近代の決定的な瞬間としてくりかえしいわれてきた（Lash, 1988）。いくつかの研究者集団では，こうした変化しつつあるポスト近代の状況が，ネットワークタイプのポストモダン組織を生むと信じられている。このようなポストモダン組織での仕事は知識や情報に依ることで推進されるとされ，マネジメントのスタイルももっと柔軟なものになるとされている（Clegg, 1996）。ポスト近代性やポストモダン時代について熱く書いている人たちには，ポストモダンを志向している人がいるとしても（たとえば，Jencks, 1989; Lyotard, 1984），必ずしもすべての人が学問上の志向性もポストモダンというわけではないことは特筆すべき重要なことである。しばしば，ポスト近代についての議論は，ポスト近代（近代の次にきた一連の社会的状況）とポストモダニズム（文化的・知的運動）の両方を鋭く批判している。そ

のうえ，これらの批判は，保守的関心（Bell, 1976; Howe, 1970）とマルクス主義的関心（Callinicos, 1989; Jameson, 1992）の双方を反映している。

　もっとも単純なレベルでは，ポスト－植民地（post-colonial）はコロニアリズムの後（after）に起こったことを指す。この用語は，かつてのイギリス植民地の出身者によって書かれたものを意味する「連邦の文学（Commonwealth literature）」の別名として文学サークルで初めて使われた（Mishra & Hodge, 1994）。ポスト－コロニアリズム（ポストとコロニアリズムの間にハイフンあり）は，一般的にはコロニアリズムの余波のなかで発展した歴史的段階を指す。ポスト－植民地社会には，「植民地化された瞬間から現在まで，帝国のプロセスによって影響を受けた（affected by the imperial process）」（Ashcroft, Griffiths & Tiffin, 1982: 2）文化や国が含まれ得る。このような広義の解釈を採用するなら，直接に植民地化された国（インド，アルジェリア，モザンビーク，インドネシア）と同様に，ヨーロッパ列強が各自の勢力範囲をさまざまに租界として区切り間接的に植民地にした国（中国やエジプト）も含め得る。

　一般的にポスト－植民地は，コロニアリズム時代の終りを指す。サイード（Said, 1989）が描くポスト－植民地分野の人類学では，西洋出身のエスノグラファーは，植民地時代にもっていたと同じような権威と特権で「先住民」の研究をもはやできないことを示している。しかしながら，ポストコロニアリズムは，同時に，これらの社会の多くでいまも広がっている潜在的コロニアリズム（latent colonialism）をも含意している（Zantop, 1997）。ポスト－植民地社会は，したがって，国の統治に旧植民地勢力はもはや公的な責任がないとしても，コロニアリズムの文化的・制度的記憶（cultural and institutional memory）がいまだに存在していると感ぜられる場所も含み得る。そして最後に，ある帝国的権力（たとえばアメリカ合衆国）が，貿易政策や国際通貨基金（IMF）や世界銀行のようなグローバル機関によって他国の経済的政治的命運に強大な影響を行使するとき，そこにはポスト－植民地社会があるともいえる。

　結論として，「ポスト」の諸学派はすべて，この50年間に地球上で起きた物質・思想上の劇的な変容状態への反応・反映として発展したものと断言することができる。共産主義の崩壊，コロニアリズムの公的な終焉，再生し続けるあくどい資本主義，技術的変化の猛烈なスピード，そして科学的発明のおそろしくなるような可能性がすべて結びついて，真実，正義，よき生活についての旧来の確かさが，もはやたいした確信とはなりえなくなった世界をつくりだしている。ポストモダニズム，ポスト構造主義，ポストコロニアリズムは，近代の希望と失望の残滓となんとか折り

合いをつけようとしている。とくに，これらの学派は，共産主義への幻滅，ファスト・キャピタリズム（fast capitalism）[訳注3] の過剰がもたらす害と取り組み，また，個人主義，進歩，リベラル・ヒューマニズムなどの啓蒙期以降の西洋文明の主要なメタナラティブ[訳注4] の多くがエンパワメントの約束を果たせなかったのみならず，ある種の文化的・環境的に永続的な害を与えるにいたったようだということを痛切に悟ることにも取り組んでいる。次の三つの章でこれら三つの学派をより詳しく検討する。

訳注3）急速な ICT の発展が自己，家族や労働などの社会制度，資本主義経済などをどのように変貌させているかという観点から資本主義を論ずる。*Fast Capitarism* という雑誌が，2005 年より刊行されている。

訳注4）メタナラティブは，大きな物語と訳されることもある。「労働者と資本家の闘争の歴史」という大きな物語として近代を叙述するような語り方。詳しくは，本書 246 頁参照。

12 ポストモダニズム

イメージおよび「真なるもの」との戯れ

小高さほみ［訳］

　ポストモダニズムは，ヨーロッパの形而上学的伝統全体に対する内部からのもっともラディカルな挑戦の一つを代表するものである。ポストモダニズムは，マルクス主義（これがポストモダニズムの主たる批判の対象の一つである）とはまったく異なる点で，ラディカルである。第一に，ポストモダニズムは啓蒙主義の基本的前提——とくにそれが称賛する合理性，個人主義，進歩——を激しく批判している（Bauman, 1992; Hassard, 1994）。ポストモダニズムは，多様性，多元性，断片化，不確定性には賛成するが，社会的結合や直線的因果関係といった近代的前提を拒絶する（Best & Kellner, 1991）。そしてダーウィニズム，マルキシズム，「自由市場（free market）」のイデオロギーといった「（近代の）大きな物語」に等しく懐疑的である。したがってポストモダニズムは，慣例的な意味での「左派」批判ととらえられるべきではない。もっとも広い意味では，モダニズムは，芸術，哲学，文学，映画学，社会学，文芸論といった多様な分野からなる，文化的かつ知的な運動のことをいう。この章ではポストモダニズムのより「知的な（intellectual）」側面にフォーカスするが，ポストモダニストたちはこの種の分類をとくに毛嫌いしているということを我々は心に留めておかなければならない。事実，ポストモダニズムの明らかな特徴とは，異なる分野やジャンルを混ぜ合わせ（blending），できるだけ多くの伝統的学問分野の壁を壊すことに自覚的に取り組むことなのである（Bauman, 1992; Lash, 1988）。コナー（Connor, 1989: 7）が述べているように，「ポストモダニズムが対象をみつけるのは，文化的空間（the cultural sphere）でもなく，制度上の批判の空間（the critical-institutional sphere）でもなく，その両者の間でいま一度緊張をもって交渉されるような空間である」。

　ポストモダン（postmodern）ということばが最初に現れたのは，早くも1870年で，

イギリスの画家ジョン・ワトキンス・チャップマン（John Watkins Chapman）が，フランスのアヴァンギャルド（avant garde）画法の特殊なスタイルを指すのに使った。20世紀の半ばごろにそのことばは再浮上し，まず初めにアーノルド・ジョセフ・トインビー（Arnold Joseph Toynbee）は，アナーキーや完全な相対主義によって特徴づけられるヨーロッパ文明の一時代としてポストモダンを論じ（Best & Kellner, 1991），その後，アメリカ人社会学者C・ライト・ミルズ（C. Wright Mills）は，自由主義と社会主義の崩壊に続く新しいポストモダン時代（May, 1996）を予期している。これら早期の定義はどれも，我々が現在知るポストモダンの精神を十分には掴んではいないが，彼らはポストモダニズムをなす特定の要素——とりわけ多元性へのこだわり，近代を超えているという感覚（avant gardism），無秩序と分化への称賛を的確に予知していた。

　ポストモダンの流れのなかでは芸術的なジャンルと知的なジャンルが密接な関係にあるので，我々は芸術分野でのいくつかの重要な特徴を検討する必要がある。ポストモダンの芸術，建築，文学は，故意に気ままに，バロック調，キュビズムやアールヌーボーといった単一の芸術の規則や原理に従うことを拒否してきた。どちらかというと，ポストモダニズムは，寄せ集める（pastiche）という芸術的見解にもっとも刺激を受けているようで，一つの芸術作品，著作，建築において，多数の相反するジャンルを意図的に用いている（Bauman, 1992）。マンハッタンのソニービルの多様な建築様式のひどい組み合わせは，ポストモダン建築の典型例とみなされている。ここでもほかの場合も，第一の考えはスタイルや解釈が複数あることが望ましいということである。実際，ポストモダンの芸術家，作家や建築家はスタイルや形，テクスチャーの矛盾を追求し，それを表現することに誇りを感じている（Connor, 1989; Jencks, 1989）。また，ポストモダン芸術は，模倣的表現（mimetic representation）をすることを不可能で望ましくないこととして拒絶し，古典派およびモダニズムの伝統の核心にある一貫性と真正性への幻想を打ち砕くことにいっそう関わっている。

　ポストモダンの哲学や社会理論とみなされるものの大半は，これらの芸術的なこだわりと強く共鳴しあっている。これら芸術上の考えとさまざまなヨーロッパ大陸哲学（とりわけニーチェ（Nietzsche），ハイデガー（Heidegger），ソシュール（Saussure），バタイユ（Bataille）の思想）の種々の要素を結び合わせて，ポストモダニストはハイブリッドな伝統を先導し，近代のメタナラティブを掘り崩しつつ多元性を実践することと，多彩な分野，ジャンル，学問の融合を図ることに関わってきた。ポストモダンの伝統で中心的テキストとなっているものとして，リオタール（Lyotard, 1984）

によるポスト近代を多様な言語ゲームの場としてみなす考え方や，ボードリヤール
（Baudrillard, 1983）による社会を記号の文化として分析するラディカルな記号製造学
（radical semiurgy）の展開，ドゥルーズとガタリ（Deleuze & Guattari, 1983）による資
本主義を下支えしている分裂症的（schizophrenic）欲望のミクロ分析が挙げられる。

　ポストモダニストたちが共有している（お互い同士で，そしてポスト構造主義者
たちとの間でも）ものの一つは，大きな物語（grand narratives）すなわちメタナ
ラティブ（metanarratives）訳注1) に対する純然たる敵意である。メタナラティブ
（metanarratives; grand récit）とは，広く共有された文化的ストーリー，いいかえれば，
神話，それを通して社会が自身を表現し，その社会のもっとも基本的な願望を実現
させようとする神話のことである（Lemert, 1997）。メタナラティブは権威ある哲学
を統合したものであり，その中心的な組織化原理が説明枠組となり，それがすべて
の歴史的，社会的出来事を実際に理解するために使われている（Childers & Hentzi,
1995）。ドハティ（Docherty, 1993）はメタナラティブを複雑なコード化されたシステ
ム（coded systems）であるとみなし，コードへと抽象化することによって数えきれ
ないローカルな物語の特性を必然的に見過ごし，ときには否定さえすることになる
という。近代は，特定の思考体系に合致するように，普遍的かつ抽象的な尺度で行
動を説明するようなメタナラティブにあふれている。マルクス主義と自由市場の理
論は両方とも，自身の理論的枠組に合致するように，すべての人間行動を説明しよ
うとする（他のものと競い合っている）近代的メタナラティブの例である。たとえば
マルクス主義は，すべての社会的ダイナミックスを資本家の搾取，剰余価値の創出，
人間文明に対するマルクス自身の目的論的見解によって解釈している。一方で自由
市場信奉者は，貧困，犯罪から贈収賄，インフレにいたるすべての社会問題を，自
由市場システムに従わなかったことから生じたものとして理解するのである。

　どちらのナラティブも，歴史や文化には違いがあるにもかかわらず，世界中の
出来事のすべてを理解するための分析枠組として使われている。メタナラティブは，
多くの場合「科学的」あるいは価値中立的な概念システムを装った，きわめて柔軟
性のない正統派の通説である。ポストモダニストにとっては，科学それ自体もまた，
進歩主義，自由民主主義，社会的ダーウィン主義がそうであるように，もう一つの
近代のナラティブであるということに注意しなければならない。すべてのメタナラ

訳注1) 原文の grand narratives は「大きな物語」，meta narratives は「メタナラティブ」
　　と訳出する。

ティブは特定の望ましい状態や条件（たとえば，自由市場，ワーカーズ・コレクティヴ，先進国，適者生存）と堅く結びついており，それが普遍的なブループリントとして提示されていくのである。異論はたいてい異端とみなされ，こうしたメタナラティブが支配する社会の片隅でしか生きのびられない。

　究極的に，ポストモダニストたちは，近代のメタナラティブの全体主義的傾向とそれらが異論を唱える声を無慈悲に抑圧（強制，嘲笑，軽蔑を通じて）することにももっとも苦しめられているのである。メタナラティブは全体主義的知のシステムを産み出すだけでなく，こうしたシステムは，相反する考えや反対の考えを体系的に無視したり棄却したりするゆえに，構造的に欠陥がある。このような理由から，ポストモダニストとポスト構造主義者たちは，近代のメタナラティブによって踏みにじられたり，脇に追いやられたりしてきた人びとに焦点を置いてきた。彼らの関心は，失われた声，周縁の声，とりわけ道理がわからない人びと，忘れられた人びと，抑圧されている人びと，声を奪われた人びと，もたざる人びと，不遇な人びとの声を取り戻すことにある（Rosenau, 1992）。

　ここまでで明らかなように，ポストモダニズムは，真なるものと現実（truth and reality）に対するアプローチが非常に問題含みであることを我々に示したのである。二つの主な近代主義者の伝統——実証主義とマルクス主義——は真なるものと現実について非常に異なる見解をもつ。実証主義は，科学の言語は外在する現実の真実を十分にとらえ，表現することができると信じており，真実と現実は対応しているという説をとる。マルクス主義や批判理論は表面的な真実（すなわち誤った意識やイデオロギー）を超え，「正真正銘の（real）」真なるものに行き着くことにより関心がある。両者とも，言語や我々自身の想像の外にある具体的で触知し得る，真正な現実が存在すると想定している。それに対しポストモダニズムは，「真なるもの（truth）」と現実の源としての言語（language）それ自体に焦点を置く。ポストモダニズムは，また，イメージの世界をずっと真剣に取り上げ，イメージの世界（たとえばテレビ，映画，インターネット）それ自体が現実を構成しているのみならず，他のものと同じくらい「リアル（real）」なものであると論じている。

　また，ポストモダニストは社会現象を熟考し議論する際に意図的に遊び（playful）心を添える。この遊びの構え（これをきわめて腹立たしく思う学者もいる）は，科学的・学術的な説の犯し難い権威性を弱めることを目論んだ意図的な手だてである。芸術，文学，建築，哲学，社会学において，ポストモダニストたちは自分たちの真なるものの主張の真剣さを弱めるために皮肉と遊び心を使う。マルクス主義や批判理

論とは異なり，ポストモダン一派は，彼らが批判している社会の代わりとなる，理想的で望ましい社会のブループリントの類のようなものを何一つ提示しない。挑発的な遊び心に加え，具体的な代替案を立てることをポストモダニズムが拒絶していることは，冷笑的かつ理論的に枯渇した一派，皮肉な破壊性という意味でほとんど幼稚な学派という印象をときとして与えている。ある批評家たちは（Kroker & Cook, 1988: 73），「完璧なニヒリズム，それは常にヨーロッパ的意識のなかで働いてきたものであり，十分にテクノロジー社会が実現したいまこそ，権力と記号が運命的に結びつき姿を現した，ニヒリズムへの回帰」としてポストモダニズムを特徴づけている。

　これは，ポストモダニズムの公正な特徴づけであろうか。ポストモダニズムは実質的な変化を何もなしていない，知的だが無謀なもう一つの試みにすぎないのか。我々がこれからみていくように，これらの問いに対する答えは，可でも否でも十分あり得る。ポストモダン学派は，かなりさまざまな著者たちから成り立っており，ある人は他の人たちよりよりラディカルで皮肉的である。確かに，ボードリヤールの *Cool Memories* のような重要なテキストもあるが，それは，ヨーロッパ近代の倦怠，停滞，退廃の状態を述べたにすぎないというベストとケルナー（Best & Kellner, 1991）の批評に十分値する。しかしながら，ボードリヤールが初期（Baudrillard, 1975）に発表した消費様式に関する著述は，変わりゆく交換関係への驚くべき洞察を提供している。もう一人のポストモダンの著述家，リオタール（Lyotard）はハーバーマスのコンセンサス理論（Habermas's theory of consensus）を非難したゆえに，新保守主義という嫌疑をかけられてしまうが，彼はまた，多くのいわゆる自由民主主義のメタナラティブに内在している暴力性について厄介だが重要な問題を提起している。ポストモダン学派をめぐる論争については，この章の最後の方で取り上げる。

　ボードリヤール（Baudrillard, 1975; 1983）とリオタール（Lyotard, 1984）に加え，ポストモダン学派に寄与した人物は他にも多くいる。イーハブ・ハッサン（Hassan, 1987），ドゥルーズとガタリ（Deleuze & Guattari, 1983），ポール・ド・マン（de Man, 1971），リチャード・ローティ（Rorty, 1979）が挙げられる。紙幅の制約上，この章では，ポストモダニズムの発展にともに大きな影響を与えたが，一方では，社会生活の本質的に異なる次元に焦点を当てたリオタールとボードリヤールの業績に焦点を当てたい[原注1]。

12 ポストモダニズム 249

1 リオタールとポストモダンの知

哲学や社会理論の論文に出てくるポストモダン（postmodern）という用語を広めた誰か一人を挙げるとすると，それはジャン＝フランソワ・リオタール（Jean-François Lyotard）だろう。1984 年，リオタールはカナダのケベック州政府に委託されていた，現代的知の状況についての報告書 *The Postmodern Condition: A Report on Knowledge*（『ポスト・モダンの条件──知・社会・言語ゲーム』）(1984) [訳注2] を発表した。疑うまでもなくこの影響力のある報告書のなかで，リオタールは近代科学のマインドセット（modern scientific mindset）に対するもっとも根本的な批判の一つを展開し，次いで，知のシステムがもつ断片化および通約不可能性（incommensurability）によって主に特徴づけられる楽観的なポスト近代の将来を予期した。この報告書一つで，リオタールは，ラディカルな非難という戦略と，非常に積極的なニーチェの生の肯定哲学を同時に追求しているのである（Best & Kellner, 1991）。

ポストモダン学派の萌芽においてリオタールが果たした役割の大半は，異種混交，多元性，不断のイノベーションへの擁護である。彼の研究は，近代全般，とりわけ近代的知のシステム（科学）の標準化と過度の合理化への懸念によって主に動機づけられている。近代合理性の普及に対し同様に深く幻滅していたマックス・ウェーバーやニーチェを含むヨーロッパ大陸の著述家の系譜のなかで，リオタールの近代に対する懐疑は，多くの点でもっとも最近のものであるにすぎない。しかしリオタールは，(a) 近代における中心的な問題は，ダーウィニズムやマルクス主義のような包括的なメタナラティブへの固執にあるという主張，(b) 近代のメタナラティブは，ポスト近代の条件下で盛んになると思われるローカルで相矛盾したさまざまな物語にゆくゆくはとって代わられるという安易な期待という点で，ウェーバーとは異なる（ニーチェとは完全に異なるわけではないが）。このように，リオタールは，哲

原注1) ポストモダン的思考の複雑さゆえに，中心的に用いられている概念を哲学全体から分離することはいつも以上に難しい。したがって，この章では中心となる概念を詳細に説明する単独のセクションをつくらなかった。その代わり，諸概念のセクションは，リオタールとボードリヤールの思索をめぐる全体的な考察となっている。

訳注2) 『ポストモダンの条件──知についてのレポート（*The Postmodern Condition: A Report on Knowledge*)』は，リオタールがカナダのケベック州政府の大学評議会に依頼されて提出したのが 1979 年（フランス語版），英語版が出版されたのが 1984 年である。

学者でありポストモダニティの予言者でもあった。

リオタールは，近代を大きな物語にどっぷりと浸かった時代とみていた。これらには，国民国家と自由民主主義，自由市場と富の創造，自然進化と社会的ダーウィニズム，労働者革命と集産主義的国家といったメタナラティブが含まれている。このようなメタナラティブはすべて，真理，美，そして善き生活について一見何の疑いもない説を提供し，――それらはすべて，公的あるいは私的な領域での行動や考えを指南するマスター型（template）に織り込まれる。リオタールを不安にさせたのは，実際はこうしたすべての大きな物語が危険な全体主義的産物（dangerously totalitarian）であるということだった。なぜならそれぞれの大きな物語がそれぞれのやり方で，きわめて還元主義的であり，人間の状況を過度に単純化しており，重要な原則からの逸脱に対しどこまでも不寛容であるからだ。たとえば，ヨーロッパ的自由民主主義の規準に合致しないあらゆる政治システムは部族的，原始的だとして退け，その一方で市場に任せることを尊重しないあらゆる経済的協定は，嘲笑の標的となった。このことは，主流の近代のナラティブに当てはまると同様に左翼のそれにも当てはまる。たとえばマルクス主義者は資本家の搾取と労働者革命という彼らの目的論的メタナラティブと完全に結びついており，他のどんな歴史の解釈も将来の予言も極度に認めないのである。リオタールの近代のメタナラティブに対する批判は，近代の知的・政治的な立場のすべてにわたって正統とされる説をまったく偏りなく見定めている。全般的にいって，彼は伝統的な社会理論とその真理・普遍性・全体性への関わりに本質的に抑圧的な何かをみていた（Kellner, 1990）。それゆえ，彼の考えが保守派からも批判派からも大いに敵視されるのも驚きではない。

リオタールは著作のかなりな部分で，大きな物語をすべて破壊し，特定の集団やコミュニティにしか直接的には関連がないような，小さくてローカルな数々の物語に置き換えることを提唱している。このプロジェクトを取り上げるにあたり，リオタールは，近代社会における科学の役割についても述べている。最終的には，リオタールの科学論（ウィトゲンシュタインの言語ゲーム論にかなり負っているのだが）は，ポストモダン学派の進展への彼の主要な寄与の一つである。

リオタール（Lyotard, 1984）の *The Postmodern Condition*（『ポストモダンの条件』）は基本的には，さまざまなナラティブの形と近代およびポスト近代の知のシステムとの関係性を追ったものである。リオタールは，科学を近代社会のなかで知を生産する際の普遍的な様式であるとみている。彼はまた，科学的（scientific）知と物語的（narrative）知の間に重要な線引きをしている。両者とも近代社会にみられる形態で

あるのだが，科学的知の方がはるかに突出し正当性を享受している。一方で前近代的もしくは非近代的（nonmodern）な社会は，主として物語的形態の知に依存する。リオタールによれば，科学的知は抽象的，明示的な（denotative）論理的・認知的手続きによって，反証を論破する力を通してのみ発展していくものだという。科学は，言語ゲーム（language game）（現実の反映としてよりも）として理解するのが一番よい。仮説の検証や統計的サンプリングといった内輪のルールと手順（あるいは文法）に従い，関連する言語コミュニティ（例：科学者たち）から得たコンセンサスを通してのみ，発展できる言語ゲームなのである。一方，物語的知は，神話や寓話，ファンタジー，伝説を扱っており，これまたまったく異なる言語ゲームである。科学的知と物語的知はどちらも，たとえ非常に異なるやり方であったとしても，スピーチや行為，信念を定義する（Sarup, 1993）。科学はその対象から距離をおくことや客観性に誇りをもち，物語的知を激しく軽蔑し，無知で野蛮，迷信的で逸話的，非合理的なものであるとして片づけてしまう。リオタールの見解では，科学の支配が招いた結果は，合理性の地位を高め，それに伴って感覚が価値ないものとされたことであった。彼の狙いは，我々の感性をより美的で感覚的な方向へ向けさせることを願って，物語的知を擁護，復権させていくことである（Best & Kellner, 1991）。

　リオタールは科学が言語ゲームであるということを考察した一方，もう一つの特筆すべき観察をしている——やや皮肉めいているが，科学それ自体がその正統性を，近代でもっとも強力な二つの大きな物語から引き出しているというのである。そのうちの一つは政治的な大きな物語であり，フランス革命の理想から生み出されたものである。奴隷制や農奴制から自由と民主主義へと人間を解放した（human emancipation）という大きな物語である。科学は，このナラティブにおいて個人を非合理性，無知，迷信から救い出すことによって大きな役割を果たしている。科学を正統化する第二の大きな物語は，進歩（progress）という社会哲学的なもので，ヘーゲル（Hegel）とダーウィン（Darwin）に由来し，人間と文化的発展を称賛している。この進歩という時代のなかで，科学は社会的発展を生じさせることができるものとして，もう一度主役の座についたのである。進歩も解放も包括的な近代のメタナラティブなのである。それが，科学的発見や発明という概念でさえもが，解放と進歩という大きな物語を支持し共鳴しているがゆえに，意味と正統性を得るようにすべての社会現象を組織し，従わせ，説明するのである（Connor, 1989）。

　つまり，リオタールは素晴らしき逆説を提案したのである。科学（自身の内的な論理によって）は物語的知を非難することに与しているが，同時に（いくらか皮肉に

も）その正統性を二つの幅広い社会文化的ナラティブから引き出している。したがって，ナラティブへの嫌悪感にもかかわらず，科学はその正統性をナラティブに依存していることを知るのである。リオタールはまた，この依存関係内に，科学の可謬性を認めている。なぜなら，進歩と自由という二つの大きな物語が，変わりゆくポスト近代社会で徐々に魅力を失っていくにつれて，科学自身の正統性も薄れはじめているからである。さらにリオタールの予測によると，ポスト近代社会の状況下では，科学は数々の専門に小さく分かれ，普遍的な「真理」を明らかにすることよりも専門のなかのルールに従うこと（行為遂行性：performativity）により関心を向ける。全体として結果的には，「大きな物語に包み込まれていた大部分が，分裂して自律性をもった小さなナラティブへとシフト」（Connor, 1989: 32）していくことになる。リオタールがどのようにしてポストモダンの知とポスト工業社会の動向を同じものと考えたか，また両者をどのように称賛し肯定するに至ったかを我々はここにみることができる。

2 ボードリヤールとポスト近代社会

　社会学者として専門的訓練を受けたジャン・ボードリヤール（Jean Baudrillard）は，きわめて優秀な学者であり，賛否両論のあるポスト近代社会の予言者であると多くの人にみなされている。彼の近代についての広汎な論考は，明らかに不合理で，皮肉で，超現実的傾向に彩られている。彼の主たる関心は，急激な消費の高まりと，日常生活のあらゆるところにますます侵入してくる情報技術とマスメディアによって引き起こされた近年の劇的な社会の変化である。ボードリヤール（Baudrillard, 1975; 1983; 1988）は同時に，魅惑的だがぞっとするようなポスト近代社会の逆ユートピア像を描いている。逆ユートピアを，あるいは「ブラックボックス」「統計学的なクリスタルボール」，すべてのエネルギーを吸い込む「不透明な銀河（opaque nebula）」として描いてもいる（Kellner, 1990）。ボードリヤールはさまざまな主題に触れているが，主要な知的貢献は，(a) ポスト近代社会を記号の政治経済として理解したこと（Connor, 1989），(b) ハイパーリアルな社会という彼の概念（Baudrillard, 1983）と，(c) 特定のミクロ政治的な抵抗戦略を提唱したこと（Baudrillard, 1988）にある。

　初期の比較的影響力のあった研究 *The Mirror of Production*（『生産の鏡』）（1975）において，ボードリヤールは，ソシュールやマルセル・モース，バタイユといった

より言語志向の理論を援用して，有用性と交換に関するマルクス理論を真剣に再評価しはじめた。一言でいえば，我々の高度情報化社会は生産モードから消費モードへと劇的なシフトを経験しており，そこにおける中心的な経済問題はもはや生産に関するものでなく，マーケティングおよび消費者とのコミュニケーションに関するものであると論じたのである（Poster, 1990）。このコンテクストのなかでボードリヤールはまず，ポスト近代社会は，象徴的価値（symbolic value）をもつ商品によってあふれ，そのような商品を継続的に市場に売り出し続けなければならないようにつくられていると説明し，商品に関する二つのマルクス的解釈——すなわち，有用な価値をもつ商品（つまり，消費者にとって直接役に立つ商品），および交換価値をもつ商品（つまり，何か他の物と交換することができるために価値をもつ商品）を論じている。象徴的価値をもつ商品は多くの場合，それらが何であるか，どのような用途で役に立つのかというよりもむしろ，それらが何を表している（represent）のかということで欲しがられる。要は，象徴的な商品とは，尊敬や敬意，それを消費する人たちに社会的な立場を与えるがために価値があるものなのである。したがって，BMWはある場所から別の場所へと車の所有者を移動させることができるというのが第一の理由で買うのではなくて，上層中産階級の成功と富の象徴であるから買われるのである。オーダーメイドのキッチンキャビネットは収納スペースを増やしてくれるからではなくて，センスのよさを象徴している理由で欲しいと思うのである。象徴的な商品の消費を絶え間なく宣伝販売する必要性は，ボードリヤールによれば，ポスト近代社会を支える原動力であり，自己と経験を構成する際に重大な意味をもつという。

　大衆の象徴的消費が主要な経済的要請となるにつれ，また家庭や親密な領域にますます浸食してくるマスコミュニケーションを介して消費が煽られるにつれ，ポスト近代社会がますます記号製造的（semiurgic）になってゆくとボードリヤール（Baudrillard, 1983）はみている——ポスト近代社会は，記号（sings）がそれ自身の命を得て，コード（codes）と象徴によって築かれた新しい社会秩序を構成する場所となっていく。生産志向の社会から記号と記号が表すものによって支配された社会へシフトするというボードリヤールの議論は，ポスト近代社会を生産様式（mode of production）よりも意味様式（mode of signification）のもとで動いているものとみなす彼の見解の核心である（Poster, 1990）。彼は次に，この議論に続いてポスト近代社会の著しい特徴（産業時代とはっきり区別できるような）を強調することへと進むのである。マルクスは生活の多様な側面を商品化する資本家階級の力を十分に認識して

いたが（8章を参照），ボードリヤール（Baudrillard, 1975）は，考え方，言語，精神構造を経済的領域の要素へと変えることで，いまや商品化（commodification）が文化や意味の全領域を支配しているという説を出すことによって，マルクスの商品化理論をさらに拡張していく。これが，彼がポスト近代社会を記号の政治経済（political economy of the sign）下で動く社会であると言及した際にいいたかったことなのである――つまりそこでは，コマーシャルのイメージは押しつけがましく言語をつくり変え，それによって人びとの自己，経験，欲望を生み出していくのである。

　終わりなき消費を産み，維持していこうとする狂乱のなかで，広告宣伝はポストモダン時代の生活の中心を占めはじめ，そのプロセスで我々の言語的・心的構造を乗っ取っている。実際，これはどのように起こっているのだろうか。ボードリヤールによると，テレビ広告はその秀逸な例である。要するに，テレビ広告は，あることばと，そのことばがいままでもいまも何の関係もなかった対象物を記号論的に結びつけ（7章を参照），まったく新しい記号システムを始めることで，新しい言語システムをつくり出している。ボードリヤールはこの現象をフロアワックスの広告を考察することで説明する。その広告では，新たに磨かれ輝くような床が，恋人同士がすーっと滑って，優しく抱き合うアリーナになっている。つまりこの広告はフロアワックス（シニフィアン）とロマンス（シニフィエ）を，「犬」ということばがイヌ科の種の一つ，もしくは忠誠という概念と結びつけられるのとまったく同様に，間違えようもなく関連づけているのである。似たような例はたくさんある。車を売るテレビ広告は，車と冒険，キャリアの成功，官能的な悦びを結びつける。メリルリンチのような金融会社は家族の温かさや快適さにしっかりと結びつけられているし，ナイキのスニーカーは若さとの巡り合い，など。ここでのボードリヤールの主要な貢献は，ファンタジー（ロマンスや官能，冒険のような）と平凡なもの（フロアワックスや車のような）を結びつけ一体化させることで，これらのイメージが我々の記号システムを構造的にどのように変容させ，さらにどのように我々の認知的，感情的構造の変容にも影響するのかを明らかにしたことである（Poster, 1990）。

　ここまでで，ボードリヤールはリオタールよりも，ポストモダニティに対してはるかに冷酷な見方をしていることが明白であろう。とくに，彼はマスコミュニケーション技術，とりわけ反応を返すことのできない視聴者に対して絶え間なく話しかけるというテレビによってなされる強圧的な押しつけを強く批判している。彼はまた，スタジオの観客や視聴者調査といった戦略を使うテレビ番組の熱心な視聴者との「いんちきなやりとり」形態にも警鐘を鳴らしている（Connor, 1989）。さらに，マ

スコミュニケーションのこうした新しいテクノロジーは，何を指し示しているのか
わからない（empty referentials）言語——すなわち，社会関係のなかに意味があるよ
うに埋め込まれることなく，ことば同士互いに指し示し合うだけの消費における記
号のシステム——を創り出し，絶え間なく送り出している（Baudrillard, 1984）。した
がって，ボードリヤールにとって，ポストモダンとは消費と大衆娯楽の終わりなき
狂乱のなかで意味というものが消えていく疎外の場そのものである（Gane, 1991）。

　ボードリヤールはポスト近代社会を，メディアのイメージとメッセージのネッ
トワークと強力な人工頭脳（cybernetic）が操るシステムによって結びつけられた
ものとしてみる。それは，記号の激増によって著しく特徴づけられる社会でもある
（Best & Kellner, 1991; Childers & Hentzi, 1995）。ポスト近代社会に関する彼の見解の
なかでの記号と象徴は，結局は，現実が徐々に失われていくという彼の理論を導き
出す中心的な役割を担っている。いくつかの点で，彼は，媒体はメッセージである
というマーシャル・マクルーハン（Marshall McLuhan）と見解を共有している。他
の点では，この考えをシミュラークル（simulacra）とハイパーリアル（hyperreal）
の議論のなかにさらに深く取り込んでいる。

　ボードリヤールの中心的な論点は，ポストモダン的文化と社会は再現と複製のテ
クノロジーによって定義されることである——そこでは，絵画や歌，経験でさえも
がさまざまな洗練されたテクノロジーで正確なコピーが可能になる。強力なコンピ
ュータ設備のおかげで，たとえばファン・ゴッホ（van Gogh）の傑作『ひまわり』
の数えきれないほど多くのコピーを，コピーとオリジナルの見分けがつかないくら
い，つくることが可能である。同じように，有名な音楽パフォーマンスも際限なく
再現され，映画も記録・再生され，家族のピクニックや結婚式でさえもあとから楽
しむためにビデオに記録され得る。どの場合でも，特定の視聴覚的，社会的経験は
時間と空間を超えて再現され，我々をコピーの世界に住むことを可能にする。ボー
ドリヤール（Baudrillard, 1983; 1984）がシミュラークル（simulacrum）を発展させる
に至ったのは，コピーがオリジナルと同じくらい強力であるというこの考えだった。

　シミュラークル（simulacrum）ということばは，初めは偽物で安っぽいコピーと
いう意味で，本質やオリジナルなアイデアの反対語として，プラトン（Plato）によ
って初めて使われた。つまりプラトンの著作では，シミュラークル（simulacra）は，
純正で原初のものよりも明らかに劣っているとみなされた質の悪い写し（debased
reflection）を意味する（Childers & Hentzi, 1995）。しかしボードリヤールの手にかか
ると，シミュラークルはまったく異なる扱いを受ける。シミュラークル（simulacra）

（それはコピーなのかオリジナルなのか区別するのが難しい）であふれたポストモダンの世界では，オリジナルの特権的な立場そのものが問題とされている（Baudrillard, 1983; 1984）。ボードリヤールが断言しているように，我々は芸術作品のコピーや家族行事の写真，ロックコンサートの録音に囲まれて，ますますシミュラクラ的（simulacral）な世界に住んでいる。非常に多くのシミュラークル（simulacra）への依存は，我々の経験とあらゆる現実との距離をますます広げていき，全般的な「現実なるものの希薄化（fading of the real）」の一因となっている（Connor, 1989）。

　ボードリヤール（Baudrillard, 1983）が主張するように，こうしたシミュラークル（simulacra）は他のシミュラークル（simulacra）にも適用されることにより，自己複製し続ける。テレビCMは映画の登場人物に言及し，その登場人物が今度はテレビ番組について言及するなど。一方でニュース番組は自身のニュースやライバルのニュースキャスターについて報道することがよくある。このプロセスで，我々の日常世界（これらのシミュラークルな蜘蛛の巣に絡まれている）は深さの次元を失いはじめ（Connor, 1989; Kellner, 1990），基礎となる現実，本質または構造のあらゆる感覚を失いはじめる。このシミュラークル（simulacra）の増大とその結果起こる物的世界との断絶は，「現実（reality）」との密度の濃い出会いを求める欲望を広く刺激する。その結果，現実をまねたもの（simulations of reality）が無限に増殖し，それ自体が，結局は，現実そのものよりももっと「現実的（real）」なものとなる。これが起こると，我々は，ボードリヤールのいうハイパーリアル（hyperreal）の王国にいることになる。

　ボードリヤール（Baudrillard, 1983）のここでの主要な論点は，ポスト近代という状況下で，「現実」と現実の模造を見分けることがますます難しくなっているということである（Poster, 1990）。イメージ，シミュラークル（simulacra），現実の三つの境界が内破される（implode）と，なんらかの現実に根ざしていた我々の感覚も深刻に蝕まれる。しかし彼のハイパーリアリティの概念は，現実と非現実の境界が曖昧になることについてだけでなく，現実のコピーが現実そのものよりも人を満足させている（したがって，もっとリアル）状況についてのことでもあるのだ（Gane, 1991）。

　ハイパーリアリティの世界では，我々の満足感とアイデンティティは圧倒的にシミュラークル（simulacra）の領域から引き出されている。テーマパークはサファリや山に登っている経験を模しているし，テレビのリアリティ番組は，個人的で親密な状況に代理で参加しているような感覚を人びとに与える。戦争や災難のニュース報道は何百万ものリビングルームに痛みと苦しみをもたらすなど。現実のイメージ

やモデル（images and models of reality）が我々の日常経験を支配し，直接的で実質的な経験にとって代わるとき，ハイパーリアルなるものが社会を牛耳る。これらのイメージやモデルは我々の道徳や審美眼の概念をも支配しはじめる。ベストとケルナー（Best & Kellner, 1991: 119-120）が述べているように，「ボードリヤールにとってのハイパーリアルは，女性誌やライフスタイル雑誌のなかの理想的な家庭，セックスマニュアルや人間関係の本に描写される理想的なセックス，広告やファッションショーで例示される理想的なファッション，コンピュータマニュアルで決められた理想的なコンピュータスキルなどといった現象に例示されるように，モデルが現実に置き換わっている状態なのである。こうした場合，モデルは現実なるものの決定要素となり，ハイパーリアルと日常生活の境界は消えるのである」。

このように，ボードリヤール（Baudrillard, 1983; 1984）のポスト近代社会の見方はリオタールのポストモダン的知の見方よりももっと暗く逆説的なものである。ボードリヤールはまた，社会的意味はますます断片化されたものになっていくとみているが，象徴交換システムを統治するマスターコード（master code）についても語っている（Connor, 1989）。しかし，ボードリヤールの権力の概念は，まさにその両価性ゆえに，魅力的であり続けている。一方で彼は，テレビのようなマスコミュニケーションの技術は，話し手たちのローカルなコミュニティから互いに伝え合うことを取り去り，個々人を受け身で従属的な観客に変え，商品と記号の交換のみを認める上から下へ伝達する言説（hierarchical discourse）に閉じ込めてしまったと断定している（Poster, 1990）。同時に，ボードリヤールは権力の源とその中心を明白に特定しようとせず，ポスト近代においては，権力は拡散され自由に漂い，触ることのできない，とらえどころのないものになりつつあると論じた。

ボードリヤールは権力に関して複雑な見解をもっていたために，結果として従来の（あるいは近代主義者の）抵抗の形には警戒的であった。たとえば，彼はマスメディアを民主主義の敵であるとして酷評したが，メディアを接収してもたいして役に立つことはなかろうと警告している。なぜなら，象徴交換の論理がテレビ視聴者の受動性と服従を支え続けるからである。また，ボードリヤール（Baudrillard, 1984）は，マスメディアは政治的抵抗を無意味な記号とシミュラークル（simulacra）の別の組み合わせに換えることで，不同意を中立化すること（neutralizing dissent）も十分可能であると断定している。ここで彼が主に関心をもっているのは，もっとも対立する実践を最終的には吸収し，自分のものにしてしまう支配システムの能力である。これは，抗議行動がテレビドラマの題材になってしまうときや，反対派のリー

ダーやスローガンがTシャツやマグカップ，そのほか数多くの記念品にいつも商品化されてしまうときにみられる。

　この抑圧的なシステムに応えて，ボードリヤールは非常にミクロ政治的（micropolitical）な――つまり，毎日の行動とライフスタイルに根差した――ポストモダン的抵抗の新しい形を提唱している。彼の理解するミクロ政治的な抵抗は，そのときどきで，多様な方向をとる。初期の研究（Baudrillard, 1975; 1983）では，彼は文化的・象徴的システムへの全拒絶（total rejection）（対峙するというよりも）に基づく抵抗を支持している。社会の辺縁でのボディランゲージや性，外見，美的センスによってインフォーマルに表現される抵抗を称賛している。彼はこのような抵抗がどのようなものなのかについて，都会で見られるグラフィティ（urban graffiti）への称賛以外は具体的な例をほとんど示していない。それを彼は，組織的な集団抵抗よりもはるかに潜在的な能力をもったものとみなしている。

　後期の著述では，ボードリヤール（Baudrillard, 1990）は抵抗の一つの形として皮肉まじりの冗談（ironic playfulness）を支持しはじめた。彼は，主観性のほとんどが記号と物の世界に消えてゆく時代として，ポスト近代を理解するのが一番よいと論じている。ボードリヤールの見解では，この記号と物のシステムと闘うことは，きわめて無意味である。人ができることはポストモダンという状況の無上のばかばかしさ（absurdity）を受け入れ，物の世界へ皮肉を込めて従い，社会を統制しようとするすべて努力をやめることだけである。ボードリヤールはまた，皮肉な介入の方法として宿命の戦略（fatal strategies）の使用を提唱しはじめた。この宿命の戦略とは，ある特定のロジック（たとえば官僚制や消費）を極限まで遂行する一連の行動のことで，そのシステム自体の欠陥や限界を晒し，それによってより根本的な変化への余地を切り開けるのではないかというのである。ボードリヤールの宿命の戦略は個人的で，組織化されておらず，特異的で，形の整った集団的政治行動とはまったく反対のものである。彼がありきたりの政治的反対を承認することを拒否して，皮肉へと後退したことが，旧来の批判学派からの非難をかなり招いた。この章の最後で，そのうちのいくつかの批判を検討する。

3　ポストモダン学派の研究例

　社会研究においてポストモダン的課題を遂行するのは決して容易なことではない。非常に多くのポストモダン的思想が，経営・組織研究でも追従者をひきつけてきた

が，それに対応する努力はポストモダン研究ではなされてこなかった。多くの組織学者たち（Clegg, 1990; Cooper & Burrell, 1988）はポストモダン主義の信頼に足る提唱者ではあるが，ポストモダン研究に取り組めるよう訓練された人ははるかに少ない。したがって，アルベッソン（Alvesson, 2002: 107）による，「ポストモダン的エスノグラフィーの事例についての話は多いが，そうした研究の成功例はさほどない」という見解は正しい。なぜこのようになるのか，思いを巡らすことは簡単にできる。第一にポストモダニズムは，何世紀にもわたって知や実在に関して容認されてきた叡智（wisdom）に挑戦することが主要な関心であり，したがってデータや方法，分析といった事象に対して根本的に異なった志向性を要求している。さらにポストモダニズムは，芸術的な混ぜ合わせ（pastiche）を好み，科学的なスタイルを避け，データ収集やプレゼンテーションの際にわざと多様なジャンル（歴史的，文学的，心理学的）を組み合わせる。

　一言でいえば，ポストモダニズムは，研究の性質およびそのプレゼンテーションを根本的に改めることを要求している。学者たちに，もっと遊び心をもって皮肉になることや，研究のなかにある程度の風変わりさを盛り込むことを勧めている。しかし，そうしたことは実行するのが難しいだけでなく（とくに，従来の伝統のなかで正式な訓練を受けている場合は），まともな出版物として世に出すことの承認も得られない。したがって，真剣にポストモダンの考えで研究しようとする者は，かなりのアカデミズムからの抵抗にあうことに備えなければならない。

　ポストモダニズムは，また，研究者たちに，他の学派での問いとは異なる，文化的イメージや現実創出に関する問いを発するように促している。このような問いは典型的に，社会全体規模の見世物を編成する際の組織の役割，勝利や悲劇のセンセーショナルな物語にメディアが魅了されることや，広告によってつくられたファンタジーの性質や，ディズニー社やラスベガスカジノのようなハイパーリアルな組織の台頭に焦点をあてる。ポストモダン学派にもっとも近い研究には，ボイエ（Boje, 1995）による研究やプレストン，ライトとヤング（Preston, Wright & Young, 1996）のものがある。ボイエの研究は主に広範なアーカイブ記録によっており，一方プレストンら（Preston et al., 1996）は企業の年次報告書にみられるビジュアルイメージを中心としている。どちらの研究も，声や複数主義（pluralism）といった重要なポストモダンの原則を忠実に守り，社会におけるイメージの本質的な役割のような重要なポストモダン的概念を使って研究している。

　ボイエ（Boje, 1995）は，ストーリーテリングの組織としてのディズニー社の歴史

的研究をおこなった。ポストモダン的視角を用いて，組織に関する公式的（そして好ましい）ストーリーと排除された（問題のある）ストーリーの関係を分析した。つまり，彼は我々を楽しい魔法の国（Magic Kingdom）（これが企業の自己イメージである）の神話の裏側に連れていき，従業員ストーリーを監視し抑圧することを積極的におこなってきた圧政的な組織の姿を我々に示すことができたのである。ボイエ（Boje, 1995: 1000）は，ストーリーテリングの組織を「さまよえる（wandering）言語的枠組であり，そこではストーリは意味を解釈し合う媒体である」と考えている。彼のポストモダンへの親近性は，さまよう（wandering）ということばの強調にみられる。意欲的なポストモダンの学者として，彼はストーリーを，変わりようがない，はっきりとした始まりと終わりのある完成された説明とは考えていない。むしろ，自分の仕事は，とらえどころのないストーリーを追うこと，会社の伝説とは別の帰結を探索すること，そしてディズニー社での生活と労働についての相矛盾する物語を示すことであるとボイエは自覚している。たとえば彼の研究は，ウォルト・ディズニーをミッキーマウス（恐らくウォルトが，奮闘した画家時代に友だちになったと思われる家ネズミから思いついたものだろう）の背後にいるただ一人の独創的な天才として扱う公式的な神話が，いかにアニメーターや元従業員，未公認の伝記作家から強く論駁されてきたかを示している。要するに，ボイエはディズニー社を，利益のためにストーリーを生産すると同時に自身についてのストーリーも生み出すストーリー生産の組織として描くことができたのである。ディズニーのストーリーテリング様式には，きわだってハイパーリアルなものがある。同時にボイエは，会社を不安定で脆いものにする一連の裏ストーリーによって公式的ディズニー伝説がどのように常に掘り崩されているかをも示している。

　ボイエの研究は，声（voices）の多元性を表すことの重要性を示している点で，ポストモダン研究のよい実例である。彼は単数よりも不協和音（cacophonic）の効果をつくり出そうと奮闘し，慣例的にはノイズとしてみなされたものの多くが声（voice）として再構築されている。そこには，忘れ去られたストーリーや会社を辞めた従業員の話などが含まれている。非公式なストーリー，うわさを発端とした話，地下の伝説はすべて表面化し，ウォルト・ディズニーと魔法の王国（Magic Kingdom）という魅力的な公式見解とともに，それら自身の場を保持している。同時に，ボイエは，彼自身の批判的な声ももち続けて，あるストーリーは支配的となり，他のものは抑圧されていることにも注意を払うように我々に警告している。

　プレストンらの研究（Preston et al., 1996）は，イメージへのポストモダンの拘り

を非常に真剣に取り上げているゆえ注目に値する。著者たちは「年次報告書で用いられているさまざまな代表的で本質的な戦略を調べ見抜く方法」（Preston, Wright & Young, 1996: 115）を模索する目的で，企業の年次報告書のビジュアルイメージを精査した。彼らは，美術研究と写真研究から批判的手法を借用して，(a) 写真家・アートデザイナーと読み手双方によってイメージに付与され，深く埋め込まれた社会的意味を解読し，また，(b) すべての関係者にとってビジュアルなものに表現されている相矛盾し，かつ移ろっていく多様な意味を明らかにしようとしている。

　この研究の詳細な説明は，明らかに本章の範囲を超えているが，しかし我々は，タンブランド（Tambrands）社[訳注3]の年次報告書にみられる一組のビジュアル表現の著者たちの分析に少し時間を費やすことで，ポストモダン研究がどのようなものであるか，感じをつかむことができる。タンブランド社はサニタリー製品の企業であり，1989 年の報告書は，（他のイメージとともに）テキストの左ページには『ユディトI』（Judith I）——有名なクリムト（Klimt）の絵画の複製があり，右ページはシーラ・メッツナー（Shiela Metzner）による写真をそれよりはずっと小さく複製している。この写真は，明らかにクリムトの『ユディトI』にきわめて似ている現代女性のものである。この年次報告書は他にも有名な女性の絵画のコピーを満載し，必ずそれは現代女性のずっと小さな写真が相対するように並置されている。

　プレストンら（Preston et al., 1996）は，これらのビジュアルについて興味深い解釈を提供しているが，それはポストモダンの中心的なテーマとの親近性をよく示していた。第一に，両ビジュアルとも（つまり，絵画と写真）各々が指示しているものから完全に分断されていると論じている。言い換えれば，クリムトの絵画の歴史的および美学的コンテクストにも写真のなかの「リアル」な女性の社会的な立場にもまったく触れられていない。我々に残されたのは，深みもなんらの意味もない，うつろなシミュラークル（simulacra）のような機能をもった，脱文脈化された一対のイメージなのである。それゆえ，プレストンらにとって，これらのイメージは，生まれや特定の物的文脈への言及も何もないリアルな女性のモデルたちでしかないというハイパーリアリティの状況をつくり出しているのである。

訳注3) 1929 年に発明されたタンポンを商品化し，その商品名 Tampax を冠した社名 Tampax Inc. を 1936 年に設立し，1984 年に Tambrands に社名変更している。なお，プレストンらの研究（1996）発表後の 1997 年に P&G（Procter & Gamble）に買収されている〈https://us.pg.com/who-we-are/heritage/iconic-brands/tampax〉〈https://tampax.com/en-us/history-of-tampax〉。

しかし，彼らのポストモダン的志向から，著者たちは一群の他のありそうな解釈を模索してもいる。一つの解釈は，年次報告書は，絵画や写真の本来の意味をすっかり捨象して，それを象徴交換という，より広範なシステムのなかで主に機能する記号へと変えるというやり方で文化的イメージをいつも自分のものとして使っているというものである。また，写真のなかのリアルな女性は，クリムトの絵画のなかの象徴的な女性にいくらか従属的で，卓越した女性らしさのようなものを手に入れようと，リアルな女性が絵のなかの象徴的女性を真似していると解釈することも可能であると論じている。つまり，女性性が近代の傑作（『ユディトⅠ』）とタンブラン社の製品となんとなく漫然と絡み合い，サインとシニフィアン（サインが意味するもの）の新しい組み合わせがそこで生まれている。

プレストンらの研究（Preston, Wright & Young, 1996）は，ビジュアルテクストを精査し理解する際のポストモダニズムの有効性を強く示している。ビジュアルイメージの重要性を認めてきた批判理論やフェミニズムの学派もいくつかあるが，ポストモダン学派はビジュアルイメージをすべての社会的分析の中心に据えることが多く，またポスト近代の顕著な要素，とくにハイパーリアリティに結びつけることによって，さらに先をゆくものとなっている。ポストモダニズムは，また，広告やファッション，エンターテインメントのような分野で組織がつくりだすファンタジーワールド（fantasy worlds）の影響に我々の注意を向けさせることにも関わっている。したがってある意味では，ポストモダニズムは，組織というものを，純粋に理にかなった活動に従事する制度というよりも，夢を売る商売人として我々がみることができるようにしたのである。

4 ポストモダン学派における批判と論争

ポストモダニズムは，その賛成者からも反対者からも，非常に強い反応を引き出す傾向がある（Lemert, 1997）。ポストモダニズムに初めて触れた人たちは，この学派に関する論争から生みだされる純粋な知的熱狂に驚かされることが多い。ポストモダニズムが社会研究の多様な分野でなした貢献を評価する際には，これらの対立している立場のいくつかを全体像のなかに置くことが重要である。

ある程度ではあるが，ポストモダニズムへの極端な敵意は完全に理解できる。科学や進歩，自由民主主義といった確立したヨーロッパの理想に対する，ボードリヤールやリオタール，ドゥルーズ（Deleuze）のような著者による挑戦の大きさそのも

のには，当惑させられ，知的な脅威でもありえた。加えて，ポストモダンを率いる多くの主唱者は，その議論を多少なりとも無礼な態度で表現し，挑発的かつ不遜なスタイルをとっている。したがって，既成学会の保守的メンバーや批判理論系譜のメンバーはともに，たびたびポストモダン的態度に深くいら立っていることをみても驚きはない。つまり，ポストモダニズムに対する激しい反応は，その戯れや皮肉交じりのスタイルに起因するものもあるのである。しかしながら，このスタイルは容易に変えたり，放棄したりすることができるものではない。なぜならスタイルそのものが，ポストモダン学派の発展に欠くことのできない部分だからである。

批判理論系譜のサークル内でポストモダニズムの人気がないのは，それがマルクス主義と共産主義を絶え間なく攻撃していることで一部は説明できるかもしれない。ポストモダニズムは，資本主義がそうであると同様に，マルクス主義も共産主義もともに 20 世紀の残酷さと社会の非人間化に関わっているとしている。それゆえ，ポストモダニズム批判を評価する際には，こうした不満の源泉と文脈を理解することが重要になってくる。さらにもう一つ重要なのは，ロウジナウ（Rosenau, 1992），トンプソン（Thompson, 1993）やアルベッソン（Alvesson, 2002）のような著者の大ざっぱでお決まりの，見当違いの多い批判と，ゲーン（Gane, 1991）やメイ（May, 1996），ベストとケルナー（Best & Kellner, 1991）による思慮深くて鋭い批判を区別することである。ゲーンやメイ，ベストとケルナーが指摘しているポストモダニズムの問題の一つは，ピーター・ドラッカー（Peter Drucker）やダニエル・ベル（Daniel Bell）のような新保守主義者がいつも描くのと同じような技術によって駆動されるポストモダン的世界像を描く傾向である。ケルナー（Kellner, 1990: 269）が鋭く認めているように，「彼らは時流を本質的事実として，また発展するかもしれないものを最終的な状態としてとらえており，新保守主義者もポストモダン派もともに，ポストモダン的未来はすでに到来していると仮定している」。ポストモダンの理論化の多くは実際非常に偏ったもので，ポストモダン社会がばらばらに断片化し，内側から崩壊しつつある傾向に注意を集中してはいるが，経済的集中と政治的支配に向けての流れが増大していることを無視している。

経営・組織研究内のポストモダニズム批判のいくつかは，学派の多少不完全な理解に基づくものがあるようである（Alvesson, 2002; Thompson, 1993）。たとえば，ポストモダンのジャンルに関する保留を述べた長い章で，アルベッソン（Alvesson, 2002）はポストモダニズムとポスト構造主義を区別できておらず，結局のところフーコー（Foucault）とデリダ（Derrida）をボードリヤールやリオタールと一緒に束ね

て扱っている。そして彼の一般的な批判（このポストモダニズムの大ざっぱなカテゴリー化に由来している）は、彼の発言がデリダに向けられたものなのかリオタールなのかド・マンなのか誰に向けたものなのか、それさえ明らかでないために、妥当性を欠いたものになっている。アルベッソンは続いて、学派への理解が不十分なことを示す、ポストモダニズムに関してわけのわからないコメントをしている。たとえば、アルベッソン（Alvesson, 2002: 28）は、ポストモダニズムは「自身についてほとんど何もいっていないに等しく、ポストモダニズムが熱心に取り組むことのできる何かについて言及している、他者に依存しているのである」と論じている。この場合、アルベッソンはポストモダンの中心的な理念——すなわち近代とそのメタナラティブへの批判に触れているようにみえる。ここでは二つのことがいえそうである。一つ目は、知の生産の主要な要素としてポストモダンは、批判することに情熱を燃やしたが、それはポストモダンに特有のものではない。批判の対象はかなり異なっているかもしれないが、批判は、解釈学やドラマティズム、批判理論といったもっと古くからある他の知的伝統でも等しく中心にあった。二つ目は、リオタールやボードリヤールを自身についてまったく何もいっていないと退けているのは、彼らの原著に精通していないことを示しているにすぎない。とくにボードリヤールは、シミュラークル（simulacra）とハイパーリアリティという概念で現代社会をみる新しい視野を拓いてくれたし、（初期の著作では）マルクスの交換理論を興味深く洗練している。

　ボードリヤールの研究をより説得的に論評したのはゲーン（Gane, 1991: 43）である。ゲーンはポストモダン社会学者たるボードリヤールの欠点は、商品化された記号システムの無意味性を認識してはいるが、それに対して主観的抵抗を推進できなかった「疎外という非人文主義的なアイデア」を展開していることにあるとしている。同じようにベストとケルナー（Best & Kellner, 1991）は、ボードリヤールのいう疲弊したニヒリズム（exhausted nihilism）に懐疑的で、彼らが論じるところでは、ニーチェの積極的ニヒリズム（active nihilism）とは異なり、ボードリヤールのそれには希望も喜びもエネルギーもないという。ボードリヤールのニヒリスティックな傾向は、皮肉と遊び心に基づく個人的な抗議のミクロポリティクスには賛成するが、集団的な抗議方針には反対することにおおいに関わっているようである。いうまでもなく、ボードリヤールとリオタールが提唱した遊び心のある抗議は、永続的もしくは有意義な変化を産み出しそうもない空虚なジェスチャーの連続であるとして、ポストモダン的なやり方を退ける批判理論寄りの学者たちの怒りを大いに買った。

ポストモダン的立場の深刻な問題点は，その支持者の多くが，自分たちの西ヨーロッパ的な有利な地点から理論化しているのに，まるでそれらが普遍的関心事であるかのように，ポストモダン的見解を語ることである。ボードリヤールが記号製造社会（semiurgic society）の繁栄を予期するとき，またリオタールが多元的な知識社会の利点をとうとうと論じるとき，地球規模の貧困，生態系の悪化，エイズの拡大が，北米や西ヨーロッパといった特権的なコンテクストから外れた世界の多くが直面している中心的な問題であるという事実は，まったく忘れられているのである。ここでの不幸な逆説は，異種混交と多元主義に非常に深く関わっている学派が，最終的には，裕福な西側社会に主に関わる状況にもっぱら注意を向けることになっていることである。

このような短所にもかかわらず，ポストモダン学派には推奨できるものが多くある。一つは，解釈や批判の系譜の諸学派とはまったく異なる語彙および見解を我々に提供してくれていることである。二つ目は，多様なジャンルを組み合わせること，またアートと文学，科学という従来の垣根を壊すことを強調することで，新しく興味深いシナジー（相乗）効果を創り出していることである。最後に，ポストモダニズムは，よりリベラルで左派的な学問伝統の多くの人びととを彼ら自身の盲点に直面させ，そして少なくとも，より広い多元性と多様性をめざして状況を考えるように仕向けてきたことである。

表 12-1　ポストモダン派のハイライト

哲学的影響：	フェルディナン・ド・ソシュール（Ferdinand de Saussure），フリードリヒ・ニーチェ（Friedrich Nietzsche），マルティン・ハイデガー（Martin Heidegger），クロード・レヴィ＝ストロース（Claude Lévi-Strauss），ギー・ドゥボール（Guy Debord）
主要研究者：	ジャン・フランソワ・リオタール（Jean-François Lyotard），ジャン・ボードリヤール（Jean Baudrillard），ポール・ド・マン（Paul de Man），ジル・ドゥルーズ（Gilles Deleuze），フェリックス・ガタリ（Félix Guattari），リチャード・ローティ（Richard Rorty），ジョルジュ・バタイユ（Georges Bataille）

中心概念

・近代のメタナラティブ（Metanarratives of modernity）
・行為遂行性（Performativity）
・言語ゲーム（Language games）
・意味の様式（Mode of signification）
・象徴的価値（Symbolic value）
・シミュラークラ（Simulacra）
・ハイパーリアリティ（Hyperreality）
・宿命の戦略（Fatal strategies）

重要な実践

・大きな物語を批評する（Critiquing grand narratives）
・複数化と断片化を強調する（Emphasizing plurality and fragmentation）
・皮肉と遊びを注入する（Injecting irony and playfulness）
・寄せ集め，つぎはぎの研究（Research as pastiche）

代表的研究

・*The Mirror of Production*（Baudrillard, 1975）
・"Stories of the Storytelling Organization"（Boje, 1995）
・"Imag〔in〕ing Annual Reports"（Preston et al., 1996）

13 ポスト構造主義

言説，監視，脱構築

時津倫子［訳］

ポスト構造主義独自のアイデンティティとポストモダニズムとの区別については，諸説ある。ポストモダニズムとポスト構造主義を区別するポイントはほとんどないと考える研究者たちも（Alvesson, 2002; Rosenau, 1992），区別を強く主張する研究者たちもいる（Culler, 1982; Lemert, 1997）。ポスト構造主義を，ポストモダニズムのある種の変形バージョンとみる向きもあれば，ボードリヤール（Baudrillard）やリオタール（Lyotard）よりは，主としてフーコー（Foucault），デリダ（Derrida），ラカン（Lacan）の思想によって特定されるとする向きもある。ポスト構造主義は，20世紀末のヨーロッパにおける広い意味での「ポスト（post）」時代の一部をなし，ポストモダニズムといくつかの点で，とくに，「大きな」物語（"Grand" narrative）に対する疑念と啓蒙思想の打破について，同じ考えを分かち合っている。しかしながら，ポスト構造主義には，制度と権力に関連するものとして言語に焦点を当てるなどの，独自の際立ったいくつかの特徴がある。

ポスト構造主義と構造主義の関係は，おもしろいが複雑である。デリダ，ラカン，フーコーなどの，よく知られたポスト構造主義者は，構造主義から著しく断絶しながらも，明らかに古典的な構造主義（第Ⅱ部参照）の影響を受けている。ソシュール（Saussure）やレヴィ＝ストロース（Lévi-Strauss）のような構造主義者は，社会的現実を理解するための基本的なテンプレートとして言語学を用いた。彼らは文学的テクストや社会的テクストの形式と意味を説明する，その基盤にある記号や文法を探し求めたのである。それに対してポスト構造主義者は，秩序や組織化に抵抗することによって，テクストそのものが構造主義的な企てをどのように覆す（subvert）のかということに，最終的にはより興味をもったのである（Culler, 1982）。ポスト構造主義では構造主義とは違って，テクストを規則に従わないものであるとみなす。ま

た，ポスト構造主義では，テクストに特有な本質のようなものがあるとする考えを
否定してもいる。

　レマート（Lemert, 1997）のような評論家は，ポスト構造主義を「戦略的ポスト
モダニズム」の一形式であると述べている。(a) フロイト（Freud），フッサール
（Husserl），ニーチェ（Nietzsche）といった古典的な近代社会理論を再解釈し，(b)
科学・歴史・哲学・文学についての思想を基本的に変革させるために，言語と言説
（discourse）という概念を採用しているからである。ポスト構造主義では，芸術の分
野についての議論が少なく，文学批評や文化批評（芸術批評よりは）の範囲に限られ
るという傾向がある。ポスト構造主義は新手の知的な流行だとか，アンニュイな疲
労感で飽和状態になった西洋の一ジャンルにすぎないなどとして無視してしまうこ
とはできないということは，より広い意味でのポスト（post）がつく系譜をよく思
っていない人びとにも理解されている。デリダとフーコー，そしてその系譜を継ぐ
者たちは，現代社会の制度的主柱の多くに挑戦する，真摯な疑問を投じている点に
おいて功績があるといわねばならない。それぞれの学問としての来し方は異なるが，
デリダもフーコーも，知識や，西洋文明や，進歩といった確立された概念に対して
疑義を呈することに成功している。

　デリダは明らかにフーコーよりも哲学志向であり，フーコーはデリダよりも歴史
志向である。一見すると，デリダの著作は経営学や組織論の研究には関連がありそ
うにない。しかし，より深くみていくと，デリダの脱構築（deconstruction）として
知られる彼独自のテクスト分析は，管理的，組織的な文書研究の新しい方略を開く
ことができる。フーコーの考古学的（archeological）系譜学的（genealogical）な歴史
的方法は，経営学や組織論により関連がある。とくに，監獄や精神病院や病院を含
む，さまざまな社会的制度についての分析は，歴史的観点という従来とは異なる観
点から制度的パターンを考える研究を生み出してきている。この章では，デリダと
フーコーの代表的な思想について検討し，ポスト構造主義的研究のこれからの発展
について論じる。

1　脱構築の哲学

　ジャック・デリダと脱構築の理論と哲学は，密接につながっている。哲学者とし
ての素質があり，鍛練も積んだデリダは，哲学思想のコミュニケーションにおける
エクリチュール（writing）[訳注1] の媒介としての役割を哲学者たちに自覚させること

によって，西洋哲学の土台をゆるがすことにその学者人生の大半を捧げた。デリダは，ソシュールやフランスの構造主義者たちの思想に多大なる興味を抱いていたが，構造主義者たちの言語への関心を，エクリチュールまたは書きことば（書記言語）という，より限定的な関心に変化させた。エクリチュールの性質と形式についての疑問は，文学理論と文学批評によって以前から論じられてきたが，哲学などの学問分野で真摯にこれらの問いを投げかけたのは，まさにデリダであった。このようにデリダは，エクリチュールへの転換をさまざまな学問へと広げようとする運動において，中心的な推進力であった。

　哲学的言説の中心テーマであった，言語，思考，アイデンティティについて多くの疑問点を提示していることから，デリダの著作（Derrida, 1976; 1981; 1988）は，哲学的だと考えられている（Norris, 1987）。しかしながら，形式としても体裁としても，デリダのテクストは大部分が西洋哲学からは大きく逸脱しており，それまでの哲学とは似ても似つかないものであった。デリダ（Derrida, 1976）は主として従来の哲学研究がエクリチュールの重要性を把握してこなかったことを問題視しており，一般的に哲学といえば（a）世界の状態と人間性についてのコメント（論評）や，（b）人間のディレンマの解決をその課題としている，と指摘している。しかし，これらの哲学的課題のすべては，書くことを通してのみ完遂されるのである。デリダはさらに，哲学者たるもの，言語と世界の関係や，哲学者自身の研究対象である思想と言語使用の関係を，より真摯に取り上げるべきであると喝破している。つまり，彼は哲学をエクリチュールの一種（Culler, 1982; Norris, 1987）として扱い，哲学はエクリチュール（writing）であると理解するように促している。

　デリダによれば，西洋哲学の問題点は，哲学者たちが自身の著作を，思想を表現するための手段（conduit）であるとしか考えず，思想が表象される方法そのもの（つまり，エクリチュール）が，思想の内容と同じく哲学的議論の大きな部分を占めるということを認識していないことである。言い換えれば，デリダ（Derrida, 1976; 1978; 1981）は，すべてのテクスト（哲学でも科学でも経営学などでも）は厳密な修辞的分析の対象とすべきだと主張することで，哲学の形式と内容の間を分かつ幻の境界線を引き裂いたのだ（Cooper, 1989）。この観点についてデリダは，文学批評と哲学を同

訳注1）原文中ではwritingと記されており，これは「書くこと」と訳すことができるが，デリダの諸著作は，フランス語オリジナルから日本語に翻訳されており，訳本のなかでは「エクリチュール」と表記されているものが多いことから，ここではwritingをエクリチュールとした。

等に扱っている。そして，理性を追求する最高峰の学問としての，哲学の特権的地位を否定している（Norris, 1982）。

　デリダ自ら，脱構築（deconstruction）として知られるようになった，ある種の修辞的分析を用いて，いくつかの哲学文献（たとえば，ヘーゲル，フッサールの著作）について研究している。デリダ自身がこのことばをつくったわけではないし，あらゆる種類の修辞的分析やテクスト分析を意味するようにもなってはいるが，脱構築は，デリダの思想にまさに密接に関連している（Morrow, 1994）。脱構築はいまだに議論の渦中にあり，さまざまな知識的・政治的信念の学者たちから，少なからず怒りをかってもいる。脱構築は，虚無的で破壊的で，反動的で寄生的でもあるという激しい非難も受けている（Margolis, 1989）。脱構築を真摯なというよりは不真面目な（Sim, 1999）「極端に奇抜な比喩のスタイル」（Norris, 1987）であるとする解釈もある。

　脱構築の支持者は，脱構築は文化的テクストを再構成するために，文化的テクストに取り組む方法であり，破壊するための方法ではないという主要なポイントを，批判者が見失っていると主張する（Lemert, 1997）。脱構築は，従来の意味での方法として理解すべきでない。カラー（Culler, 1982）は，厳密な哲学的議論（philosophic argument）をしつつ，同時に主だった哲学的カテゴリーを置き換える哲学的方略（philosophic strategy）として脱構築を理解することを勧めている。レマート（Lemert, 1997）などの研究者たちは，脱構築を破壊的な立場であると解釈することに対して警告している。むしろ，脱構築を破壊的ではなく，皮肉（irony）によって，モダニズムやモダニティの基本的な特徴を考え直し，書き直し，再解釈するための社会理論的態度であるとみるべきだという警告である。

　脱形而上学を宣言してはいるものの，デリダはマルクス主義と批判理論派の知的系譜を継ぐものではある。しかし，デリダはこの二つの学派からしばしば批判されている。それは，デリダがこの二つの学派についてこと細かに疑義を呈し続けたからであり，彼らの思想を革新的に異なる方向からとらえているからである。デリダの妥協することなく因襲を破る，言語と表象についての思想は，さまざまな学問分野で敵をつくることになった。それに加えて，人間の自由や解放を目標とすることを明言している批判理論や史的唯物論とは違って，脱構築派（ポストモダニストやその他のポスト構造主義者たちも含め）は，そのような理想主義的な目標そのものに対してあからさまに懐疑的であった。したがって，脱構築は，恒久的なエンパワメントや解放を保証するのではなく，皮肉をまとった絶え間ない不安定化と批判を担保するのである。しかし，皮肉によるところが大きいからといって，脱構築を取るに

足らない考えだとみなしてしまうことも，デリダを西洋哲学のやっかい者（enfant terrible）にすぎないとみなすことも，間違いである。脱構築の目的と方略は，まさに真摯そのものである。「究極的には，脱構築は徹底的な哲学的懐疑の形式であると考えられる。これらの形式は，検証されていない諸前提に疑義を投げかけ，うまくいけば，それらのどこに我々の価値判断そのものを大いに疑わざるをえなくさせる矛盾があるのかを明らかにするのである」（Sim, 1999: 332）。

　それでも疑問は残る。すなわちそれは，経営学や組織論の研究者にはどんな関係があるのか，ということである。この問いに対する答えは，デリダ（Derrida, 1976; 1978）の社会的過程としてのエクリチュールの重要性についての議論や，パロール（speech）^{訳注2)} そのものが一種のエクリチュールの形式であるという考えや，人間の行動形式のほとんどがテクスト的産物（textual production）と同種のものであるという彼の思想のなかに見出すことができる。それに従って考えれば，組織の文書（テクスト）——方針文書，白書類，社報，議事録など——についても，哲学的テクストや文学的テクスト同様，脱構築することができると考えられる。しかし，覚えておくべきことは，これらのテクストを脱構築する際には，そのテクストを破壊したり解体したりすることが目的ではなく，(a) あるテーマや概念が，どのようにそのテクストの中心となっているか，(b) どのようにしてそれらのテーマが採用され，それ以外のテーマやカテゴリーが体系的に除外されたり禁じられたりするのかを明らかにすることが目的である。もっといえば，脱構築は，社会的テクストのなかで，通常は見過ごされたり，取るに足らないと思われたり，あまり関係がないとみなされたりするようなことにもっとも関心があるのである。脱構築的に読むことは，「テクストの限界や，テクストに明白に書かれていることと隠されていることの間の関係についての新しい議論へとテクストを導く」（Kilduff, 1993: 15）のである。

2　脱構築における中心概念

　デリダ派の脱構築は，ただテクストの弱点や矛盾点を暴いてみせるというだけのことではない。何はさておき，デリダは，哲学を頂点とする思想の序列を崩し，最終的には新しい言語形式に取って代わらせるために，書かれたものの書き直しや

訳注2) speech についても，訳注1と同じく，フランス語の原語から日本語への訳ではパロールとされていることから，ここでも speech をパロールとした。

再配置を意図するようなテクスト分析をおこなった。このように，デリダは制度化された思想のカテゴリーの再生産ではない方法でエクリチュールを再発明する（reinventing）ことに夢中だったのである。想像に難くないが，これは容易なことではない。しかしながら，デリダがより真摯に取り組んだ結果として，その書き方のスタイルは，よくいえばまったく見たことがないような，悪くいえばまったく奇妙な形式であった。批評家であり，考案者である位置をとることによってデリダは，初めてデリダを読む人にはたいそう難解そうな語彙を多用することになった。この節では，デリダがよく用いる術語のいくつかについて述べる。

■ ロゴス中心主義

デリダの西洋哲学に対する徹底的で，歴史的価値のある批判は，西洋哲学がロゴス中心主義（logocentrism）であるという彼の考えによっている。ロゴス中心主義とは，書かれたテクストを，パロール（speech）の完全で正確な表象であると考え，パロールと意味は直接的かつ生来的な関係をもつものだとする，西洋形而上学の傾向である（Culler, 1982）。簡単にいうと，ロゴス中心主義的な態度とは，書かれたテクストの意味を固定してとらえることができるものとみなす態度である（Culler, 1982）。デリダはこの考え方をロゴス中心主義とよぶ。なぜなら「原型としての「ロゴス」，つまり人間の活動の前提となる意味という概念を人間の経験の中心とする」（Cooper, 1989: 482）からである。

ロゴス中心主義は，書きことば（writing）は話しことば（speech）の単なる反映にすぎず，暗黙のうちに，パロールはエクリチュールに勝ると理解する，形而上学の一形式である。ロゴス中心主義は，すべてのエクリチュールの形式の基本構造である二項対立において，主要で優れているとされている方をより重視している（Childers & Hentzi, 1995）。女性よりも男性に特権があり，身体よりも精神に，未開よりも文明に特権がある，などである。脱構築は，すべての言語は不安定性（instability）と不確実性（indeterminacy）（Sim, 1999）に根差しているという仮定と，すべてのテクスト解釈は流動性と多様性に関与すべきだという仮定のうえに確立することによって，西洋哲学における，これらのロゴス中心主義的な傾向を打破することを目的としている。

■ テクストの脱中心化

デリダ以外のポスト構造主義者やポストモダニスト（フーコーとリオタール）とも

共通するところだが，デリダは主流の哲学または思考システムに強く反対している。社会の主流または中枢を占めるあらゆるものには，ロゴス中心主義的傾向のみならず言説の条件をも支配し管理する能力があるゆえに，要注意である。科学，進歩，民主主義，開発などはすべて，主流の言説である。脱構築の目的は，「脱中心化」という概念に基づく知的闘争の一形態を発展させることである。レマート（Lemert, 1979）によると，脱中心化は，現象学における意識の哲学など主流の哲学へのデリダによる攻撃を意味する，合理的で正確な哲学的概念である。脱中心化という研究プロジェクトは，ロゴス中心的思考体系を不安定化し（destabilizing）それを周縁からの一連の思想に絶えまなく置き換え続けることに専心するのである。

　中枢テクストの脱中心化を提唱しつつも，デリダ（Derrida, 1976; 1978）は，言語を完全に置き去りにするわけにもいかず，また，まったく新しい言語に置き換えるわけにもいかないという現実に気づいてもいる。形而上学的な言語には頑なに信用を置いていないにもかかわらず，言語構造を壊すためには，その言語構造のなかで仕事をする必要があることについては認めている（Norris, 1982）。それゆえデリダは，言語そのものの構造を，それに反するように使うことで言語を不安定にさせるための，いくつかの書き方を開発した。記号システムをそれに反するように使うというこの主張は，意味論や解釈学などの他のテクスト分析とは一線を画する，脱構築的なテクスト分析をよく表す特徴である。初期の著作である *On Grammatology*（『根源の彼方に―グラマトロジーについて』）（1976）ですでに，デリダは抵抗的な書き方を試みている。たとえば，中心的権威にアピールする文言や，起源を回復し得るという考えによる文言に嫌疑を向けはじめた。彼は，自分が書いた文字をわざと線で消して，その深い，問題を含むメッセージに注意を向けさせている。これは，抹消線を残したままにするという書き方（writing under erasure）として知られ，テクスト自体に対峙してテクストを使うことで，テクストを分解する脱構築の力を示している。

■ エクリチュールと差異

　差延（différance）は，デリダの造語で，議論の余地はあるものの，現代の言語学・哲学における議論に対する彼のもっとも重要な貢献である。差延（différance）についてのデリダの議論は，言語における意味という問題への彼の一意専心な関心から発したものである。この問題に取り組むなかで，デリダは社会的過程としてのエクリチュールの重要性と，エクリチュールにおいて意味を固定化するすべての試みに抵抗する必要性を主張している。

デリダのエクリチュール概念は、もっとも複雑で、総合的に取り扱われている。彼にとってエクリチュールとは、「人間が環境についての秩序と組織を刻み込むプロセスである。エクリチュールはメッセージの意味や内容に関係しているのではなく、根源的に表象の構造と組織に関係している」(Cooper, 1989: 484)。この観点からは、デリダは、対立カテゴリーについての構造主義的関心を共有しているといえる。しかしながらデリダは、これらの構造の不安定性を主張することで、また言語に見出される対立カテゴリーの序列的性質を打破する（overturning）ことに注力することで、構造主義を超越したのである。

デリダは、フランス語の différance と différence を精査して、いくつかの興味深い点を指摘している。この二つの単語の発音は同じだが、綴りが違い、その違いは、書くことでしかわからない。最初の単語はフランス語の動詞「to differ」（異なる）から、二つ目の単語は「to defer」（引き延ばす）に由来する。デリダはさらに、différence という語は支配に抵抗することができると論じている。なぜなら、その意味はいつもこれら二つの動詞、to differ（異なる）と to defer（引き延ばす）の間に保留されているからである。どちらの動詞も différence という語にテクスト的な力を付与している。デリダの貢献は、differ がどのように defer に変化するかを示し得たことと、意味はいつも保留されていて、何らかの最終形が存在することはないと論じたことにある。このように差異という概念は、意味が多岐にわたって層をなしており、決して固定されることのない、テクスト生産を要求しているのである。

3 フーコーの知の考古学と知の系譜学

20世紀の後半において、ミシェル・フーコーほど影響力があり、議論の的になっている思想家は他にはいないといっていいだろう。フーコーの著作は、新構造主義(Wuthnow, 1984) とよばれたり、新折衷主義とよばれたり、スピノザ信奉者 (Clark, 1983)、超越論的歴史家 (Habermas, 1974) とよばれたりしているが、ポスト構造主義者とよぶものがもっとも多い (Gane, 1986; Poster, 1984)。言語について強く主張すると同時に、言語学的・構造的要素を否定しているということが、フーコーをポスト構造主義者とみなすゆえんである。フーコーは、絶対的なものとしての権力そのものではなく権力の関係 (relationship of power) と、権力とより広い社会的制度や、ミクロレベルでの個人の実践との関係を理解することに強い関心がある。この関心からフーコーは、狂気と理性 (Foucault, 1973)、医療制度 (Foucault, 1974)、見えないけ

れども広くゆきわたった規律・訓練（discipline）の諸相（Foucault, 1977a），セクシュアリティの歴史（Foucault, 1979）などについて優れた社会歴史的研究をおこなった。

フーコーは経験的研究の領域が際立って広いだけではなく，ニーチェ，ソシュール，アルチュセール（Althusser），バタイユ（Bataille），カンギレム（Canguilheim）など，幅広い西洋の思想家の諸概念にも通じていた。彼の魅力は，構造主義的方法も現象学的方法も乗り越えた点にあり（Dreyfus & Rabinow, 1982），マルクス主義や批判理論についても同様である（Poster, 1984）。つまり，フーコーはその著作によって我々に，現代がいかに管理的（regulatory）かつ規律・訓練的（disciplinary）であるかについて気づかせてくれた，破壊的かつ革新的な思想家であった。とりわけ，主体性の構成（constitution of subjectivity）を通して社会的管理をなし遂げる，規律・訓練的装置として社会的制度を理解できるようにしてくれた（Best & Kellner, 1991）。

フーコーのこの理解に至る方法は，歴史学的方法であり，今日人間が存在することの意義についての重要な問いは，人間性の歴史を理解する文脈のなかでのみ答えられるだろう，と断言している（Fink-Eitel, 1992）。実際，マルクス以来，フーコーほど，歴史的理解を主張した社会理論家はいなかった。しかし，フーコーの歴史へのアプローチは，マルクス主義のそれとはまったく異なるものである。第一にフーコーは，過去の出来事を，より文明の進んだ状態に向かって進歩するものだとみる進化論的な見方を徹底的に避けている。その代わりに，不連続性（discontinuity），偶有性（accident），断絶（rupture）を，どの歴史的物語にも不可欠な要素として強調している。つまり，フーコーは過去の出来事の複雑さと偶然性に注目したということである。過去の出来事を，階級闘争とか，国民国家とか，人類の進化といったような全体的な物語の影響のもとに，一貫した物語に収束するとはとらえなかった。

フーコーの著作についての評論家のほとんどが，フーコーの歴史的方法が考古学（archaeological）時代を経て，系譜学（genealogical）の時代に至ったということについては意見を同じくしている。初期の著作である *Madness and Civilization*（『狂気の歴史―古典主義時代における』）(1973) は，考古学時代の特徴をよく表している。この著作のなかでフーコーは，中世から現代に至るまでの狂気という言説形成を辿り，その理性との複雑な関係について探求した。彼は，中世における狂気は壮大で悲劇的な位置を占めており，今日とはまったく違う，と述べている。狂気はたいへん恐れられてはいたが，真実や知恵や異議の源泉とみなされてもいた（Foucault, 1973）。狂人は，ヨーロッパの田舎を自由に歩き回り，奇妙で神秘的な力をもつ者として畏敬の念を抱かれていた。しかしながら，中世の終わりには，ハンセン病がヨーロッ

パからなくなったことで，その代わりに排除されるグループが必要になった。フーコー（Foucault, 1973）は，それ以前はハンセン病が占めていた，恐れられ，烙印を押された立場を次第に狂気が占めることになったと論じている。

フーコーの考古学的方法は，狂気と理性についてのその他の驚くべき言説的特徴についても明らかにしている。たとえば，恐れられ，排除されたハンセン病の位置を狂気が占めるようになっても，狂気は社会的な異常（social malaise）とみなされ続けた。この状態は，狂気を疾病（illness）として扱うようになった19世紀になってから変わりはじめた。最終的には狂気は医療化（medicalization）され，精神科医やメンタルヘルス職などの医療の専門家が狂気を扱うようになった，とフーコーは結論づけている。このように，狂気，医療，強制収容は，フーコーの分析では一括りにされており，それによって西洋社会での制度的構造と監禁との関係がわかりやすくなっている。

考古学的方法によって，フーコーは知の可能性と，言説的合理性の形成ルールの諸条件を明らかにすることができた（Best & Kellner, 1991; Sarup, 1993）。言い換えれば，考古学は，それぞれの時代の狂気や理性とは何かの陳述を可能にする文化的ルールに焦点をあてている。しかしながらフーコーはそれらの形成ルールは，不可避かつ不変であるかもしれないとは一度も述べていない。むしろ，考古学によってフーコーは，狂気が初めは理性ある「他者」として構成され，その後に精神病院に隔離されることになる，歴史的，文化的に特定の条件を検討することができたといえる。フーコーの狂気と理性についての歴史的検討によって，西洋社会における概念としての狂気の，偶発的で不安定な性質について知ることができた。まさにこれが考古学的方法の主な目的の一つである。狂気は精神科で治療するべきものだという考えは，現代では当たり前であるが，この当たり前と考えられている現代的概念や実践をゆるがすことが考古学的方法の主な目的である。ある特定の要素について，過去と現在を並置することで，考古学は現代の制度化された実践の根底をゆるがし，それに代わる制度的編成の可能性を開くのである。

ここまで，フーコーの思想とその考古学的方法を読者にわかりやすく紹介するために，『狂気の歴史』におけるいくつかのテーマについて探求してきた。要するに，考古学的方法の背後にある前提の主なところは，「現在あるものがいつもそうであったとは限らない」ということである（Baert, 1998）。この章では，『狂気の歴史』以外の考古学的方法を用いたフーコーの業績についてはこれ以上触れないが，フーコーが引き続き，*The Birth of the Clinic*（『臨床医学の誕生』）（1975）と *The Order of*

Things（『言葉と物』）(1974) でも，考古学的方法を採用していたことは知っておくべきだろう。『臨床医学の誕生』では，フーコーは近代以前のより理論的・推測的であった医療実践から，現代の科学的観点という合理性に根差したデータに基づいた医療への転換について論じている。『言葉と物』は難解ではあるが，19世紀の社会科学における思考システムの形成の法則や秩序やルールについて明らかにすることを目的としている (Smart, 1985)。ここではフーコーは，エピステーメー (episteme) という概念を発展させた。エピステーメーとは，「ある時代において，認識論的な図式や科学，形式化されたシステムなどを生じさせる言説実践を統合する関係性の全体像」と説明されている (Foucault, 1974: 26)。

　フーコーの考古学的方法は，彼独自の解釈によるものではあるが，「アーカイブ」ということばから発している。フーコーは，アーカイブ (archive) ということばを，ある時点，ある社会に現れる，言表 (statement)^{訳注3)} の形成と変形の一般的なシステムという意味で用いている。アーカイブに入ることによって，(a) ある時点での思想の特徴と表現を制御するルール，(b) 思想が文化的記憶のなかで持続したり，時代とともに消えてしまったりすることを制御するルール，(c) 過去と現在の卓越した思想の関係を制御するルールを理解することができる。批判的解釈学や，イデオロギー批評とは違って，考古学的方法は，深く隠れている意味を探りだすのではなくて，言説の条件 (discursive conditions) や彼らが操作する実践のフィールドを文書化したり，記述したりすることに専心するのである (Smart, 1985)。このプロセスにおいて，フーコーは，思想史と知識社会学を革新的に異なった方向へと導くことになった。

　Discipline and Punish（『監獄の誕生』）の出版からは，フーコーは系譜学時代に入ったといわれている。このことは，フーコーが考古学的方法を完全に捨て去ったということを意味するものではない。スマート (Smart, 1985) は，フーコーの分析から考古学的方法がすっかり消えてしまったというわけではないと述べている。系譜学的方法は，考古学的方法の拡張を示しているにすぎないのではないかと論じている研究者もいる (Baert, 1998; Best & Kellner, 1991)。フーコー自身は系譜学的方法の開発にあたって，ニーチェに多大なる恩恵を受けていることを認めている。フ

訳注3) ここでの statement はフランス語の énoncé の英訳であることから，訳書（フーコー，1981）にて採用されている言表という訳語を用いた。言表に「エノンセ」とルビがふられており（フーコー，1981: 37），以降はルビなしで「言表」が使われている。

ーコーに対するニーチェの影響は，言説的意味の制度化をめぐる権力闘争（power struggle）を中心にしているところにもっとも顕著にみることができる。したがって，フーコーは言説形成への考古学的関心は保っていたのであるが，これらの言説が形成され，それが地盤となるなかでの社会制度と権力ネットワークの重層的関係に，より関心を向けはじめた。このあたりのことは『監獄の誕生』に，もっとも鮮やかに描き出されている。

　フーコーの中心的な（ニーチェ的な）前提は，人間性は未開で野蛮な状態から文明化した統治へと変化するのではなく，支配の形式が変化する，ということである（Foucault, 1977a; 1977b）。このことは，ヨーロッパにおける至高権力（sovereign power）から規律・訓練的な権力（disciplinary power）への移行について論じた『監獄の誕生』によく表れている。この本の冒頭には，18世紀フランスの最高統治者であった王が命じた，惨たらしい処刑についての詳細な描写がある。フーコーの目的は，当時の処罰には，惨たらしく，しばしば恣意的な性質があったことを生き生きと描写してみせることであった。王の姿に具象化された至高権力は，グロテスクな公開処刑を見せびらかすことで頻繁に表された。このような処罰は民衆を恐怖に陥れ，畏れを抱かせ，王の権威に逆らえなくさせることを意図していた。また，このような処罰は，王による権威と復讐の刻印であり，それによって王は権力を維持し，反対勢力を封じ込めたのである。

　フーコーは，18世紀以降のヨーロッパでの80年から100年にわたる，至高権力から規律・訓練的な権力への移行について述べている。規律・訓練的な権力は，社会的制度（法廷，刑務所など）を通じて実行される。また，非人間的で匿名性があり，明文化されたルールと手続きのシステムを遵守するという特徴がある。規律・訓練的な権力は，公開処刑の風景をなくし，恣意的でなく人道的な官僚的な司法制度を採用した。近代の刑務所システムについての記述において，しかしながら，フーコーは，密着監視と規制の実施について身の毛がよだつような描写をしている。それによってフーコーは，法廷と刑務所の人道的かつ進歩的な性質について，真摯に疑義を差し挟んでいる。フーコーはまた，監獄についての議論を，他の社会的側面にも拡張させ，私たちの日常は，支配のシステムに埋め込まれており，知らぬ間に我々の心も身体もそれに従うようになるということを示唆している。学校，法廷，社会福祉事務所，病院，銀行など，ほとんどすべての近代的制度は，社会的管理によって私たちを従わせるように仕向けているのである。非常に見えにくい支配の形式，とくに，正常化（normalization）のプロセスを通して達成される支配の形式を指摘でき

たことは，フーコーが天才と呼ばれるゆえんであろう。言い換えれば，さまざまな言説分野（医学・心理学・教育など）における「正常」な行為という概念の定義と制度化によって，また，監視の技術が向上したことによって，近代社会は地球規模で，社会的な従順さを手に入れることができているのである。

　考古学時代，系譜学時代を通じてフーコーが取り扱っているテーマは広範囲にわたり，史学，社会学，法学，人類学，心理学，女性学など複数の学問分野への知的な影響を確固としたものにしている。彼の制度への強い関心によって，フーコーの研究と，経営学や組織論での研究を関連づけることができる。実際のところ，フーコーは，制度的権力と社会的管理を，個人の意思決定や日常の心身の習慣と関連づけた，制度の哲学者であり，歴史の研究者であると理解するのがもっともふさわしい。系譜学的方法により，他の学問的方法に比べてより成功裏に，ミクロ－マクロ分断を乗り越えることができている。

　フーコー的なポスト構造主義が，真摯な学者たちにとって魅力的であったことは驚くにあたらない。第一に，社会的管理についての現代の懸念に，特定の事象や傾向を自然なものとみなす（naturalize）ことなく，それらは歴史的につくられたものとすることによって応えてきた。マルクスと同様に，フーコーは，抽象の世界ではなく物質社会と真剣に向き合っている。しかし，人間性の問題については，マルクスのような新ユートピア的な解決に陥らずにすんでいる。ものの書き方も魅力的で刺激的であるが，これはニーチェの語り口や，アルトーやバタイユが提唱した過剰や無限性といった概念に影響を受けている。結果として，「真実の否定，逸脱への気づき，倒錯の衝撃，言語の拡散などに絶え間なく価値を置く，新しく洗練されたレトリックとなった」（Megill, 1985: 189）。

4　フーコーのポスト構造主義の中心概念

　フーコーの考古学的・系譜学的方法は，権力・支配・知識・抵抗といった問題および，それら相互の関連性という問題に関わる洗練された諸概念の数々によって成り立っている。本節においては，これらの諸概念について詳しく検討する。

■ パノプティコン

　現代社会における究極の監視技術としてのパノプティコン（Panopticon：一望監視施設）についてのフーコーの議論の背後には，社会的管理が知らない間におこなわれて

いるというフーコーの一貫した見解がある（Foucault, 1977a）。監獄や監獄制度に対するフーコーの関心は，学校や工場，病院，会社や兵営などの近代の施設の形式が，監獄に代表される組織的監視の形式に似ているという信念から発している（Poster, 1990）。とくにフーコーは，これらの制度がパノプティコンの原則に，ますます従うようになってきていると論じている。パノプティコンというのは，監獄の監視と支配の問題を解決するために，イギリスの思想家で，功利主義の立場にあったジェレミー・ベンサムが考案した建築様式であった。ベンサムは，囚人のすべての独房を1日中観察することができる巧妙な監視搭としてパノプティコンを描いた。囚人はいつ見られていていつ見られていないのか，まったくわからず，その不確かな要素によって，監獄での規則や期待に沿うように自分の行動を自己管理し自己修正するようになるだろう。これがパノプティコンの本質である。すなわち，絶え間ない組織的注視にさらすことによって，囚人自身が自分の行動を自分で管理するようになるのである。

　フーコーの注目すべき貢献は，このパノプティコンの力のメタファーが現代社会にいかに広く浸透しているかを示したことである。ロフェル（Rofel, 1992; 1993）は，「ベンサムの功利主義を視覚化した設計図，すなわちパノプティコンは，フーコーによって現代の規律・訓練的な視線（disciplinary gaze）の換喩（metonym）へと変容を遂げた」とみている。要するに，フーコーは監獄という社会的テクストが，社会的管理と監視の技術を完全なものにすることをめざしたさまざまな社会制度をつくるための着想を与えたということである（Poster, 1990）。フーコーによれば，パノプティコンは，暴力や強制によらず，人間味のない機能的監視によって自分自身を絶え間なく監視するようにし向け，社会統制を完璧に成し遂げるための装置なのである（Foucault, 1977a）。

　フーコーのパノプティコンは，施設収容の実際であると同時に階層秩序的な監視であり，管理でもある（Baert, 1998; Rofel, 1992）。フーコーのパノプティコン社会（panopticon society）は，広範で組織的な記録保持が絶え間ない監視と合わさって，大半の社会のすみずみに行き渡る規律・訓練的な視線（disciplinary gaze）をつくりだす。監視されているかもしれないことに気づかせることによって，パノプティコン的な社会では，人は社会的，制度的に望ましい規範に従って自らの行動を調整することを奨励される。ゆえに，パノプティコン社会は個人が自分自身で規律・訓練や管理に参加する，高度に画一的な社会である。ここ数十年はそれに加えて，各組織でのデータ集積と情報共有の集中化というITの新しい形がパノプティコン社会の範囲を広げ，その力を強くしている。フーコー自身も「われわれの社

会は，見世物（スペクタクル）ではなくて監視の社会である。[…] 情報伝達の経路
が，知の蓄積と中央化を支えている」と述べている（Foucault, 1977a）。電子データ
ベースとスーパーコンピュータのつながりの増大によって，超パノプティコン社会
（superpanopticon society）——ソーシャルセキュリティカードや運転免許証，クレジ
ットカードなどを含めた複雑なシステムによって個人を懲罰し監視する，壁も窓も
搭も刑史もない監視システム[原注1]——になりつつあるのではないかと指摘する評
論家もいる（Poster, 1990 など）。

■言　説

　言説は，フーコーのポスト構造主義にはもっとも関連が深い概念である。また，
言説は，もっとも混乱や議論を引き起こしてもいる。言説（discourse）という術語
は，哲学，言語学，社会心理学，文化理論において利用されてきた歴史が長く，ま
た，それぞれに特別な意味をもっていたということに，その問題の一因があるだろ
う（Mills, 1997）[訳注5]。この言説という術語は，話しことばや会話，書かれたもの
（テクスト），知識体系（例：哲学言説）を表すのに用いられてきた。フーコー自身は，

原注1) フーコーがいうパノプティコンという概念は，Big Brother Watching You とまっ
　　　たく同じではない。どちらも日常的な監視に対する不安が中心となった概念であ
　　　るが，フーコーのパノプティコンのほうが複雑である。パノプティコンは遍在す
　　　ることによって力を発揮するのではなく，いつ見られているのかわからないとい
　　　うことが力を発揮するのである。パノプティコンは「Big Brother」とは異なり，個
　　　人個人が自己統制と規律・訓練に，どのように参加するのかということについて
　　　の概念である[訳注4]。

訳注4) Big Brother はジョージ・オーウェルの『1984』に描かれた架空の監視制度（オー
　　　ウェル, 1972）。双方向監視カメラとマイクが設置されており，町中でも家でも政
　　　府の監視下にある，という設定である。

訳注5) discourse はフーコーの訳書のなかでも「言説」「ディスクール」「言語表現」といっ
　　　た複数の訳語がみられたが，ここではもっとも多く用いられていた「言説」とした。
　　　中村訳（フーコー, 1972）では表題の L'ordre du discours が「言語表現の秩序」と
　　　訳されており，中村訳の『知の考古学』（フーコー, 1981: 36）では，「言説」にディ
　　　スクールとルビをふったうえで直後に〔言述〕と表記されている（以降はルビなし
　　　で「言説」）。渡辺・佐々木訳（フーコー, 1974）の『言葉と物』では，言説にディ
　　　スクールとルビがふられている。渡辺訳（フーコー, 1986）『性の歴史Ⅰ—知への意
　　　思』では，ルビなしで言説となっており，神谷訳（フーコー, 1969）の『臨床医学
　　　の誕生』では，叙法と書いてディスクールとルビがふられている。言語学や社会学，
　　　社会心理学の文脈では「談話」や「ディスコース」と表記される場合も多くある。

言説（discourse）ということばを前出のすべての意味を含んだうえでそれを超越し，制度的実体という意味をも付け加えている。フーコーは，言説ということばについては複数の使い方をしており，言説（discourse）をめぐる混乱のもとになっているとみられることもある。「すべての言表（statement）が属する大きな領域をさすこともあれば，個々の言表をさすこともあれば，そういう言表を実際に説明する具体的な実践をさすこともある」からである（Foucault, 1972: 80）。

　フーコーの著作のなかに，言説についての正確な定義を求めても，それは無駄というものだろう。フーコーがその著作のなかで，言説ということばをどのように使っているかをみることによって，それが何を意味しようとしたのかを理解することのほうが有益だ。第一に，フーコーは，言説を他のどの学者よりも広い意味で使っており，抽象と具象の境界を横断している，ということを理解しておくべきだろう（Mills, 1997; Smart, 1985）。フーコーの言説概念は，話したこと，講演・会話，文書などのテクストを含むのではあるが，根本的にはそれら以上の現象を意味している。最初は，フーコーは言説（上記の一部または全部を含む）がどのようにして生じるのかということに興味があった。つまり，言説を支配し構築する内的ルール（internal rules）に関心があったということである（Smart, 1985; Young, 2001）。これらの言説ルールは，何について語られ得るのか，語られ得ないのか，また，誰の話が，誰の文章が正当だといえるのか，言説においてどのように議論が続けられるのか，などについて規定する。このように，たとえば，経営学教育の言説などの内的ルールは，経営実践における残忍さ（スト排除や労働者の安全を無視すること）についての沈黙を導き，ピーター・ドラッカー（Peter Drucker）やヘンリー・ミンツバーグ（Henry Mintzberg）のような経営評論家を正当化し，言語表現の豊かさや複雑さよりも，簡潔さや明瞭さを好むレトリックのスタイルを求めるのである。

　第二に，フーコーは，いわゆる真理値や妥当性よりは，言説の効果（effects）に関心があった。「話されている対象を組織的に形成する実践」（Foucault, 1972: 49）というフーコーの言説についての言及はよく引用されているが，言説の効果（discursive effects）への彼の興味をよく表している。フーコーが，言説の構築的（constitutive）な性質に注目し，言説は，経験とアイデンティティの異なったカテゴリーを実際に形作ると論じるに至ったのは，言説の効果に興味があったからである。たとえば，経営の言説は，管理職，労働者，役員，被雇用者などといったアイデンティティの位置を構成し，それに特定の意味と期待を付与する。フーコーの著作においては，狂気，犯罪，性といった多くのカテゴリーを，特定の言説の産物にすぎないと暴露す

ることによって，それらは自然な現象ではないと示す（denaturalize）ために言説分析を使う。

　第三に，フーコーによる言説の理解は，たいへん唯物主義的（materialist）だということだ。この点は，フーコーは言説分析を言語と表象のみに限定したと告発しているポール・トンプソン（Thompson, 1993）など，あまりみる目のない批評家が見逃しているところである。実際には，フーコーにとっての言説は，言語と物質世界の交差点で形成され操作されるのである。ヤング（Young, 2001: 398-399）が指摘するように，「フーコーのきわめて革新的な言説概念は，テクスト主義（textualism），テクスト理想主義（textual idealism），具体性から切り離された人工物（disembodied artifacts）としてのテクスト，すべての側面においての言語の実体性（materiality of language）という概念に向かう間テクスト性のいずれからも<u>ほど遠い</u>（away）ものである」（強調著者）。さまざまな形の言説において役割を果たす，複雑な制度的権力（institutional power）を解明しようとするところに，フーコーの実体化（materialization）が現れている。このように，フーコーは言説を具体性から切り離された抽象的なテクスト体ではなく，具体化と具体の領域において，対象とある特定の歴史的実践の領域で作用する，能動的なプロセスとして取り扱っている（Young, 2001）。懲罰と監視についての近代的な言説を考えるにあたって，フーコー（Foucault, 1977a）は，それらを監獄の改革と，君主制権力の解体という具体的事例から論じた。したがって，フーコー独自の言説分析は，経営学，組織学言説の領域でも，有益な洞察を提供することができるだろう。

■ 権力および権力／知

　言説と同じく，フーコーの権力についての独特な概念化は，彼の全著作を通して取り上げられている。また，権力の概念化においては，ニーチェの影響がみられる（Foucault, 1977b）。ニーチェと同じく，伝統的な見解や批判的議論とはまったく異なり，フーコーは権力を複雑なプロセスであるとみている。フーコーの権力についての理解を把握するためには，フーコーが権力を非存在としたことを理解しておくことが重要である。何よりもまず，フーコー（Foucault, 1981）は，権力を，国や社会集団（エリート支配層など），特殊な施設（銀行，政府機関など）に属する財産や持ち物ではないと考えた。フーコー（Foucault, 1981: 94）自身が「権力は獲得されるものでも，つかむものでも分け合うものでもない。しがみつくものでもなければ失わせられるものでもない」という見方を示している通りである。権力についての威圧

的な見方についても退けており，マルクスの階級間の権力闘争という確立した考え方に疑義を呈している（Sarup, 1993）。

では，フーコーは実際のところ，どのように権力を概念化したのであろうか。権力は関係性（relationship）である，という主張の他には，権力についての定義はほとんどしていないが，『監獄の誕生』（1977a）や *Power/Knowledge*（1981）には，権力は社会的経路や社会的ネットワークを通して操作される，とか，権力は現代社会に蔓延している，というような記述をみつけることができる。つまり，「フーコーは権力を組織でも構造でもなく，「複雑な戦略的状況」や「力関係の多様性」「志向的で非－主体的である」と概念化している」（Smart, 1985: 77）。フーコーの権力についての見解は，権力の研究法についての重要な示唆を含んでいる。「誰が権力をもつのか」「あるグループが持っている権力はどの程度のものか」というような問いは，権力がどのように行使され，社会にどのような効果をもたらすのか，という問いに取って代わられる（Townley, 1993）。フーコー流のポスト構造主義的な権力研究は，権力が行使される際の技術や実践や手続の検討を含めるということである。

このように，フーコーの観点からは，明らかに権力が付与される社会的地位はない，ということになる。むしろ，権力は社会を循環しており（circulate），私たちの日常を支配する無数の組織や組織化された実践を通して機能するのである。たとえば，官僚的制度によっておこなわれる，たくさんの分類と記録の手続（クレジット会社，大学，自動車取次店など）は，すべて，わたしたちの日常を規制する，権力のテクノロジー（technology of power）である。フーコーは，権力についてトップダウンな観点をもつ史的唯物論者や，紛争社会学者が得意とする，権力についてのマクロな組織的分析を避けている。対照的にフーコーは，ボトムアップな分析を好んでいる。（a）ミクロレベルでの権力の行使と効果や，（b）さまざまな権力のテクノロジーを自分のものとし，拡張する個々人の能力について検討している。

要約すると，フーコーは権力を，主体を通して伝達される，人と人との関係性から現れる方略としてとらえている（Baert, 1998）。興味深いことに，フーコーは権力について否定的な見方をまったくしておらず，権力の創造的で生産的な副産物を強調してさえいる。彼は，「権力は生み出す，それは現実を生み出す，それは客体と真実の儀礼の領域を生み出す。個人ならびに個人から得られる知識は，こうして生み出されたものに属している」と注意深く記している（Foucault, 1977a: 194）。こうした姿勢は，フーコーが「権力をもつ者（the powerful）」や「弱者（the powerless）」というようなカテゴリーを額面どおりには受け入れず，それらを構築し，お互いに，

また社会における組織と結びつける，権力の経路を好んで研究してきたことを示している。

　フーコーの権力についての複雑な見解は，彼の権力／知（power/knowledge）についての議論を生み出している。この議論は，もっとも影響が長く続いた，ポスト構造主義へのフーコーの貢献であった。権力／知という概念を用いることで，フーコーは，権力の源としての知についての伝統的な見解を完全に覆している。その代わりに，フーコーは権力と知が，境界を共有しており，相互依存的であるということについての綿密な理解を発展させ続けている（Sarup, 1993; Townley, 1993）。つまり，フーコーは，権力と知識は不可分な現象であるということを提唱したのである。その存在についても発展についても，権力と知はお互いに完全に依存しあっている。

　フーコーのいいたいことは何だったのだろうか。権力の行使によって新しい知の対象が生まれ，また一方では，知識の発展が権力行使の方法を仲介する。フーコー（Foucault, 1977a）は，「ある知の領域との相関関係が組み立てられなければ権力的関連は存在しないし，同時に権力的関連を想定したり組み立てたりしないような知は存在しない」（フーコー, 1975: 32）と述べている。このことはさらに，公平無私で中立的な知は存在しないということを示唆している[原注2]。知と権力は相互に依存しており，お互いがお互いを構成している。いい方を換えれば，権力が行使される場所は，知が生産される場所である（Smart, 1985）。たとえば，19世紀後半から20世紀初頭にかけての経営管理権力の行使は，経営学とよばれる知識フィールドを形成するきっかけになった。同様に，この知識体系は，経営管理権力の行使を形成し正当化した。フーコーは熟慮のうえで，一つの用語として権力／知の形式で表すことを主張しており，それは読者に権力と知識の関連性を常に再認識させることを意図している。

5 ポスト構造主義の研究例

　この10年余り，ポスト構造主義は，忠実で熱心な研究者を輩出してきた。それ

原注2）フーコーの権力／知の概念は，マルクス主義や批判理論の観念的な知識概念とはまったく異なっている。マルクス主義や批判理論では，イデオロギーの影響を受けない知は可能であるということが暗黙裡に仮定されているし，そのような知を求めて努力すべきであると考えられている。それに反してフーコーは，権力に汚染されない，いかなる価値の影響も受けない公平無私な知などあり得ないという立場である。

とともに，ポスト構造主義は難しすぎると考え，避ける研究者も多くいた。経営学，組織論の分野では，デリダの脱構築よりは，フーコーのポスト構造主義の立場からの研究のほうがより興味を引いたようである。しかしながら，どちらの学派も，この分野では研究例が増えている。脱構築派の研究者は，経営における意思決定のテクストについての詳細な検討をおこなった（Chia, 1996; Kilduff, 1993）。一方，フーコー派の分析は，もっと広い範囲で使われている。人事管理の実践（Townley, 1993），プロジェクト管理における組織間協力（Clegg et al., 2002），雇用言説の発現（Jacques, 1996），中国の絹工場での組織化の新技術（Rofel, 1992）などである。

　脱構築派による二つの研究は，組織での意思決定についての有名で「古典的」なテクストについて検討している。キルダフ（Kilduff, 1993）は，マーチとサイモン（March & Simon, 1993）による *Organizations*（『オーガニゼーションズ』）を脱構築し，チア（Chia, 1996）は，意思決定についての多数の経営学論文について同様のことをおこなっている。キルダフは，マーチとサイモンが機械というマインドセットから抜け出せていないことを，テクストの脱構築によって明らかにしている。マーチとサイモンは，ウェーバーやテイラーの機械モデルの代案として，より人間らしい考え方である人間の満足化（satisficing man）というモデルを提供しているにもかかわらず，機械の論理にとらわれている。キルダフの脱構築は，彼らのいうところの管理職の満足化（satisficing manager）が，いかに機械に似たままであるかということを示した。今日における機械が，伝統的な工場機械よりはコンピュータに近いのだとしても，である。同様に，チア（Chia, 1996）による，経営学テクストの脱構築は，その著者たちが，因果関係を退け，行動を最優先にしようとしているにもかかわらず，そうすることができない著者たちの心を露わにしている。チアもキルダフも，よく読まれている経営学のテクストの内側の脆弱さ（internal fragility）を示している。テクストにみられた脆弱性によって，それ自身を脱構築することができている。テクストそのものの構築と内側の論理について問い続けるという，彼らの綿密で脱構築的な読み方によって，古典的テクストの権威を覆すことが可能になった。ここで注目すべきは，チア（Chia, 1996）もキルダフ（Kilduff, 1993）も，出版されたテクストに限定しているけれども，脱構築は実際にはもっと広い範囲での社会的テクスト（social text）（公報，組織的儀礼，電子文書，文化的記念碑や建造物など）についても使えるということである。

　フーコー流のポスト構造主義にヒントを得た研究は，デリダの脱構築のそれよりも多いようである。マルクス同様，フーコーは歴史的，唯物的な方向性を示して

いるが，マルクスとは方法が違っている。研究者は，フーコーの考古学的方法でも，系譜学的方法でも，どちらでも選べる。どちらにしても，言説の形式と，それらの権力／知との関連に注目せざるを得ないだろう。ジェイクス（Jacques, 1996）のアメリカでの雇用言説の文化的歴史研究は，フーコー派の優れた研究例である。ジェイクスの20世紀における「従業員」「管理職」「専門職」といった，主要なカテゴリーが出現したことへの関心や，その発展の過程を，産業主義が連邦主義に勝利したとみていることに，フーコーの影響が現れている。歴史としては，この時期のことを資本家と労働者の終わりのない衝突とみる向きが強いが，ジェイクス（Jacques, 1996）は，「どのようにして産業思想そのものが可能になったのか」という，いっそう興味深い，独特な問いかけをしている。彼は，19世紀における社会的関係と仕事の意味の転換が，従業員についての言説形成を通して新しい思想を可能にしたと論じている。ジェイクスが巧みに説明したように，従業員というカテゴリーそのものが，基本給，雇用保障，組織への忠誠，労働者の勤勉性といったさらに広い範囲の言説に絡めとられているのである。従業員言説は，労働者を黙って従う従順な対象に変容させる，新しい官僚的規律の実践の場となった。総じて，ジェイクスは，急成長する産業秩序についての別の理解の仕方を，豊かに描いてみせたといえる。

デュゲイ（Du Gay, 1996）のイギリスにおける小売業4社についての研究は，フーコー派のポスト構造主義における，もう一つの優れた研究例である。デュゲイが最初に注目したのは，現代組織におけるアイデンティティの言説生産とその政治的文化全般への関連であった。デュゲイの研究は，フーコー（Foucault, 1991）の統治性（govermentality）についての議論に大きな影響を受けている。フーコーはこの統治性という術語を，政治（government）と合理性（rationality）の二つのことばからつくり出し，行為や，プロセスや，主体性の支配に関わる言説活動を意味することばとして用いた。

デュゲイ（Du Gay, 1996）は，英国の消費者に身近な四つの企業について，インタビューと観察による調査をおこなった。化粧品の製造とマーケティングを扱う企業の小売部門と，ファッション小売の大企業の衣料品部門，美容・健康製品を扱う企業，よく売れているファッション関係のチェーン店を展開する企業の4企業である。デュゲイの主な関心は，これらの企業の新しいイメージ形成における仕事改革の言説が果たす，積極的な役割を明らかにすることであった。彼は，これらのイメージが，どのようにして企業の運営を，政治的合理性や文化的期待や，変わりつつある社会的価値に合うように調整する手段となるかについても論じている。さらに，こ

れらの言説がいかにして従業員の自己イメージや自己利益の認知を媒介するかについても明らかにしている。

デュゲイのフィールドワークは，イギリスにおける広い意味での政治的文化であるサッチャリズムが，これらの企業における新しい企業文化（enterprise culture）の発現に大きな役割を果たしていると結論づけている。この企業文化は，個人がお互いに，また自分たちが働く組織とともに成長していくことを期待する，職場での理想的な一連の関係を定義していた。企業文化は，リスク負担（risk-taking）や，自立（self-reliance）といった，ある特定の行為の習慣を促進してもいた。彼は，初期の「職人（craft）」文化がより非人間的でリスク志向の「専門職」文化に取って代わられる様子についても述べている。同時に，デュゲイは企業文化への抵抗が生じる可能性についても見逃してはいない。たとえば，従業員がどのように企業文化言説を，企業文化そのものを利用して，自律性や自己実現を促進するようなやり方で解釈しているかについても論じている。

デュゲイの研究は以下のいくつかの点において傑出した研究である。第一に，企業文化の研究によって，異なる社会的側面（政治と企業組織の側面など）を関連づけることができている。ここで彼は，社会の異なるレベルに同時に存在するという，フーコーの言説概念に大いに助けられている。実際に，このようなポスト構造主義的な言説分析をおこなうことによって，マクロとミクロを横断し，グローバルからローカルへ，ローカルからグローバルへと往来することができる。第二に，デュゲイは「権力があるところには抵抗がある」というフーコーの文言を真摯に受け止めている。このようにして，彼は権力がいつもトップダウンなのではなく，ありふれた従業員の日常の職場生活における多様な抵抗的解釈にも，権力は現れるのだということを示すことができている。

フーコーの権力／知と抵抗についての議論から導かれた研究としては，ロフェル（Rofel, 1992）の中国の絹工場についての研究もある。工場空間の規律・訓練が，労働者の主体性に及ぼす効果についての示唆に富む研究である。この優れたポスト構造主義的エスノグラフィーは，この工場で使われていた，労働の空間的規律・訓練（spatial discipline）の手法と，その手法への闘争と転覆のさまざまな手立てを検討している。工場空間を巡るこれらの闘争を，歴史的・文化的な文脈に位置づける主張は，彼女の研究へのポスト構造主義の影響を反映している。このエスノグラフィーでは，ロフェル（Rofel, 1992）は，工場システムという表向きはグローバルな空間が，実際には中国における過去の空間に関する多義的な歴史と衝突しており，その結果，

予期しなかったローカルな抵抗への余地を与えていることを論じている。

ロフェルのポスト構造主義的エスノグラフィーは，その詳細な観察はもとより，歴史への感受性についても卓越したものがある。ロフェルはこの研究の最初に，空間的規律・訓練の手法（職能給または岗位工资制（gangwei gongzi zhi）システム）の使用が絹工場で増大しても，インフォーマルなグループでしょっちゅう集まったり，作業現場でおしゃべりをしたりすることによって，労働者は自身の仕事中の身体移動を保持しつづける方法をみつけ出すことができた，と述べている。急進的な労働者が共産党政治を追い求めて頻繁に工場を離れたり，共産主義に基づいて経営責任者に何度も盾突いたりすることがたびたびあった，中国の文化革命時代に，このような抵抗的行動のルーツがあるとロフェルは考えた。実際，ロフェルが指摘するように，文革時代の高い政治的意識が，いくつかの生産形式への不参加につながっていた。つまり，中国の工場労働者は，自分の身の周りの作業空間を自分で管理することを常としていたので，空間管理という新しい手法によってたやすく管理されるようにはならなかった，ということである。彼女の研究は，工場管理についての普遍的な説明を鵜呑みにせず，規律・訓練と抵抗についての文化的意味合いを含んだ記述を提供できている点で，優れて傑出している。

6　ポスト構造主義への批判

人文科学と社会科学は，ミシェル・フーコーとジャック・デリダの西洋の知的シーンへの登場によって，すっかり変わってしまった。よくも悪くも，この二人の思想家とその後継者たちは，哲学や社会科学における研究方法にきびしく疑義を唱え，知の生産と権力の行使が不可避的に相互に関連しあっているということを示した。ポストモダニズムと同様，ポスト構造主義は，革新的に異なった観点と表象のスタイルを必要とする伝統を創始した。ポストモダニズムのように，ポスト構造主義もまた，多くの批判を受けることになった。

ポスト構造主義に対する批判は，政治的右派からも左派からも起こり，難解な批判もあれば，痛烈な批判もあった。よりよく情報を吟味しての批判もあれば，議論のための批判もあった。また，よりわかりやすいことばを使って表現したものもあった。経営学，組織学の分野では，ポスト構造主義に対する強力な批判は，正統派の労働過程論（代表例として Thompson, 1993）と，批判理論（Alvesson, 2002 など）からのものである。両者ともに，ポスト構造主義についての限定的で適切でな

い理解に基づいた批判を展開しているのが残念だ[原注3]。とくに，テクストや言説（discourse）についての理解が限定的で適切でない。この傾向を示した例を次にいくつか挙げたいと思う。

たとえば，トンプソン（Thompson, 1993）は脱構築を，当たり前と思われているテクストという前提を瓦解させる試みにすぎないと考えている。彼はさらに，「脱構築は，不連続性とメタファーに気づかせてくれたけれども，それらのテクストを支える利益と権力の構造を明らかにできるまでには至らなかった」と述べている（Thompson, 1993: 196）。これは，デリダの思想を限定的に，もしくは間違って理解しているともいえるところである。このような批判を取り扱うにあたっては，(a) デリダのテクストという概念は，トンプソンの解釈が示唆するところよりもさらに広い概念であること，(b) デリダは，メタファーと仮説のベールを剥ぎ取ることにではなく，テクストが社会的遭遇（social encounter）をどのように制御（control）するのかに興味があったということを心に留め置くべきだろう。同様に，アルベッソン（Alvesson, 2002）のポスト構造主義に対する不満は，フーコーがいうところの言説（discourse）をより狭くとらえていることに発している。アルベッソン（Alvesson, 2002）もトンプソン（Thompson, 1993）も，複雑な意味に満ちた，ポスト構造主義の用語であるテクスト（text）や言説（discourse）を，彼らが一般的に日常言語において使用している意味に限定しており，言語（language）と表象（representation）のような，関連する用語との厳密な区別ができていない。この章の内容を読んでいただければ，それがまったく的外れであることがおわかりいただけるだろう。これらの複雑な概念の理解が限定的であるがゆえに，ポスト構造主義に失望することになっているといえる。

アルベッソンもトンプソンも，ポスト構造主義が権力と実体を無視していると，くりかえし不平を述べている。トンプソン（Thompson, 1993）は，所有ではなく関係性として権力をとらえるフーコーの権力概念の立場は，権力をどこにでも見出し，また同時にどこにも見出さないので，権力の働きを曖昧にしてしまうとして，異論を唱えている。トンプソンの主な問題は，そもそも権力が抽象概念であることにも，

原注3）前章において指摘したように，トンプソンやアルベッソンのような研究者たちは，残念ながら，ポストモダニズムということばを，言語哲学での理論的立場の範囲を総称するラベルとして使用しているようだ。デリダとボードリヤールの著作を区別できないようでは，組織論研究においてはいうまでもなく，適切な批判も有益な批判もできないということになるだろう。

意のままに捕まえられる具体物ではないことにも気づかないままに，権力が具体的にどこにあり，誰が所持するのかということを追究していることである。アルベッソンのポスト構造主義に対する反論もまた，漠然としており，説得力に欠ける。たとえば，アルベッソン（Alvesson, 2002: 29）は，「（ポスト構造主義は）社会科学の範囲を狭める」「経験的研究を妨げる」と論じている。どちらも不可解である。ポスト構造主義が，社会科学研究の実践を狭めると考えるに足る理由はない。むしろ，その逆だと論じる研究者のほうが多い（Connor, 1989; Cooper, 1989; Poster, 1984）。デリダ自身は社会全体をテクストの産物（textual production）として理解することを求めていたのであるが，トンプソンはおそらく，デリダのかの有名な「テクスト外には何もない」という言表（statement）を，すべての社会科学を文学的分析に矮小化するものと（間違って）解釈したのだろう。いずれにしても，このような反テクスト感情について読者の信を得ようとするなら，トンプソンもアルベッソンも，パロール（speech）よりもエクリチュール（writing）を重視するデリダの議論について，哲学的に論破すべきだろう。

　アルベッソンが，ポスト構造主義が実証的研究を奨励していないと主張する理由もまた明確ではない。ポストモダニズムもポスト構造主義も，実証的研究とは何か，ということについての境界線を再構成（再設定）するものであることは確かだが，概して実証的研究の領域を限定するよりはむしろ，広げよう（extent）とする傾向がある。性癖から精神病院まで，社会現象の全範囲が，ポスト構造主義の研究対象である。身近な例では（先の節にも述べたように）ポスト構造主義的な研究は，経営上の意思決定や，工場での空間と組織，企業文化の効果などさまざまな問題を取り扱っている。フーコーの言説概念は，文学批評や社会科学にみられるよりは，はるかに唯物的（material）な要素を含むといえる。

　プーランツァス（Poulantzas, 1978）は，ポスト構造主義に対して，より思慮に富んだ批判を提供している。彼は，フーコーが，近代国家の役割と，近代国家が資本主義的な生産様式に由来するものであることを見逃していることについて，とくに批判を加えている。プーランツァスや彼と同じ考えの批評家たちは，近代国民国家の遍在と支配があらゆる身分や職業の人々に及ぶという認識を欠いていることが，ポスト構造主義の弱みの一つだという。その認識不足によって，ポスト構造主義者たちは地政学的ダイナミクスと，社会におけるそのダイナミクスの言説的統治への影響を無視してしまうことになったのである。

　デリダとフーコーに対する，第二の重要な批判は，彼らが集合的な意見（声

voices）や組織化された社会運動への疑念を示したことに対するものである。デリダもフーコーも，すべての女性を代表する意見とか，すべての第三世界の住人を代表する意見を表すような，一つに連帯することが想定できる運動（女性運動，第三世界の連帯など）については猜疑的であった。多くのフェミニストたち（Fraser, 1989）にとってはこのポスト構造主義の集合的な声への疑いは，ある種の誤解であるばかりか，有害であるかもしれない。歴史的に不利な立場にあったグループへの社会的正義が，いままさに達成寸前のところまで来ているのに，その運動に不必要な溝をつくることになるからである。

　ポスト構造主義批判の第三点は，個人の行為主体性よりも，言説の効果に重きを置いていることである（Poster, 1984）。フーコーの，言説形成という一点のみについての強調は，人間の行為主体性（human agency）の可能性の見過ごしであると解釈されることもある。つまり，権力という言説が圧倒的であるので，ポスト構造主義的な研究においては，個人の抵抗が軽視されたり，二の次にされたりしがちである，ということである。

　これらの批判には耳を傾けるべきではあるが，ポスト構造主義は，社会科学のすべての領域と同じく，経営学や組織論においても有用である。ポスト構造主義を大局的にみると，その疑問や関心が挑発的で奇抜に思えたとしても，ヨーロッパにおける反哲学の，（伝統から外れてはいるが）長い伝統における関心の再現であるということに気づくだろう。ショーペンハウアー，ニーチェ，フロイト，ハイデガーは，わたしたち自身や，その世界や真なるものへの迫り方についての，重要かつ厄介な疑問を提示したのである。いろいろな意味で，ポスト構造主義は，西洋文明についての，破壊的ではあるが有益な思想が入ったパンドラの箱を開けてしまった，この反哲学の伝統を受け継いでいる。

　ポスト構造主義が呈示した権力と真実の性質についての疑問と，多元主義と無秩序の重要性についての疑問の多くは，グローバルな地政学的秩序や，グローバルな経済秩序，および科学技術（テクノロジー）の革新的な発展における最近の重要な変化を考えると，たいへん重要な疑問ではあるだろう。レマート（Lemert, 1989: 17）がそのポスト構造主義についての議論（ポストモダニズムに含まれるものとして彼は述べているが）において鋭く指摘しているように，「ポストモダンの不安のなかで，近年，ポストモダニズムということばは，20世紀後半の現実世界に合わせた，一連の複雑な文化思想や理論的思考を指し示す流行語になっているという現実が忘れられている」のである。

13 ポスト構造主義 *293*

表 13-1 ポスト構造主義のハイライト

哲学的影響：	フリードリヒ・ニーチェ（Friedrich Nietzsche），カール・マルクス（Karl Marx），ジークムント・フロイト（Sigmund Freud），フェルディナン・ド・ソシュール（Ferdinand de Saussure），マルティン・ハイデガー（Martin Heidegger），ルイ・アルチュセール（Louis Althusser）
主要研究者：	ミシェル・フーコー（Michel Foucault），ジャック・デリダ（Jacques Derrida），ジャック・ラカン（Jacques Lacan），ジル・ドゥルーズ（Giles Deleuze），フェリックス・ガタリ（Félix Guattari）

中心概念

- ・ロゴス中心主義（Logocentrism）
- ・テクストの脱中心化（Decentering texts）
- ・抹消線を残して書く（Writing under erasure）
- ・差異（差延）（Difference）
- ・パノプティコン（一望監視施設）（Panopticon）
- ・権力／知（Power/knowledge）
- ・統治性（Govermentality）
- ・言説（Discourse）

重要な実践

- ・書かれたもの（エクリチュール）の解体
  （Undermining one's own writing）
- ・境界への注目
  （Highlighting the margins）
- ・テクストに両価性をもたせる
  （Building ambivalence into one's text）
- ・知識の考古学・系譜学の実践
  （Practicing an archeology and genealogy of knowledge）
- ・言説効果への気づき
  （Being aware of discursive effects）

代表的研究

- ・*Organizational Analysis as Deconstructive Practice*（Chia, 1996）
- ・*Consumption and Identity at Work*（Du Gay, 1996）
- ・*Discipline and Punish*（Foucault, 1977a）
- ・*Manufacturing the Employee*（Jacques, 1996）
- ・"Rethinking Modernity"（Rofel, 1992）

第Ⅰ部

第Ⅱ部

第Ⅲ部

第Ⅳ部

14 ポストコロニアリズム

帝国主義を読み解き，抵抗する

町惠理子［訳］

　ポスト構造主義とポストモダニズムとともに，ポストコロニアリズムは西洋の近代（modernity）を，批判し，抵抗するというプロジェクトを遂行してきた。しかしながら，ポストコロニアリズムはこの企てを西洋の他者（others）——とくに以前の植民地の人びとと地理的な飛び領土のなかの先住民——との関係を常に強調しながらおこなってきた。この用語が示すように，ポストコロニアリズムは確かにすべからくヨーロッパの植民地との遭遇の遺産についてではあるが，しかし，それは，まさしく，現代のグローバルな諸制度や諸関係にいまも続いている西洋帝国主義の存在についてのことでもある。ポストコロニアリズムの学派は西洋帝国主義の自己批判（たとえば，マルクスとレイモンド・ウィリアムズ）と20世紀にアジア，アフリカ，中東を席巻した数知れない脱植民地運動の結果として出現した。したがって，ポストコロニアリズムは，多様な知的構成要素と政治的立場を一緒にもたらした，高度に複雑で融合的な学派（Young, 2001）である。

　現在私たちが知るポストコロニアリズムは，目を見張るほど焦点化されていると同時に際だって無秩序といえる。その焦点は，コロニアリズムに対する批判とそれが現代の社会的編成のなかに執拗に継続していることにあり，その目的を果たすために，多様な思想や方法論を折衷的に使用するという点で，無秩序である。ポストコロニアリズムは言語と表象についてのポスト構造主義的前提を多く共有するものの，学界内外両方でより広い政治的関与（political engagement）を遂行するという点では，マルクス主義とラディカル・フェミニズムにずっと近い。エドワード・サイード（Edward Said, 1978）の先駆的かつ記念碑的な著作 *Orientalism*（『オリエンタリズム』）で始まるポストコロニアリズムは，この20年余で，真剣に評価されるべき学派として姿を現した。サイードは初期の著名なポストコロニアリズム学者とともに英

文学（たとえば，Bhabha, 1990; Spivak, 1991）と学問分野上の関係があるが，この学派は急速に拡大し，人類学（Appadurai, 1990; Clifford, 1988; Ong, 1987），歴史（Chakrabarty, 2000; Dirks, 2001），女性学（Bulbeck, 1998; Mohanty, 1988），カルチュラル・スタディーズ（Gilroy, 1987; Emberley, 1997）の学者を含むまでになった。過去数年の間に，ポストコロニアル学派の著作はビジネス研究や組織研究でもみられるようになった（Cooke, 2003; Mir, Mir & Upadhyaya, 2003; Prasad, A., 1997; Prasad & Prasad, 2002）。

　ポストコロニアリズムを構成する声や視点の真の多様性は，それを一枚岩的にまとまった伝統とみなさないように我々に警告する。ポストコロニアリズムはその構成要素のまさしく多元性（plurality）においてフェミニズムにより近い。実際，単一で不変なポストコロニアル学派というより，むしろ複数形のポストコロニアリズムと考えた方がずっと有用だろう。これらの複数のポストコロニアリズムは，政治的脱植民地化が起きたずっと後にも（ときとしてネオコロニアリズムともよばれる）経済的文化的帝国主義が持続することに対して増大する苛立ちから出現した。言い換えれば，かつての植民地と，いわゆる第三世界諸国に対して持続し続ける「西洋」（すなわち，ヨーロッパ，北米，オーストラリア）諸国の支配が，コロニアリズムの歴史的ダイナミクスと，それが今日でも残存していることの再検討を促した。このように，ポストコロニアリズムの伝統は我々の植民地の遺産とその現在の再形成を理解し，再評価することにも同等に専心している。また，ポストコロニアリズムは，過去（past）と現在（present）の両方の状況において，コロニアリズムの経済的，心理的，社会的，文化的，美学的次元にも同じように関心がある。

　ポストコロニアリズムは，その起源を植民地的構造にもつ多くの日常的なビジネス実践に対して，既存のものに取って代わる歴史的説明を提供するがゆえに，経営学と組織研究とに非常に密接な関連がある（Cooke, 2003; Gopal, Willis & Gopal, 2003）。さらに，ポストコロニアリズムが維持し続けている，現代の社会的文脈におけるネオコロニアリズムの底流に対する焦点は，我々にグローバリゼーションの闇の部分についての貴重な洞察を提供してくれる。グローバリゼーションの容赦ない進行とこのプロセスの制度的支持を考えると，ポストコロニアリズムの伝統は，グローバリゼーションのいくつかのより見えづらく不快な面を理解するのにとりわけ重要となる。次節ではポストコロニアリズムの先駆者を辿り，西洋と非西洋両方の学術的世界において，いかに重要な知的立場として出現してきたか，その形跡を辿る。

1 ポストコロニアリズム伝統の出現

いくばくかの単純化の危険を冒すが，（過去100年のヨーロッパ・コロニアリズムにおける）植民地的統制に対する抵抗は，重複してはいるものの，二つのはっきりとした領域に表れているといえるかもしれない。より顕著な形での抵抗は，さまざまな植民地勢力を転覆し現地の自律的政権と交代させようとした数々の国家主義的政治運動のなかにみることができる。第二の（連鎖した）抵抗の形は，植民地にされた人たちのさまざまな著作にみつけることができよう。それらは植民地支配のあらゆるあり方を非難し，コロニアリズムという文脈で西洋（すなわち，ヨーロッパ系の人びとや社会）が自分たちとは異なっている人とどのように関係し，かつ理解しているかということについて深刻な懸念を表明している。

これらの二つの領域は互いに孤立したものではなかったことは特筆に値する。当時，自由への闘争で活動していた多くの個人は，コロニアリズムについての広範囲な省察を大量に産む知的著作にも携わっていた。（少数の名を挙げれば）毛沢東，マハトマ・ガンディー，レオポルド・サンゴール（Léopold Senghor），チェ・ゲバラらは積極的な解放運動の指導者であり，彼らはコロニアリズムの実践についての現代的思索を著し，影響を与えた。同時に，ファノン（Fanon），セゼール（Césaire），カブラル（Cabral）などの知識人の著作は自由闘争に対する想像力を形づくり，今日我々が知るところのポストコロニアリズムの発展への道をつくった。

ポストコロニアリズムの初期の批判の多くは，植民地体制の威圧的残虐性への非難をはるかに超えて，コロニアリズムの心理的（psychological），文化的（cultural）影響についてまで探求しようとした。このような性質の初期の論評はセゼールの *Discourse on Colonialism*（『植民地主義論』）（Césaire, 1950）であり，コロニアリズム自体に対しての的確な非難をしつつ，植民地化された黒人のアイデンティティを擁護した，古典的な著作である。セゼールは，ネグリチュード運動の活動的な創始者の一人であった。ネグリチュード運動とは，人をおとしめるコロニアリズムのプロセスで文化的誇りを失ったと彼らが信じる先住アフリカ人の文化的誇りの意識の回復に専念した，フランス語を話す黒人知識人の文化的運動である。

多くの点で，セゼールはマルクスの商品化という概念に深く影響を受けていた。セゼール（Césaire, 1950）は，コロニアリズムは国家全体を抑圧し搾取するだけでなく，資本主義が労働者を操るのとまったく同じように，植民地住民を客体化された商品（objectified commodities）に変えていると論じた。彼の観察によれば，人びと

から威厳と人間性を奪うこの客体化は，「モノ化（thingification）」と常に同等である。セゼールはさらにこの客体化の主張を広げ，コロニアリズムのプロセスの残虐な影響は究極的には植民地勢力をも非文明化し，非人間化すると提唱した。彼のコロニアリズムの残虐さについての考察は，植民地化された社会は植民地化する社会より道徳的に優位（morally superior）で，はるかに文明化されているという彼の概念的解釈に辿り着いた。

　コロニアリズムに対してより不安をかきたてるような心理的批判を提供したのはフランツ・ファノン（Frantz Fanon, 1961; 1967）で，彼はマルティニーク出身の伝説的な黒人精神分析医であり，階級闘争を，植民地化される者と植民地化する者の間の分裂という見方に変えることで階級原理を再構築した（Young, 2001）。ファノン（Fanon, 1967）によれば，植民地化は，最終的にはすべての参加者を精神的病に至らせる病理的（pathological）状態としてもっともよく理解できるという。ファノンはコロニアリズムの心理的原理を，それに蔓延している欲望と不安感に強く焦点を当てて綿密に精査した。ヨーロッパの植民地化する社会は黒人恐怖症——黒人男性がもつであろうと思われている限りないセクシュアリティに対する欲望と恐れの両方によって成り立つマインドセット——によって苛まれていると彼は主張する。彼はまた，コロニアリズムは，人種の境界線に沿って蔓延している，差異についての社会的構築の要因ともなっており，この差異は究極的には黒人被支配者を無価値なものとして破壊し尽くす，と主張する。ファノンにとっては，植民地状況の悲劇は人種的アイデンティティの遍在にあり，それは人びとの存在の他のあらゆる面を蹂躙する。ファノンはまた黒人はこれらの屈辱的な状況に対して白人の行動をまねることによって対応しており，それは黒人アイデンティティの否定（negation）であり実質上の消滅であると説明している（Loomba, 1998）。

　チュニジアの革命的思想家であるアルベール・メンミ（Albert Memmi）は，脱植民地化が明白に起こった後でも，まだ残るコロニアリズムの心理的頑強さ（psychological tenacity）に焦点を当て続けた（Gandhi, 1998）。メンミは，コロニアリズムが異なる社会の想像力と文化実践に依然として及ぼす強固な支配力を懸念した初期の思想家の一人である。メンミ（Memmi, 1967）はまた，植民地化される者と植民地化する者との間の拮抗する関係を認めた点と，両者の病理的相互依存性について詳述した点において特筆に値する。メンミはさらに，脱植民地化の後であるにもかかわらず，このパターンを打ち破るのがいかに困難であるかについて認識していた。ガンディー（Gandhi, 1998: 6-7）が鋭く観察したように，「メンミの政治的悲観論

は，ポストコロニアル性を，可視化された自由の装置と隠蔽された非自由の持続性という烙印を押された歴史的状況として叙述した」。

コロニアリズムの長期にわたる心理的悪影響は，進歩的な思想家の間に世界規模で精神的不快感をもたらした現象だけにはとどまらない。開発の問題にまつわる，増大する関心も同じである。1970年代までには，世界が先進国（すなわち，豊かで技術的に進歩した）と開発途上の社会とに大まかに分割されたことがきわめて明白となった。また，先進国が植民地統治に（直接的あるいは間接的に）加担した国々から成り立つ傾向にある一方で，発展途上国が（ほとんどにおいて）植民地統治の対象となった国々を含む傾向があるのも，同様に明らかとなった。結局，不均衡な開発の状態に関する二つの異なる批判が出現することとなった。一つ目は第三世界の以前の植民地勢力に対する経済的依存を永続させているコロニアリズムの遺物を指摘し（Amin, 1978; Frank, 1969），世界銀行や国際通貨基金（IMF）といった世界的機関が西洋を，きわめて優位に位置づけ続けるように経済プロセスを牛耳っていると批判した。

二つ目の批判はさらにより根本的で，開発プロジェクトそれ自体の正当性に疑問を呈した。多くの点において，これらの批評家は，開発をまたも不運なポストコロニアルな近代の表れととらえ，かつての植民地化された国々において，開発によって公正で持続性のある状況をつくり上げることが可能かについて懐疑的であった（Apffel-Marglin & Marglin, 1996; Escobar, 1995）。このグループの開発への批判の多くは文化的（cultural）かつ認識論的（epistemological）であり，開発の枠組は，西洋の近代的前提に基づいた経済的生産と「よい生活」という概念にほとんどいつも依拠しており，第三世界や非西洋に固有の代替となるような視野は毛頭取り入れようとしない，と主張している。要するに，いまだにはびこるコロニアリズムの権力に対する落胆と怒りは，数多くの多様な知的最前線で表明され続けていた。

しかしながら，ポストコロニアル学派が，より一貫した形式と方向性をとるようになったのは，1978年に出版されたエドワード・サイードの先駆的な著作である『オリエンタリズム』以降である。興味深いことにサイード自身はポストコロニアリズムという用語を使わなかったが，彼の植民地的メンタリティーの制度化についての，他を圧倒するような歴史的探求は，さまざまな社会の文化的，経済的，政治的，美学的次元の形成におけるコロニアリズムの役割に対する多大な関心をよび起こした。「正典的な出来事」（Gandhi, 1998: 6），「門出となるテクスト」（Prasad, A., 2003: 10）として認められ，サイードの『オリエンタリズム』は，ミシェル・フーコ

14 ポストコロニアリズム 299

ーのポスト構造主義的言説分析にアントニオ・グラムシとレイモンド・ウィリアムズの文化的新マルクス主義とを織り交ぜ，東洋に関する西洋の知識と東洋を支配する西洋の権力という疑問の余地のない権威に挑んだ（Bayoumi & Rubin, 2000）。さらに，サイードの創意に富むこれらの思想家の血肉化は非常に独特で，その確定的な起源をコロニアリズムにもつ，歴史的かついまも起こり続ける西洋とその他者との遭遇についての研究への関心をさらに広げた。確かにサイードの永続する影響，あるいは彼の世界に及ぶ学識については疑問の余地はほとんどない。バユミとルービン（Bayoumi & Rubin, 2000: 67）は「『オリエンタリズム』以降は，人文学と社会科学の学者は差異についての問い，あるいは表象の政治性をもはや無視できなくなった。美術史，人類学，歴史学，政治学，社会学，哲学，文学はすべて自らの文化の見方に対峙せざるを得なくなった」と考察する。

　本質的には，サイード（Said, 1978）は，西洋における言説形成としてのオリエンタリズムの勃興と固定化を精査した。すなわちオリエンタリズムという言説形成によって，イスラム文化と中東（すなわち東洋）をエキゾチックで快楽趣味で，堕落し退化しているものとしてとらえる，特定の理解の仕方がもたらされたのであった。サイードはさらに，そのような東洋文化の構築は，コロニアリズムの枠組のなかで営まれる行政的，学問的，文化的制度の産物であると示した。サイードのオリエンタリズムの議論は，教養のない個々人の中東に対するステレオタイプの集合に言及するものではなく，中東に対する制度化された想像の仕方と表象のあり方に言及したものなのである。彼自身（Said, 1978: 2）が考察するように「オリエンタリズムは，東洋と（たいてい多くの場合）西洋との間の存在論的かつ認識論的区別に基づく一つの思考様式である」。したがって，サイードにとって，東洋は多くの点でヨーロッパ・コロニアリズムの文化的発明であるが，オリエンタリズムはその植民地的マインドセット——ヨーロッパと西洋，他方に中東と非西洋という二者の関係のあらゆる要素に影響を与えるマインドセット——の投影である。

　サイードの著作がとても広く賞賛されている一つの要因は，敬意に値する西洋の著名な人物（すなわち文学上の名士や芸術家）と機関（すなわち，大学や学術団体）を，オリエンタリズムの拡張に重要な役割を担ったと指摘している点にある。彼の著作がいまだにポストコロニアル的とされているのは，不健全なコロニアリズムの物質的実践と行動指針に関与していたとして，西洋学識の知的権威を打破した彼の能力によるものである。『オリエンタリズム』は，急成長するポストコロニアル学派の数多くの研究者に刺激を与え，多数の制度的編成や文化的表現に残された植民地的

かつ新帝国主義的痕跡を掘り起こし，現在の西洋と非西洋の関係性に，それらがどのように密接に関連しているかについて理解するための検証を促した。これらの研究者が取り扱った研究対象はジャーナリズム（Spurr, 1993）や旅行記（Pratt, 1992）から精神分析（Nandy, 1995）や国家主義の言説（Chatterjee, 1989）にまで及ぶ。研究者たちはますます経営実践やビジネス実践に注意を払うようになってきており，それらの研究には，初期の会計上の慣例（Neu, 2003），アクションリサーチの起源（Cooke, 2003），博物館展示をめぐる葛藤（Harrison, 1997），西洋と OPEC とのやり取り（Prasad, A., 1997）などがある。

2 ポストコロニアル学派の中心概念

　ポストコロニアル学派の中核にあるのは，コロニアリズムを，この5世紀にわたって起こった，もっとも重要で，ありとあらゆる事柄や場所に関する知識をもった（omniscient）社会プロセスの一つとして理解することである（Prasad, A., 2003）。よって，この学派の学者たちは，経済的，哲学的，文化的，政治的，美学的時流を，植民地統制と支配という視点から検証する。史的唯物論者がすべての社会分析において階級を中心的変数としてみるように，そしてフェミニスト研究者がすべての社会的編成においてジェンダーと家父長制を決定的契機ととらえるように，ポストコロニアル研究者は自分たちの研究対象と彼らの相互作用すべてを植民地支配と反植民地抵抗というプリズムを通してみる。

　ポストコロニアリズムはポストモダニズムとポスト構造主義の伝統とも多くを共有しながらも，同時に一線を画している（Hutcheon, 1989）。ポストモダニズムとポスト構造主義はともに，リベラル・ヒューマニズムとモダニズム的理想による主体性の構成（constitution of subjectivities）に直接的な関心をもつ。ポストコロニアル研究者は，植民地支配者とその支配下にある者，両方の主体性構成における帝国主義の役割を検証することによって，この関心をさらに広げようとする（Mishra & Hodge, 1994）。加えて，ポストコロニアリズムは，史的唯物論とフェミニズムの両者とも顕著な親和性をもつ。ポストコロニアリズムは（階級と剰余価値をその分析で中心的位置に置くことを許さない一方で）際立って唯物主義的力をもつコロニアリズムの歴史的重要性を強調している。また，支配的な認識論への批判と，権力の諸基盤を背景として，人種，ジェンダー，地理的位置が交差していることへの考慮において，ラディカルでポスト構造主義的なフェミニズムに近い。

14　ポストコロニアリズム　*301*

　ポストコロニアリズムの多様な学者と研究者の一団を主としてまとめるものは，コロニアリズムに対する不断の批判（critique of colonialism）と植民地的兆候全体からの解放（disengagement）への積極的試みである（Loomba, 1998）。ポストコロニアル学派は，コロニアリズムの歴史的分析と現代文化についての理論的説明とを兼ね備えたものとなり（Young, 2001），コロニアリズムの過去といまだに続く影響力に関して抵抗する意識に特徴づけられた，歴史学者，社会学者，生態学者，人類学者，文学理論学者を含んでいる。ヤング（Young, 2001: 65）にとって「ポストコロニアリズムの批判は，周辺化された非主流派の政治的，文化的体験が，より一般的な理論的地位に発展する契機となり，結果として西洋の政治的，知的，学問的覇権とその客観的知識の手続きに対抗し得る理論となった」。この節以降ではポストコロニアル学派の中心的な概念のいくつかをより詳しくみることとする。

■ コロニアリズムの本質と形態

　ポストコロニアル学派は，過去500年間のヨーロッパのコロニアリズムを他の帝国の形式や征服の形とは際立って異なるものとして理解する。モンゴル民族，エジプト人，アステカ族の強大な帝国（それらはまた征服と侵略のぬかるみにはまった）は，15世紀の後半のヨーロッパに生まれ，20世紀の後半に（変化した形をとりながら）合衆国と他の「西洋」の勢力によって引き継がれた植民地の形態と支配とは，根本的に違うものとしてみなされている。ヨーロッパのコロニアリズムが一線を画しているのは，その世界的広がり（planetary reach）とその活動のとてつもない規模のためである（Prasad, A., 2003; Stam, 1995）。その絶頂期においては，一握りのヨーロッパ勢力が（直接的あるいは間接的に）世界のおよそ4分の3に強大な支配力を発揮した。ベシス（Bessis, 2003）は，ヨーロッパ・コロニアリズムはグローバリゼーション（globalization）の時代を実際に導入したと論じているが，それは西洋支配の追求下での西欧による世界のほとんどの地域の収用と，そのすべての地域の相互依存であるとみなしている。

　現代のコロニアリズムの被植民地社会への侵略は政治的領域をはるかに超えてしまっている。植民地勢力はその支配下から単に歳入を絞り出す以上のことをおこなった。それどころか，産業資本主義とともに，植民地支配は，植民地の経済と社会をつくり直し（restructured），結果として，植民地に関わる本国の権力に複雑に依存する関係に引きずり込んだ。これらのすべての領域において，ヨーロッパ・コロニアリズムは産業資本主義と手を携えており，この二つは，存在論上，互いに不可

分である。ルーンバ（Loomba, 1998: 4）が記したように「コロニアリズムはヨーロッパ資本主義の誕生を助けた産婆であった」。現実的な意味において，これは，コロニアリズムが，歳入徴収システム，家族と近隣集団の役割，貿易や企業の性質などの経済活動，国民国家の意味，さまざまな行政的装置，多数の文化的記号体系や儀式などの多様な社会形式をつくりかえたことを示唆していた。

コロニアリズムの文化的影響も，ポストコロニアル学派がとくに関心をもつものである。文化は，多様な植民地政治とイデオロギー的大義が展開する劇場としてだけでなく（Said, 1994），植民地的実践と制度によって，ヨーロッパ，東洋，西洋，文明，未開などの数え切れない文化的カテゴリーが形づくられ，新しい意味を与えられるようになった（Said, 1978; 1994）。ダークス（Dirks, 2001）はさらに，文化という概念自体が現在の形に書き直されたのは，植民地統治にとってそれが必要不可欠であったからだ，とまで提唱している。彼自身のことば（Dirks, 2001: 3）によれば「もし，コロニアリズムを文化的形成とみなせるならば，同じように，文化は植民地的形成である」。ダークスの指摘は，もちろん，文化は植民地的征服と支配の手段でもあり目的でもあるという点で，いつも重層的なものであった，ということである。

コロニアリズムの発展の歴史を考える際に，ポストコロニアル学派の書き手は，それが単一で一枚岩的なプロセスではないことを力説する。たとえば，ヤング（Young, 2001）は，主に白人入植者の植民地（たとえば，オーストラリアやカナダ），資源と原住民が露骨な搾取の対象となった植民地（たとえば，インド，ケニア，ベトナム），海洋上の飛び領土（たとえば，軍隊や海軍基地として西洋諸国に占領され続けているグアムやディエゴ・ガルシアなどの島々）についてはっきりと区別している。ミシュラとホッジ（Mishra & Hodge, 1994）は，帝国主義の中心地とその支配下の国々との間の植民地的関係は決して同一ではないと，同じような指摘をしている。白人入植者の植民地は，植民地体験を経た後でさえも，かつての帝国主義の宗主国との文化的一体感をもち続けている。しかしながら，これは，スリランカやウガンダなどの旧植民地には明らかに当てはまらない。その一方で，各植民地によって，帝国の関与の性質と度合いは違っていた。アフリカの大部分では，コロニアリズムは伝道布教的色合いを強くもち，一方，アルジェリアでは，帝国主義の攻勢はより文化的なものだった。いうまでもなく，植民地的関係におけるこれらの違いは，多様な一群の影響として現在もまだまだ残っている。

ポストコロニアル学派は，なかでも，脱植民地化が公式的に進んだ後も長く続くコロニアリズムの力学とマインドセットの持続性に焦点を当てている。ポストコロニ

アル研究者は，旧植民地的帝国は（より新しい協力者とともに）はっきりと一線を画した「西洋」とみなされる集団に自ら変容し，そして西洋のグローバルな制度的権力との提携は，以前の植民地がかつての旧宗主国に経済的に依存（economically dependent）し続けるという状況を招く結果になった，と結論づけている（Stam, 1995）。ガーナの指導者である，エンクルマ（Nkrumah）は，この現状をネオコロニアリズム——経済，その他の手段による植民地支配の継続を示すこととなった用語——の一つとして述べた。ネオコロニアリズムは，世界銀行，IMF，世界貿易機関（WTO）といった，古い地球規模の不均衡をそのままにしておくような貿易・財政政策を制定するさまざまな世界的組織のなかで，またそれらを通じて，お膳立てされたのである。

　前述のすべてを，ポストコロニアルであるということは，実際にどれほどポスト（以降 post）なのかという問いを投げかける。そしてこれは，すべてのコロニアリズムが終焉を迎えたわけではないという認識から始める，ポストコロニアル学派の主要な焦点そのものなのである。反対に，ポストコロニアル研究者は，植民地的関係は文化的言説，グローバルな経済政策，政治的連立やその他の多くの制度的実践を通して永続していると認識している。さらに，メディアによる報道，貿易政策，マーケティングキャンペーンといった数え切れないほどの社会的テクストが，ザントップ（Zantop, 1997）が述べている潜在的コロニアリズム（latent colonialism）の要素を含んでいる。潜在的コロニアリズムとは，経済やコミュニケーションについての中立的にみえる言説によって隠された植民地的メンタリティを指す。ポストコロニアル学派は，歴史的かつ現代的状況におけるこれらの帝国主義的な習慣や行動指針を解明しようとする。要するに，それゆえ，ポストコロニアリズムは，「脱植民地化と独立がしっかりと達成されたという広範囲な歴史的事実を示すのみならず，経済的かつときに政治的支配という新帝国主義的文脈に組み込まれてしまった国家と人民の現実を示す弁証法的概念でもある」（Young, 2001: 57）。

■ ヨーロッパ中心主義と西洋至上主義

　ポストコロニアル学派を貫く統一的な一筋とは，ヨーロッパ中心主義（Eurocentrism）に対する抵抗と批判である。一般的なレベルでは，ヨーロッパ中心主義は，ヨーロッパ的思想と制度が文明の基盤を成し，それゆえ世界の他の地でも取り入れられるべきであるという（ヨーロッパと非ヨーロッパの両方の子孫に共有される）揺るぎない信条を指す。ヨーロッパ中心主義は明らかにヨーロッパ・コロニアリズムの副産物であり，コロニアリズムを正当化し合法化するために考案されたヨ

ーロッパ（後に西洋）至上主義神話の一部である（Bessis, 2003）。ヨーロッパ中心主義はヨーロッパと（より最近では）「西洋」を歴史，経済発展，政治的近代性の中心に据え，その基準で他のあらゆる文化を判断する。スタン（Stam, 1995: 98）は，ヨーロッパ中心主義を「文化的異質性を単一のパラダイム視点からの基準に強引に合わせようと強いる力とみる。ヨーロッパ中心主義はヨーロッパを，意味の特権的源泉として，引力の世界中心として，世界の影である残りの地域は存在論的「現実」としてみている」と簡潔に定義している。

　ポストコロニアル研究者によれば，ヨーロッパ中心主義の問題は，ヨーロッパあるいは西洋の思想と実践が非ヨーロッパのものより，世界全体の害となるほど体系的に特権を与えられていることである。例を挙げれば，ヘルスケアといったものをみるとき，西洋医学は，他のすべての医療体系を判断する中心的で正統的な位置にあるとわかる。結果として，多くの古からの（針治療やホメオパシーといった）正当な（bona fide）医療体系は，「代替」の医療実践の形式として規定され，西洋医学コミュニティの大御所と保険産業からは疑いの目で見られるか，いかさま療法として片づけられる。同じことが，近代西洋の会社（the firm）という概念が他の世界でも望ましい商業的原型としてみなされるビジネス実践においてもいえる。

　ポストコロニアル研究者は，ヨーロッパ中心主義が日常会話，学問的学識，主要な制度構造において占めるその遍在性と広汎性についても強調する。チャクラバルティ（Chakrabarty, 2000）が指摘するように，国家，市民権，市民社会，科学，合理性といった基本的概念さえも，紛れもなくヨーロッパ文化と歴史の刻印が押されている。また，より進歩的な知的伝統（マルクス主義や批判的理論などの）もヨーロッパ中心主義に染まっている。たとえば，ベシス（Bessis, 2003）は，インド社会は知るべき歴史をもたないというマルクスの表明や，コロニアリズムはユートピア的共産主義国へと向かう社会の不可避的な歩みにおける重要かつ不可避な段階だというマルクスの確信のなかに，ヨーロッパ中心主義的継承を明確に見出している。ヨーロッパ中心主義は，コロニアリズムイデオロギーを再生産するのみでなく，コロニアリズムのなか，あるいはそれを通じて生まれた多くの序列を（西洋と東洋，あるいは文明化されたものが原始より上であるように）規範化（normalize）する（Stam, 1995）。

　ヨーロッパ中心主義の主要な問題の一つは，西洋文化の弱点と限界に対するこのような無知（blindness）にあり，同時に非西洋文化の長所や貢献を認識できない点にある。このように，ヨーロッパ中心主義は，ヨーロッパを文明と民主主義のるつぼとして描き，同時に，スペインの異端審問や，ホロコースト，原爆の投下など

のおぞましい出来事を，ヨーロッパと西洋の通常は文明的な行為からの単なる逸脱として取り繕う（Bessis, 2003）。究極的には，ヨーロッパ中心主義は西洋史を消毒（sanitize）し，同時に非西洋を悪しきものとして描く（demonizing）か恩着せがましい態度をとる（patronizing）（Stam, 1995）。

■ 植民地言説

　ポストコロニアル学派全体を貫く共通のテーマは，その植民地言説への焦点である。植民地言説という概念の多くは，多数の制度的文脈において西洋が東洋をどのように表象したのかを体系的に吟味したエドワード・サイードの仕事（Said, 1978）に負っている。サイードは，さらに，彼自身の植民地言説の考えを展開するにあたってミシェル・フーコーのポスト構造主義的思想に，アントニオ・グラムシの文化的マルクス主義を編み込んだ。サイードを参考にすれば，我々は，植民地言説は，植民地化されたものであり，かつ（あるいは）かつて植民地化された人びとについてのものの見方，考え方，書き方すべてを指すと主張することができる。それらは，芸術，映画，文学，教会，教育，行政などの多様な制度的領域で同時に繁栄したものであった。ルーンバ（Loomba, 1998: 54）は，植民地言説を「文化的，知的，経済的，政治的プロセスが一緒になってコロニアリズムの形成と持続と解体において作用する，その様を考察する新しい考え方である」と述べている。

　植民地言説はいくつかの重要な特質によって特徴づけられる。一つ目は，植民地言説は植民地勢力の装置の統合的要素であり，権威ある植民地主義的制度に緊密な関係をもつ，大いに尊敬すべき人びとによってつくられているということである。非常に高名な（たとえば挙げるとすると）文学名士，芸術家，科学専門家，歴史家，人類学者はすべて，植民地的支配下の人びととその文化について，特定のイメージを（再）生産することに関わってきたが，最終的にはそれはある種の現実（reality）となってきた。二つ目は，これらの数え切れない文化的産物は往々にして互いに感化し合い，結果として比較的同質で誰もが認める植民地化された文化のイメージとなる。三つ目に，これらの植民地言説は，階層的で対立する思考の構造（structures of thinking）（Said, 1978; Young, 2001）——植民地化するもの（西洋）が植民地化されたもの，あるいは非西洋よりも，大体において優位なあるいは文化の先鋒として構築されている——をつくり上げた（Loomba, 1998）。四つ目として，植民地言説は，植民地主義統治を期待しかつ合法化（legitimized）したが，いまでも世界で違う形のネオコロニアリズムや新帝国主義を是認し続けている。最後に，植民地言説は，「偽り」

で虚構化された形での非西洋を再生産しているため，そして本質的にはそれは植民地的想像のつくり事にしかすぎず，まったくイデオロギー的（ideological）である。

　植民地言説はこのように，現存する文化に言及し構築しつづけているという意味において「現実的」であり，同時に，それらが際限なく，他者についてのステレオタイプ，イメージ，幻想を扱っているという意味において「非現実的」である。オリエンタリズム（orientalism）（Said, 1978）は傑出した植民地言説として脚光を浴びたが，他にも強力で持続している言説として原始主義（primitivism）と熱帯化（tropicalization）がある。これらの三つの言説にはかなり重複するところがあるが，各々独自の特徴をもち，互いに明確に異なっている。大体において，原始主義の言説はアフリカとアフリカ系カリブ人の文化の表象に蔓延しているが，西洋社会に住むアフリカ系アメリカ人や先住民の表象にも見出せる。一方，オリエンタリズムの言説は，トルコ，中東，インド，（そして最近は）極東の表象にみられ，熱帯化はメキシコ，ラテンアメリカ，カリブ海の諸地域の表象にもっぱらみられる。

　原始主義の言説は，アフリカとカリブ海地域の植民地化における西洋の経験に大いに関係しており，これらの文化を全面的に原始的，野蛮，そして野性的だと描いている（Coombes, 1994）。したがって，原始主義は，非抑制的，自然発生的で生命感あふれるとされるアフリカとカリブ海地域の文化の一面を讃え，同時に抑制不可能な残忍性と非合理的な部族主義に対する恐れを表している（Torgovnick, 1990）。原始主義の言説は，過去のものではなく，多くの制度的分野，とくに，アフリカとカリブ海文化がその素朴性と原始的で強烈な感情的激しさについて崇められながらも，その「後進性」と進歩に対する無力性とによって貶められている，芸術運動と経済開発でいまだに続いている（Coombes, 1994; Torgovnick, 1990）。

　サイード（Said, 1978）の述べるオリエンタリズム（orientalism）はトルコ，インド，中東（すなわち東洋）の文化を描写し，彼の見方によれば，東洋と西洋の，そして東方と西方の，広漠たる文化的分断をもたらす要因となっている。19世紀後半と20世紀のヨーロッパの一連の文学，芸術，社会科学，歴史は，ミステリアスかつエキゾチックで，狡猾で堕落し，官能的で残忍な人びとが住むところであるという東洋についての言説生産のために協働した。イギリスのオリエンタリストたちの絵画，フロベール（Flaubert）とネルヴァル（Nerval）の文学作品，ラマルティーヌ（Lamartine）の旅行記，Ｔ・Ｅ・ローレンス（Lawrence）の「専門家的」報告はすべて，東洋が野蛮なほどの壮麗さや，忘れられない美しさや，横暴な残虐行為の場であるという妄想に貢献した。ヴェールをかぶった女性，華やかで騒がしいバザール，監

視のきびしいハーレムなどのイメージは，オリエンタリズムの視覚的，学問的，文学的言説に蔓延している（Richon, 1985; Said, 1978）。オリエンタリズムはまたこれらの文化に，けだるく秘めたエロティシズムという多大な性的特徴を与えた。

19世紀と20世紀初期のヨーロッパの（植民地的）想像に反映された東洋についての制度的生産がどれほどであったのか，その真価を認めるのは重要である。サイード（Said, 1978: 177）が鋭くも述べたように「東洋は場所というよりはトポス（topos）であり，トポスとは東洋についての引用とかテクストの断片とか誰かが書いたものとか，かつての想像の断片とか，これらすべての混合物が始まりと思われる，一連の言及，もしくは特徴の寄せ集めといった，型にはまった表現である」。

熱帯化（tropicalization）という用語はサイード（Said, 1978）のオリエンタリズムという概念に負っており，ラテン系カリブ人の文脈内での，オリエンタリズムに相当する用語としてもっともよく理解されている（Aparicio & Chávez-Silverman, 1997）。オリエンタリズムの言説が存在論的に東洋と西洋を区別するのとほとんど同じように，熱帯化は，いわゆる温暖な世界（すなわち，ヨーロッパ北部とそれに準ずる地域）と熱帯地方（tropics）（ラテンアメリカ，メキシコ，カリブ海）との間の言説的分離を創り出す。熱帯化の言説はアメリカの植民地的幻想の大きな部分を占め，「熱帯」文化を，怠惰で魅力的で無能力な人びととともに樹木の生い茂った素朴な楽園として主に描いている（Benz, 1997）。

熱帯地方の住民の無気力と無能力はこの言説のなかで頻繁にみられるテーマである。そのような表象に対して，偶然であるとかまったく無害であるなどと思うべきではない。ウラカ（Urraca, 1997）は，この熱帯的後進性と無能力性の言説生産は，北米の美徳と例外論の誇示に対する完璧な対照的背景を提供すると述べている。さらに加えれば，熱帯化はまたラテン文化を性的感情を引き起こすエロティックなものとして刻みつける。しかしながら，彼らのエロティシズムは，東洋文化のエロティシズムとはいくらか違った形で表象される。東洋女性はたいてい性的に望ましいが神秘的で（ヴェールに包まれ）従順だと描写されるが，熱帯化はラテン女性とカリブ海の女性を熱烈で熱情的で性的に旺盛で，求めに応じるものとして描いている。暴力はまたこの言説の強大なテーマであり，とくにラテンアメリカとメキシコを焼けつくほど容赦ない暴力の領域——アマゾンのジャングルと都市のゲットーのなかで——として描いている。

読者にはおそらく明白だろうが，ここで取り上げた三つの植民地言説はすべてあからさまに軽蔑的というより，両面価値的（ambivalent）である。実際，これら三つ

の言説はすべて「原住民」と植民地支配下にある人びとに，気高い未開人か魅惑的な性的対象という役割をあて，際立ってロマンティックに描いている。同時に，これら同一の植民地支配下の民は，おしなべて疑いもなく否定的でぞっとするような形で——非合理的で，危険で，原始的，怠惰で堕落しており，退廃的であると——銘記されている。植民地言説を明確に検証する際には，ミューク（Muecke, 1992）が植民地言説を特徴づけるのに使用した，同時に人類学的（anthropological）でロマンティック（romantic）かつ人種差別的（racist）であるという説明が役に立つだろう。植民地言説は，非西洋の支配下の人びとを科学的知識と専門技術の対象物として取り扱うことによって，画一的に人類学の対象としている。また植民地言説は，往々にして非西洋文化をロマンティックに描きつつ，他方でいくぶん本質的に劣っていて後進的だと人種差別的なことばを使って表す。

　また，植民地言説はまったく過去のものではないことを記憶にとどめておくのも重要である。多くのポストコロニアル研究者が提唱するように，コロニアリズムの言説の影響は，正式な植民地支配よりもずっと長く続いている。原始主義の言説はアフリカの経済開発についての方針の議論のなかでみつけられるし，オリエンタリズムは西洋の中東についての報道にはびこっている。そして熱帯化は国際ビジネスの教科書やそのなかでの，やる気をなくさせるラテンビジネス文化の退廃の議論のなかにしっかりと生きながらえている。これらは決して植民地言説が影響を及ぼしている唯一の分野ではない。オリエンタリズム，熱帯化，原始主義，そしてその他の植民地言説は，教材，消費者レポート，政策文書，一般の人びとの日常的会話において，簡単にみつけることができる。植民地言説は疑いなく我々の社会的，制度的生活のなかできわめて重要な位置を占め，したがって我々の認知，態度，意見，人びととのふれ合いの数々を形づくるのである。

■ ハイブリディティ（異種混淆性）

　ポストコロニアル学派で研究している理論家と学者は，植民地に遭遇することから生まれたものとして，また，エリート植民地支配者たちの心を奪ったものとして，ハイブリディティ（異種混淆性）という概念に焦点を当てている（Young, 1995）。融合性（syncreticism）やクレオール化（creolization）ともいわれるが，ハイブリディティという用語は，まっ先に，あるレベルでの文化的混合と融合，あるいは混合か融合かどちらかの前兆を示すものである。その語源は植物学と動物学にあり，ハイブリディティは植物や動物の間で起こる交配によって生まれる新しい種の形をもと

14 ポストコロニアリズム *309*

もとは意味していた。人文学と社会科学においては，ポストコロニアル学派で研究する個々人の著作によって，ハイブリディティはより中心的な舞台へと移った。ポストコロニアル研究で，この語が正当性をもつのは，必ずしも差異の重要性を放棄することなく，人種と文化についての反純正主義的な立場を取りつつ進歩的なあり方を提供しているという理由にもよる。

ハイブリディティについての単一で統一された理解は，ポストコロニアル学派のなかにはないことは特筆すべきであろう。むしろ，ハイブリディティの本質や影響について，多数の論争がある。しかしながら，ポストコロニアル学派の多くの研究者は，（コロニアリズムがきっかけとなって始まった）旅行（travel）と地球規模の移住（global migrations）が，20世紀と21世紀初頭において文化的ハイブリディティのレベルをあげるのに重要な役割を果たしたことについては合意している（Clifford, 1997; Hannerz, 1987）。実際，多数のポストコロニアリズム学者は，どのような形の文化混合あるいは融合も，文化接触と移住パターンを背景として研究されなければならないと主張するだろう。これは，北米の職場での文化的融合性は，NAFTAのコンテクスト，アメリカの移民法の歴史，アジア系，ラテン系のディアスポラの形成，などのなかで理解する必要があることを示している。

著述家のなかには，ハイブリディティは自発的なものではなく不可避的なものであると証言する者もいる（Rosaldo, 1993）。なかには，ハイブリディティは意図的な植民地主義政策（たとえば，南中米のヒスパニック化）の産物であるが，多くの場合コントロールするのが非常に難しいものとみている者もいる（Bhabha, 1990）。ポストコロニアリズムのハイブリディティについての議論では，文化融合と同化の問題はそれらを支えている植民地力学と権力関係の文脈に置き，その見地から検討されなければならないと主張する傾向がある。フリードマン（Friedman, 1998）は，ポストコロニアル学派はハイブリディティに対して以下のような疑問を投げかけていると記している——ハイブリディティは忌み嫌われているのか，受け入れられているのか，ハイブリッド化のプロセスは植民地権力対植民地被支配者によってどれくらいコントロールされているのか，ハイブリディティは日常生活の実践のなかでは実際はどのように交渉されているのか，どの社会あるいは地理的集団がハイブリディティによって恩恵を一番受けているのか，受けていないのか，すべての集団が等しく同じようにハイブリッド化しているのか，ハイブリッド化のどのようなプロセスが他の関連する社会階層化とどのように絡み合っているのか。

さらに加えて，ポストコロニアル研究者はハイブリッド化の政治（politics）に

ついて異なる立場をとる。一つの見方は，ハイブリッド化を主にコロニアリズム
の抑圧的な遺物の副産物としてみなし，その恩恵については著しく懐疑的である
（Friedman, 1998）。この見方は，支配的文化が接触する，より弱小な集団を脱文化化
し（deculturing），なおかつ（あるいは）同化する（assimilating）のに成功した状況に
対して警鐘を鳴らす。ここで問題となる結果は，より弱小な集団の文化的伝統が失
われるか抑圧されることである。このことの例となるよくある状況は，民族撲滅的
政策と西部開拓運動の実践から形成された現代のアメリカ先住民文化である。

　二つ目の見方は，ハイブリディティが，体制のすべてが基としている二項体系
（binaries）そのものを置き換え，再配列することによって，最終的にはいかなる種
類の植民地的新帝国主義の権力構造をも根底から危うくするとして，主に破壊的
（subversive）なものとみなしている。ポストコロニアル学派のなかでは，ホミ・
バーバ（Bhabha, 1994）の著作がこの立場を例証している。バーバのハイブリディ
ティについての論議は並外れて複雑で数ページでは扱い切れない。彼はファノン
（Fanon, 1961; 1967）の考えを参考にしているが，ファノンをまた相当に再解釈し，い
かなる植民地的遭遇も，植民地被支配者が植民地支配者の文化を自分のものとして
熱心に真似し取り入れるという模倣（mimicry）状況に，結果的になると主張して
いる。しかしながら，ハイブリディティあるいはこの模倣から生まれる文化の混合
は，そのプロセスが帝国主義的支配者と被支配者にとって多大な両価性をもつため，
ともに二面的で逸脱的である，とバーバはさらに主張する。この両価性は，アイロ
ニー，疑問，混乱——それらはすべて植民地的秩序をかき乱す——の場を広げる
（Bhabha, 1990）。

　この視点のなかでは，文化的差異の価値を再確認し，よって蔓延する新帝国主義
的秩序を混乱させるという範囲において，ハイブリディティはかなり肯定的なもの
である（Appadurai, 1996; Bhabha, 1994; Silko, 1977）。シルコ（Silko, 1977）やハネルズ
（Hannerz, 1987）のような著述家は，融合性とハイブリディティは，絶えず進化し変
化し続けるという性質のために，現代のグローバル文化にとってはるかに意義があ
ると価値を認めている。ハイブリディティに対するポストコロニアル思想は，いま
のグローバリゼーションの時代には，多文化組織の遭遇についての実りある洞察を
得るために役立てることができるだろう。企業買収や合併，超国家的企業行動，企
業の乗っ取り，マキラドーラ（maquiladoras）[訳注1]などのグローバル企業の独特の形
式はすべて，より複雑でやっかいな性質の問いを必要とするハイブリッド化のプロ
セスに関わっている。

3 ポストコロニアル学派の研究例

ポストコロニアル思想が比較的最近であることを考えると，この学派のなかでおこなわれたフィールドワークの量は感銘的といっても過言ではない。ポストコロニアリル思想は，他の分野のなかでも，文学（Brantlinger, 1988; Spurr, 1993），歴史学（Dirks, 2001），人類学（Clifford, 1988; Pratt, 1992），政治学と国際関係学（Darby, 1997），コミュニケーション学（Perera & Pugliese, 1998）における研究に影響を及ぼした。これらのすべての著作のなかで，研究は，過去と現状における植民地主義的，ネオコロニアリズム的プロセスへの焦点と，またこの章で論議された多くの概念に導かれている。なによりも，植民地的関係は学問分野の境界内には簡単にはおさまらないため，ポストコロニアル学派の研究は（各研究者が特定の学問分野に属していたとしても）際立って学際的である。もっと最近では，グローバリゼーションの強化に伴って，ポストコロニアリズムは経営や組織研究の研究者を多くひきつけはじめた。これらの学者は，ビジネス刊行物での第三世界経済の表象（Priyadarshini, 2003），オーストラリアの鉱山での国家政策と先住民（アボリジニー）の権利問題（Banerjee, 2003），博物館での構造的転換の誘導の取り組み（Harrison, 1997），多文化トレーニングビデオの制作（Jack & Lorbiecki, 2003），第三世界観光の旅行先の振興活動（Echtner & Prasad, 2003）などの多様な現象を検証している。

他のポスト（post）伝統と同じように，ポストコロニアル研究者は頑なな方法論的選択には縛られていない。彼らは政府文書（Neu, 2000），ビジネス報道記事（Prasad, A., 1997; Priyadarshini, 2003），観光パンフレット（Echtner & Prasad, 2003），組織での参与観察（Harrison, 1997）など，多種多様なデータソースや方法を使う傾向にある。一般的に，これらや他の研究は，企業の慣例的プロセスの常態の裏を探り，それらの基盤となっているいまだに続く植民地主義的遺物を暴き出す。多くの研究は歴史的であり（Cooke, 2003; Neu, 2003），多数の現代の経営の考え方や実践に新帝国主義的根源の痕跡を探し当てている。クック（Cooke, 2003）は，たとえば，クルト・レヴィン（Kurt Lewin）のアクションリサーチとグループダイナミックスのモデルのルーツを，アメリカが後援した多民族グループ間の秩序と安定性を回復するための

訳注 1）マキラドーラ（maquiladora de Exportación）とは，製品を輸出する際に，その製品を製造する際に用いた原材料や部品，機械などを関税なしで輸入できる保税加工制度のこと。一般的にはメキシコの制度を指す場合が多いが，中南米諸国でも同様の制度をとっている国がある。

試みと，それを形づくったあからさまな植民地主義的操作にまで辿った。

　一方，ノイ（Neu, 2003）は，国や世界規模の会計政策が「コロニアリズムのソフトウェア」としてどのように組織的に機能したかについて理解しようと試みた。ノイはコロニアリズムのソフトウェア（software of colonialism）という用語を，特定の植民地目的の実現を手助けする財政や会計の実践といった行政的技法を示すのに使っている（Neu, 2000; 2003）。それは，手法の偏向性と，その手法のターゲットとされた集団への壊滅的な（ときには集団虐殺のような）結果の両方を隠蔽するようなやり方で，特定の目的の実現を手助けしていた。彼はそうして，カナダからは歴史的実証例を，現代の実例にはメキシコのチアパス州や，ガーナにおける世界銀行の例を使って，この点を明らかにした。実際，ノイは，一般的に普及している会計分類，財政的誘因，世界規模な会計政策をネオコロニアリズム的目的の遂行に関連づけている。彼の著作は，はぎ取られた先住民の頭皮への報奨金が，いかにカナダの行政施策の制度化された特徴——それは結局はミマック部族の減亡へと導いた——となったのかについて我々の理解を助ける（Nue, 2003）。彼はまた，これら法律的に容認された報奨金は，なんと19世紀の終わりまで，アメリカでも見出せる，と記している。さらに，彼は他にも，先住民の居留地への囲い込みを奨励するように計画されたさまざまな財政施策（たとえば，農耕機具の分配など）について記録している。彼の研究は，メキシコやガーナでの植民地支配や人民操作に対する，似たような背筋の寒くなる現代の画策を明らかにしている。

　ノイの研究は，行政施策と実践に直接的に焦点を当てている。ポストコロニアル研究のより大きな部分は，かつての植民地被支配者とその文化が著名な西洋の言説のなかでどのように表象（representations）されているかについて注意を向けている。そのような研究の優れた例としてプラサド（Prasad, A., 1997）の OPEC（石油輸出国機構）の隆盛に対する，企業の重役会議室やビジネス報道のなかでの西洋の反応についての検証が挙げられる。彼は，これらの反応のなかで二つの特筆すべき節目に注目している——一つ目はアブドラ・タリキ（Abudullah Tariki, サウジアラビアの元石油相で OPEC の中心的な共同設立者）に対する「赤いシーク（族長）」というレッテル，二つ目はワシントンポスト紙（*Washington Post*）が OPEC を「ラクダの首長国とバナナの共和国の不和集団」と蔑んだ特徴づけをしたことである。プラサドはこの二つの描写を詳しくポストコロニアル的に分析し，いかにこの両方がいままでのオリエンタリズム的幻想の長い伝統に影響されており，コロニアリズムの産物である西洋と中東の非対称的関係を温存するように仕向けているかを明らかにした。

プリヤダーシニ（Priyadarshini, 2003）は，1990 年代のエコノミスト誌におけるインドの政治・経済の表象に着目し，前述のようなビジネス報道の検証を続けている。彼女の研究は，膨れあがるアジア経済システムを述べるときに使われる野生動物（虎，龍，象など）のメタファーに注目している。動物化（animalization），または被植民地文化を野生動物として表すことは繰り返される植民地的修辞技法だという主張のもと，プリヤダーシニ（Priyadarshini, 2003）は，エコノミスト誌の「虎の経済」というインド経済の描写を三つの独立した記事で分析した。彼女は分析のなかで第一段階と第二段階のメタファーの興味深い違いを指摘した。第一段階メタファーはすぐに思い起こされる，単刀直入なイメージで，第二段階メタファーはより潜在的なイメージをもち，判別のためには詳細な分析が必要となる。このように，第一段階メタファー分析は，虎のメタファーは概ね肯定的だ——虎の威力と威風堂々さを強調している——と我々に思わせる。しかしながら，第二段階分析では，虎の経済は野性的で残忍，危険で制御不可能であるとも読める，と述べている。詳細な分析のおかげで，プリヤダーシニは，虎の経済という概念がアジア経済と文化的状況を生物的なものへ格下げするためにいかに使用され，結果として文明的西洋と非文明的な非西洋という序列が保持されることを示した。

表象というテーマは，エッチナーとプラサド（Echtner & Prasad, 2003）の第三世界諸国を観光先にする振興活動の研究でも注目されている。エッチナーとプラサドは，主に観光産業を植民地的関係の文脈に置き，観光業者は自らが営業地とする西洋や第一世界の人びとに対して観光先を振興していると指摘し，また，第三世界への旅行者は圧倒的に西洋からであり，第三世界から西洋への旅行者は数にするとずっと少ないと指摘している。エッチナーとプラサドは非対称的で歴史的な植民地的制度状況を確証したうえで，広範囲な第三世界諸国を勧める 223 部の観光パンフレットを検証している。彼らは，パンフレットのことばと視覚的イメージの両方をポストコロニアル的視点で検証し，第三世界を旅行先とする表象は，一式のノスタルジックな植民地的イメージと心をかき乱されるほどに結びつけられている，と結論づけている。彼らの分析は，第三世界観光地の言説的表象を形づくる優勢的な三つの神話——不変の神話，抑制不在の神話，未開の神話——に注目させた。

不変の神話（概ねサイードのオリエンタリズムに相当する）は，第三世界観光地を栄光のある豪奢な過去に真っ向から位置づけ，現代の旅行者が植民地時代の貿易商，探検家，宝捜しの冒険家を追体験するのを暗々裏に奨励している。抑制不在の神話は，第三世界観光地（フィジーやジャマイカなど）を熱帯植物があふれんばかりの楽

園として描き，旅行者に自分たちの抑制をかなぐり捨て，現地住民の自然な美しさ
と魅力に官能的に身をゆだねるように勧めている。エッチナーとプラサドは，抑制
不在の神話はある意味で植民地的搾取のロマンチックな見方をつくり出していると
さらに主張する。最後に，未開の神話（ケニアやナミビアを描く）は野生の自然と，原
始的文化に焦点を置き，ジャングル探検や最後の開拓地といった植民地的ファンタ
ジーの現代版でもある。全般的に，この研究は，植民地言説の頑強さを証明し，か
つ第三世界についてのより広い態度や期待を形成する際にそれがもち込む影響につ
いての問いを投げかける。

　ポストコロニアル学派の主な興味が，表象についての問いや文書やテクストの
分析にあると結論づけるのは間違いであろう。ポストコロニアル研究者のなかには，
博物館などの現代の組織における植民地的痕跡の研究に，はっきりとした興味をも
ってきた者もいる（Harrison, 1997; Prasad, P., 2003）。そのようなフィールド研究の秀
逸な例はハリソンのエスノグラフィーで，アメリカのある州立博物館における，帝
国主義的すぎるイデオロギーをうち捨てて，生まれ変わろうとする努力についての
研究である。ハリソンは，博物館は植民地社会では重要な役割をもつと述べている
が，なぜなら博物館は植民地社会が彼らの帝国や帝国主義的領土の一部である人び
とを理解し解釈するようになる（限られたとはいえ）一つの重要な方法であるからだ。
このように，博物館は往々にして，とくに囲い込み，客体化，矮小化のテーマを巡る
植民地状況のルール，構造，価値観などを反映している。ハリソンが研究した州立
博物館は，先住民や現地文化の表象に明らかにみられるこのような帝国主義イデオ
ロギーに対して，門外漢というわけではまったくない。彼女の研究は，より広い社
会のポストコロニアリズムの精神にさらに歩調を合わせるよう，博物館のビジョン
を改訂しようとした新博物館長の試みに注目している。ハリソン（Harrison, 1997）
はインタビューをおこない，博物館の展示を分析して，真の変容が起こるのを妨げ
ている制度上のプロセスについての理解にたどり着いた。彼女の研究は，尊敬すべ
き州の官僚組織であり，西側の遺産の守護者としての博物館のアイデンティティが，
原住民文化の客体化や矮小化を結局は再生産することとなった展示技術の採用にどの
ように影響したかを我々が理解するのを助けてくれる。

　すべてあわせると，ポストコロニアル学派は，経営・組織研究へのグローバルな
（往々にして帝国主義的な）ダイナミクスについての認識を余儀なくさせ，より広い政
治状況の文脈のなかに現代の職場を位置づける。この学派の文学や文学理論との初
期の結びつきゆえ，一般に「テクスト」と理解されているもの（たとえば，報道記事，

観光パンフレット）を研究するにはとくに適しているが，組織のなかの制度的プロセスや文化的行事の検証にも同様に有意義である。とりわけ，ポストコロニアル学派は，我々の現代の組織についての理解において，より強固な歴史的文化的意識を回帰させ，植民地的力学に根差している階級的再生産のパターンを明確にするのに役立つ。このように，ポストコロニアリズムはグローバリゼーションの最近の傾向——とくに，国境を越える労働者移住，輸出加工区（Export Processing Zones: EPZs）の形成とその影響，多国籍企業買収の文化的経済的影響，また市場原理主義やワシントン合意などの新しいイデオロギーがもたらす派生的問題といった現象——をみる場合には多大な可能性を秘めている。

表 14-1　ポストコロニアル学派のハイライト

哲学的影響：	マハトマ・ガンディー（Mahatma Gandhi），ホー・チ・ミン（Ho Chi Minh），レオポルド・サンゴール（Léopold Senghor），フランツ・ファノン（Frantz Fanon），アルバート・メンミ（Albert Memmi），エメ・セゼール（Aimé Césaire）
主要研究者：	エドワード・サイード（Edward Said），ガヤトリ・スピヴァク（Gayatri Spivak），アシシュ・ナンディ（Ashis Nandy），ホミ・バーバ（Homi Bhabha），ロバート・ヤング（Robert Young），アルジュン・アパデュライ（Arjun Appadurai）

中心概念

- コロニアリズムとネオコロニアリズム（Colonialism and neocolonialism）
- 帝国主義（Imperialism）
- ヨーロッパ中心主義（Eurocentrism）
- ハイブリディティ（異種混淆性）とクレオール化（Hybridity and creolization）
- 表象（Representation）
- 植民地言説（Colonial discourse）
- 原始主義（Primitivism）
- オリエンタリズム（Orientalism）
- 熱帯化（Tropicalization）

重要な実践

- 学際性
  （Interdisiplinarity）
- 不変の背景としてのコロニアリズム
  （Colonialism as a constant backdrop）
- メタファーというより実践としてのコロニアリズム
  （Colonialism as practice rather than a metaphor）
- 文化的多元主義への傾倒
  （Commitment to cultural pluralism）
- 支配と抵抗の弁証法
  （Dialectics of domination and resisitance）

代表的研究

- "The Context of Third World Tourism Marketing"（Echtner & Prasad, 2003）
- "Museums as Agencies of Neocolonialism in a Postmodern World"（Harrison, 1997）
- "Accounting for the Banal"（Neu, 2003）
- "The Colonizing Consciousness and Representation of the Other"（Prasad, 1997）

15 結論

伝統，即興，質のコントロール

柴山真琴［訳］

　このような類の本の最終章は，要約的な省察，本書についての注意書き，教訓とすべき提言と本書の取り扱い範囲に関するコメントを書くのが理想的であろう。本書は，現代社会における仕事と組織に関する多くの質的研究に影響を与えた主要な伝統と思われるものについて，概観したものである。しかしながら，このことは，本書が各領域を徹底的にわかりやすく扱っていることを意味するものではない。すべての学派を考慮に入れてはおらず（たとえば，アクション・リサーチ，カルチュラル・スタディーズ，クイア理論など），ある学派については，構造化と実践の理論という範疇のもとで，部分的に取り扱った程度である。時間と空間および私個人の専門的知識の限界によって，多くの点で，本書の射程が制約を受けていることは明らかである。

　本書の主要な関心は，質的研究をおこなう際に，現存する多様な可能性を提供すること，さらには研究者に多様な認識論的・方法論的な選択肢を提供することにあった。また，本書は，質的研究の出発点（starting points）として，インタビュー・観察・文書分析を採用することを問題にしようとした。むしろさまざまな学派において，これらのデータ収集法の使われ方がいかに異なるかを強調した。たとえば，ドラマティズムの系譜で実施されるフィールド観察では，特定の社会的状況下にある行為者にとってもっとも意味のある，核となるドラマティックなナラティブをみつけることが指向される一方で，史的唯物論者によっておこなわれる観察では，どの出来事や社会的プロセスにも存在する，搾取的なダイナミクスと階級間葛藤の理解に焦点が当てられる。インタビューとテクスト分析についても，明らかに同じことがいえる。同じ現象や同一の状況・出来事を研究しているときですら，フェミニスト研究者のインタビューの約束事は，記号論者のインタビューの約束事とはかなり違ったようにみえる。

つまり質の高い研究をおこなうためには，いずれかの伝統の総体（たとえば前提，傾向，討論のしかた，叙述のスタイルなど）に精通するようになることが重要であるというのが，本書の中心的なメッセージである。いいかえれば，データ収集の技法とデータ分析は，研究者が研究をおこなっている，より広い知的伝統から切り離す（abstracted or removed）ことができないのである。しかしながら，この点に関しては，別の重要な注意をする必要がある。本書におけるさまざまな学派に関する議論は，各学派へのやや詳しめの導入を提供しているにすぎず，けっして網羅的ではない。研究者には，原書，解説書，議論と当該学派のもとでなされたフィールドワークの作品を読むことを通して，自分がもっとも関心をもつ伝統をより深く掘り下げることを強く薦めたい。手短にいうと，どの章も読者を特定の学派の専門家にすることはないだろう。各章がせいぜいできることは，それぞれの伝統の感触と趣，当該学派のもとで研究することが意味することを読者に伝えることである。ある程度網羅的な参考文献は，伝統をさらに追究したい読者にとって役立つと思われる。

また，多様な学派に触れることで，新参の研究者は，選択肢の範囲を知ることができる。多くの点で，研究をおこなう学派を選ぶことはかなり個人的なもので，一連の美的・倫理的・方法論的な好みが含まれている。たとえば，日常生活の微細なディテールに魅了された研究者は，エスノメソドロジー学派のもとで研究することを望むだろうし，社会制度のマクロ分析に惹きつけられた者は，史的唯物論や構造化理論を探究したいと考えるだろう。1章で述べたように，本書は，取り得るであろう研究の道筋と目的地を俯瞰する比喩的な地図を提供している。このことは，私の経験では，新参の研究者が焦点や方向性をもたずに，フィールドであまりにも多大な時間を費やすことを考えると大事なことである。かなり多くの研究者は，とくに観察を主要なデータ収集法とする場合には，予備調査の段階で膨大な時間を使うことになる。

ここではっきりさせておきたい。私は，一定量の予備調査が有益でないというつもりはない。私がいいたいのは，焦点や方向性を何ももたなければ，とくに参与観察は混乱と困惑に満ちたものになり得るということである。どの組織の現場でも生じるさまざまな相互作用を吸い上げることは難しいし，理論を駆使した焦点をもたずに，何に注意を払い何を書き留めるべきかを理解することは，もっと困難である。種々の伝統を知ることで，研究者は，自分が立てたい研究設問のジャンルとめざすべき幅広い方向性をよりよく判断することができるのである。

本書を通して，私はさまざまな学派でなされた実際の研究について議論し，各学

派のなかで「模範的な」フィールドワークとみなしたものに光を当てるよう努めた。博士課程の学生と一緒に研究をしてきた長い年月のなかで，これがもっとも有益であることに気づいたのである。それゆえに私は，研究者には，自分の関心がある学派のなかですでになされているフィールドワークの作品を読む労をとることを強く薦めたい。よくできた他者の作品をみること以上に，質的研究の手わざ（craft）を習得する方法は，ほとんどないのである。これらの作品の多くは，研究をおこなうことにおける多様な次元——研究設問の設定，先行研究との関連づけ，理論的枠組の選択，背後にある前提への気づき，適切な現場や研究対象者の選定，データの収集と分析，最終的な研究成果の発表——に注意を払っているがゆえに模範的である。これらのすべての観点に注意を払うこと，（多くの研究者がそう思っているが）フィールドで費やした膨大な時間やインタビューの数が良質な質的研究の指標になるとは考えないことがいかに重要であるかを，もう一度，強調したい。

1 質的研究における伝統と即興

　質的研究の多様な伝統について話す際に，私はしばしば二つの互いに関連する問いを投げかけられるが，これは言及するだけの価値がある問いである。第一の問いは，どの程度，特定の伝統から外れずに従うかということ。第二の問いは，いずれかの伝統のなかで研究をすることが，研究者自身の独創力と想像力を抑制するかどうかということ。この二つの問いに答えることは，明らかに，簡単にはい／いいえでは答えられないかなり複雑な問題である。

　研究者は，どの程度，一つの伝統から外れずに従うべきか。まず個人的な見解として，学問的伝統の価値は，研究者を見張る（police）ためではなく，研究者を鼓舞し導く（inspire and guide）力にあることを強調したい。たとえば，社会的世界を一つの舞台としてみることにひかれるのであれば，ドラマツルギーの伝統は，フェイスワーク，スティグマ，印象操作といった概念を吟味することによって，研究者がこの学派の前提を明確にしたり拡張したりするのを助けてくれる。さらにはドラマツルギーの伝統は，特定の方向と道筋を提案することによって，研究プロジェクトの輪郭をつくることも可能にする。簡単にいえば，ドラマツルギーの世界観に親近感をもつとすれば，その伝統は，研究者にドラマツルギーの諸概念の運用方法と発表スタイルを提供してくれる。

　多くの型通りの統計的方法とクラスター分析や反復測定デザインなどの研究デザ

インとは違って，本書で論じてきた質的研究の流派は，もっと流動的で，データ収集・分析の厳密な約束事にそれほど縛られない。それゆえに，伝統から外れずに従うべきかという質問には，容易には答えられない。一般的には，研究者は自分が選んだ伝統に親しみ，居心地のよさを感じるようになるべきだと私はいいたい。ひとたび，理論的にも方法論的にもこの居心地のよいレベルに到達すれば，研究者は，伝統のなかの諸要素を自分の目下のフィールドワークにうまく合うように生かすことができる。

　このようにいっても，特定の伝統のもとで研究することは，中心にある考えと学術用語をいいかげんに自分のものにすること以上のものであることを強調したい。ある学術雑誌の査読者として，ときどき，解釈学に依拠していると主張する論文に出くわすことがあるが，その論文は，月並みな組織に関するテクストの表層をなでたにすぎない。私からみれば，これはせっかくのチャンスを無駄にしている。解釈学の伝統のなかで研究することで，テクストの精読から思いがけないような洞察を得ることができるし，テクストをそれが作成された社会的状況と関係づけるのを助けてくれる。また，解釈学は，吟味しているテクストと研究者との関係を理解する際にも，研究者がより深い内省をおこなう助けとなる。それゆえに，このような場合には，一つの伝統を深く探究することが，結果として質の高い質的研究を生み出すことになるだろう。

　ここで提起する第二の問いは，研究者の創造力と想像力を抑制する伝統の危険性を問うものである。忘れてはならない大事なことは，一つの伝統のなかで研究することと，研究と執筆のスタイルを盲目的に真似ることとを混同すべきではないということである。芸術や文学の伝統と同様に，同じ学派のなかで産み出された二つの研究がまったく同一の物であることはない。二つの研究が同一の存在論的前提によって突き動かされ，同じ組織的・文化的次元に関心をもっていたとしても，たいていの場合，異なる問いを立て，異なるフィールドの現場を調べ，異なる研究対象者を取り扱う。実例として，しばし史的唯物論の章に立ち戻ってみよう。この章で議論したフィールドワークの例をみると，類似性と同じくらいその差異に気づかされる。コリンソン（Collinson, 1988）の工場労働者の研究は，オコナー（O'Connor, 2001）のオードウェイ・ティード（Ordway Tead）についての描写やベルトーとベルトー＝ウィアム（Bertaux & Bertaux-Wiame, 1981）のフランスの熟練パン職人についての唯物論的エスノグラフィーとはかなり違っている。最初の研究は，作業現場における人間関係の支配を男らしさに関連づけ，二番目の研究は，産業民主主義のディス

コースを歴史的文脈のなかに位置づけ，三番目の研究は，ヨーロッパの食品産業における拡大と買収を生き抜いたフランスの家族経営のパン屋の粘り強さを描いている。それでもなお，この三つの研究は，社会の分節化と葛藤の本質に関する共通の前提と，歴史的分析に対する価値によって結びついている。

　いいかえれば，研究の伝統の内部では，即興（improvisation）の可能性が無限にあることから，伝統が創造力と想像力を抑えることはないのである。多くの点で，特定の研究の伝統のなかで研究することは，決まった和声音階の範囲内で，メロディを構成することに似ている。音符が有限であるように，存在論的・認識論的前提と中心的概念などにも限りがある。心に留めるべき重要な点は，特定の概念的基本要素の範囲内で，研究者は，個人的に知的興奮を覚える研究の方向性を追究し，面白くて適切な研究のナラティブを構築することである。伝統は，標準化の道具として使うものではないし，決してそうすべきではないのである。

　革新と創造力に関してこれまでに述べたことは，必然的に，さまざまな学問的伝統の融合ないしは混合による即興の問題を提起する。種々の伝統を下支えする前提に注意を向ければ，これは可能なことであり，もっともなことでもある。本書で議論してきた多くの学派を注意深くみてもらえば，それらの学派自体が学派の混合された産物であることがすぐにわかるだろう。一例を挙げれば，批判的解釈学は，解釈学と批判理論との密接な結合によって生まれ，他方で，ギデンズ（Giddens）の構造化理論は，彼の史的唯物論とエスノメソドロジーへの関心から生まれ，ポストコロニアリズムは，マルクス主義とポスト構造主義と各国の解放運動の間の噛み合わない議論から現れた。実践を遂行する際に存在論的・認識論的な柔軟性を志向している，多くのフェミニストたちも，理論的な即興の傾向がある。

　多くの点で，アイファ・オング（Ong, 1987）の仕事は，異なる伝統を交差させたフィールドワークの典型例である。オングは，1980年代にマレーシアの電子チップ工場で調査をおこなったが，その目的は，後期資本主義に遭遇した結果として，工場で働く女性労働者たちがどのような暮らしをしているか，文化と自己イメージをどうつくりかえたのかを理解することにあった。間接的な抵抗の出現に対してさまざまな洞察をおこなっているが，オング（Ong, 1987）の研究もまた，本書で議論した学問的伝統のいずれかに容易に分類し得ないものである。彼女は，女性労働者たちによる文化的逸脱について説得力のある説明をするために，マルクス主義から矛盾の概念を，フェミニズムからジェンダー・アイデンティティの概念を，ポスト構造主義から監視・規律の概念を，ポストコロニアリズムから制度的二重性の概念を

借用している。彼女は，とりわけ工場でくりかえし起きるドラマティックな出来事
——女性たちが先祖伝来の霊に「とりつかれた状態になること」，この状態になると
同国の組み立てライン全体が操業停止に追い込まれる——に焦点を当てている。

　霊にとりつかれた状態のときに，多数の経営上の解釈が現れるのである。その
解釈というのは，典型的には，こうした出来事を迷信的な田舎の女性による工場生
活へのヒステリックな反応として放っておくか，雇い主である会社に向けた巧妙な
破壊的行為としてみなすかのいずれかであった。これに対して，オングは，マルク
ス主義フェミニズム，ポストコロニアリズムとポスト構造主義の伝統を活用しなが
ら，陰翳に富んだ説明をしている。彼女は，霊にとりつかれている状態についての
語彙のなかに，支配と規律の資本主義的形態に対する「抵抗の語法」の無意識の
(unconscious) ルーツをみつけることができると述べている。彼女の研究は，複数の
伝統に立脚しつつも，それらを皮相的に統合せず，むしろ各々の伝統を活用し，そ
れらを生産的な緊張関係においた巧みな研究例である。

2 研究の質のコントロール：個々人の主体性

　質的研究の評価基準と質のコントロールの問題は，基準の適用が決して明白で
確固としたものではないこともあって，質的研究の議論においては定期的に浮上す
るものである。ここで再び，各自が依拠している伝統が，研究を進めていく際の基
準をつくるうえで役立つ。実際に個々の研究者は，自分の仕事が高い質をもってい
るかどうかを確認するために，自ら多くのことをすることができる。第一に，研究
者は，研究設問が理論的前提と概念的に整合的であるか，その設問は自分が拠り所
とする伝統にとって意味あるものであるかどうかを確認する必要がある。たとえば，
社会的・文化的意味に関わる問題を扱う研究設問は，エスノグラフィーと解釈学の
伝統に対してはかなり適正なものとなるが，社会的葛藤・権力・支配に関する設問
は，批判的伝統のいずれかによってもっともよく導かれる。いいかえれば，研究者
には，経験的な関心と自分が依拠する知的伝統との関係に気づき，それを表明する
ことが求められる。

　また，知的伝統は，研究プロジェクトの方向性と焦点を形づくる。研究者は，こ
うした考慮すべき事柄にも自覚的である必要がある。研究プロジェクトの焦点の問
題は重要で，一般的には運や偶然の出来事に任せるべきではない。というのは，焦
点は，誰に話を聞き誰に話を聞かないか（会社の役員会のメンバーか，パートタイム

の労働者か），どのような種類の質問をすべきか，どの活動を綿密に観察するか（イ
ンフォーマルな会話か，ミーティングか），組織内の個々人のことばと行為をどのよう
に解釈するかを決めるからである。何よりも，自分が依拠したい知的伝統にタイミ
ングよく気づくことは，研究者が「盲目的な状態」でフィールドの現場を歩き回り，
行き当たりばったりで目的のない観察をすることを防いでくれる。

　いまや，多くの読者は，私が「盲目的な状態」で現場を歩き回ることや「白紙」
アプローチとよばれるやり方を質的研究に採用することに，大きな懸念をもってい
ることをたぶん理解したであろう。これにはいくつかの理由がある。第一に，その
ようなアプローチでは，研究者は理論なしに現場に接近できると仮定されているが，
それはまったくあり得ない。現場を歩く前に，興味をもつ特定のソーシャル・ダイ
ナミクスに関係する，比較的詳しいアイデアをもつ方がよほど意味がある。結局の
ところ，何らかの予備的な観察をした後でも，人は自分の関心を変えることを止め
ることはできないのである。しかし，少なくとも，そうした心変わりは，明白な知
的根拠と焦点を変えるための土台をもっている。焦点もしくは方向性についてのア
イデアを何ももたずに実証的な状況を研究しはじめることは，混沌としていて要領
を得ないだけでなく，理論的にも杜撰で的外れでもある。研究を立ち上げるごく初
期には，パイロット・スタディの一部として，自分の選んだ現場で，数時間から数
日を過ごすことはできる。しかし，理論をもたないままに，長期間，フィールドで
過ごすことをよしとする研究方略は薦めない。

　ひとたび，一つの知的伝統を選ぶと，研究者はその伝統のなかにみられる表現ス
タイル（styles of representation）を熟知しようとする。あいにく多くの社会科学者た
ちは，自分の研究の著述スタイルと表現技法に十分に注意を払ってはおらず，その
代わりに，いくぶん素気ない客観的な叙述と分析のスタイルに頼っている。ここで
再び，ナラティブ・スタイルの採用ということになれば，質的研究の多くの伝統は，
着想の源泉になり得る。どの伝統も固有の語彙と表現スタイルをもっていることか
ら，研究者には，それらを詳細に学ぶことを薦めたい。たとえば，エスノグラファ
ーと解釈学者は，原文をふんだんに取り入れた趣を好み，しばしば議論に自分自身
を入り込ませるが，記号論者は表現スタイルにおいてもっと冷静で堅苦しく，史的
唯物論者はその口調がいくぶん論争的ですらある。ポストモダニズムとポスト構造
主義のようなより新しい学派では，従来の様式を覆し，しばしば言語的・文芸的
慣例と意図的に関係を断って，テクスト上で様式を破壊したことを強調すべきとさ
れている。いずれにしても，研究者は，自分の研究を発表する段になったときには，

研究の成果をどう書くかという問題を無視することはできない。

3 研究の質のコントロール：ゲートキーパー

　多くの学問分野では，研究の質は，たいてい当該領域の知識豊かな専門家である査読者によって保証される。しかしながら，経営学・組織論のような学問としては比較的若く，学際性が非常に高い学問分野では，多種多様な質的研究の伝統のなかで，必ずしも重要なゲートキーパーの役を果たすに足る専門家をみつけられるとは限らない。これはとくに経営学・組織論の北米部会の実情で，比較的つい最近まで，産業・組織心理学と経済学などの学問分野によって支配されていた。その結果として，学問と科学の支配的な見解も，これらの二つの学問分野のモデルの影響を受けてきた。驚くまでもなく，実際の研究実践は，たいていは複数の社会的・心理的現象を測定すること（measurement）によって仮説を検証する実験デザインとサーベイ調査に倣うことに，かなり制限されてきた。

　質的研究は，ここ20年間で，ある種の飛躍的前進を成し得たものの，*Academy of Management Journal* と *Administrative Science Quarterly* のような「主導的な」経営学の学術雑誌では，いまでも相対的に周縁的な位置に置かれている。もっと残念なことは，査読者の側に多種多様な質的研究の伝統に対する認識が欠けているがために，インタビューと参与観察のようなまったく別のデータ収集法を採用しているにもかかわらず，質的研究の種々のジャンルは，従来の実証主義を真似るようにと要請される。解釈，歴史的分析，文化批判に関心がある研究者には，評定者間信頼性，一般化可能性，再現性といった問題はまったく入り込む余地がない状況であるにもかかわらず，査読者はこれらの問題について疑問を提起することにこだわる。別のいい方をすれば，有名な経営学の学術雑誌のゲートキーパーのなかには，良質な質的研究を産出するうえで，かえって害になるような不適切な基準を導入する者もいる。芸術のメタファーを使えば，シュールレアリスムや近代の抽象主義，印象主義でさえも，それを鑑定する際に，写実主義と具象芸術の教義を応用せよと主張するようなものである。

　主要なアメリカの学術雑誌に質的研究を投稿したり，査読者や編集委員を務めたりした者であれば誰でも，私がいっていることを何らかの形で経験したことがあるだろう。実証主義ではない伝統については浅薄な知識しかもたないのに，それでいて実証主義の慣習にそって評価することに固執する査読者に対応する努力をする間

に，しばしば質的研究の品質が落ちてしまうことを考えると，問題はかなり深刻である。多くの場合，研究目的がいくつかの組織的状況の複雑性を描くことにあったとしても，査読者は研究の知見を単純化するよう要求してくる。研究者が属する学派（ドラマティズムなど）では，特定のナラティブ表現が求められる場合ですら，文芸的な表現スタイルに査読者が反対することもある。それゆえに，研究者は，そうした学術雑誌に質的研究を投稿する場合には，質的研究の伝統に関する知識が乏しい査読者に対して，実証主義以外の分析と著述のスタイルを正当化する備えをすべきである。

こうした障壁がありながらも，アメリカの主要な経営学の学術雑誌でも，優れた質的研究が刊行され続けている。研究者の側も，自分の仕事はしっかりとした理論的基盤をもつことの正当性を主張するよう心がけ，質的研究をすることの複雑な事情を査読者に伝える心構えをもつことは重要である。実証主義的研究の慣習に合わせるために妥協するのではなく，我々（質的研究者）がよく知られた質的伝統の教えを損なわずに，それをしっかりと踏まえて質的研究をおこなうことが引き続き重要である。

幸いにも，*Journal of Management Studies，Human Relations，Organization Studies* などの多くのヨーロッパの学術雑誌では，複数の質的伝統に精通し，それゆえに質的研究の実施のしかたについて，有益かつ建設的な助言ができる査読者が布陣されている。加えて，社会学・文化人類学・コミュニケーション研究などのアメリカの多くの学術発表の場も，注目を集める質的研究の最前線にあり，多様な知的伝統に由来するフィールドワークが奨励されている。もし本気で，実証主義ではない伝統のなかで，質の高い研究成果を産出しようとするのであれば，意味ある貢献ができ，かつ自分の研究の真価を認めて理解してくれる読者がいるような発表の場を選ぶことが大切である。

最後に，もっとも重要なことだが，書籍とその章は，いまでも優れた発表の場であり続けている。書籍では，質的なフィールドワークの密度と複雑さを公正に評価するに必要な分量が与えられるだけでなく，書籍とその章は，いくつかの質的伝統には不可欠な，より創造的な書き方をも育ててくれる。他方で，多数の主要な学術雑誌は，形式上は演繹的な仮説検証型研究モデルをよしとし続けており，仮説を発展させることには多大な関心を向けても，詳細に描出することと知見について議論することには，あまり注意を払わない。解釈学，ドラマツルギー，ポストモダンやその他の質的研究の伝統をこうした著述モデルに合わせることは，まったく意味のないことであり，質的研究全体の熟練技の価値を損なうものである。それゆえに，

本気で実証主義の伝統の外で質の高い仕事をしようとする場合には，研究者は，どこで公表するのがよいかを注意深く考えるべきである。

　また，主要な学術雑誌の編集者と査読者は，今日，他の多くの学問分野にみられる多種多様な質的研究の伝統を熟知する努力と，何を手堅い研究とみなすかという考えに潜む偏見をなくす努力をしてほしいと期待し続ける向きもあるだろう。北米の経営学・組織論の分野は，そのような前向きな努力もせずに，通常科学のきびしい束縛のなかで，知的な停滞と八方塞がりのリスクを犯している。自身が拠って立つ質的研究の伝統に忠実で，実証主義への標準化に抵抗する質的研究者の努力は，より広い社会的世界に対して，経営学・組織論を活性化し意味あるものにするうえで，大いに役立つものである。

4　質的研究をつくる喜び

　これまでの質的研究に関する議論では，理論的・実践的な複雑性，データ収集に費やす多大な努力，研究発表で要求される創造力，多種多様な質的伝統に精通しているとは限らない査読者への対応における問題を強調してきた。手短にいえば，本書の読者は，当然のことながら，質的研究を編み出す際に必要となる最大の努力をすべきである。しかしながら，このことは，研究者が，本書で扱ってきた多数の伝統のなかで，質的研究を遂行することの真の喜びと興奮を妨げるものではない。

　まず，研究者を幅広い視点・論点と理論的考察に向けさせる，質的研究における諸伝統の広範な学際性は，知的興奮に満ちたものである。ここに，組織の世界を概念化したり理解したりする際に，これまでとは違った新しい方法に出会う真の喜びがある。芸術・人文科学・社会科学からのアイデアは，仕事と組織に関わる我々の方法を広げ，従来の経営学に欠落している創造性と表現の豊かさをもたらす。これは，新しいアイデアとナラティブ・スタイルの実験を楽しむ者にとっては，疑いなしに個人的な喜びの源泉である。

　多くの質的研究の伝統は，多彩なディテール（details）を研究することに喜びを見出す個人にとって，非常にやりがいのあるものである。エスノグラフィー，ドラマティズム，批判理論やその他の多くの学派では，人びとがいかに職場アイデンティティを形成しているか，組織のなかでいかに意思決定をしているか，社会的関係をどう確立しているか，仕事中に権力と影響をいかに行使しているか，一般的には組織における自らのライフストーリーをいかに産出・表現しているかを詳細に記録す

る際に，ディテールへのきめ細かい注意が求められる。こうしたディテールの研究を好む者にとっては，組織がどう編成されているかの複雑さを観察しコメントすることに関心のある伝統のなかで仕事をすることには，身をもって感じる価値がある。

　質的伝統の多くの領域のなかで仕事をするもう一つの喜びは，自分の研究の「対象者」である人びと，ないしは多様な方法で研究プロジェクトに関係する人びとと有意義な関係を結ぶことに由来するものである。いいかえれば，質的研究は，往々にしてかなり高い度合で，人びととの生活と問題に個人的に関与したり直接的に従事したりすることが求められる。加えて，自分の研究に，より直接的に社会的妥当性をもたせたい人びとにとっては，批判的伝統とポストがつく（post）諸学派を拠り所とすることで，現代の社会構造を批判したり新しく取って代わる制度の樹立を構想したりする多くの機会が与えられる。このように，多くの点で，質的研究の諸伝統は，研究者を象牙の塔に引き籠らせることなく，研究者に知的活力に満ちた刺激を与えてくれる。学問的言説への挑戦を好む一方で，いわゆる現実世界の一部に留まりたい我々のような者にとって，質的研究はおそらくその回答になりそうである。

　最後に，本書で議論した質的研究の諸伝統は，実証主義の伝統では容易に取り上げられないような重要で面白い人生の諸問題を吟味しやすくするが，それができるのも，多くの質的伝統では，実際に組織の世界の不条理・複雑性・パラドクスに関心を向け，しかもそれらを「ノイズ」として排除したり，不毛で形式的な社会的世界の縮図に矮小化したりしないからである。面倒なほど複雑な組織の現実に興味をもち，創造的・想像的であることを願いつつも，理論的にも実践的にもしっかりとした学問的裏づけをもつことを厭わない我々のような者にとって，質的研究の伝統は，刺激・関与・喜びに満ちた世界を与えてくれる。

参 照 文 献

Abolafia, M. Y. (1996). *Making markets: Opportunism and restraint on Wall Street*. Cambridge, MA: Harvard University Press.

Abolafia, M. Y., & Kilduff, M. (1988). Enacting market crisis: The social construction of a speculative bubble. *Administrative Science Quarterly, 33*, 177-93.

Acker, J. (1990). Hierarchies, jobs, bodies: A theory of gendered organizations. *Gender and Society, 4*, 139-58.

Acker, J. (1992). Gendering organizational theory. In A. Mills, & P. Tancred (Eds.), *Gendering organizational analysis* (pp.42-66). London: Sage Publications.

Acker, J. (1994). The gender regime of Swedish banks. *Scandinavian Journal of Management, 10*, 117-30.

Adorno, T. W. (1951). *Minima moralia: Reflections on a damaged life*. London: New Left Review Books. (ア ドルノ, T. W. ／三光長治 [訳] (1979). 『ミニマ・モラリア―傷ついた生活裡の省察』法政大学出版局)

Adorno, T. W. (1969). *The authoritarian personality*. New York: W. W. Norton. (アドルノ, T. W. ／田中義 久・矢沢修次郎・小林修一 [訳] (1980). 『権威主義的パーソナリティ』青木書店)

Adorno, T. W. (1991). *The culture industry: Selected essays on mass culture*. London: Routledge.

Adorno, T. W., & Horkheimer, M. (1972). *Dialectic of enlightenment*. New York: Herder & Herder. (ホ ルクハイマー, M.・アドルノ, T. W. ／徳永　洵 [訳] (2007). 『啓蒙の弁証法―哲学的断想』岩波書店)

Alexander, J. C. (1995). *Fin de Siècle social theory: Relativism, reduction and the problem of reason*. London: Verso.

Alleyne, B. W. (1999). Cultural politics and globalized infomedia: C. L. R. James, Theodor Adorno and Mass Culture Criticism. *Interventions: International Journal of Postcolonial Studies, 1*, 361-72.

Althusser, L., & Balibar, É. (1971). *Reading capital*. London: New Left Review Books. (アルチュセール, L.・バリバール, É. ／今村仁司 [訳] (1996). 『資本論を読む』筑摩書房)

Alvesson, M. (1987). *Organization theory and technocratic consciousness: Rationality, ideology and quality of work*. Berlin: Walter de Gruyter.

Alvesson, M. (1990). Organization: From substance to image. *Organization Studies, 11*, 373-94.

Alvesson, M. (1993). *Cultural perspectives on organizations*. Cambridge: Cambridge University Press.

Alvesson, M. (1994). Critical theory and consumer marketing. *Scandinavian Journal of Management, 10*, 291-313.

Alvesson, M. (2002). *Postmodernism and social research*. Buckingham, UK: Open University Press.

Alvesson, M., & Deetz, S. (2000). *Doing critical management research*. London: Sage Publications.

Alvesson, M., & Due Billing, Y. (2002). Beyond body counting: A discussion of the social construction of gender at work. In I. Aaltio, & A. J. Mills (Eds.), *Gender, identity and the culture of organizations* (pp.72-91). London: Routledge.

Amin, S. (1974). Unequal development: An essay on the social formations of peripheral capitalism. *Science and Society, 42*: 219-222.

Aparicio, F. R., & Chávez-Silverman, S. (1997). Introduction. In F. R. Aparicio, & S. Chávez-Silverman (Eds.), *Tropicalization: Transcultural representations of Latinidad*. Hanover, NH: University Press of New England.

Apffel-Marglin, F., & Marglin, S. A. (Eds.) (1996). *Decolonizing knowledge: From development to dialogue*. Oxford: Clarendon Press.

Appadurai, A. (1990). Disjuncture and difference in the global economy. *Public Culture, 2*, 15-24.

Appadurai, A. (1996). *Modernity at large: Cultural dimensions of globalization*. Minneapolis: University of Minnesota Press. (アパデュライ, A. ／門田健一 [訳] (2004). 『さまよえる近代―グローバル化の文化研究』平凡社)

Aredal, A. (1986). Procrustes: A modern management pattern found in a classical myth. *Journal of Management, 12*, 403-14.

Aristotle (1976). *Nicomachean ethics*. Harmondsworth: Penguin. (アリストテレス／高田三郎 [訳] (1971). 『ニコマコス倫理学』岩波書店)

Arnold, S. J., & Fischer, E. (1994). Hermeneutics and consumer research. *Journal of Consumer Research, 21*, 55-70.

Asad, T. (Ed.) (1973). *Anthropology and the colonial encounter*. London: Ithaca Press.

Ashcroft, B., Griffiths, G., & Tiffin, H.（1989）. *The empire writes back: Theory and practice in post-colonial literatures*. London: Routledge.（アッシュクロフト, B.・グリフィス, G.・ティフィン, H.／木村茂雄［訳］（1998）.『ポストコロニアルの文学』青土社）

Atkinson, P., & Hammersley, M.（1994）. Ethnography and participant observation. In N. K. Denzin, & Y. Lincoln（Eds.）, *Handbook of qualitative research*（pp.248–61）. Thousand Oaks, CA: Sage Publications.（デンジン, N. K.・リンカーン, Y.／平山満義［監訳］（2006）.『質的研究ハンドブック』北大路書房）

Axtell, J.（1981）. *The European and the Indian: Essays in the ethnohistory of Colonial North America*. Oxford: Oxford University Press.

Baert, P.（1998）. *Social theory in the twentieth century*. New York: New York University Press.

Banerjee, S.（2003）. The practice of stakeholder colonialism: National interest and colonial discourses in the management of indigenous stakeholders. In A. Prasad（Ed.）, *Postcolonial theory and organizational analysis: A critical engagement*（pp.255–79）. New York: Palgrave/Macmillan.

Baran, P., & Sweezy, P.（1966）. *Monopoly capital*. Harmondsworth: Penguin.（バラン, P.・スウィージー, P.／小原敬士［訳］（1967）.『独占資本―アメリカの経済・社会秩序にかんする試論』岩波書店）

Baritz, L.（1974）. *The servants of power: A History of the use of social science in American industry*. Westport, CT: Greenwood Press.（バーリッツ, L.／三戸 公・米田清貴［訳］（1969）.『権力につかえる人びと―産学協同批判』未来社）

Baritz, L.（1990）. *The good life: The meaning of success for the American middle class*. New York: Harper & Row.

Barker, J. R.（1993）. Tightening the iron cage: Concertive control in self-managing teams. *Administrative Science Quarterly, 38*, 408–37.

Barley, N.（1983）. *Adventures in a mud hut: An innocent anthropologist abroad*. New York: Vanguard Press.

Barley, S. R.（1983）. Semiotics and the study of occupations and organizational cultures. *Administrative Science Quarterly, 28*, 393–413.

Barley, S. R.（1988）. The social construction of a machine: ritual, superstition, magical thinking and other pragmatic responses to running a CT scanner. In M. Lock, & D. Gordon（Eds.）, *Knowledge and practice in medicine: Social, cultural and historical approaches*（pp.497–540）. Boston: Kluwer Academic Publishers.

Barrett, M., & Walsham, G.（1999）. Electronic trading and work transformation in the London insurance market. *Information Systems Research, 10*, 1–22.

Barthes, R.（1953）. *Writing degree zero*. New York: Hill & Wang.（バルト, R.／石川美子［訳］（2008）.『零度のエクリチュール 新版』みすず書房）

Barthes, R.（1972）. *Mythologies*. London: Jonathan Cape.（バルト, R.／篠沢秀夫［訳］（1967）.『神話作用』現代思潮社）

Bate, S. P.（1997）. Whatever happened to organizational anthropology? A review of the field of organizational ethnography and anthropological studies. *Human Relations, 50*, 1147–75.

Baudrillard, J.（1975）. *The mirror of production*. New York: Telos.（ボードリヤール, J.／宇波 彰・今村仁司［訳］（1981）.『生産の鏡』法政大学出版局）

Baudrillard, J.（1983）. *Simulations*. New York: Semiotext(e).（ボードリヤール, J.／竹原あき子［訳］（1984）.『シミュラークルとシミュレーション』法政大学出版局（新装版：2008））

Baudrillard, J.（1984）. *The evil demon of images*. Armandale, Australia: Power Institute.

Baudrillard, J.（1988）. The year 2000 has already happened. In A. Kroker, & M. Kroker（Eds.）, *Body invaders: Panic sex in America*. Montreal: New World Perspectives.

Baudrillard, J.（1990）. *Fatal strategies*. London: Pluto.（ボードリヤール, J.／竹原あき子［訳］（1990）.『宿命の戦略』法政大学出版局）

Bauman, Z.（1978）. *Hermeneutics and social science: Approaches to understanding*. Aldershot, UK: Gregg Revivals.

Bauman, Z.（1989）. *Modernity and the holocaust*. Ithaca, NY: Cornell University Press.（バウマン, Z.／森田典正［訳］（2006）.『近代とホロコースト』大月書店）

Bauman, Z.（1992）. *Intimations of postmodernity*. London: Routledge.

Bayoumi, M., & Rubin, A.（2000）. Introduction to Orientalism. In M. Bayoumi, & A. Rubin（Eds.）, *The Edward Said reader*（pp.63–67）. New York: Vintage.

Becker, H.（1982）. *Art worlds*. Berkeley: University of California Press.（ベッカー, H.／後藤将之［訳］（2016）.『アート・ワールド』慶應義塾大学出版会）

Belenky, M. F., Clinchy, B. M., Goldberger, N. R., & Tarule, J. M. (1986). *Women's ways of knowing: The development of self, voice, and mind 10th anniversary edition*. New York: Basic Books.

Bell, D. (1973). *The coming of post-industrial society*. New York: Basic Books. (ベル, D. ／内田忠夫他 [訳] (1975). 『脱工業社会の到来—社会予測の一つの試み』 ダイヤモンド社)

Bell, D. (1976). *The cultural contradictions of capitalism*. London: Heinemann. (ベル, D. ／林雄二郎 [訳] (1976). 『資本主義の文化的矛盾』 講談社)

Benford, R. D., & Hunt, S. A. (1992). Dramaturgy and social movements: The social construction and communication of power. *Sociological Inquiry, 62*, 36–55.

Benschop, Y., & Doorewaard, H. (1998a). Six of one and half a dozen of the other: The gender sub-text of Taylorism and team-based work. *Gender, Work and Organization, 5*, 5–18.

Benschop, Y., & Doorewaard, H. (1998b). Covered by equality: The gender subtext of organizations. *Organization Studies, 19*, 787–805.

Benschop, Y., & Meihuizen, H. E. (2002). Reporting gender: Representations of gender in financial and social annual reports. In I. Aaltio, & A. J. Mills (Eds.), *Gender, identity and the culture of organizations* (pp.160–84). London: Routledge.

Benson, J. K. (1983). A dialectical method for the study of organizations. In G. Morgan (Ed.), *Beyond method: Strategies for social research* (pp.331–46). Beverly Hills, CA: Sage Publications.

Benz, S. (1997). Through the tropical looking glass: The motif of resistance in U.S. literature on Central America. In F. Aparicio & S. Chávez-Silverman (Eds.), *Tropicalizations: Transcultural representations of Latinidad* (pp.51–66). Hanover, NH: University of New England Press.

Berger, P. L., & Luckmann, T. (1967). *The social construction of reality: A treatise in the sociology of knowledge*. New York: Doubleday. (バーガー, P. L.・ルックマン, T. ／山口節郎 [訳] (2003). 『現実の社会的構成—知識社会学論考』 新曜社)

Berman, M. (1983). *All that is solid melts into air: The experience of modernity*. London: Verso.

Bernard, J. (1981). *The female world from a global perspective*. Bloomington: Indiana University Press.

Bernstein, R. (1985). *Beyond objectivism and relativism: Science, hermeneutics and praxis*. Philadelphia: University of Pennsylvania Press.

Berreman, G. (1962). *Behind many masks: Ethnography and impression management in a Himalayan village* (Society for Applied Anthropology Monograph 4.). Ithaca, NY: Cornell University Press.

Bertaux, D., & Bertaux-Wiame, I. (1981). Artisanal bakery in France: How it lives and why it survives. In F. Bechofer, & B. Elliot (Eds.), *The petite bourgeoisie: Comparative studies of the uneasy stratum* (pp.155–81). New York: St. Martin's Press.

Bessis, S. (2003). *Western supremacy: The triumph of an idea?* London: Zed Books.

Best, S., & Kellner, D. (1991). *Postmodern theory: Critical interrogations*. New York: Guilford Press.

Bhabha, H. (1990). *Nation and narration*. London: Routledge.

Bhabha, H. (1994). *The location of culture*. London: Routledge. (バーバ, H. ／本橋哲也他 [訳] (2005). 『文化の場所—ポストコロニアリズムの位相』 法政大学出版局)

Bittner, E. (1965). The concept of organization. *Social Research, 32*, 230–55.

Blumer, H. (1969). *Symbolic interactionism: Perspective and method*. Englewood Cliffs, NJ: Prentice Hall. (ブルーマー, H. ／後藤将之 [訳] (1991). 『シンボリック相互作用論—パースペクティヴと方法』 勁草書房)

Boden, D. (1990a). The world as it happens: Ethnomethodology and conversation analysis. In G. Ritzer (Ed.), *Frontiers of social theory: The new synthesis* (pp.185–213). New York: Columbia University Press.

Boden, D. (1990b). *The business of talk: Organizations in action*. Cambridge, MA: Polity Press.

Boissevain, J. (1990). Ethnic entrepreneurs and strategies. In R. Waldinger, H. Aldrich, & R. Ward (Eds.), *Ethnic entrepreneurs* (pp.42–58). Newbury Park, CA: Sage Publications.

Boje, D. (1991). The storytelling organization: A study of story performance in an office-supply firm. *Administrative Science Quarterly, 36*, 106–26.

Boje, D. (1995). Stories of the storytelling organization: A postmodern analysis of Disney as Tamara-Land. *Academy of Management Journal, 38*, 997–1035.

Bormann, E. G. (1982). Fantasy and rhetorical vision: Ten years later. *Quarterly Journal of Speech, 68*, 288–305.

Bormann, E. G. (1983). Symbolic convergence: Organizational communication and culture. In L. Putnam, & M. E. Pacanowsky (Eds.), *Communication and organizations: An interpretive approach* (pp.99–122). Beverly Hills, CA: Sage Publications.

Bottomore, T. (Ed.) (1983). *A dictionary of Marxist Thought*. Cambridge, MA: Harvard University Press.

参照文献　　*331*

Boulding, E. (1976). *The underside of history*. Boulder, CO: Westview Press.

Bourdieu, P. (1977). *Outline of a theory of practice*. Cambridge: Cambridge University Press.

Bourdieu, P. (1984). *Distinction: A social critique of the judgement of taste*. Cambridge, MA: Harvard University Press. (ブルデュー，P.／石井洋二郎［訳］(1990). 『ディスタンクシオン—社会的判断力批判』藤原書店)

Bourdieu, P. (1986). The forms of capital. In J. G. Richardson (Ed.), *Handbook of theory and research for the sociology of education* (pp.241-58). New York: Greenwood Press.

Bourdieu, P. (1989). The corporatism of the universal: The role of intellectuals in the modern world. *Telos*, 99-110.

Bourdieu, P. (1990). *The logic of practice*. Palo Alto, CA: Stanford University Press. (ブルデュー，P.／今村仁司・福井憲彦・塚原　史・港道　隆［訳］(1990). 『実践感覚 1・2』みすず書房)

Bourdieu, P. (1991). *Language and symbolic power*. Cambridge, MA: Polity Press.

Bourdieu, P., Chamboredon, J-C., & Passeron, J-C. (1991). *The craft of sociology: Epistemological preliminaries*. New York: Walter de Gruyter. (ブルデュー，P.・シャンボルドン，J.・パスロン，J.／田原音和・水島和則［訳］(1994). 『社会学者のメチエ—認識論上の前提条件』藤原書店)

Bourdieu, P., & de Saint Martin, M. (1974). Scholastic excellence and the values of the educational system. In J. Eggleston (Ed.), *Contemporary research in the sociology of education* (pp.338-71). London: Methuen.

Bourdieu, P., & Wacquant, L. (1992). *An invitation to reflexive sociology*. Chicago: University of Chicago Press. (ブルデュー，P.・ヴァカン，L.／水島和則［訳］(2007). 『リフレクシヴ・ソシオロジーへの招待—ブルデュー，社会学を語る』藤原書店)

Bowles, S., & Gintis, H. (1976). *Schooling in capitalist America*. New York: Basic Books. (ボウルズ，S.・ギンタス，H.／宇沢弘文［訳］(2008). 『アメリカ資本主義と学校教育—教育改革と経済制度の矛盾』岩波書店)

Brantlinger, P. (1988). *Rule of darkness: British literature and imperialism, 1830-1914*. Ithaca, NY: Cornell University Press.

Braverman, H. (1974). *Labor and monopoly capital: The degradation of work in the twentieth century*. New York: Monthly Review Press. (ブレイヴァマン，H.／富沢賢治［訳］(1978). 『労働と独占資本—20 世紀における労働の衰退』岩波書店)

Bristor, J. M., & Fischer, E. (1993). Feminist thought: Implications for consumer research. *Journal of Consumer Research, 19*, 518-36.

Broms, H., & Gahmberg, H. (1983). Communication to self in organizations and cultures. *Administrative Science Quarterly, 28*, 482-95.

Bronner, S. E., & Kellner, D. M. (1989). Introduction. In S. E. Bronner, & D. M. Kellner (Eds.), *Critical theory and society: A reader* (pp.1-21). New York: Routledge.

Bulbeck, C. (1998). *Re-orienting Western feminisms: Women's diversity in a postcolonial world*. Cambridge: Cambridge University Press.

Burawoy, M. (1979). *Manufacturing consent: Changes in the labor process under monopoly capitalism*. Chicago: University of Chicago Press.

Burgelman, R. (1994). Fading memories: A process theory of strategic business exit in dynamic environments. *Administrative Science Quarterly, 39*, 24-56.

Burke, K. (1969a). *A grammar of motives*. Berkeley: University of California Press. (バーク，K.／森　常治［訳］(1982). 『動機の文法』晶文社)

Burke, K. (1969b). *A rhetoric of motives*. Berkeley: University of California Press.

Burrell, G., & Hearn, J. (1989). The sexuality of organization. In J. Hearn, D. Sheppard, P. Tancred-Sheriff, & G. Burrell (Eds.), *The sexuality of organizations* (pp.1-28). Newbury Park, CA: Sage Publications.

Burrell, G., & Morgan, G. (1979). *Sociological paradigms and organizational analysis*. Portsmouth, NH: Heinemann. (バーレル，G.・モーガン，G.／鎌田伸一他［訳］(1986). 『組織理論のパラダイム—機能主義の分析枠組』千倉書房)

Burris, B. H. (1989). Technocracy and gender in the workplace. *Social Problems, 36*, 165-80.

Calás, M., & Smircich, L. (1991). Voicing seduction to silence leadership. *Organization Studies, 12*, 567-602.

Calás, M., & Smircich, L. (1992). Rewriting gender into organizational theorizing: Directions from feminist perspectives. In M. Reed, & M. Hughes (Eds.), *Rethinking organization: New directions in organization theory and analysis* (pp.227-53). London: Sage Publications.

Calás, M., & Smircich, L. (1993). Dangerous liaisons: The feminine-in-management meets globalization.

Business Horizons, March/April, 71–81.

Calhoun, C. (1993). Habitus, field and capital: The question of historical specificity. In C. Calhoun, E. LiPuma, & M. Postone (Eds.), *Bourdieu: Critical perspectives* (pp.61–88). Chicago: University of Chicago Press.

Callinicos, N. (1989). *Against postmodernism: A Marxist critique*. Cambridge, MA: Polity Press.

Campbell, C. (1987). *The romantic ethic and the spirit of modern consumerism*. Oxford: Basil Blackwell.

Caplan, P. (1989). Introduction. In P. Caplan (Ed.), *The cultural construction of sexuality* (pp.1–30). London: Routledge.

Carby, H. V. (1985). On the threshold of woman's era: Lynching, empire and sexuality in black feminist theory. In H. L. Gates (Ed.), *"Race," writing, and difference* (pp.301–16). Chicago: University of Chicago Press.

Carchedi, G. (1977). *On the economic identification of social classes*. London: Routledge & Kegan Paul.

Carchedi, G. (1983). Class analysis and the study of social forms. In G. Morgan (Ed.), *Beyond method: Strategies for social research* (pp.347–66). Beverly Hills, CA: Sage Publications.

Cassell, P. (1993). Introduction. In P. Cassell (Ed.), *The Giddens reader* (pp.1–37). Stanford, CA: Stanford University Press.

Chatterjee, P. (1989). *Nationalist thought and the colonial world: A derivative discourse*. London: Zed books.

Césaire, A. (1950). *Discourse on colonialism*. New York: Monthly Review Press. (セゼール, A. ／砂野幸稔 [訳] (2004). 『帰郷ノート／植民地主義論』平凡社)

Chakrabarty, D. (2000). *Provincializing Europe: Postcolonial thought and historical difference*. Princeton, NJ: Princeton University Press.

Chia, R. (1996). *Organizational analysis as deconstructive practice*. Berlin: Walter De Gruyter.

Childers, J., & Hentzi, G. (1995). *The Columbia dictionary of modern literary and cultural criticism*. New York: Columbia University Press. (チルダーズ, J.・ヘンツィ, G. ／杉野健太郎・中村裕英・丸山 修 [訳] (1998). 『コロンビア大学 現代文学・文化批評用語辞典』松柏社)

Chua, B. (1977). Delineating a Marxist interest in ethnomethodology. *The American Sociologist*, *12*, 24–32.

Cicourel, A. (1968). *The social organization of juvenile justice*. New York: John Wiley & Sons.

Cicourel, A. (1974). *Cognitive sociology: Language and meaning in social interaction*. Harmondsworth: Penguin.

Clark, M. (1983). *Michel Foucault: An annotated bibliography*. London: Garland.

Clegg, S. R. (1990). *Modern organizations: Organization studies in a postmodern world*. London: Sage Publishers.

Clegg, S. R. (1994). Power relations and the constitution of the resistant subject. In J. M. Jermier, D. Knights, & W. R. Nord (Eds.), *Resistance and power in organizations* (pp.274–325). London: Routledge.

Clegg, S. R. (1996). Postmodern management. In G. Palmer, & S. R. Clegg (Eds.), *Constituting management: Markets, meanings and identities* (pp.235–66). Berlin: Walter de Gruyter.

Clegg, S. R., Pitsis, T. S., Rura-Polley, T., & Marosszeky, M. (2002). Governmentality matters: Designing an alliance culture of inter-organizational collaboration for managing projects. *Organization Studies*, *23*, 317–37.

Clifford, J. (1988). *The predicament of culture: Twentieth-century ethnography, literature and art*. Cambridge, MA: Harvard University Press. (クリフォード, J. ／太田好信他 [訳] (2003). 『文化の窮状―二十世紀の民族誌, 文学, 芸術』人文書院)

Clifford, J. (1997). *Routes: Travel and translation in the late 20th century*. Cambridge, MA: Harvard University Press.

Clifford, J., & Marcus, G. E. (Eds.) (1986). *Writing culture: The poetics and politics of ethnography*. Berkeley: University of California Press. (クリフォード, J.・マーカス, G. E. ／春日直樹他 [訳] (1996). 『文化を書く』紀伊国屋書店)

Cohen, A. (1981). *The politics of elite culture: Explorations in the dramaturgy of power in a modern African society*. Berkeley: University of California Press.

Cohen, I. J. (1989). *Structuration theory: Anthony Giddens and the constitution of social life*. London: Macmillan.

Cohn, C. (1987). Sex and death in the relational world of defense intellectuals. *Signs: Journal of Women in Culture and Society*, *12*, 687–718.

Collins, R. (1985). *Three sociological traditions*. New York: Oxford University Press.

参照文献　*333*

Collins, R.（1990）. Conflict theory and the advance of macro-historical sociology. In G. Ritzer（Ed.）, *Frontiers of social theory: The new synthesis*（pp.68–87）. New York: Columbia University Press.

Collinson, D. L.（1988）. Engineering humor: Masculinity, joking and conflict in shopfloor relations. *Organization Studies, 9,* 181–99.

Collinson, D. L.（1992）. *Managing the shopfloor: Subjectivity, masculinity and workplace culture.* Berlin: Walter de Gruyter.

Colton, C. W.（1987）. Leisure, recreation, tourism: A Symbolic interactionism view. *Annals of Tourism Research, 14,* 345–60.

Comstock, D. E.（1982）. A method for critical research. In E. Bredo, & W. Feinberg（Eds.）, *Knowledge and values in social and educational research*（pp.370–90）. Philadelphia: Temple University Press.

Connor, S.（1989）. *Postmodernist culture: An introduction to theories of the contemporary.* Oxford: Basil Blackwell.

Cooke, W.（2003）. Managing organizational culture and imperialism. In A. Prasad（Ed.）, *Postcolonial theory and organizational analysis: A critical engagement*（pp.75–94）. New York: Palgrave/Macmillan.

Cooley, C. H.（1918）. *Social process.* New York: Scribners.

Coombes, A. E.（1994）. *Reinventing Africa: Museum, material culture and the popular imagination in late Victorian and Edwardian England.* New Haven, CT: Yale University Press.

Cooper, D., & Essex, S.（1977）. Accounting information and employee decision making. *Accounting, Organizations and Society, 2,* 201–17.

Cooper, R.（1989）. Modernism, postmodernism and organizational analysis 3: The contribution of Jacques Derrida. *Organization Studies, 10,* 479–502.

Cooper, R., & Burrell, G.（1988）. Modernism, postmodernism and organizational analysis. *Organization Studies, 9,* 91–112.

Costello, C.（1987）. Working women's consciousness: Traditional or oppositional. In C. Groneman, & M. B. Norton（Eds.）, *To toil the livelong day: America's women at work, 1780–1980*（pp.37–48）. Ithaca, NY: Cornell University Press.

Craib, I.（1992）. *Modern social theory: From Parsons to Habermas.* New York: Harvester Wheatsheaf.

Crapanzano, V.（1977）. On the writing of ethnography. *Dialectical Anthropology, 2,* 69–73.

Cronin, C.（1996）. Bourdieu and Foucault on power and modernity. *Philosophy and Social Criticism, 22,* 55–85.

Crotty, M.（1998）. *The foundations of social research.* London: Sage Publications.

Culler, J.（1976）. *Saussure.* Hassocks, Sussex: Harvester Press.（カラー, J.／川本茂雄［訳］（2002）.『ソシュール』岩波書店）

Culler, J.（1982）. *On deconstruction: Theory and criticism after structuralism.* Ithaca, NY: Cornell University Press.（カラー, J.／富山太佳夫・折島正司［訳］（1985）.『ディコンストラクション』岩波書店（新版：2009））

Czarniawska, B.（1997）. *Narrating the organization: Dramas of institutional identity.* Chicago: University of Chicago Press.

Czarniawska, B.（1998）. *A narrative approach to organization studies.* Thousand Oaks, CA: Sage Publications.

Dahrendorf, R.（1959）. *Class and class conflict in industrial society.* Stanford, CA: Stanford University Press.（ダーレンドルフ, R.／富永健一［訳］（1964）.『産業社会における階級および階級闘争』ダイヤモンド社）

Dalby, L. C.（1983）. *Geisha.* Berkeley: University of California Press.

Dalton, M.（1959）. *Men who manage: Fusions of feeling and theory in administration.* New York: John Wiley & Sons.（ダルトン, M.／高橋達男・栗山盛彦［訳］（1969）.『伝統的管理論の終焉』産業能率短期大学出版部）

Darby, P.（1997）. *At the edge of international relations: Postcolonialism, gender and dependency.* London: Cassell.

Dirks, N. B.（1992）. *Colonialism and culture.* Ann Arbor, MI: University of Michigan Press.

Davies, M.（1983）. *Third world–second sex: Women's struggles and national liberation.* London: Zed Books.

De Beauvoir, S.（1957）. *The second sex.* New York: Vintage.（ボーヴォワール, S. de.／生島遼一［訳］（1959）.『第二の性』新潮社；『第二の性』を原文で読み直す会［訳］（2001）.『第二の性 決定版 1・2』新潮社）

De Man, P.（1971）. *Blindness and insight: Essays in the rhetoric of contemporary criticism.* New York:

Oxford University Press.（ド・マン，P.／宮﨑裕助・木内久美子［訳］（2012）．『盲目と洞察―現代批評の修辞学における試論』月曜社）

Deetz, S. (1992). *Democracy in an age of corporate colonization: Developments in communication and the politics of everyday life*. Albany: State University of New York Press.

Deleuze, G., & Guattari, F. (1983). *Anti-Oedipus*. New York: Viking.（ドゥルーズ，G.・ガタリ，F.／市倉宏祐［訳］（1986）．『アンチ・オイディプス―資本主義と分裂症』河出書房新社；宇野邦一［訳］（2006）．『アンチ・オイディプス―資本主義と分裂症　上・下』河出書房新社）

Denhardt, R. B. (1981). *In the shadow of organization*. Lawrence, KS: Regents Press.

Derrida, J. (1972). *Positions*. Chicago: University of Chicago Press.（デリダ，J.／高橋允昭［訳］（1981）．『ポジシオン』青土社（新装版：2000））

Derrida, J. (1976). *Of grammatology*. Baltimore, MD: Johns Hopkins University Press.（デリダ，J.／足立和浩［訳］（1972）．『根源の彼方に―グラマトロジーについて　上・下』現代思潮社）

Derrida, J. (1978). *Writing and difference*. London: Routledge & Kegan Paul.（デリダ，J.／若桑　毅他［訳］（1967）．『エクリチュールと差異』法政大学出版局（新訳：合田正人・谷口博史［訳］，2013））

Derrida, J. (1988). *The Ear of the other: Otobiography, transference, translation*. Lincoln: University of Nebraska Press.（デリダ，J.／浜名優美・庄田常勝［訳］（1988）．『他者の耳―デリダ「ニーチェの耳伝」・自伝・翻訳』産業図書）

Dews, P. (1986). *Habermas: Autonomy and solidarity*. London: Verso.

Dezalay, Y. (1995). "Turf battles" or "class struggles": The internationalization of the market for expertise in the "professional society". *Accounting, Organizations and Society*, *20*, 331–44.

Diamond, I., & Quinby, L. (1988). *Feminism and Foucault*. Boston: Northeastern University Press.

Dilthey, W. (1976). *Dilthey: Selected writings*. (Edited by H. P. Rickman). London: Cambridge University Press.（西村　晧・牧野英二［編集代表］（2003-2014）．『ディルタイ全集』法政大学出版会）

DiMaggio, P., & Powell, W. W. (1983). The iron cage revisited: Institutional isomorphism and collective rationality in organizational fields. *American Sociological Review*, *48*, 147–60.

DiMaggio, P., & Powell, W. W. (1991). Introduction. In W. W. Powell, & P. DiMaggio (Eds.), *The new institutionalism in organizational analysis* (pp.1–38). Chicago: University of Chicago Press.

Dingwall, R. (1976). Accomplishing profession. *The Sociological Review*, *24*, 331–49.

Dirks, N. (2001). *Castes of the mind: Colonialism and the making of modern India*. Princeton, NJ: Princeton University Press.

Docherty, T. (1993). Postmodernism: An introduction. In T. Docherty (Ed.), *Postmodernism: A reader* (pp.1–31). New York: Columbia University Press.

Donaldson, L. (1985). *In defence of organization theory: A reply to the critics*. Cambridge: Cambridge University Press.

Dreyfus, H., & Rabinow, P. (1982). *Michel Foucault: Beyond structuralism and hermeneutics*. Brighton: Harvester Press.（ドレイファス，H.・ラビノウ，P.／山形頼洋他［訳］（1996）．『ミシェル・フーコー―構造主義と解釈学を超えて』筑摩書房）

Du Gay, P. (1996). *Consumption and identity at work*. London: Sage Publications.

Echtner, C., & Prasad, P. (2003). The context of Third World tourism marketing. *Annals of Tourism Research*, *30*, 660–82.

Eco, U. (1976). *A theory of semiotics*. Bloomington: Indiana University Press.（エーコ，U.／池上嘉彦［訳］（1980）．『記号論 1・2』岩波書店；池上嘉彦［訳］（2013），講談社）

Eco, U. (1984). *Semiotics and the philosophy of language*. London: Macmillan.（エーコ，U.／谷口　勇［訳］（1996）．『記号論と言語哲学』国文社）

Edwards, R. (1979). *Contested terrain: The transformation of the workplace in the twentieth century*. New York: Basic Books.

Ehrenreich, B. (2001). *Nickel and dimed: On (not) getting by in America*. New York: Metropolitan Press.

Eisenstein, H., & Jardine, A. (1985). *The future of difference*. New Brunswick, NJ: Rutgers University Press.

Elmes, M. B., & Costello, M. (1992). Mystification and social drama: The hidden side of communication skills training. *Human Relations*, *45*, 427–45.

Emberley, J. V. (1997). *The cultural politics of fur*. Ithaca, NY: Cornell University Press.

Engels, F. (1845). *The conditions of the working class in England*. Leipzig: Otto Wigand.

Engels, F. (1902). *The origin of the family, private property and the state*. Chicago: Charles Kerr.（エンゲルス／土屋保男［訳］（1999）．『家族・私有財産・国家の起源』新日本出版社）

参照文献　*335*

Escobar, A. (1995). *Encountering development: The making and unmaking of the Third World.* Princeton, NJ: Princeton University Press.

Evans, B. (1999). The ethnographic imagination in American literature: A genealogy of cultures, 1865–1930. Unpublished Ph.D. dissertation, University of Chicago.

Everett, J. (2002). Organizational research and the praxeology of Pierre Bourdieu. *Organizational Research Methods, 5,* 56–80.

Ewen, S. (1976). *Captains of consciousness: Advertising and the social roots of consumer culture.* New York: McGraw-Hill.

Ezzamel, M., & Willmott, H. (1998). Accounting for teamwork: A critical study of group-based systems of organizational control. *Administrative Science Quarterly, 43,* 358–96.

Fals-Borda, O., & Rahman, A. (Eds.) (1991). *Action and knowledge: Breaking the monopoly with participatory action research.* New York: Apex.

Fanon, F. (1961). *The wretched of the earth.* London: Penguin. (ファノン, F. ／鈴木道彦・浦野衣子 [訳] (1996). 『地に呪われたる者』みすず書房)

Fanon, F. (1967). *Black skin, white masks.* New York: Grove Press. (ファノン, F. ／海老坂武・加藤晴久 [訳] (1998). 『黒い皮膚・白い仮面』みすず書房)

Feldman, S. P. (2000). Management ethics without the past: Rationalism and individualism in critical organization theory. *Business Ethics Quarterly, 10,* 623–43.

Ferguson, K. E. (1984). *The feminist case against bureaucracy.* Philadelphia, PA: Temple University Press.

Feyerabend, P. (1987). *Farewell to reason.* London: Verso. (ファイヤアーベント, P. ／植木哲也 [訳] (1992). 『理性よ、さらば』法政大学出版局)

Filby, I., & Willmott, H. (1988). Ideologies and contradictions in a public relations department: The seduction and impotence of living myth. *Organization Studies, 9,* 335–49.

Filmer, P. (1972). On Harold Garfinkel's ethnomethodology. In P. Filmer, M. Phillipson, D. Silverman, & D. Walsh (Eds.), *New directions in sociological theory* (pp.203–21). London: Collier-Macmillan.

Finch, J. (1983). *Married to the job.* London: Allen and Unwin.

Fine, G. A. (1992). Symbolic interaction in the post-blumerian age. In G. Ritzer (Ed.), *Frontiers of social theory* (pp.117–57). New York: Columbia University Press.

Fink-Eitel, H. (1992). *Foucault: An introduction.* Philadelphia: Pennridge Books.

Fiol, C. M. (1989). A semiotic analysis of corporate language: Organizational boundaries and joint venturing. *Administrative Science Quarterly, 34,* 277–303.

Fiol, C. M. (1991). Seeing the empty spaces: Towards a more complex understanding of the meaning of power in organizations. *Organization Studies, 12,* 547–66.

Firestone, S. (1970). *The dialectic of sex: The case for feminist revolution.* New York: William Morrow.

Fishman, P. (1978). Interaction: The work women do. *Social Problems, 25,* 399–406.

Flax, J. (1990). *Thinking fragments: Psychoanalysis, feminism and postmodernism in the contemporary West.* Berkeley: University of California Press.

Fletcher, J. K. (1999). *Disappearing acts: Gender, power and relational practice at work.* Cambridge, MA: MIT Press.

Flyvbjerg, B. (2001). *Making social science matter: Why social inquiry fails and how it can succeed again.* Cambridge: Cambridge University Press.

Fondas, N. (1997). Feminization unveiled: Management qualities in contemporary writings. *Academy of Management Review, 22,* 257–82.

Fonow, M. M. (1997). Women of steel: A case of feminist organizing in the United Steelworkers of America. *Canadian Women's Studies, 18,* 117–22.

Forester, J. (1983). Critical theory and organizational analysis. In G. Morgan (Ed.), *Beyond method: Strategies for social research* (pp.234–46). Beverly Hills, CA: Sage Publications.

Forester, J. (1992). Critical ethnography: On fieldwork in a Habermasian way. In M. Alvesson, & H. Willmott (Eds.), *Critical management studies* (pp.46–65). London: Sage Publications.

Foster, M. L. (1974). Deep structure in symbolic anthropology. *Ethos, 2,* 334–55.

Foucault, M. (1972). *The archaeology of knowledge.* London: Tavistock. (フーコー, M. ／中村雄二郎 [訳] (1981). 『知の考古学 改訳新版』河出書房新社；慎改康之 [訳], 2012)

Foucault, M. (1973). *Madness and civilization: A history of insanity in the age of reason.* New York: Random House. (フーコー, M. ／田村　俶 [訳] (1975). 『狂気の歴史—古典主義時代における』新潮社)

Foucault, M. (1974). *The order of things: An archaeology of the human sciences.* New York: Vintage. (フー

コー，M.／渡辺一民・佐々木明［訳］（1974）．『言葉と物―人文科学の考古学』新潮社）

Foucault, M. (1975). *The birth of the clinic: An archaeology of medical perception*. New York: Vintage. (フーコー，M.／神谷美恵子［訳］（1969）．『臨床医学の誕生』みすず書房）

Foucault, M. (1977a). *Discipline and punish: The birth of the prison*. London: Allen Lane. (フーコー，M.／田村　俶［訳］（1977）．『監獄の誕生―監視と処罰』新潮社）

Foucault, M. (1977b). *Language, counter-memory, practice*. London: Blackwell.

Foucault, M. (1979). *The history of sexuality*. London: Allen Lane. (フーコー，M.／田村　俶・渡辺守章［訳］（1986-1987）．『性の歴史 1-3』新潮社）

Foucault, M. (1981). *Power/knowledge*. New York: Pantheon.

Foucault, M. (1991). Govermentality. In G. Burchell, C. Gordon, & P. Miller (Eds.), *The Foucault effect: Studies in governmentality* (pp.87-104). Chicago: The University of Chicago Press.

Frake, C. O. (1983). Ethnography. In R. M. Emerson (Ed.), *Contemporary field research* (pp.60-67). Boston: Little, Brown.

Francis, J. R. (1994). Auditing, hermeneutics and subjectivity. *Accounting, Organizations and Society, 19*, 235-69.

Frank, A. G. (1969). *Capitalism and underdevelopment in Latin America*. New York: Monthly Review Press.

Fraser, N. (1989). *Unruly practices: Power, discourse and gender in contemporary social theory*. Cambridge, MA: Polity Press.

Freire, P. (1970). *The pedagogy of the oppressed*. New York: Herder & Herder. (フレイレ，P.／小沢有作・楠原　彰・柿沼秀雄・伊藤　周［訳］（1979）．『被抑圧者の教育学』亜紀書房；三砂ちづる［訳］（2011）．『新訳 被抑圧者の教育学』亜紀書房）

Friedan, B. (1963). *The feminine mystique*. New York: Dell. (フリーダン，B.／三浦冨美子［訳］（1986）．『新しい女性の創造』大和書房）

Friedman, S. S. (1998). *Mappings: Feminism and the cultural geographies of encounter*. Princeton, NJ: Princeton University Press.

Fromm, E. (1955). *The Sane Society*. New York: Rinehart. (フロム，E.／加藤正明・佐瀬隆夫［訳］（1958）．『正気の社会』社会思想社）

Fukuyama, F. (1989). The end of history. *The National Interest, 16*, 3-18.

Gabriel, Y. (1991). Turning facts into stories and stories into facts: A hermeneutic exploration of organizational folklore. *Human Relations, 44*, 857-75.

Gadamer, H. G. (1960). *Truth and method*. New York: Seabury Press. (ガダマー，H.／轡田　収他［訳］（1986）．『真理と方法―哲学的解釈学の要綱』法政大学出版局（新装版：2012））

Gandhi, L. (1998). *Postcolonial theory: A critical introduction*. New York: Columbia University Press.

Gane, M. (1986). Introduction. In M. Gane (Ed.), *Towards a critique of Foucault* (pp.1-14). London: Routledge & Kegan Paul.

Gane, M. (1991). *Baudrillard: Critical and fatal theories*. London: Routledge.

Garfinkel, H. (1967). *Studies in ethnomethodology*. Englewood Cliffs, NJ: Prentice Hall. (ガーフィンケル，H. (1987)．「アグネス，彼女はいかにして女になり続けたか」H・ガーフィンケル他／山田富秋・好井裕明・山崎敬一［編訳］『エスノメソドロジー―社会学的思考の解体』せりか書房，pp.233-322.)

Garfinkel, H. (1974). On the origins of the term "ethnomethodology". In R. Turner (Ed.), *Ethnomethodology* (pp.15-18). Harmondsworth: Penguin. (ガーフィンケル，H. (1987)．「エスノメソドロジー命名の由来」山田富秋・好井裕明・山崎敬一［編訳］『エスノメソドロジー―社会学的思考の解体』せりか書房，.pp.11-20.)

Gavey, N. (1989). Feminist poststructuralism and discourse analysis: Contributions to feminist psychology. *Psychology of Women Quarterly, 13*, 459-75.

Geertz, C. (1973). *The interpretation of cultures*. New York: Basic Books. (ギアーツ，C.／吉田禎吾他［訳］（1987）．『文化の解釈学』岩波書店）

Giddens, A. (1973). *The class structure of advanced societies*. London: Hutchinson. (ギデンズ，A.／市川統洋［訳］（1977）．『先進社会の階級構造』みすず書房）

Giddens, A. (1976). *New rules of sociological method: A positive critique of interpretive sociologies*. New York: Harper and Row. (ギデンズ，A.／松尾精文・藤井達也・小幡正敏［訳］（1987）．『社会学の新しい方法規準―理解社会学の共感的批判』而立書房）

Giddens, A. (1979). *Central problems in social theory: Action, structure and contradiction in social analysis*. London: Macmillan. (ギデンズ，A.／友枝敏雄・今田高俊・森　重雄［訳］（1989）．『社会理論の最前線』

ハーベスト社)

Giddens, A. (1982). *Profiles and critiques in social theory*. Berkeley: University of California Press.

Giddens, A. (1984). *The constitution of society: Outline of the theory of structuration*. Cambridge, MA: Polity Press. (ギデンズ, A. ／門田健一［訳］(2015). 『社会の構成』勁草書房)

Giddens, A. (1990). *The consequences of modernity*. Stanford, CA: Stanford University Press. (ギデンズ, A. ／松尾精文・小幡正敏［訳］(1993). 『近代とはいかなる時代か？―モダニティの帰結』而立書房)

Giddens, A. (1991). *Modernity and self-identity: Self and society in the late modern age*. Cambridge, MA: Polity Press. (ギデンズ, A. ／秋吉美都・安藤太郎・筒井淳也［訳］(2005). 『モダニティと自己アイデンティティ―後期近代における自己と社会』ハーベスト社)

Giddens, A. (1992). *The transformation of intimacy: Sexuality, love and eroticism in modern societies*. Cambridge, MA: Polity Press. (ギデンズ, A. ／松尾精文・松川昭子［訳］(1995). 『親密性の変容―近代社会におけるセクシュアリティ, 愛情, エロティシズム』而立書房)

Gilligan, C. (1977). In a different voice: Women's conceptions of self and morality. *Harvard Educational Review, 47*, 481–517.

Gilroy, P. (1987). *There ain't no black in the Union Jack*. London: Hutchinson.

Giroux, H. (1983). *Theory and resistance in education: A pedagogy for the opposition*. South Hadley, MA: Bergin & Garvey.

Gitlin, T. (1983). *Inside prime time*. New York: Pantheon.

Glaser, B., & Strauss, A. (1967). *The discovery of grounded theory: Strategies for qualitative research*. New York: Aldine Publishing. (グレーザー, B. G.・ストラウス, A. L. ／後藤 隆・大出春江・水野節夫［訳］(1996). 『データ対話型理論の発見―調査からいかに理論をうみだすか』新曜社)

Goffman, E. (1959). *The presentation of self in everyday life*. Garden City, NJ: Anchor Books. (ゴッフマン, E. ／石黒 毅［訳］(1974). 『行為と演技―日常生活における自己呈示』誠信書房)

Goffman, E. (1961). *Encounters: Two studies in the sociology of interaction*. Indianapolis, IN: Bobbs-Merrill. (ゴッフマン, E. ／佐藤 毅・折橋徹彦［訳］(1985). 『出会い―相互行為の社会学』誠信書房)

Goffman, E. (1963a). *Behavior in public places: Notes on the social organization of gatherings*. New York: Free Press. (ゴッフマン, E. ／丸木恵祐・本名信行［訳］(1980). 『集まりの構造―新しい日常行動論を求めて』誠信書房)

Goffman, E. (1963b). *Stigma: Notes on the management of spoiled identity*. Englewood Cliffs, NJ: Prentice Hall. (ゴッフマン, E. ／石黒 毅［訳］(2001). 『スティグマの社会学―烙印を押されたアイデンティティ』せりか書房)

Goffman, E. (1977). The arrangement between the sexes. *Theory and Society, 4*, 301–31.

Goke-Pariola, A. (1993). Language and symbolic power: Bourdieu and the legacy of Euro-American colonialism in an African society. *Language and Communication, 13*, 219–34.

Golden-Biddle, K., & Locke, K. (1993). Appealing work: An investigation of how ethnographic texts convince. *Organization Science, 4*, 595–616.

Golding, D. (1991). Some everyday rituals in management control. *Journal of Management Studies, 28*, 569 –83.

Goldman, P., & Van Houten, D. R. (1977). Managerial strategies and the worker: A Marxist analysis of bureaucracy. *The Sociological Quarterly, 18*, 108–25.

Gopal, A., & Prasad, P. (2000). Understanding GDSS in symbolic context: Shifting the focus from technology to interaction. *MIS Quarterly, 24*, 509–46.

Gopal, A., Willis, R., & Gopal, Y. (2003). From the colonial enterprise to enterprise systems: Parallels between colonization and globalization. In A. Prasad (Ed.), *Postcolonial theory and organizational analysis: A critical engagement* (pp.233–54). New York: Palgrave Macmillan.

Gorman, R. (1982). *Neo-Marxism: The meanings of modern radicalism*. Westport, CT: Greenwood Press.

Gottfried, H. (1994). Learning the score: The duality of control and everyday resistance in the temporary-help service industry. In J. M. Jermier, D. Knights, & W. R. Nord (Eds.), *Resistance and power in organizations: Critical perspective on work and organization* (pp.102–27). London: Routledge.

Gouldner, A. (1954). *Patterns of industrial bureaucracy*. New York: Free Press. (ゴールドナー, A. ／岡本秀昭・塩原 勉［訳編］(1963). 『産業における官僚制―組織過程と緊張の研究』ダイヤモンド社)

Gramsci, A. (1971). *Selections from the prison notebooks of Antonio Gramsci*. London: Lawrence & Wishart. (グラムシ, A. ／松田 博［訳］(2011). 『歴史の周辺にて「サバルタンノート」注解』(グラムシ『獄中ノート』著作集Ⅶ) 明石書店)

Gregory, K. (1983). Native-view paradigms: Multiple cultures and culture conflicts in organizations.

Administrative Science Quarterly, 28, 359-76.

Greimas, A. J. (1966). *Structural semantics.* Lincoln: University of Nebraska Press.

Habermas, J. (1970). *Toward a rational society: Student protest, science, and politics.* London: Heinemann.

Habermas, J. (1972). *Knowledge and human interests.* London: Heinemann. (ハーバーマス, J. ／奥山次良・八木橋貢・渡辺祐邦 [訳] (1981). 『認識と関心』未来社)

Habermas, J. (1974). *The philosophical discourse of modernity.* London: Heinemann. (ハーバマス, J. ／三島憲一・轡田 收・木前利秋・大貫敦子 [訳] (1990). 『近代の哲学的ディスクルス 1・2』岩波書店)

Habermas, J. (1976). *Legitimation crisis.* London: Heinemann. (ハバーマス, J. ／細谷貞雄 [訳] (1979). 『晩期資本主義における正統化の諸問題』岩波書店)

Habermas, J. (1984). *Theory of communicative action. Volume I: Reason and the rationalization of society.* London: Heinemann. (ハーバーマス, J. ／河上倫逸・M・フーブリヒト・平井俊彦 [訳] (1985). 『コミュニケイション的行為の理論 上』未来社)

Habermas, J. (1990). The hermeneutic claim to universality. In G. L. Ormiston, & A. D. Schrift (Eds.), *The hermeneutic tradition: From Ast to Ricour* (pp.245-72). Albany, NY: SUNY Press.

Hall, S. (1982). The rediscovery of "ideology": Return of the repressed in media studies. In M. Gurevitch, T. Bennett, J. Curran, & J. Woollacott (Eds.), *Culture, society and the media* (pp.56-90). London: Methuen.

Hall, S., Hobson, D., Lowe, A., & Willis, P. (Eds.) (1980). *Culture, media, language: Working papers in cultural studies, 1972-79.* London: Unwin Hyman.

Hamilton, D. (1993). Traditions, preferences and postures in applied qualitative research. In N. K. Denzin, & Y. S. Lincoln (Eds.), *Handbook of qualitative research* (pp.60-9). Thousand Oaks, CA: Sage Publications.

Hammond, T., & Oakes, L. (1992). Some feminisms and their implications for accounting practice. *Accounting, Auditing, Accountability Journal, 5*, 52-70.

Hannerz, U. (1987). The world in creolisation. *Africa, 57*, 546-59.

Harris, R. (1987). *Reading Saussure: A critical commentary on the "Cours de Linguistique Générale".* London: Open Court Publishing.

Harrison, J. (1997). Museums as agencies of neocolonialism in a postmodern world. *Studies in Cultures, Organizations and Societies, 3*, 41-65.

Hartsock, N. C. M. (1983). The feminist standpoint: Developing the ground for a specifically feminist hsitorical materialism. In S. Harding, & M. B. Hintikka (Eds.), *Discovering reality: Feminist perspectives on epistemology, metaphysics, methodology and philosophy of science* (pp.283-310). London: D. Reidel.

Hassan, I. (1987). *The postmodern turn: Essays in postmodern theory and culture.* Columbus: Ohio University Press.

Hassard, J. (1990). Ethnomethodology and organizational research: An introduction. In J. Hassard, & D. Pym (Eds.), *The theory and philosophy of organizations* (pp.97-108). New York: Routledge.

Hassard, J. (1994). Postmodern organizational analysis: Toward a conceptual framework. *Journal of Management Studies, 31*, 303-24.

Hearn, J., & Parkin, W. (1983). Gender and organizations: A selective review and a critique of a neglected area. *Organization Studies, 4*, 219-42.

Heidegger, M. (1962). *Being and time.* London: SCM Press. (ハイデッガー, M. ／細谷貞雄・亀井 裕・船橋 弘 [共訳] (1963). 『存在と時間』理想社：中山 元 [訳] (2015). 光文社)

Held, D. (1980). *Introduction to critical theory: Horkheimer to Habermas.* London: Hutchinson.

Heritage, J. (1984). *Garfinkel and ethnomethodology.* Cambridge, MA: Polity Press.

Hewitt, J. P. (1988). *Self and society: A symbolic interactionist social psychology.* Boston: Allyn & Bacon.

Hirschman, E. C. (1990). Secular immortality and the American ideology of affluence. *Journal of Consumer Research, 17*, 31-42.

Hochschild, A. R. (1983). *The managed heart: The commercialization of human feeling.* Berkeley: University of California Press. (ホックシールド, A. R. ／石川 准・室伏亜希 [訳] (2000). 『管理される心—感情が商品になるとき』世界思想社)

Hodder, I. (1993). The interpretation of documents and material culture. In N. K. Denzin, & Y. S. Lincoln (Eds.), *Handbook of Qualitative Research* (pp.393-402). Thousand Oaks, CA: Sage Publications.

Holman, R. H. (1980). Clothing as communication: An empirical investigation. In J. C. Olson (Ed.), *Advances in consumer research, Vol.7* (pp.372-77). Ann Arbor, MI: Association for Consumer

Research.

Holstein, J. A., & Gubrium, J. F. (1993). Phenomenology, ethnomethodology and interpretive practice. In N. K. Denzin, & Y. S. Lincoln (Eds.), *Handbook of qualitative research* (pp.262–65). Thousand Oaks, CA: Sage Publications.（2000 年刊行の本書第 2 版は，平山満義［監訳］（2006）．『質的研究ハンドブック 1 –3』北大路書房）

Holvino, E. (1996). Reading organization development from the margins: Outsider within. *Organization, 3,* 520–33.

hooks, bell (1989). *Talking back: Thinking feminist, thinking black.* Boston: South End Press.

Horkheimer, M. (1947). *Eclipse of reason.* New York: Oxford University Press.（ホルクハイマー，M.／山口祐弘［訳］（1987）．『理性の腐蝕』せりか書房）

Hossfeld, K. (1993). "Their logic against them": Contradictions in sex, race and class in Silicon Valley. In A. M. Jagger, & P. S. Rothenberg (Eds.), *Feminist Frameworks: Alternative theoretical accounts of the relations between women and men* (pp.346–58). New York: McGraw Hill.

Howard, R. J. (1982). *Three faces of hermeneutics: An introduction to current theories of understanding.* Berkeley: University of California Press.

Howe, I. (1970). *Decline of the new.* New York: Harcourt, Brace and World.

Husserl, E. (1960). *Cartesian meditations: An introduction to phenomenology.* The Hague: Martinus Nijhoff.（フッサール，E.／浜渦辰二［訳］（2001）．『デカルト的省察』岩波書店；船橋 弘［訳］（2015），中央公論新社）

Hutcheon, L. (1989). 'Circling the downspout of empire': Post-colonialism and poststructuralism. *Ariel: A Review of International English Literature, 20,* 149–75.

Ibarra, H. (1992). Homophily and differential returns: Sex differences in network structure and access in an advertising firm. *Administrative Science Quarterly, 37,* 422–47.

Illich, I. (1973). *Tools for conviviality.* London: Fontana.（イリイチ，I.／渡辺京二・渡辺梨佐［訳］（2015）．『コンヴィヴィアリティのための道具』筑摩書房）

Inglis, R. (1979). Good and bad habitus: Bourdieu, Habermas and the condition of England. *Sociological Review, 27,* 353–68.

Irigaray, L. (1974). *Speculum of the other woman.* Ithaca, NY: Cornell University Press.

Jack, G., & Lorbiecki, A. (2003). Asserting possibilities of resistance in the cross-cultural teaching machine: Re-viewing videos of others. In A. Prasad (Ed.), *Postcolonial theory and organizational analysis: A critical engagement* (pp.213–32). New York: Palgrave/Macmillan.

Jackall, R. (1988). *Moral mazes: The world of corporate managers.* Oxford: Oxford University Press.

Jackson, B. (1996). Re-engineering the sense of self: The manager and the management guru. *Journal of Management Studies, 33,* 571–90.

Jackson, B. (2001). *Management gurus and management fashions.* London: Routledge.

Jacob, E. (1987). Qualitative research traditions: A review. *Review of Educational Research, 57,* 1–50.

Jacques, R. (1996). *Manufacturing the employee: Management knowledge from the 19th to the 21st centuries.* London: Sage.

Jameson, F. (1992). *Postmodernism, or the cultural logic of late capitalism.* London: Verso.

Jaros, S. (2000). Labor process theory: A commentary on the debate. *International Studies of Management and Organization, 30,* 25–39.

Jay, M. (1973). *The dialectical imagination: A history of the Frankfurt School and the Institute of Social Research, 1923-1950.* Boston: Little, Brown.（ジェイ，M.／荒川幾男［訳］（1996）．『弁証法的想像力―フランクフルト学派と社会研究所の歴史 1923-1950』みすず書房）

Jencks, C. (1989). *What is post-modernism?* London: Academy Editions.

Jermier, J. (1988). Sabotage at work: The rational view. *Research in the Sociology of Organizations, 6,* 101–34.

Jhally, S. (1987). *The codes of advertising: Fetishism and the political economy of meaning in the consumer society.* London: Francis Pintner.

Kanter, R. M. (1977). *Men and women of the corporation.* New York: Basic Books.

Kaufman, A., Zacharias, L., & Karson, M. (1995). *Managers vs. owners: The struggle for corporate control in American democracy.* New York: Oxford University Press.

Keller, E. F. (1985). *Reflections on gender and science.* New Haven, CT: Yale University Press.（ケラー，E. F.／幾島幸子・川島慶子［訳］（1993）．『ジェンダーと科学―プラトン，ベーコンからマクリントックへ』工作舎）

Kellner, D. (1990). The postmodern turn: Positions, problems and prospects. In G. Ritzer (Ed.), *Frontiers of social theory: The new synthesis* (pp.255-89). New York: Columbia University Press.

Kendall, J. E. (1993). Good and evil in the chairman's 'boiler plate': An analysis of the corporate visions of the 1970s. *Organization Studies, 14*, 571-92.

Kets de Vries, M., & Miller, D. (1987). Interpreting organizational texts. *Journal of Management Studies, 24*, 233-47.

Kilduff, M. (1993). Deconstructing organizations. *Academy of Management Review, 18*, 13-31.

Kincheloe, J. L., & McLaren, P. (1994). Rethinking critical theory and qualitative research. In N. K. Denzin, & Y. S. Lincoln (Eds.), *Handbook of Qualitative Research* (pp.138-57). Thousand Oaks, CA: Sage Publications.

Kling, R. (1992). Audiences, narratives and human values in social studies of technology. *Science, Technology and Human Values, 17*, 349-65.

Knights, D., & Willmott, H. (1990). Exploring the class and organisational implications of the UK financial services. In S. Clegg (Ed.), *Organization theory and class analysis* (pp.345-66). Berlin: Walter de Gruyter.

Koester, J. (1982). The Machiavellian princess: Rhetorical dramas for women managers. *Communication Quarterly, 30*, 165-72.

Kondo, D. (1990). *Crafting selves: power, gender and, discourses of identity in a Japanese workplace.* Chicago: University of Chicago Press.

Kroker, A., & Cook, D. (1988). *The postmodern scene: Excremental culture and hyper-aesthetics.* London: Macmillan. (クローカー, A.・クック, D.／大熊昭信 [訳] (1993).『ポストモダン・シーン—その権力と美学』法政大学出版局)

Kuhn, T. S. (1970). *The structure of scientific revolution.* (2nd ed.). Chicago: University of Chicago Press. (クーン, T. S.／中山 茂 [訳] (1971).『科学革命の構造』みすず書房)

Kumar, K. (1995). *From post-industrial to post-modern society: New theories of the contemporary world.* London: Basil Blackwell.

Kunda, G. (1992). *Engineering culture: Control and commitment in a high-tech corporation.* Philadelphia: Temple University Press. (クンダ, G.／樫村志保 [訳] (2005).『洗脳するマネジメント—企業文化を操作せよ』日経BP 社)

Lakatos, I. (1965). Falsification and the methodology of scientific research programs. In I. Lakatos, & A. Musgrove (Eds.), *Criticism and the growth of knowledge.* Cambridge: Cambridge University Press.

Larraín, J. (1979). *The concept of ideology.* Athens: University of Georgia Press.

Larraín, J. (1983). *Marxism and ideology.* London: Macmillan.

Lasch, C. (1977). *Haven in a heartless world: The family besieged.* New York: Basic Books.

Lash, S. (1988). Discourse or figure? Postmodernism as a 'regime of signification'. *Theory, Culture and Society, 5*, 311-36.

Latour, B. (1987). *Science in action: How to follow scientists and engineers through society.* Cambridge, MA: Harvard University Press. (ラトゥール, B.／川崎 勝・高田紀代志 [訳] (1999).『科学が作られているとき—人類学的考察』産業図書)

Lechte, J. (1994). *Fifty key contemporary thinkers: From structuralism to postmodernity.* London: Routledge.

Lee, A. S. (1994). Electronic mail as a medium for rich communication: An empirical investigation using hermeneutic interpretation. *MIS Quarterly, 18*, 143-57.

Leidner, R. (1991). Serving hamburgers and selling insurance: Gender, work and identity in interactive service jobs. *Gender and Society, 5*, 154-77.

Lemert, C. (1979). Structuralist semiotics. In S. McNall (Ed.), *Theoretical Perspectives in Sociology* (pp.96-111). New York: St. Martin's Press.

Lemert, C. (1997). *Postmodernism is not what you think.* Oxford: Basil Blackwell.

Lengermann, P. M., & Niebrugge-Brantley, J. (1990). Feminist sociological theory: The near-future prospects. In G. Ritzer (Ed.), *Frontiers of social theory: The new synthesis* (pp.316-44). New York: Columbia University Press.

Lévi-Strauss, C. (1963). *Structural anthropology.* New York: Basic Books. (レヴィ＝ストロース, C.／荒川幾男他 [訳] (1972).『構造人類学』みすず書房)

Lévi-Strauss, C. (1966). *The savage mind.* Chicago: University of Chicago Press. (レヴィ＝ストロース, C.／大橋保夫 [訳] (1976).『野生の思考』みすず書房)

Linstead. S. (2000). Comment: Gender blindness or gender suppression? A comment on Fiona Wilson's research note. *Organization Studies, 21,* 297–303.

Loomba, A.（1998）. *Colonialism/postcolonialism.* London: Routledge.

Lukács, G.（1923）. *History and class consciousness.* London: Merlin.（ルカーチ，G.／平井俊彦［訳］（1962）. 『歴史と階級意識』未來社）

Lyman, S. M., & Scott, M. B.（1975）. *The drama of social reality.* New York: Oxford University Press.

Lynch, M., & Woolgar, S.（Eds.）（1990）. *Representation in scientific practice.* Cambridge, MA: MIT Press.

Lyotard, J. F.（1984）. *The postmodern condition: A report on knowledge.* Manchester: Manchester University Press.（リオタール，J. F.／小林康夫［訳］（1986）. 『ポストモダンの条件—知・社会・言語ゲーム』書肆風の薔薇（水声社））

Lyytinen, K.（1992）. Information systems and critical theory. In M. Alvesson, & H. Willmott（Eds.）, *Critical Management Studies*（pp.159–80）. London: Sage.

Mahar, C., Harker, R., & Wilkes, C.（1990）. The basic theoretical position. In R. Harker, C. Mahar, & C. Wilkes（Eds.）, *An introduction to the work of Pierre Bourdieu: The practice of theory*（pp.1–25）. London: Macmillan.

Maines, D. R.（1988）. Myth, text and interaction complicity in the neglect of Blumer's macrosociology. *Symbolic Interaction, 11,* 43–57.

Mangham, I. L., & Overington, M. A.（1987）. *Organizations as theatre: A social psychology of dramatic appearances.* New York: John Wiley & Sons.

Mann, M.（1986）. *The sources of social power.* New York: Cambridge University Press.（マン，M.／森本醇・君塚直隆［訳］（2005）. 『ソーシャルパワー—社会的な「力」の世界歴史』NTT 出版）

Manning, P. K.（1989）. Signwork. *Human Relations, 39,* 283–308.

Manning, P. K., & Cullum-Swan, B.（1994）. Narrative, content, and semiotic analysis. In N. K. Denzin, & Y. S. Lincoln（Eds.）, *Handbook of Qualitative Research*（pp.463–78）. Thousand Oaks, CA: Sage Publications.

March J. G., & Simon, H. A.（1993）. *Organization,* 2nd edition. Cambridge, MA: Blackwell.（マーチ，J. G.・サイモン，H. A.／高橋伸夫［訳］（2014）. 『オーガニゼーションズ—現代組織論の原典』ダイヤモンド社）

Marcuse, H.（1964）. *One-dimensional man: Studies in the ideology of advanced industrial society.* London: Routledge & Kegan Paul.（マルクーゼ，H.／生松敬三・三沢謙一［訳］（1980）. 『一次元的人間—先進産業社会におけるイデオロギーの研究 新装版』河出書房新社）

Marcuse, H.（1966）. *Eros and civilization: A philosophical inquiry into Freud.* Boston: Beacon Press.（マルクーゼ，H.／南 博［訳］（1958）. 『エロスの文明』紀伊國屋書店）

Marcuse, H.（1989）. From ontology to technology: Fundamental tendencies of industrial society. In S. E. Bronner, & D. M. Kellner（Eds.）, *Critical theory and society: A reader*（pp.119–35）. New York: Routledge.

Marglin, S. A.（1974）. What do bosses do? The origins and functions of hierarchy in capitalist production. *Review of Radical Political Economics, 6,* 24–52.

Margolis, J.（1989）. Postscript on modernism and postmodernism. *Theory, Culture and Society, 6,* 5–30.

Marshall, B. L.（1994）. *Engendering modernity: Feminism, social theory and social change.* Boston: Northeastern University Press.

Martin, J.（1990）. Deconstructing organizational taboos: The suppression of gender conflict in organizations. *Organization Science, 1,* 339–59.

Martin, P. Y.（1988）. Rethinking feminist organizations. *Gender and Society, 4,* 182–206.

Martin, R.（1988）. Sowing the threads of resistance: Worker resistance and managerial control in a paint and garment factory. *Humanity and Society, 10,* 259–75.

Martindale, D.（1981）. *The nature and types of sociological theory.* Boston: Houghton Mifflin.

Marx, K.（1963）. *The eighteenth brumaire of Louis Bonaparte.* New York: International Publishers.（マルクス，K.／伊藤新一・北条元一［訳］（1954）. 『ルイ・ボナパルトのブリュメール十八日』岩波書店）

Marx, K.（1964）. *The economic and philosophic manuscripts of 1844.* New Yorl: Internatinoa; Publishers.（マルクス，K.／城塚 登・田中吉六［訳］（1964）. 『経済学・哲学草稿』岩波書店）

Marx, K.（1973）. *Grundrisse: Foundations of the critique of political economy.* Harmondsworth: Penguin.（マルクス，K.／杉本俊朗［訳］（1966）. 『経済学批判 新訳』大月書店）

Marx, K.（1977）. *Capital.* New York: Vintage.（マルクス，K.／向坂逸郎［訳］（1969）. 『資本論』岩波書店）

Marx, K.（1988）. *Theses on Feuerbach.* New York: International Publishers.（マルクス，K.・エンゲルス，E.／佐野文夫［訳］（1929）.「フォイエルバッハ論」に所収 岩波書店）

Marx, K., & Engels, F. (1948). *The Communist Manifesto.* New York: International Publishers. (マルクス,
K.・エンゲルス, F.／長谷川早太 [編] (1930). 『共産黨宣言』労農書房)

Mautner, T. (Ed.). (1996). *A dictionary of philosophy.* London: Basil Blackwell.

May, T. (1996). *Situating social theory.* Buckingham, UK: Open University Press.

McCall, L. (1991). Does gender fit? Bourdieu, feminism and conceptions of social order. *Theory and
Society, 21,* 837-67.

McCarthy, T. (1978). *The critical theory of Jürgen Habermas.* Cambridge, MA: MIT Press.

Mead, G. H. (1934). *Mind, self and society: From the standpoint of a social behaviorist.* Chicago: University
of Chicago Press. (ミード, G. H.／稲葉三千男・滝沢正樹・中野　収 [訳] (1973). 『精神・自我・社会』
青木書店)

Mead, G. H. (1977). *On social psychology.* Chicago: University of Chicago Press.

Megill, A. (1985). *Prophets of extremity: Nietzsche, Heidegger, Foucault, Derrida.* Berkeley: University of
California Press.

Mehan, H. (1979). *Learning lessons: Social organization in the classroom.* Cambridge, MA: Harvard
University Press.

Memmi, A. (1967). *The colonizer and the colonized.* Boston: Beacon Press.

Memmi, A. (1968). *Dominated man: Notes towards a portrait.* London: Orion.

Meyer, J. W., & Rowan, B. (1977). Institutionalized organizations: Formal structure as myth and ceremony.
American Journal of Sociology, 83, 340-63.

Mick, D. G. (1986). Consumer research and semiotics: Exploring the morphology of signs, symbols and
significance. *Journal of Consumer Research, 13,* 196-213.

Miliband, R. (1969). *The state in capitalist society.* New York: Basic Books.

Miller, J. B. (1986). *Toward a new psychology of women.* Boston: Beacon Press.

Millet, K. (1970). *Sexual politics.* New York: Avon. (ミレット, K.／藤枝澪子他 [訳] (1973). 『性の政治学』
自由国民社；藤枝澪子他 [共訳] (1985), ドメス出版)

Mills, A. J. (1987). Dueling discourses: Desexualization versus eroticism in the corporate framing of female
sexuality in the British airline industry, 1945-1960. In P. Prasad, A. J. Mills, M. Elmes, & A. Prasad
(Eds.), *Managing the organizational melting pot: Dilemmas of workplace diversity* (pp.171-98).
Thousand Oaks, CA: Sage Publications.

Mills, A. J. (1988). Organization, gender and culture. *Organization Studies, 9,* 351-69.

Mills, C. W. (1956). *The power elite.* New York: Oxford University Press. (ミルズ, C. W.／鵜飼信成・綿貫
譲治 [訳] (1969). 『パワーエリート』東京大学出版会)

Mills, S. (1997). *Discourse.* London: Routledge.

Mir, R. A., Mir, A., & Upadhyaya, P. (2003). Toward a postcolonial theory of organizational control. In
A. Prasad (Ed.), *Postcolonial theory and organizational analysis* (pp.47-74). New York: Palgrave/
Macmillan.

Mirchandani, K. (2003). Challenging racial silences in studies of emotion work: Contributions from anti-
racist feminist theory. *Organization Studies, 24,* 721-42.

Mishra, V., & Hodge, B. (1994). What is Post(-)colonialism? *Textual Practice, 5,* 399-414.

Mizruchi, M. S., & Stearns, L. B. (1988). A longitudinal study of formation of interlocking directorates.
Administrative Science Quarterly, 33, 194-210.

Mohanty, C. T. (1988). Under Western eyes: Feminist scholarship and colonial discourses. *Feminist
Review, 30,* 61-88.

Moore, H. (1999). *A passion for difference: Essays in anthropology and gender.* Cambridge, MA: Polity
Press.

Morgan, G. (1992). Marketing discourse and practice: Towards a critical analysis. In M. Alvesson, & H.
Willmott (Eds.), *Critical Management Studies* (pp.136-58). London: Sage.

Morris, G. H., & Coursey, M. (1989). Negotiating the meaning of employees' conduct: How managers
evaluate employees' accounts. *Southern Communication Journal, 54,* 185-205.

Morrow, R. (1994). *Critical theory and methodology.* Thousand Oaks, CA: Sage Publications.

Moulettes, A., & Prasad, P. (2001). Crossing cultures: A postcolonial reading of an organizational
encounter. Paper presented at the 2nd biannual Critical Management Studies Conference, July,
Manchester, U.K.

Muecke, S. (1992). *Textual spaces: Aboriginality and cultural studies.* Sydney: University of New South
Wales Press.

参照文献　*343*

Mullins, N. C. (1973). *Theories and theory groups in contemporary American sociology.* New York: Harper & Row.

Mumby, D. K., & Putnam, L. L. (1992). The politics of emotion: A feminist reading of bounded rationality. *Academy of Management Review, 17,* 465-86.

Murray, J. B., & Ozanne, J. L. (1991). The critical imagination: Emancipatory interests in consumer research. *Journal of Consumer Research, 18,* 129-44.

Nandy, A. (1995). *The savage Freud and other essays on possible and retrievable selves.* Princeton, NJ: Princeton University Press.

Neu, D. (1992). Reading the regulatory text: Regulation and the new stock issue process. *Critical Perspectives on Accounting, 3,* 359-88.

Neu, D. (2000). "Presents" for the "Indians": Land, colonialism and accounting in Canada. *Accounting, Organizations and Society, 25,* 163-84.

Neu, D. (2003). Accounting for the Banal: Financial techniques as softwares of colonialism. In A. Prasad (Ed.), *Postcolonial theory and organizational analysis: A critical engagement* (pp.193-212). New York: Palgrave/Macmillan.

Neu, D., Friesen, C., & Everett, J. (2003). The changing internal market for ethical discourses in the Canadian CA profession. *Accounting, Auditing and Accountability Journal, 16,* 70-103.

Norris, C. (1982). *Deconstruction: Theory and practice.* London: Methuen. (ノリス, C.／荒木正純・富山太佳夫 [訳] (1985). 『ディコンストラクション』勁草書房)

Norris, C. (1987). *Derrida.* London: Fontana Press. (ノリス, C.／富山太佳夫・篠崎　実 [訳] (1995). 『デリダ—もうひとつの西洋哲学史』岩波書店)

Oakes, L. S., & Covaleski, M. A. (1994). A historical examination of the use of accounting-based incentive plans in the structuring of labor-management relations. *Accounting, Organizations and Society, 19,* 579-99.

Oakes, L. S., Townley, B., & Cooper, D. J. (1998). Business planning as pedagogy: Language and control in a changing institutional field. *Administrative Science Quarterly, 43,* 257-92.

O'Connor, E. S. (2001). Back on the way to empowerment: The example of Ordway Tead and industrial democracy. *Journal of Applied Behavioral Science, 37,* 15-32.

Ong, A. (1987). *Spirits of resistance and capitalist discipline: Factory women in Malaysia.* Albany: State University of New York Press.

Orlikowski, W. J. (1993). CASE tools as organizational change: Investigating incremental and radical changes in systems development. *MIS Quarterly, 17,* 309-40.

Orlikowski, W. J. (2000). Using technology and constituting structures: A practice lens for studying technology in organizations. *Organization Science, 11,* 404-28.

Ostrander, S. (1999). Gender and race in a pro-feminist, progressive, mixed-gender, mixed-race organization. *Gender and Society, 13,* 628-42.

Overington, M. A. (1977). Kenneth Burke and the method of dramatism. *Theory and Society, 4,* 131-56.

Packard, V. (1957). *The hidden persuaders.* New York: Penguin.

Palmer, R. E. (1969). *Hermeneutics: Interpretation theory in Schleiermacher, Dilthey, Heidegger, and Gadamer.* Evanston, IL: Northwestern University Press.

Paules, G. F. (1991). *Dishing it out: Power and resistance among waitresses in a New Jersey restaurant.* Philadelphia: Temple University Press.

Pentland, B. (1995). Grammatical models of organizational processes. *Organization Science, 6,* 541-56.

Perera, S., & Pugliese, J. (1998). Parks, mines and tidy towns: Enviro-Panopticism, "post" colonialism and the politics of heritage in Australia. *Postcolonial Studies, 1,* 69-100.

Perinbanayagam, R. S. (1982). Dramas, metaphors and structures. *Symbolic Interaction, 5,* 259-76.

Pfeffer, J. (1981). Management as symbolic action: The creation and maintenance of organizational paradigms. In L. L. Cummings, & B. M. Staw (Eds.), *Research in Organizational Behavior, Vol.3* (pp.1-52). Greenwich, CT: JAI Press.

Phillips, N., & Brown, J. L. (1993). Analyzing communication in and around organizations: A critical hermeneutic approach. *Academy of Management Journal, 36,* 1547-76.

Poster, M. (1984). *Foucault, Marxism and history: Mode of production versus mode of information.* Cambridge, MA: Polity Press.

Poster, M. (1989). *Critical theory and poststructuralism: In search of a context.* Ithaca, NY: Cornell University Press. (ポスター, M.／室井　尚・吉岡　洋 [訳] (1991). 『情報様式論—ポスト構造主義

の社会理論』岩波書店（新装版：2001））

Poster, M. (1990). *The mode of information: Poststructuralism and social context*. Chicago: University of Chicago Press.

Poulantzas, N. (1975). *Classes in contemporary capitalism*. London: New Left Review Books.（プーランツァス, N.／田口富久治・山岸紘一［訳］(1978-81).『資本主義国家の構造—政治権力と社会階級 1・2』未來社）

Poulantzas, N. (1978). *State, power, socialism*. London: New Left Review Books.（プーランツァス, N.／田中正人・柳内　隆［訳］(1984).『国家・権力・社会主義』ユニテ）

Powell, G. (1988). *Women and men in management*. Newbury Park, CA: Sage Publications.

Power, M. K. (1991). Educating accountants: Towards a critical ethnography. *Accounting, Organizations and Society, 16*, 333-53.

Power, M. K. (1994). The audit society. In A. G. Hopwood, & P. Miller (Eds.), *Accounting as social and institutional practice* (pp.299-316). Cambridge: Cambridge University Press.

Power, M. (1996). Making things auditable. *Accounting, Organizations, and Society. 21*: 289-315.

Power, M., & Laughlin, R. (1992). Critical theory and accounting. In M. Alvesson, & H. Willmott (Eds.), *Critical Management Studies* (pp.113-35). London: Sage Publications.

Prasad, A. (1997). The colonizing consciousness and representations of the other: A postcolonial critique of the discourse of oil. In P. Prasad, A. J. Mills, M. Elmes, & A. Prasad (Eds.), *Managing the organizational melting pot: Dilemmas of workplace diversity* (pp.285-311). Thousand Oaks, CA: Sage Publications.

Prasad, A. (2001). Understanding workplace empowerment as inclusion: A historical investigation of the discourse of difference in the United States. *Journal of Applied Behavioral Science, 37*, 51-69.

Prasad, A. (2002). The contest over meaning: Hermeneutics as an interpretive methodology for understanding texts. *Organizational Research Methods, 5*, 12-33.

Prasad, A. (2003). The gaze of the other: Postcolonial theory and organizational analysis. In A. Prasad (Ed.), *Postcolonial theory and organizational analysis: A critical engagement* (pp.3-46). New York: Palgrave/Macmillan.

Prasad, P., & Elmes, M. (2005). In the name of the practical: Unearthing the hegemony of pragmatism in the discourse of environmental management. *Journal of Management Studies, 42*, 845-67.

Prasad, A., & Mir, R. A. (2002). Digging deep for meaning: A critical hermeneutic analysis of CEO letters to shareholders in the oil industry. *The Journal of Business Communication, 39*, 92-116.

Prasad, A., & Prasad, P. (1993). Reconceptualizing alienation in management inquiry: Critical organizational scholarship and workplace empowerment. *Journal of Management Inquiry, 2*, 169-83.

Prasad, A., & Prasad, P. (1998). Everyday struggles at the workplace: The nature and implications of routine resistance in contemporary organizations. *Research in the Sociology of Organizations, 15*, 225-57.

Prasad, A., & Prasad, P. (2001). (Un)willing to resist? The discursive production of local workplace opposition. *Studies in Cultures, Organizations and Societies, 7*, 105-26.

Prasad, A., & Prasad, P. (2002a). The coming of age of interpretive organizational research. *Organizational Research Methods, 5*, 4-11.

Prasad, P. (1993). Symbolic processes in the implementation of technological change: A symbolic interactionist study of work computerization. *Academy of Management Journal, 36*, 1400-29.

Prasad, P. (1997). Systems of meaning: Ethnography as a methodology for the study of information technologies. In A. Lee, J. Liebenau, & J. DeGross (Eds.), *Information systems and qualitative research* (pp.101-18). London: Chapman & Hall.

Prasad, P. (2003). The return of the native: Organizational discourses and the legacy of the ethnographic imagination. In A. Prasad (Ed.), *Postcolonial theory and organizational analysis: A critical engagement* (pp.149-70). New York: Palgrave/Macmillan.

Prasad, P., & Caproni, P. J. (1997). Critical theory in the management classroom: Engaging power, ideology and practice. *Journal of Management Education, 21*, 284-91.

Prasad, P., & Prasad, A. (2000). Stretching the iron cage: The Constitution and implications of routine workplace resistance. *Organization Science, 11*, 387-403.

Prasad, P., & Prasad, A. (2002). Casting the native subject: Ethnographic practice and the (re)production of difference. In B. Czarniawska, & H. Höpfl (Eds.), *Casting the other: the production and maintenance of inequalities in work organizations* (pp.185-204). London: Routledge.

参照文献　　*345*

Pratt, M. L.（1992）. *Imperial eyes: Travel writing and transculturation*. New York: London.

Preston, A., Wright, C., & Young, J. J.（1996）. Imag [in]ing annual reports. *Accounting, Organizations and Society, 21*, 113-37.

Priyadarshini, E.（2003）. Reading the rhetoric of otherness in the discourse of business and economics: Toward a postdisciplinary practice. In A. Prasad （Ed.）, *Postcolonial theory and organizational analysis: A critical engagement* （pp.171-92）. New York: Palgrave/Macmillan.

Propp, V.（1968）. *The morphology of the folktale*. Austin: University of Texas Press.

Rabinow, P.（1977）. *Reflections on fieldwork in Morocco*. Berkeley: University of California Press.（ラビノー, P.／井上順孝［訳］（1980）.『異文化の理解―モロッコのフィールドワークから』岩波書店）

Rafaeli, A., & Sutton, R. I.（1991）. Emotional contrast strategies as means of social influence: Lessons from criminal interrogators and bill collectors. *Academy of Management Journal, 34*, 749-75.

Reich, C. A.（1972）. *The greening of America*. Harmondsworth: Penguin.（ライク, C. A.／邦高忠二［訳］（1971）.『緑色革命』早川書房）

Reichard, G. A.（1934）. *Spider woman: A story of Navajo weavers and chanters*. New York: Macmillan.

Reinharz, S.（1983）. Experiential analysis: A contribution to feminist research. In G. Bowles, & R. Duelli Klein （Eds.）, *Theories of women's studies* （pp.187-201）. London: Routledge & Kegan Paul.

Reskin, B. F., & Padavic, I.（1994）. *Women and men at work*. Thousand Oaks, CA: Pine Forge Press.

Richon, O.（1985）. Representation, the despot and the harem: Some questions around an academic orientalist painting by Lecomte-du-Nouy. In F. Barker, P. Hulme, M. Iverson, & D. Loxley （Eds.）, *Europe and its others* （vol.I） （pp.1-13）. Colchester: University of Essex Press.

Ricoeur, P.（1971）. The model of the text: Meaningful action considered as text. *Social Research, 38*, 529-62.

Ricoeur, P.（1981）. *Hermeneutics and the human sciences: Essays on action, language and interpretation*. Cambridge: Cambridge University Press.

Ricoeur, P.（1991）. *From text to action*. Evanston, IL: Northwestern University Press.

Riley, P.（1983）. A structurationist account of political culture. *Administrative Science Quarterly, 28*, 414-37.

Ritzer, G.（1983）. *Sociological theory*. New York: Alfred A. Knopf.

Ritzer, G.（1996）. *The McDonaldization of society*. Newbury Park, CA: Sage Publications.（リッツァ, G.／正岡寛司［訳］（1999）.『マクドナルド化する社会』早稲田大学出版部；正岡寛司［訳］（2008）.『マクドナルド化した社会―果てしなき合理化のゆくえ 21世紀新版』早稲田大学出版部）

Rock, P.（1979）. *The making of symbolic interactionism*. London: Macmillan.

Rofel, L.（1992）. Rethinking modernity: Space and factory discipline in China. *Cultural Anthropology, 7*, 93-114.

Rorty, R.（1979）. *Philosophy and the mirror of nature*. Princeton, NJ: Princeton University Press.（ローティ, R.／野家啓一［監訳］伊藤春樹他［訳］（1993）.『哲学と自然の鏡』産業図書）

Rosaldo, R.（1993）. *Culture and truth: The remaking of social analysis*. Boston: Beacon Press.（ロサルド, R.／相名美智［訳］（1998）.『文化と真実―社会分析の再構築』日本エディタースクール出版部）

Rosen, M.（1988）. You asked for it: Christmas at the bosses' expense. *Journal of Management Studies, 25*, 463-80.

Rosen, M.（1991）. Coming to terms with the field: Understanding and doing organizational ethnography. *Journal of Management Studies, 28*, 1-24.

Rosen, M., & Astley, W. G.（1988）. Christmas time and control: An exploration in the social structure of formal organizations. *Research in the Sociology of Organizations, 6*, 159-82.

Rosenau, P. M.（1992）. *Post-modernism and the social sciences: Insights, inroads and intrusions*. Princeton, NJ: Princeton University Press.

Rossi, I.（1983）. *From the sociology of symbols to the sociology of signs: Toward a dialictical sociology*. New York: Columbia University Press.

Roszak, T.（1969）. *The making of a counter culture: Reflections on the technocratic society and its youthful opposition*. New York: Doubleday.（ローザック, T.／稲見芳勝・風間禎三郎［訳］（1972）.『対抗文化の思想―若者は何を創りだすか』ダイヤモンド社）

Rowlinson, M., & Hassard, J.（1993）. The invention of corporate culture: A history of the histories of Cadbury. *Human Relations, 46*, 299-326.

Roy, D.（1960）. "Banana time": Job satisfaction and informal interaction. *Human Organization, 18*, 156-68.

Said, E. W.（1978）. *Orientalism*. New York: Vintage Books.（サイード, E. W.／今沢紀子［訳］（1993）.『オ

リエンタリズム　上・下』平凡社)

Said, E. W. (1989). Representing the colonized: Anthropology's interlocutors. *Critical Inquiry, 15,* 205–25.

Said, E. W. (1994). *Culture and imperialism.* New York: Vintage. (サイード, E. W. ／大橋洋一 [訳] (1998–2001). 『文化と帝国主義 1・2』みすず書房)

Sapir, E. (1949). *Language: An introduction to the study of speech.* New York: Oxford University Press.

Sapir, E., & Hoijer, H. (1967). *The phonology and morphology of the Navaho language.* Berkeley: University of California Press.

Sarup, M. (1993). *An introductory guide to post-structuralism and postmodernism.* Athens: University of Georgia Press.

Saussure, F. de. (1966). *The course in general linguistics.* New York: McGraw-Hill. (ソシュール, F. ／小林英夫 [訳] (1941). 『言語學原論』岩波書店；小林英夫 [訳] (1972). 『一般言語学講義 改版』；影浦峡・田中久美子 [訳] (2007). 『ソシュール一般言語学講義―コンスタンタンのノート』東京大学出版会；町田　健 [訳] (2016). 『新訳ソシュール一般言語学講義』研究社)

Schlosser, E. (2001). *Fast food nation: The dark side of the all-American meal.* New York: Harper Collins. (シュローサー, E. ／楡井浩一 [訳] (2001). 『ファストフードが世界を食いつくす』草思社)

Schwartzman, H. B. (1993). *Ethnography in organizations.* London: Sage Publications.

Scott, W. G. (1992). *Chester I. Barnard and the guardians of the managerial state.* Lawrence: University Press of Kansas.

Seron, C., & Ferris, K. (1995). Negotiating professionalism: The gendered social capital of flexible time. *Work and Occupations, 22,* 22–47.

Sherry, J. F. (1990). A sociocultural analysis of a midwestern American flea market. *Journal of Consumer Research, 17,* 13–30.

Shibutani, T. (1967). Reference groups as perspectives. In J. G. Manis, & B. N. Meltzer (Eds.), *Symbolic interaction: A reader in social psychology* (p.30). Boston: Allyn & Bacon.

Shilling, C. (1993). *The body and social theory.* London: Sage Publications.

Silko, L. M. (1977). *Ceremony.* New York: Vintage.

Silverman, D., & Jones, J. (1973). Getting In: The managed accomplishment of "correct" outcomes. In J. Child (Ed.), *Man and organization: The search for explanation and social relevance* (pp.63–106). London: George Allen & Unwin.

Sim, S. (1999). *Derrida and the end of history.* Cambridge, UK: Icon Books. (シム, S. ／小泉朝子 [訳] (2006). 『デリダと歴史の終わり』岩波書店)

Simmel, G. (1950). *The sociology of Georg Simmel.* Glencoe, IL: Free Press. (Wolff, K. H. によって英語に翻訳／編集されたジンメルの著作をいくつか集めたもので対応する日本語訳書はないが，参考文献として，居安　正 [訳] (1994). 『社会学―社会化の諸形式についての研究』白水社)

Sklar, M. J. (1988). *The corporate reconstruction of American capitalism, 1890–1916: The market, the law, and politics.* Cambridge: Cambridge University Press.

Smart, B. (1985). *Michel Foucault.* London: Routledge. (スマート, B. ／山本　学 [訳] (1991). 『ミシェル・フーコー入門』新曜社)

Smith, D. E. (1979). A sociology for women. In J. Sherman, & E. Torton-Beck (Eds.), *The prism of sex: Essays in the sociology of knowledge* (pp.43–61). Madison: University of Wisconsin Press.

Smith, D. E. (1987). *The everyday world as problematic: A feminist sociology.* Milton Keyes: Open University Press.

Smith, P. (1987). What lies behind the statistics? Trying to measure women's contributions to Canadian agriculture. In *Women in Agriculture* (pp.123–207). Ottawa: Report of the Canadian Advisory Council on the Status of Women.

Solomon, M. R. (1983). The role of products as social stimuli: A symbolic interactionism perspective. *Journal of Consumer Research, 10,* 319–29.

Spivak, G. C. (1987). *In other worlds: Essays on cultural politics.* New York: Methuen.

Spivak, G. C. (1990). *The post-colonial critic: Interviews, strategies, dialogues.* London: Routledge. (スピヴァック, G. C. ／清水和子・崎谷若菜 [訳] (1992). 『ポスト植民地主義の思想』彩流社)

Spurr, D. (1993). *The rhetoric of empire: Colonial discourse in journalism, travel writing and imperial administration.* Durham, NC: Duke University Press.

Stablein, R. (1996). Data in organization studies. In S. R. Clegg, C. Hardy, & W. R. Nord (Eds.), *Handbook of Organization Studies* (pp.509–25). London: Sage Publications.

Stam, R. (1995). Eurocentrism, polycentrism and multicultural pedagogy: Film and the quincentennial. In R.

参照文献　　*347*

De La Campa, E. A. Kaplan, & M. Sprinker（Eds.）, *Late imperial culture*（pp.97–121）. London: Verso.

Steffy, B. D., & Grimes, A. J.（1986）. A critical theory of organization science. *Academy of Management Review, 11*, 322–36.

Steiner, G.（1971）. *In Bluebeard's castle: Some notes towards the re-definition of culture*. New Haven, CT: Yale University Press.

Stone, K.（1974）. The origins of job structures in the steel industry. *The Review of Radical Political Economics, 6*, 113–73.

Strauss, A., Schatzman, L., Ehrlich, D., Bucher, R., & Sabshin, M.（1963）. The hospital and its negotiated order. In E. Friedson（Ed.）, *The hospital in modern society*（pp.42–61）. New York: Free Press.

Stryker, S.（1968）. Identity, salience and role performance: The relevance of symbolic interaction theory for family research. *Journal of Marriage and the Family, 30*, 558–64.

Sugiman, P.（1992）. 'That wall's comin' down': Gendered strategies of worker resistance in the UAW Canadian region, 1963-1970. *Canadian Journal of Sociology, 17*, 1–27.

Sutton, R. I., & Callahan, A. L.（1987）. The stigma of bankruptcy: Spoiled organizational image and its management. *Academy of Management Journal, 30*, 405–36.

Swan, E.（1994）. Managing emotion. In M. Tanton（Ed.）, *Women in Management: A developing presence*. London: Routledge.

Swartz, D.（1997）. *Culture and power: The sociology of Pierre Bourdieu*. Chicago: University of Chicago Press.

Tedlock, B.（1991）. From participant observation to the observation of participation: The emergence of narrative ethnography. *Journal of Anthropological Research, 47*, 69–94.

Thayer, L.（1982）. Human nature: Of communication, of structuralism, of semiotics. *Semiotica, 41*, 25–40.

Thompson, H. S.（1994）. *Hell's angels: A strange and terrible saga*. New York: Random House.

Thompson, P.（1993）. Postmodernism: Fatal distraction. In J. Hassard, & M. Parker（Eds.）, *Postmodernism and organizations*（pp.183–203）. London: Sage Publications.

Thompson, W.（1983）. Hanging tongues: A sociological encounter with the assembly line. *Qualitative Sociology, 6*, 215–37.

Thornton, S.（1996）. *Club cultures: Music, media and subcultural capital*. Hanover, NH: University Press of New England.

Tienari, J., Quack, S., & Theobald, H.（2002）. Organizational reforms, "ideal workers" and gender orders: A cross-societal comparison. *Organization Studies, 23*, 249–79.

Tinker, T., & Niemark, M.（1987）. The role of annual reports in gender and class contradictions at General Motors, 1917–1976. *Accounting, Organizations and Society, 12*, 71–88.

Tom, A.（1993）. Children of our culture? Class, power and learning in a feminist bank. In M. M. Feree, & P. Y. Martin（Eds.）, *Feminist organization: Harvest of the new women's movement*（pp.165–79）. Philadelphia: Temple University Press.

Torgovnick, M.（1990）. *Gone primitive: Savage intellects, modern lives*. Chicago: University of Chicago Press.

Townley, B.（1993）. Foucault, power/knowledge, and its relevance for human resource management. *Academy of Management Review, 18*, 518–45.

Turner, B.（1986）. Sociological aspects of organizational symbolism. *Organization Studies, 7*, 101–15.

Turner, S.（1983）. Studying organization through Lévi-Strauss's structuralism. In G. Morgan（Ed.）, *Beyond method: Strategies for social research*（pp.189–201）. Beverly Hills, CA: Sage Publications.

Turner, V.（1969）. *The ritual process*. Ithaca, NY: Cornell University Press.（ターナー, V.／冨倉光雄［訳］（1976）.『儀礼の過程』思索社）

Urraca, B.（1997）. A textbook of Americanism: Richard Harding Davis's Soldiers of fortune. In F. R. Aparicio, & S. Chávez-Silverman（Eds.）, *Tropicalizations: transcultural representations of Latinidad*. Hanover, NH: University Press of New England.

Useem, M.（1979）. The social organization of the American business elite and participation of corporation directors in the governance of American institutions. *American Sociological Review, 44*, 553–72.

Uzzell, D.（1984）. An alternative structuralist approach to the psychology of tourism marketing. *Annals of Tourism Research, 11*, 79–99.

Van Maanen, J.（1973）. Observations on the making of policemen. *Human Organization, 32*, 407–18.

Van Maanen, J.（1988）. *Tales of the field: On writing ethnography*. Chicago: University of Chicago Press.（ヴァン＝マーネン, J.／森川　渉［訳］（1999）.『フィールドワークの物語──エスノグラフィーの文章作法』

現代書館)

Van Maanen, J. (1995). An end of innocence: The ethnography of ethnography. In J. Van Maanen (Ed.), *Representation in Ethnography* (pp.1-35). Thousand Oaks, CA: Sage Publications.

Van Maanen, J., & Kunda, G. (1989). Real feelings: Emotional expression and organizational culture. *Research in Organiztional Behavior, 11,* 43-103.

Vaught, C., & Wiehagen, W. J. (1991). Escape from a mine fire: Emergent perspectives and work group behavior. *Journal of Applied Behavioral Science, 27,* 452-74.

Vidich, A. J., & Lyman, S. M. (1994). Qualitative methods: Their history in sociology and anthropology. In N. K. Denzin, & Y. Lincoln (Eds.), *Handbook of qualitative methods* (pp.23-59). Thousand Oaks, CA: Sage Publications.

Walby, S. (1990). *Theorizing patriarchy.* Cambridge, MA: Polity Press.

Walter, L. (1990). The embodiment of ugliness and the logic of love: The Danish redstocking movement. *Feminist Review, 36,* 103-26.

Weber, M. (1949). *On the methodology of the social sciences.* Glencoe, IL: Free Press.

Weber, M. (1968). *Economy and society.* New York: Bedminster Press.

Weedon, C. (1997). *Feminist practice and poststructuralist theory.* Oxford: Basil Blackwell.

West, C. (1984). *Routine complications: Troubles in talk between doctors and patients.* Bloomington: Indiana University Press.

West, C., & Zimmerman, D. H. (1987). Doing gender. *Gender and Society, 1,* 125-51.

Westley, F. R. (1990). Middle managers and strategy: Microdynamics of inclusion. *Strategic Management Journal, 11,* 337-51.

Westley, F. R., & Vredenburg, H. (1996). Prison or ark? The drama of managing the modern zoo. *Studies in Cultures, Organizations and Societies, 2,* 17-30.

Whittington, R. (1992). Putting Giddens into action: Social systems and managerial agency. *Journal of Management Studies, 29,* 693-712.

Whyte, W. F. (1955). *Street corner society: The social structure of an Italian slum.* Chicago: University of Chicago Press. (ホワイト, W. F.／奥田道大・有里典三 [訳] (2000). 『ストリート・コーナー・ソサエティ』有斐閣)

Wiggershaus, R. (1994). *The Frankfurt school: Its history, theories and political significance.* Cambridge, MA: MIT Press.

Williams, R. (1980). *Problems in materialism and culture: Selected essays.* London: Verso.

Williamson, J. (1978). *Decoding advertisements: Ideology and meaning in advertising.* London: Martin Boyars.

Willmott, H. (1984). Images and ideals of managerial work: A critical Examination of conceptual and empirical accounts. *Journal of Management Studies, 21,* 349-68.

Willmott, H. (1993). Strength is ignorance; slavery is freedom: Managing culture in modern organizations. *Journal of Management Studies, 30,* 515-52.

Wilson, F. (1996). Research note: Organizational theory: Blind and deaf to gender? *Organization Studies, 17,* 825-42.

Wolcott, H. F. (1995). Making a study more ethnographic. In J. Van Maanen (Ed.), *Representations in ethnography* (pp.79-111). Thousand Oaks, CA: Sage Publications.

Wray-Bliss, E. (2002). Interpretation-appropriation: (Making) an example of labor process theory. *Organizational Research Methods, 5,* 81-104.

Wuthnow, R. (1984). *Meaning and moral order: Explorations in cultural analysis.* Berkeley, CA: University of California Press.

Wuthnow, R., Hunter, J. D., Bergesen, A., & Kurzweil, E. (1984). *Cultural analysis: The work of Peter L. Berger, Mary Douglas, Michel Foucault, and Jürgen Habermas.* London: Routledge and Kegan Paul.

Young, E. (1989). On the naming of the rose: Interests and multiple meanings as elements of organizational culture. *Organization Studies, 10,* 187-206.

Young, R. J. C. (1995). *Colonial desire: Hybridity in theory, culture and race.* London: Routledge.

Young, R. J. C. (2001). *Postcolonialism: An historical introduction.* London: Blackwell.

Zantop, S. (1997). *Colonial fantasies: Conquest, family and nation in precolonial Germany, 1770-1870.* Durham, NC: Duke University Press.

Zimmerman, D. H. (1969). Record-keeping and the intake process in a public welfare agency. In S. Wheeler (Ed.), *On record: Files and dossiers in American life* (pp.52-70). New York: Russell Sage

Foundation.

【訳注文献】

石黒　毅（1974）．「訳者あとがき」E. ゴッフマン『行為と演技―日常生活における自己呈示』誠信書房（Goffman, E.（1959）. *The presentation of self in everyday life*. Garden City, NJ: Anchor Books.）

ヴェーバー, M. ／大塚久雄［訳］（1989）．『プロテスタンティズムの倫理と資本主義の精神』岩波書店（Weber, M.（1905）. *Die protestantische Ethik und der "Geist" des Kapitalismus*. Tübingen: J.C.B. Moh.）

オーウェル, G. ／新庄哲夫［訳］（1972）．『1984 年』早川書房（Orwell, G.（1949）. *Nineteen eighty-four : A novel*. London: Secker & Warburg.）

ガーフィンケル, E. 他／山田富秋・好井裕明・山崎敬一［編訳］（1987）．『エスノメソドロジー―社会学的思考の解体』せりか書房（Garfinkel, H.（1967）. *Studies in ethnomethodology*. Englewood Cliffs, NJ: Prentice Hall.）

ジンメル, G. ／居安　正［訳］（1994）．『社会学―社会化の諸形式についての研究上・下』白水社（Simmel, G.（1908）. *Soziologie: Untersuchungen über die Formen der Vergesellschaftung*. Duncker & Humblot.）

立川健二・山田広昭（1990）．『現代言語論―ソシュール　フロイト　ウィトゲンシュタイン』新曜社

ド・ソシュール, F. ／影浦　峡・田中久美子［訳］（2007）．『ソシュール一般言語学講義―コンスタンタンのノート』東京大学出版会（Saussure, F. de（1916）. *Cours de linguistique générale*. Lausanne: Payot.）

野中郁次郎（1993）．「監訳者あとがき」M. ハマー・J. チャンピー／野中郁次郎［監訳］『リエンジニアリング革命―企業を根本から変える業務革命』日本経済新聞社（Hammer, M., & Champy, J.（1993）. *Reengineering the corporation: A manifesto for business revolution*. New York: Harper Business.）

ハーバーマス, J. ／三島憲一・轡田　收・木前利秋・大貫敦子［訳］（1990）．『近代の哲学的ディスクルス 1』岩波書店（Habermas, J.（1985）. *Der philosophische Diskurs der Moderne: Zwölf Vorlesungen*, 2. Aufl. Frankfurt am Main: Suhrkamp.）

ハマー, M. ・チャンピー, J. ／野中郁次郎［監訳］（1993）．『リエンジニアリング革命―企業を根本から変える業務革命』日本経済新聞社（Hammer, M., & Champy, J.（1993）. *Reengineering the corporation: A manifesto for business revolution*. New York: Harper Business.）

バルト, R. ／篠沢秀夫［訳］（1967）．『神話作用』現代思潮社（Barthes, R.（1957）. *Mythologies*. Paris: Seuil.）

ブーイサック, P. ／鷲尾　翠［訳］（2012）．『ソシュール超入門』講談社

フーコー, M. ／神谷美恵子［訳］（1969）『臨床医学の誕生』みすず書房（Foucault, M.（1963）. *Naissance de la clinique: Une archéologie du regard médical*. Paris: Presses universitaires de France.）

フーコー, M. ／中村雄二郎［訳］（1972）．『言語表現の秩序』河出書房新社（Foucault, M.（1971）. *L'ordre du discours: Leçon inaugurale au Collège de France prononcée le 2 décembre 1970*. Paris: Gallimard.）

フーコー, M. ／渡辺一民・佐々木明［訳］（1974）．『言葉と物―人文科学の考古学』新潮社（Foucault, M.（1966）. *Les mots et les choses: Une archéologie des sciences humaines*. Paris: Gallimard.）

フーコー, M. ／中村雄二郎［訳］（1981）．『知の考古学』河出書房新社（Foucault, M.（1969）. *L'archéologie du savoir*. Paris: Gallimard.）

フーコー, M. ／渡辺守章［訳］（1986）．『性の歴史Ⅰ―知への意思』新曜社（Foucault, M.（1976）. *La volonté de savoir*. Paris: Gallimard.）

ホルクハイマー, M ・アドルノ, T. W. ／徳永　恂［訳］（2007）．『啓蒙の弁証法―哲学的断想』岩波書店（Horkheimer, M., & Adorno, T. W.（1947）. *Dialektik der Aufklärung: Philosophische Fragmente*. Amsterdam: Querido.）

溝上慎一（2008）．『自己形成の心理学―他者の森をかけ抜けて自己になる』世界思想社

森　常治（1984）．『ケネス・バークのロゴロジー』勁草書房

ライター, K. ／高山眞知子［訳］（1987）．『エスノメソドロジーとは何か』新曜社（Leiter, K.（1980）. *A primer on ethnomethodology*. New York: Oxford University Press.）

Garfinkel, H.（2002）. *Ethnomethodology's program: Working out Durkheim's aphorism*. Rowman & Littlefield Publishers.

Lyotard, J. F.（1979）. *La condition postmoderne: La rapport sur le savoir*. Paris: Minuit.（リオタール, J. F. ／小林康夫（1986）．『ポスト・モダンの条件―知・社会・言語ゲーム』書肆風の薔薇（水声社））

Pike, K. L.（1967）. *Language in relation to a unified theory of the structure of human behavior*. The Hague: Mouton.

監訳者あとがき

　本書は，2005 年に M.E. Sharpe 社より刊行された Pushkala Prasad 著の *Crafting Qualitative Research: Working in the Postpositivist Traditions* の全訳である。原題を直訳すると，「質的研究を練る：ポスト実証主義のさまざまな伝統を研究することで」ということになろうが，1 章で述べられているように著者は tradition ということばに独特の意味を付しているため，「伝統」という日本語訳はしっくりこない箇所があった（凡例 (2) 参照）。Crafting ということばもタイトルとしては訳しにくいことばであった。結局，質的研究のデータを読み解くための視角を提供してくれるさまざまな理論を，解釈的アプローチ，深層構造の解明をめざすアプローチ，批判的アプローチ，ポスト構造主義などのポストがつく諸学派の 4 部にわけて要領よく紹介しているという実際に本書がやっていることに着目し，訳書を手に取る読者に内容が伝わりやすい『質的研究のための理論入門—ポスト実証主義の諸系譜』というタイトルにした。

　主体と離れた外界が存在し，それを客観的に把握し得るという認識論に依拠している人文・社会科学における科学主義（positivism）に対して，ポスト実証主義は我々の世界は社会的に構築されたものであるという認識論に立つ。第 I 部は，カントの思想を源流とし，フッサールがさらに練り上げた「現実」は外界にある実体ではなく，人間の意識そのものに存在するという考え，すなわち，私たちが世界を分類し，構造化し，解釈し，それに基づいて行動しているのだという考えを継承している五つの学派を取り上げている。社会学のなかで発展したシンボリック相互作用論，ドラマツルギー，エスノメソドロジーを 2，4，5 章で，主に文学理論のなかで育まれた解釈学とドラマティズムを 3，4 章で，文化人類学のなかで原型が形成され，社会学，教育，ソーシャルワーク，看護，経営といった多くの社会科学領域に浸透していたエスノグラフィーを 6 章で扱っている。第 II 部は 7 章のみで構成されているが，社会的現実は言語と潜在的に言語を支えている深層にある構造によって構築されていると考えるソシュールの言語学に由来する分析様式を採用する系譜である。ソシュールの言語論は，非言語領域にも拡張され，建築デザインや婚姻様式・親族関係などの文化現象の背後にある隠された構造を見出すことで文化を理解しようとするレヴィ＝ストロースの構造主義人類学を生み出した。しかし，表層を支える深層構造が客観的に存在すると考えるところが解釈的アプローチと一線を画している。

監訳者あとがき　*351*

　第Ⅲ部は，我々の世界は社会的に構築されているという信念では第Ⅰ部と同じであるが，構築そのものが権力関係や利害によって媒介されていると考え，社会的構築を左右している諸要因を明らかにしようとした批判的アプローチを取り上げている。すなわち，8章のマルクスらが先導した史的唯物論，9章のフランクフルト学派らの批判理論，10章の社会編成のあり方をジェンダーからみていくことに力点をおくフェミニズムの諸学派，11章のマクロとミクロの連携から社会的構築をみていくギデンズやブルデューらについての解説である。第Ⅳ部は，さまざまな近代の思潮への反動として1960年代後半以降に出現した新しい動きを，「ポスト」のつく諸学派としてまとめている。リオタールやボードリヤールに代表されるポストモダニズムを12章で，デリダやフーコーらのポスト構造主義を13章で，サイード，スピヴァクらに代表されるポストコロニアリズムを14章で解説している。

　著者は，現在スキッドモア大学 (Skidmore College) の Department of Management & Business の教授である。インドで生まれ育ち，University of Madras の学部時代は歴史学を学び，続いて Xavier Institute で MBA を得て，アメリカの University of Massachusetts の経営学博士課程に留学し，1992年に博士号を授与されている。その後の職歴や研究については奥付の「著者紹介」を参照されたい。謝辞からもわかるように，本書はカナダのカルガリー大学経営学部在職中に博士課程の学生を対象として実施した授業の内容をもとに執筆されている。そのために各章で紹介されている研究例はほとんどが経営学領域のものである。本書を手に取られることが多いと思われる社会学や心理学，教育，コミュニケーション領域の関係者などは自分の専門分野の研究例がないので不満を覚えられるのではと思うが，各自の専攻分野の研究例を補いながら読んでいただけたらと思う。

　監訳者が本書を初めて手にとったのは，勉強会で次に輪読する質的研究に関する近刊の本はないかと探していた2013年秋であった。出版が2005年で近刊ではなかったが，どのようにして質的研究をやるのかという研究手法に関する本が多いなかで，本書はフィールドで集めたデータをどのような視角から読み解いていくかについてさまざまな理論的観点を提示していることが新鮮であった。また，Ⅰ，Ⅱ，Ⅲ，Ⅳの各部に挿入されている各学派相互の系譜関係図が頭のなかを整理してくれそうだったし，日本だったら各章をその分野の専門家が分担執筆するスタイルをとるところを，一人の著者が全視野を見渡しながら書き通していることに感銘を受けた。また，本書は，ほとんどの章において，その学派が生まれた背景となる哲学的影響，その学派の中心概念，その学派の視角で分析された研究例，その学派をめぐる論争

と新たな方向性が要領よく解説されており，学派間を比較しながらその違いを理解できる強みがあった。自分がよく知っている分野については，やや物足りなさを感じるが，知らない領域を知るための導きの書としてはよくできていると感じた。

　本書では研究例が経営学領域のものが多く心理・教育・コミュニケーション領域の質的研究にヒントを与えてくれそうな理論は取り上げられていない。勉強会参加者の関心領域との重なりがほとんどないことが気懸りではあったが，輪読の候補になりそうな他の本と一緒に本書を回覧した。参加者の多くからの賛同が得られ，輪読を開始したのは 2014 年 2 月のことであった。章を読み進むうちに，自分が質的データを読み解く際に使っている理論的な分析視角は，たまたま所属した研究室や大学院時代に読んだ本などに影響されたもので，多様な選択肢を検討したうえで選んでいたわけでもないこともわかってきた。質的研究の理論枠組の一つに，文学理論のバークのドラマティズムが入っていることや，史的唯物論やポストコロニアリズムが取り上げられていることに違和感がある一方で，カルチュラル・スタディーズが入ってないことが不思議であった。読み進むうちに，著者プラサドが考える質的研究の範囲が，私が考えていたものよりもはるかに広いことも理解できた。輪読会には社会学や哲学を専攻している人がいず，解読に四苦八苦するパラグラフもあった。あくまでも自分たちの勉強のために読んでいたが，本書は質的研究で修士論文や博士論文を書いている大学院生にも役に立つよい本であるということで一致した。翻訳本の出版を視野に入れて輪読担当章については全訳の原稿をつくるようになったころ，幸いナカニシヤ出版が訳書の出版に関心を示され，原著者の Prasad 博士と連絡をとり日本語翻訳について快諾を得た。2015 年 7 月のことであったが，同時に版権が M.E. Sharpe より Routledge に移るとの連絡を受けた。

　各章一人の訳者名を付しているが，訳者が理解できない箇所については，輪読会参加者全員で知恵を絞り，出版に向けての草稿ができ上がってからは，もう一人の輪読会メンバーが原著と訳稿を突き合わせて，誤訳がないかどうかチェックし合った。内容自体が硬い本なので，日本語として読みやすくするのは難しかったが努力したつもりである。また，校正を担当してくれた方が社会学に造詣の深い方で，訳者の至らない点を的確に指摘していただけたのは幸いであった。翻訳本作成の全過程でナカニシヤ出版の米谷氏にお世話になった。記して，心からのお礼を申し上げたい。

2017 年 11 月
訳者一同を代表して
箕浦康子

事項索引

あ行

アーカイブ　277
アイデンティティ　19, 20, 51, 53, 137, 166
厚い記述　84-86, 91

一次元的人間　158-160
一般化された他者　24
イデオロギー　114, 115, 133, 134, 137, 152, 153, 180, 219, 227
イデオロギー批判　32, 152, 153
意図せざる結果　207
違背　66
違背実験　63
意味作用の構造　209
意味の網の目　83
意味の構造　85
意味様式　253
医療化　276
印象操作　46

エクリチュール　268, 269, 271-274
エスノグラファーの回顧録　88, 89, 94
エスノグラフィー　23, 78-89, 93-95
エスノメソドロジー　63-69, 83
エスノロジー　79
エティック　81
エピステーメー　5, 277
エミック　81
演出　50

男らしさ　185, 194, 195
表舞台　45, 48, 49
オリエンタリズム　40, 299,

306, 308
女らしさ　185, 194, 195

か行

外延的　108
懐疑の解釈学　33
階級　129, 130, 226
階級闘争　130
解釈学　28, 29
解釈学的循環　33, 34, 164
解釈的アプローチ　11
開発　298
会話分析　70
科学的知　250, 251
隠れた構造　99, 110
下部構造　126, 127
家父長制　172, 186-188
カルチュラル・スタディーズ　173
関係性分析　221
監獄　278-281
監視　278-281
間主観性　14
感情労働　51
関与　70
官僚　141

記号　104
記号化された社会的実践　109
記号製造的　253
記号のシステム　104, 105, 107, 114
記号の政治経済　254
記号論　102-105, 114
脚本　49, 50
鏡映的自己　17
狂気　275, 276
共時的アプローチ　106, 107
強制　151

近代　158, 239, 249, 250

グラウンデッドセオリー　24
クレオール化　308

経済決定論　127
経済資本　223
系譜学　275, 277-279
啓蒙　157, 171, 172
ゲーム　222, 223
劇場　43-47, 52, 53
権威主義　156
言語ゲーム　251
言語的エスノメソドロジー　70-72
原始主義　306, 308
現象学　11, 16, 65
言説　183, 281-283, 290
言表　277
権力　25, 257, 274, 283-285, 290
権力／知　284, 285
権力のテクノロジー　284
言論閉鎖　162, 163

合意　160, 161
行為主体性　207, 210-212, 217, 292
交換価値　131
考古学　275-277
交差　182, 195, 201
交渉される秩序　20
構造　97, 98, 105, 207-210, 212, 217
構造音韻論　99
構造化　211-212
構造化の時間的次元　207
構造化理論　204-213, 216, 217
構造主義　98-100, 102, 105-109, 114, 115, 267

構造主義人類学 *110*
構造の二重性 *209*
心の劇場 *43*
固定化されたカテゴリー *200*
古典的エスノグラフィー *82-87, 93*
コミュニケーション的行為 *160-162*
コロニアリズム *296-303*
コロニアリズムのソフトウェア *312*

さ行

再帰性 *210*
差延 *273, 274*
作者の意図 *36, 37*
作者の文化 *31*
搾取 *129, 175, 180*
サブテクスト *34-36, 193*
参加型リサーチ *155*
参加的客観化 *220*

ジェンダー *73, 137, 146, 180-182, 185, 186*
ジェンダー・ブラインドネス *146, 172*
ジェンダー化 *193-195*
ジェンダーを実践する *186*
シカゴ学派 *16*
自己 *17*
自己呈示 *45*
仕事の社会学 *135*
自然科学 *3*
実証主義 *2-4*
実践知 *64, 65*
実践的推論 *71*
実践の理論 *204-206, 217-233*
質的実証主義 *2*
史的唯物論 *123, 124, 128-134, 144-147*
シニフィアン *104, 105*
シニフィエ *104*
支配 *156, 180, 227, 228*

支配の構造 *209*
支配の弁証法 *211*
資本 *223-225*
資本の転換可能性 *225*
シミュラークル *255, 256*
社会化 *22, 23*
社会資本 *224*
社会的バイアス *220*
主観性 *137, 178, 191, 192, 258*
主体性の構成（構築） *183, 184, 275, 300*
状況的エスノメソドロジー *72-74*
状況の定義 *18*
省察 *220, 221*
象徴 *19*
象徴資本 *224*
象徴世界 *218, 219*
象徴の価値 *253*
象徴暴力 *226-228*
商品化 *131, 132, 154, 254, 296*
上部構造 *126, 127*
剰余価値 *129*
植民地言説 *305-308*
植民地主義 *80*
女性の声／経験フェミニズム *177-179*
処罰権力 *278*
真正性 *45-47, 86, 88, 154*
シンボリック相互作用論 *16, 18-20, 24-26*
信頼の解釈学 *33*
神話 *110-112, 115, 116*

スティグマ *46, 47*

性 *185*
生活世界 *13, 23*
生活世界の植民地化 *160, 165*
性向 *223, 226, 229*
精査 *70*

生産的先入見 *32*
生産様式 *126*
政治的関与 *176, 294*
正常化 *278, 279*
精神科学 *3*
精神分析 *151*
正統化の構造 *208*
正統性 *134, 226*
制度資本 *224*
制度論 *233*
青年文法学者（新文法学者） *103*
性別分業 *188, 189*
セクシュアリティ *160, 189-191*
説明 *68, 69*
潜在的コロニアリズム *303*
先入見 *32*
戦略 *219, 220*
戦略的行為 *210*

創造的実践 *131*
疎外 *130, 131, 157*
即興 *321*

た行

体系的に歪められたコミュニケーション *161, 162, 219*
第三世界観光 *313*
大衆のアヘン *160*
対話 *36, 155*
他者 *294*
脱構築 *198, 270-273, 290*
達成 *65, 66*
脱中心化 *273*

知識人バイアス *221*
秩序問題 *64*
知の生産 *154, 155*
地平の融合 *32*
中立性 *120, 154, 158, 170*
超パノプティコン社会 *281*

通時的アプローチ *107*

事項索引　*355*

強い意味の解釈学　*28, 29*

出会い　*45*
抵抗　*26, 136, 138, 171, 195,*
　211, 257, 258, 264, 273, 274,
　292, 296
テクスト　*30, 37, 38, 290*
テクストとしてのテクスト
　38
テクネー　*6*
テクノクラート意識　*158*
哲学的解釈学　*29, 31*
徹底的経験主義　*66*
鉄の檻　*141, 171*
伝統　*6, 7*

ドイツ観念論　*11*
動機　*54*
動機の語彙　*54*
道具的理性　*157*
統合の関係　*107, 108*
統制　*138*
統治権力　*278*
統治性　*287*
道徳性の発達　*178*
どうにか仕遂げる　*136*
ドクサ　*227*
ドラマ（演劇）　*42, 52, 53*
ドラマツルギー　*42-51*
ドラマティズム　*42, 52-58, 61*
ドラマ的な語り　*53*
ドラマの形式　*53*

な行
内包的　*108*
内容分析　*55*
ナラティブ・エスノグラフィ
　ー　*94, 95*

二重の解釈学　*213*

ネイティブの視点　*81*
ネイティブへの転身　*87, 88*
ネイティブになりきるエスノ

グラフィー　*87-88*
ネオコロニアリズム　*295,*
　303
ネグリチュード運動　*296*
熱帯化　*306-308*

は行
場　*222, 223*
ハイパーリアル　*256, 257*
ハイブリディティ　*308-310*
博物館　*314*
話す客体　*98*
場のバイアス　*220*
パノプティコン　*279-281*
ハビトゥス　*225, 226, 229*
パフォーマンス　*44, 50*
パラダイム　*6*
パロール　*106, 271, 272*
反哲学　*292*
範列的関係　*107, 108*

非生産的先入見　*32*
皮肉　*258, 264, 270, 310*
批判　*120*
批判的エスノグラフィー
　164, 165
批判的解釈学　*29, 32, 33, 164,*
　165
批判的思考　*119*
批判理論　*149-162*
表現コード　*109*
標準化　*159*
表象　*94*
表象　*312, 313*

ファンタジー　*56, 57*
ファンタジーテーマ　*56, 57*
フィールドワーク　*79*
フィクション　*94*
フェイスワーク　*46, 51*
フェミニズム　*175-177, 191*
舞台裏　*45, 48, 49*
物象化　*14*
物神崇拝　*131*

プラグマティズム　*16*
プラハ学派　*99*
フランクフルト学派　*149,*
　150, 152, 153, 156
文化産業　*153, 154*
文化資本　*223, 224*
文化的闘争　*218*
文化的文脈　*83, 84*
文化的盲目　*92, 93*
紛争理論　*135, 140-144*
文脈依存性　*69*

ヘゲモニー　*134, 151, 227*
ペルソナ　*45*
弁証法　*127, 128*
ペンタド　*54-56*
ペンタドの比率　*55, 56*

方法　*7*
ポスト近代　*240, 241*
ポスト構造主義　*114,*
　235-243, 267, 268, 289-292
ポスト構造主義フェミニズム
　182-184, 197-199
ポストコロニアリズム
　235-243, 294, 295, 300-310
ポストコロニアル　*94*
ポスト実証主義　*8*
ポスト‐植民地　*240, 242*
ポストモダニズム　*235-248,*
　259, 262-265, 267, 289, 291
ホモ・ファベル　*131*
本質主義　*179*

ま行
マスメディア　*153, 257*
マルクス主義　*120, 123*

ミネソタ・コミュニケーショ
　ングループ　*56*

矛盾　*132*

明示的コード　*109*

メタナラティブ　243, 246,
　　247, 249-251
メタファーとしてのテクスト
　　38

モダニズム　239, 240
物語的知　250, 251
模倣　310

や行
役割取得　17

融合性　308
ユートピア社会主義　125
歪められたコミュニケーショ
　　ン　155, 161

ヨーロッパ中心主義　172,
303-305
弱い意味の解釈学　28, 30

ら・わ行
ラディカル・フェミニスト学
　　派　182
ラディカル・フェミニズム
　　76, 179-184, 186, 187, 189,
　　197
ラング　106, 111, 112

理解　13
理解の先行構造　31
理想的スピーチ・コミュニテ
　　ィ　161
リベラル・フェミニズム
　　177

ルーティン　66, 207

レアリズム　125
歴史的必然　128
レトリックのビジョン　56,
　　57
レトリック分析　54-55

労働過程論　135, 137
労働力　129
ローカルな解釈　81, 83-85, 87
ロゴス中心主義　272
ロシア・フォルマリズム　99
ロマン主義　125

技　6

人名索引

A

Adams, A. *175*
Alexander, J. C. *218*
Alleyne, B. W. *172*
Amin, S. *298*
Aparicio, F. R. *307*
Apffel-Marglin, F. *298*
Arnold, S. J. *29, 30, 33, 36, 37*
Asad, T. *80*
Ashcroft, B. *242*
Axtell, J. *81*

B

Baert, P. *43, 45, 47, 63, 64,*
66, 69, 161, 205-207, 210,
227, 276, 277, 280, 284
Balibar, E. *120*
Banerjee, S. *311*
Baritz, L. *130, 141, 156*
Barker, J. R. *136, 138, 146*
Bauman, Z. *29, 31, 158, 244,*
245
Benz, S. *307*
Berman, M. *239*
Bernard, J. *177*
Boissevain, J. *212*
Bottomore, T. *125, 127, 132*
Bowles, S. *130*
Brantlinger, P. *311*
Bristor, J. M. *121, 176, 178,*
183
Bronner, S. E. *150, 151, 159*
Bulbeck, C. *201, 295*
Burgelman, R. *3*

C

Calhoun, C. *226*
Callinicos, N. *242*
Cambell, C. *130*
Caproni, P. J. *119*

Chamboredon, J-C. *221*
Chatterjee, P. *300*
Chávez-Silverman, S. *307*
Childers, J. *246, 255, 272*
Chua, B. *76*
Clark, M. *274*
Cohen, A. *44*
Cohen, I. J. *207*
Cook, D. *248*
Coombes, A. E. *306*
Cooper, R. *237, 259, 269, 272,*
274, 291
Costello, C. *195*
Covaleski, M. A. *121, 124*
Craib, I. *154, 157, 158,*
205-207, 209, 211
Crapanzano, V. *95*
Cronin, C. *218*
Cullum-Swann, B. *99, 103,*
109, 110

D・E

Darby, P. *311*
Davies, M. *200*
Denhardt, R. B. *152, 169*
Diamond, I. *182*
Donaldson, L. *170*
Dreyfus, H. *275*

Eisenstein, H. *179*
Emberley, J. V. *295*
Escobar, A. *173, 298*
Essex, S. *121*
Evans, B. *88*
Ezzamel, M. *136, 138*

F

Fals-Borda, O. *173*
Ferris, K. *51*
Feyerabend, P. *5*

Filmer, P. *64, 68*
Finch, J. *188*
Fink-Eitel, H. *275*
Firestone, S. *186, 187*
Fischer, E. *29, 30, 33, 36, 37,*
121, 176, 178, 183
Fishman, P. *186*
Flax, J. *183, 200*
Fondas, N. *198*
Fonow, M. M. *191, 195*
Frake, C. O. *86*
Francis, J. R. *30, 36, 38*
Frank, A. G. *298*
Fraser, N. *292*
Friesen, C. *228*
Fukuyama, F. *239*

G

Gilroy, P. *295*
Gintis, H. *130*
Glaser, B. *24*
Goke-Pariola, A. *228*
Goldman, P. *126, 130*
Gopal, A. *16, 19, 27, 295*
Gopal, Y. *295*
Gorman, R. *131*
Gottfried, H. *136-138*
Griffiths, G. *242*
Grimes, A. J. *149, 152, 163*
Gubrium, J. F. *12, 14, 65*

H

Hammond, T. *193*
Harker, R. *204, 218, 222*
Harris, R. *105*
Hartsock, N. C. M. *180*
Hassard, J. *65, 69, 70, 73,*
124, 244
Hearn, J. *190*
Held, D. *152, 153*

Hentzi, G. *246, 255, 272*
Heritage, J. *64, 66*
Hobson, D. *173*
Hoijer, H. *99*
Holman, R. H. *105*
Holstein, J. A *12, 14, 65*
Howard, R. J. *31*
Howe, I. *242*
Hutcheon, L. *300*

I · J · K
Ibarra, H. *191*
Inglis, R. *205, 218*

Jack, G. *311*
Jacob, E. *7*
Jardine, A. *179*
Jaros, S. *135*
Jay, M. *150*
Jhally, S. *154*

Kanter, R. M. *188*
Kets de Vries, M. *29*
Kincheloe, J. L. *149, 154, 162, 163*
Kling, R. *212*
Knights, D. *129*
Kroker, A. *248*

L
Lakatos, I. *5*
Lasch, C. *156*
Lash, S. *241, 244*
Latour, B. *5*
Laughlin, R. *163*
Lee, A. S. *38*
Linstead, S. *146*
Lorbiecki, A. *311*
Lowe, A. *173*
Lynch, M. *73, 75*
Lyytinen, K. *163*

M
Mahar, C. *204, 218, 222*

Manning, P. K. *99, 100, 103, 109, 110*
Margolis, J. *270*
Marshall, B. L. *188-190*
Martin, P. Y. *180*
Martin, R. *136, 138, 145*
Mautner, T. *29, 33, 34, 69*
McCall, L. *217*
McCarthy, T. *172*
Mclaren, P. *149, 154, 162, 163*
Megill, A. *279*
Mehan, H. *73, 77*
Meyer, J. W. *233*
Mick, D. G. *100, 107-109*
Miliband, R. *120*
Miller, D. *29*
Millet, K. *187*
Mills, A. J. *187*
Mir, A. *295*
Mizruchi, M. S. *142*
Mohanty, C. T. *200, 201, 295*
Moore, H. *201*
Morrow, R. *270*
Mullins, N. C. *25*
Mumby, D. K. *197, 198*
Murray, J. B. *149-152, 154, 163, 169*

N · O
Niemark, M. *124, 129, 136*
Norris, C. *269, 270, 273*

Ostrander, S. *191, 196*
Overington, M. A. *44, 51-54*
Ozanne, J. L. *149-152, 154, 163, 169*

P
Padavic, I. *185*
Palmer, R. E. *29, 30*
Parkin, W. *190*
Passeron, J-C. *221*
Paules, G. F. *195*

Pentland, B. *105*
Perera, S. *311*
Pike, K. L. *81*
Poster, M. *172, 173, 253, 254, 256, 257, 274, 275, 280, 281, 291, 292*
Powell, G. *191*
Pratt, M. L. *300, 311*
Pugliese, J. *311*
Putnam, L. L. *197, 198*

Q · R
Quack, S. *191*
Quinby, L. *182*

Rafaeli, A. *51*
Rahman, A. *173*
Reskin, B. F. *185*
Richon, O. *307*
Rosaldo, R. *309*
Rossi, I. *99, 102, 106*
Rowan, B. *233*
Rowlinson, M. *124*

S
Sarup, M. *239-241, 251, 276, 284, 285*
Schwartzman, H. B. *78*
Seron, C. *51*
Shilling, C. *225*
Sim, S. *270-272*
Spurr, D. *300, 311*
Stearns, L. B. *142*
Steffy, B. D. *149, 152, 163*
Sugiman, P. *195*
Swan, E. *51*

T · U · V
Thayer, L. *108, 110*
Theobald, H. *191*
Tienari, J. *191*
Tiffin, H. *242*
Tinker, T. *124, 129, 136*
Torgovnick, M. *306*

人名索引 *359*

Turner, S. *99, 110, 112*

Upadhyaya, P. *295*
Useem, M. *142*

Van Houten, D. R. *126, 130*
Vidich, A. J. *79, 80, 88*

W・Z

Wacquant, L. *218, 220, 221, 226*
Walby, S. *180*
Wiggershaus, R. *149, 150*
Wilkes, C. *204, 218, 222*
Williamson, J. *115*
Willis, P *173*
Willis, R. *295*
Wollstonecraft, M. *175*
Woolgar, S. *73, 75*
Wuthnow, R. *274*

Zimmerman, D. H. *73, 185, 186*

あ行

アイアコッカ（Iacocca, L.）
113
アグネス *73*
アスト（Ast, F.）*13, 30*
アストリ（Astley, W. G.）
164, 165, 167, 168, 174
アッカー（Acker, J.）*176, 181, 185, 190, 201, 203*
アドルノ（Adorno, T. W.）
120, 121, 149, 150, 153, 154, 157, 159, 169, 171, 172, 174
アパデュライ（Appadurai, A.）*295, 310, 316*
アブラフィア（Abolafia, M. Y.）*90, 93, 96*
アリストテレス（Aristotle）
5, 6
アルベッソン（Alvesson, M.）
92, 119, 121, 152, 156, 158,

162-164, 169, 171, 173, 185, 200, 236, 259, 263, 264, 267, 289-291
アルチュセール（Althusser, L.）*120, 121, 204, 275, 293*
アルデル（Aredal, A.）*30, 33, 38, 39, 41*
アルトー，A. *279*

イェーツ（Yeats, W. B.）
240
石黒 毅 *44*
イリイチ（Illich, I.）*151*
イリガライ（Irigaray, L.）
182, 203, 237

ヴァン＝マーネン（Van Maanen, J.）*10, 48, 86, 87, 89, 94*
ウィードン（Weedon, C.）
172, 176, 182-184, 200, 203
ウィッティントン（Whittington, R.）*205, 208, 211, 212, 217*
ウィトゲンシュタイン（Wittgenstein, R.）*65, 206, 233, 250*
ヴィハーゲン（Wiehagen, W. J.）*16, 22, 27*
ウィリアムズ（Williams, R.）
120, 121, 173, 294, 299
ウィルソン（Wilson, F.）
146
ウィルモット（Willmott, H.）
121, 129, 136, 138, 156, 163, 173, 212, 215, 216, 233
ウェーバー（Weber, M.）
3, 12, 13, 135, 141, 148, 152, 171, 217, 223, 234, 249, 286
ウェスト（West, C.）*73, 77, 185, 186*
ウェストレイ（Westley, F. R.）*49, 71, 72*

ウォーターマン（Waterman, R.）*198*
ヴォート（Vaught, C.）*16, 22, 27*
ウォルコット（Wolcott, H. F.）*79, 84*
ウォルシャム（Walsham, G.）
212-215, 233
ウォルター（Walter, L.）
228-230
ヴォルフ（Wolf, F.）*13*
ウゼル（Uzzell, D.）*105, 106, 115*
ウラカ（Urraca, B.）*307*
ヴレンデンバーグ（Vredenburg, H.）*49*

エヴェレット（Everett, J.）
121, 205, 219-222, 225-228
エーコ（Eco, U.）*98, 101, 102, 114, 117*
エーレンライヒ（Ehrenreich, B.）*88*
エッチナー（Echtner, C.）
311, 313, 314, 316
エドワード（Edwards, R.）
128, 135
エルムズ（Elmes, M.）*162, 165, 167, 168, 174*
エンクルマ（Nkrumah, K.）
303
エンゲルス（Engels, F.）
121, 124, 125, 127-130, 148, 186

オウエン（Owen, R.）*125*
オーウェル，G. *281*
オークス（Oakes, L. S.）
121, 124, 193, 232, 234
オーリコフスキー（Orlikowski, W. J.）*212, 214*
オコナー（O'Connor, E. S.）
142, 143, 148, 320

オング（Ong, A.）　*295, 321, 322*

か行

カーケディ（Carchedi, G.）　*120, 126-128*

カーソン（Karson, M.）　*124, 142-144, 148*

カービー（Carby, H. V.）　*182*

ガーフィンケル（Garfinkel, H.）　*13, 63-68, 73, 75, 77, 205, 233*

ガーンベルグ（Gahmberg, H.）　*100, 112, 117*

カウフマン（Kaufman, A.）　*124, 142-144, 148*

影浦 峡　*104*

ガダマー（Gadamer, H. G.）　*12, 13, 15, 28, 29, 31, 32, 36, 37, 41*

ガタリ（Guattari, F.）　*236, 237, 246, 248, 266, 293*

カッシング（Cushing, F. H.）　*88, 96*

カフカ，F.　*237, 240*

カブラル，A.　*296*

ガブリエル（Gabriel, Y.）　*35, 38-40*

神谷美恵子　*281*

カラー（Culler, J.）　*103-107, 109, 267, 269, 270, 272*

カラス（Calás, M.）　*176, 182, 191, 197, 198, 200, 201, 203*

カラハン（Callahan, A. L.）　*48*

カンギレム（Canguilheim, G.）　*275*

ガンディー（Gandhi, L.）　*146, 297, 298*

ガンディー（Gandhi, M. K.）　*236, 237, 296, 316*

カント，I.　*11, 13, 152*

ギアーツ（Geertz, C.）　*13, 83-87, 93, 96*

ギデンズ（Giddens, A.）　*121, 132, 204-213, 216-218, 220, 226, 233, 321*

ギトリン（Gitlin, T.）　*154*

キャッセル（Cassell, P.）　*206, 213*

ギャビー（Gavey, N.）　*182-184*

キャプラン（Caplan, P.）　*189, 190*

ギリガン（Gilligan, C.）　*178, 179, 203*

キルダフ（Kilduff, M.）　*90, 271, 285, 286*

クーパー（Cooper, D.）　*121, 232, 234*

クーリー（Cooley, C. H.）　*13, 16-18*

クーン（Kuhn, T. S.）　*5, 6*

クック（Cooke, W.）　*295, 300, 311*

クマール（Kumar, K.）　*239, 240*

グラムシ（Gramsci, A.）　*120, 121, 128, 134, 148, 227, 299, 305*

グリオール（Griaule, M.）　*81, 96*

クリフォード（Clifford, J.）　*79, 94-96, 295, 309, 311*

クリムト（Klimt, G.）　*261, 262*

グールドナー（Gouldner, A.）　*135, 141, 148*

グレゴリー（Gregory, K.）　*92*

クレッグ（Clegg, S. R.）　*171, 237, 241, 259, 286*

グレマス（Griemas, A. J.）　*99, 101*

クロトポキン，P.　*121*

グロピウス（Gropius, W.）　*240*

クンダ（Kunda, G.）　*48, 84, 87, 91, 92, 94, 96, 164*

ゲーテ（Goethe, J. W.）　*125*

ゲーン（Gane, M.）　*255, 256, 263, 264, 274*

ケラー（Keller, E. F.）　*179*

ケルナー（Kellner, D.）　*98, 150, 151, 159, 238-241, 244, 245, 248-252, 255-257, 263, 264, 275-277*

ケンダル（Kendall, J. E.）　*55, 58, 59*

コーゼイ（Cousey, M.）　*71, 72*

ゴールデン＝ビドル（Golden-Biddle, K.）　*86*

コールバーグ（Kohlberg, L.）　*178*

コーン（Cohn, C.）　*191, 192, 197, 201, 203*

コスター（Koester, J.）　*57-59, 62*

コステロ（Costello, M.）　*165, 167, 168, 174*

ゴッホ（van Gogh, V. W.）　*255*

コナー（Connor, S.）　*240, 244, 245, 251, 252, 254, 256, 257, 291*

ゴフマン（Goffman, E.）　*13, 15, 42-48, 51, 52, 62, 186*

コムストック（Comstock, D. E.）　*164, 166*

コリンズ（Collins, R.）　*65, 119, 123, 130, 135, 141*

コリンソン（Collinson, D. L.）　*136-138, 145, 146, 148, 320*

ゴルディン（Golding, D.）　*73, 74*

人名索引　361

コルトン（Colton, C. W.）
19, 22
コルビュジェ（Corbusier, L.）
240
コンドー（Kondo, D.）　*95,
96*

さ行
サイード（Said, E. W.）
*236, 237, 242, 294, 298, 299,
302, 305-307, 313, 316*
サイモン（Simon, H. A.）
286
ザカリア（Zacharias, L.）
124, 142-144, 148
佐々木明　*281*
サックス（Sacks, H.）　*13,
64*
サットン（Sutton, R. I.）　*48,
51*
サピア（Sapir, E.）　*99, 110*
サン＝シモン（Saint Simon,
C.-H. de）　*125*
サンゴール（Senghor, L. S.）
237, 296, 316
ザントップ（Zantop, S.）
242, 303

ジェームソン（Jameson, F.）
241, 242
シェリー（Sherry, J. F.）
92, 96
ジェンクス（Jencks, C.）
241, 245
シクレル（Cicourel, A.）　*13,
64, 70, 75, 77*
篠沢秀夫　*115*
シブタニ（Shibutani, T.）
19, 20, 27
ジャクソン（Jackson, B.）
56, 60-62
ジャッカル（Jackall, R.）
92, 165, 166, 174
ジェイクス（Jacques, R.）

286, 287, 293
ジャミアー（Jermier, J.）
171
シュッツ（Schutz, A.）　*12,
13, 65, 77, 207*
シュライアマハー
（Schleiermacher, F.）　*30,
41*
シュローサー（Schlosser, E.）
4
ジョイス（Joyes, J.）　*237,
240*
ショーペンハウアー, A.
237, 292
ジョーンズ（Jones, J.）　*71,
77*
ショパン（Chopin, F.）　*125*
シラー（Schiller, F.）　*125*
ジルー（Giroux, H.）　*152*
シルコ（Silko, L. M.）　*310*
シルバーマン（Silverman,
D.）　*64, 71, 77*
ジンメル（Simmel, G.）　*16,
22, 23, 43, 44, 62*

スウィージー（Sweezy, P.）
123, 128
スオーツ（Swartz, D.）　*218,
219, 223, 225-227*
スクラー（Sklar, M. J.）　*143*
スコット（Scott, M. B.）　*43,
47*
スコット（Scott, W. G.）
142, 143, 146, 148
スターリン　*149, 171*
スタイナー（Steiner, G.）
241
スタブレイン（Stablein, R.）
4, 5
スタン（Stam, R.）　*301,
303-305*
ストーン（Stone, K.）　*129,
136, 138, 139, 146*
ストライカー（Stryker, S.）

16, 19, 27
ストラウス（Strauss, A.）
20, 24, 27
ストリンドベリ（Strindberg,
J. A.）　*240*
スピヴァク（Spivak, G. C.）
236, 237, 295, 316
スマート（Smart, B.）　*277,
282, 284, 285*
スミス（Smith, D. E.）　*76,
120, 180, 187, 203*
スミス（Smith, P.）　*187*
スミルシッチ（Smircich, L.）
*176, 182, 191, 197, 198,
200, 201, 203*

セゼール（Césaire, A.）
237, 296, 297, 316

ソーントン（Thornton, S.）
224, 228, 231, 232, 234
ソシュール（Saussure, F.）
*97-99, 101-107, 109, 117,
125, 236, 237, 245, 252, 266,
267, 269, 275, 293*
ゾラ（Zola, É.）　*125*
ソロモン（Solomon, M. R.）
16, 19, 22

た行
ダーウィン（Darwin, C.）
128, 246, 251
ダークス（Dirks, N.）　*295,
302, 311*
ターナー（Turner, B.）　*90,
91*
ターナー（Turner, V.）　*167,
168*
ダーレンドルフ（Dahrendorf,
R.）　*128, 130, 135, 141,
148*
タウンリー（Townley, B.）
232, 234, 284-286
ダグラス（Douglas, M.）

83, 96
立川健二 *97*
田中久美子 *104*
ダリ（Dali, S.） *237, 240*
タリキ（Tariki, A.） *312*
ダルトン（Dalton, M.） *21*
ダルビー（Dalby, L. C.） *88*

チア（Chia, R.） *286, 293*
チェ・ゲバラ *296*
チャクラバルティ
（Chakrabarty, D.） *295,
304*
チャップマン（Chapman, J.
W.） *245*
チャルニオスカ
（Czarniawska, B.） *10,
53, 57, 59, 60, 62, 89*
チャンピー（Champy, J.）
60
チョムスキー（Chomsky, N.）
98, 99, 101

ディーツ（Deetz, S.） *119,
121, 152, 161-164, 169, 171,
236*
ティード（Tead, O.） *142,
143, 320*
ディズニー , W. *260*
ディッケンズ（Dickens, C.）
125
ディマジオ（DiMaggio, P.）
233
テイラー , F. *286*
ディルタイ（Dilthey, W.）
13, 31, 41
ディングウォール（Dingwall,
R.） *75*
デカルト , R. *11, 36, 239*
テドロック（Tedlock, B.）
82, 88, 94
デュー＝ビリング（Due
Billing, Y.） *185, 200*
デューイ , J. *13*

デュゲイ（Du Gay, P.） *287,
288, 293*
デュルケーム（Durkheim,
É.） *205, 206, 217, 234*
デリダ（Derrida, J.） *182,
198, 236-238, 263, 264,
267-274, 286, 289-293*

ド・サン＝マルタン（de
Saint Martin, M.） *227*
ド・マン（de Man, P.） *248,
264, 266*
トインビー（Toynbee, A. J.）
245
ドゥボール（Debord, G.）
266
ドゥルーズ（Deleuze, G.）
*236, 237, 246, 248, 262, 266,
293*
ドーアワード（Doorewaard,
H.） *176, 193, 201*
ドザレ（Dezalay, Y.）
228-231
トドロフ（Todorov, T.） *98*
ドハティ（Docherty, T.）
237, 246
トム（Tom, A.） *196, 201,
203*
ドラッカー（Drucker, P.）
263, 282
トルベツコイ（Troubetzkoy,
N.） *99, 101*
トンプソン（Thompson, H.）
88
トンプソン（Thompson, P.）
263, 283, 289-291
トンプソン（Thompson, W.
） *88, 137, 138*

な行
中村雄二郎 *281*
ナンディ（Nandy, A.） *237,
300, 316*

ニーチェ（Nietzsche, F.）
*236, 237, 245, 249, 264, 266,
268, 275, 277-279, 283, 292,
293*
ニーブルジェ＝ブラントリー
（Niebrugge-Brantley, J.）
175, 177, 180, 192, 199

ネルヴァル , G. *306*

ノイ（Neu, D.） *142, 228,
300, 311, 312, 316*
野中郁次郎 *60*

は行
バーガー（Berger, P. L.）
12-14
バーク（Burke, K.） *42,
52-56, 62*
ハーシュマン（Hirschman, E.
C.） *38, 39*
パース（Pierce, C. S.） *13,
69, 97, 98, 101, 102, 107, 117*
パーソンズ（Parsons, T.）
65, 77
バーナード（Barnard, C.）
142, 143, 198
バーバ（Bhabha, H.） *237,
295, 309, 310, 316*
ハーバーマス（Habermas, J.）
*13, 28, 29, 32, 35, 41, 120,
121, 149-153, 155-157, 160,
161, 163, 165, 166, 169, 171,
172, 174, 236, 248, 274*
バーリー（Barley, N.） *89*
バーリー（Barley, S. R.）
84, 111, 112, 117
バーリッツ , L. *141*
バーレル（Burrell, G.） *6,
124, 190, 237, 259*
バーンスタイン（Bernstein,
R.） *3*
ハイデガー（Heidegger, M.）
31, 32, 41, 65, 77, 206, 207,

210, 233, 236, 237, 245, 266,
292, 293

パウエル（Powell, W. W.）
233

パウンド（Pound, E.） 240

バタイユ（Bataille, G.） 245,
252, 266, 275, 279

パッカード（Packard, V.）
154

ハッサン（Hassan, I.） 239,
248

ハネルズ（Hannerz, U.）
309, 310

ハマー（Hammer, J.） 60

ハミルトン（Hamilton, D.）
7

バユミ（Bayoumi, M.） 299

バラン（Baran, P. A.） 123,
128

バリス（Burris, B. H.） 152,
187

ハリソン（Harrison, J.）
300, 311, 314, 316

バルト（Barthes, R.） 98,
101, 114-117, 237

ハレ , M. 101

バレット（Barrett, M.）
212-215, 233

パワー（Power, M. K.）
152, 163, 169

ハント（Hunt, S. A.） 49, 50

ピアジェ（Piaget, J.） 98

ピーターズ（Peters, T.）
198

ピカソ（Picasso, P.） 237,
240

ビットナー（Bittner, E.）
13, 64, 73, 77

ヒューイット（Hewitt, J. P.）
16, 27

ファーガソン（Ferguson, K.
E.） 177, 180, 181, 187,

190

ファイン（Fine, G. A.） 25,
26

ファノン（Fanon, F.） 237,
296, 297, 310, 316

フィオル（Fiol, C. M.） 100,
102, 103, 105, 108, 112, 113,
117

フィリップス（Phillips, N.）
38, 39, 41

フィルビー（Filby, I.） 212,
215, 216, 233

ブーイサック , P. 98, 103

フーコー（Foucault, M.）
182, 236, 237, 263, 267, 268,
272, 274-293, 298, 305

プーランツァス（Poulantzas,
N.） 120, 291

フーリエ（Fourier, C.） 125

フェルドマン（Feldman, S.
P.） 170, 171

フォード（Ford, H.） 113

フォスター（Foster, M. L.）
99, 100

フォレスター（Forester, J.）
163, 166

フッサール（Husserl, E.）
11, 13, 16, 65, 268, 270

プフェッファー（Pfeffer, J.）
19

フライフヨルグ（Flyvbjerg,
B.） 3, 6

ブラウォイ（Burawoy, M.）
124, 128, 136-138, 145

ブラウン（Brown, J. L.）
38, 39, 41

プラサド（Prasad, A.） 2,
26-28, 32, 33, 35, 36, 38, 40,
41, 81, 82, 88, 131, 134, 147,
163, 164, 172, 183, 195, 237,
295, 298, 300, 301, 311-314,
316

プラサド（Prasad, P.） 2,
16, 19, 21, 23, 26, 27, 79, 81,

82, 86, 88, 97, 98, 103, 104,
119, 131, 134, 147, 162, 163,
172, 195, 237, 295, 311, 313,
314

フリーダン（Friedan, B.）
175

フリードマン（Friedman, S.
S.） 182, 309, 310

プリヤダーシニ
（Priyadarshini, E.） 311,
313

ブルーマー（Blumer, H.）
13, 16, 18, 19, 25-27

ブルデュー（Bourdieu, P.）
121, 204-206, 217-229,
231-234

ブレイヴァマン（Braverman,
H.） 128, 135, 148

フレイレ（Freire, P.） 152,
155, 172

プレストン（Preston, A.）
259-262, 266

フレッチャー（Fletcher, J.
K.） 192, 193, 195, 201

プレハーノフ , G. 121

ブレヒト（Brecht, B.） 240

フロイト（Freud, S.） 24,
151, 152, 157, 268, 292, 293

ブローデル（Braudel, F.）
207

プロップ（Propp, V.） 99,
101, 117

ブロッホ, J. 127

フロベール（Flaubert, G.）
125, 306

フロム（Fromm, E.）
149-151, 156-158, 174

ブロムス（Broms, H.） 100,
112, 117

ベイト（Bate, S. P.） 83, 86,
87, 91

ヘーゲル（Hegel, G. W. F.）
128, 133, 152, 251, 270

ベーコン，F. *239*

ベケット（Beckett, S.） *44*

ベシス（Bessis, S.） *301, 304, 305*

ベスト（Best, S.） *98, 238-241, 244, 245, 248, 249, 251, 255, 257, 263, 264, 275-277*

ベッカー（Becker, H.） *13, 25, 27*

ベネディクト，R. *13*

ペリンバナヤガム（Perinbanayagam, R. S.） *52*

ベル（Bell, D.） *241, 242, 263*

ベル・フックス（bell hooks） *120, 146, 182*

ベルトー（Bertaux, D.） *139, 140, 148, 320*

ベルトー＝ウィアム（Bertaux-Wiame, I.） *139, 140, 146, 148, 320*

ベレマン（Berreman, G.） *89*

ベレンキー（Belenky, M. F.） *178, 179*

ベンサム，J. *280*

ベンスホップ（Benschop, Y.） *176, 190, 191, 193, 194, 201, 203*

ベンソン（Benson, J. K.） *128, 132*

ベンフォード（Benford, R. D.） *49, 50*

ベンヤミン，W. *121, 171, 174*

ボアズ（Boas, F.） *81, 96*

ボイエ（Boje, D.） *73, 74, 77, 237, 259, 260, 266*

ホー・チ・ミン *236, 316*

ボーヴォワール（De Beauvoir, S.） *175, 177*

ボーデン（Boden, D.） *64,*

67, 70, 73, 75, 77

ボードリヤール（Baudrillard, J.） *236-238, 246, 248, 249, 252-258, 262-267, 290*

ボーマン（Bormann, E. G.） *56, 57, 62*

ホール（Hall, S.） *120, 121, 173*

ボールディング（Boulding, E.） *179*

ホスフェルト（Hossfeld, K.） *195, 201, 203*

ホックシールド（Hochschild, A. R.） *51*

ホッジ（Hodge, B.） *242, 300, 302*

ホッダー（Hodder, I.） *37*

ホルクハイマー（Horkheimer, M.） *120, 121, 149-151, 153, 157, 159, 169, 171, 174*

ホルビノ（Holvino, E.） *201*

ホワイト（Whyte, W. F.） *82*

ま行

マーカス（Marcus, G. E.） *94*

マーグリン（Marglin, S. A.） *135, 298*

マーチ（March, J. G.） *286*

マーティン（Martin, J.） *176, 182, 190, 198*

マーティン（Martin, P. Y.） *176, 180, 182, 190, 198*

マーティンデール（Martindale, D.） *16*

マイヒューゼン（Meihuizen, H. E.） *190, 191, 193, 194, 203*

マクグレガー（McGregor, D.） *198*

マクルーハン（McLuhan, M.） *255*

マラルメ（Mallarmé, S.）

240

マリノフスキー（Malinowski, B.） *81, 83, 96*

マルクーゼ（Marcuse, H.） *121, 149-151, 156-160, 171, 174*

マルクス（Marx, K.） *120, 121, 123-131, 133-135, 141, 144, 145, 147-152, 157, 158, 171, 205, 206, 217, 218, 223, 224, 233, 234, 236, 253, 254, 264, 275, 279, 284, 286, 287, 293, 294, 296, 304*

マン，M. *141*

マンガム（Mangham, I. L,） *44, 51, 52, 53, 62*

ミード（Mead, G. H.） *12, 13, 15-18, 24-27, 43, 44, 62*

ミード（Mead, M.） *81, 96*

ミール（Mir, R. A.） *35, 38, 40, 41, 164, 295*

ミシュラ（Mishra, V.） *242, 300, 302*

溝上慎一 *23*

ミューク（Muecke, S.） *308*

ミラー（Miller, J. B.） *179, 203*

ミルズ（Mills, C. W.） *123, 141, 245*

ミルズ（Mills, S.） *190, 193, 281, 282*

ミルチャンダニ（Mirchandani, K.） *51, 196, 201, 203*

ミンツバーグ（Mintzberg, H.） *198, 282*

メイ（May,T.） *65, 73, 160, 161, 205, 206, 209, 212, 218, 223, 245, 263*

メインズ（Maines, D. R.） *16*

メッツナー，S. *261*

人名索引　*365*

メンミ（Memmi, A.）　*297,*
316

毛沢東　*296*
モーガン（Morgan, G.）　*6,*
124, 141, 163
モース , M.　*252*
モーレット（Moulettes, A.）
23
モネ , C.　*154*
森　常治　*55*
モリス（Morris, G. H.）　*71,*
72

や行
ヤコブソン（Jakobson, R.）
99, 101
山田広昭　*97*
ヤング（Young, E.）　*85, 92,*
96
ヤング（Young, J. J.）　*259,*
261, 262
ヤング（Young, R. J. C.）
236, 237, 282, 283, 294, 297,
301-303, 305, 308, 316

ユイン（Ewen, S.）　*154,*
170, 174
ユーゴー（Hugo, V.）　*125*

ら行
ライク（Reich, C. A.）　*151*
ライト（Wright, C.）　*259,*
261, 262
ライター , K.　*68*
ライドナー（Leidner, R.）

194, 195, 203
ライリー（Riley, P.）　*206,*
211-213
ラインハルツ（Reinharz, S.）
192
ラカン（Lacan, J.）　*267, 293*
ラビノウ（Rabinow, P.）　*84,*
89, 275
ラマルティーヌ , A.　*306*
ララィン（Larraín, J.）　*133*

リーマン（Lyman, S. M.）
43, 47, 79, 80, 88
リオタール（Lyotard, J.*
F.）　236, 237, 241, 245,
248-252, 254, 257, 262-267,
272
リクール（Ricoeur, P.）　*28,*
32, 33, 36, 41, 165
リッツァ（Ritzer, G.）　*68,*
69, 169

ルービン（Rubin, A.）　*299*
ルーンバ（Loomba, A.）
297, 301, 302, 305
ルカーチ（Lukács, G.）　*120,*
121, 152
ルックマン（Luckmann, T.）
12-14,
ルビッチ , E.　*111*

レイ＝ブリス（Wray-Bliss,
E.）　*146, 147*
レイチャード（Reichard, G.
A.）　*88*
レヴィ＝ストロース（Lévi-

Strauss, C.）　*81, 96, 98,*
99, 101, 110, 114, 117, 205,
234, 237, 238, 266, 267
レヴィン（Lewin, K.）　*311*
レーニン , V.　*121*
レヒト（Lechte, J.）　*105,*
107, 114, 226
レマート（Lemert, C.）　*98,*
235, 238, 246, 262, 267, 268,
270, 273, 292
レンガーマン（Lengermann,
P. M.）　*175, 177, 180, 192,*
199

ロイ（Roy, D.）　*82*
ロウジナウ（Rosenau, P. M.）
235, 239, 247, 263, 267
ローザック（Roszak, T.）
151
ローゼン（Rosen, M.）　*86,*
87, 90, 92, 164, 165, 167-169,
173, 174
ローティ（Rorty, R.）　*248,*
266
ローレンス（Lawlence, T.
E.）　*306*
ロック（Locke, J.）　*102*
ロック（Locke, K.）　*86*
ロック（Rock, P.）　*16*
ロフェル（Rofel, L.）　*280,*
286, 288, 289, 293

わ行
渡辺一民　*281*
渡辺守章　*281*

監訳者

箕浦康子（みのうら やすこ）
現在，お茶の水女子大学名誉教授
カリフォルニア大学ロサンゼルス校大学院人類学科博士課程修了，Ph.D. 専門：心理人類学
主著：『子供の異文化体験—人格形成過程の心理人類学的研究』1984年，思索社，『文化のなかの子ども』1990年，東京大学出版会，『フィールドワークの技法と実際Ⅱ—分析・解釈編』（編著）2009年，ミネルヴァ書房
翻訳担当：Ⅳ部リード

訳者紹介（執筆順）

町惠理子（まち えりこ）
麗澤大学外国語学部名誉教授［2024年5月更新］
カンザス大学大学院修士課程修了，M.A. 専門：異文化コミュニケーション
主著：『異文化トレーニング』（共著，2，5章を分担）2009年，三修社，
『シリーズ英語教育体系 3 英語教育と文化』（共著，2章4節を分担）2010年，大修館
翻訳担当：1章，14章

浅井亜紀子（あさい あきこ）
現在，桜美林大学リベラルアーツ学群教授
お茶の水女子大学大学院人間文化研究科博士課程修了，博士（人文科学），専門：文化心理学
主著：『異文化接触における文化的アイデンティティのゆらぎ』2006年，ミネルヴァ書房，
『フィールドワークの技法と実際Ⅱ—分析・解釈編』（共著，10章を分担）2009年，ミネルヴァ書房
翻訳担当：Ⅰ部リード，2章

山下美樹（やました みき）
現在，麗澤大学国際学部教授［2024年5月更新］
ポートランド州立大学大学院教育学科博士課程修了，Ed.D. 専門：成人教育，異文化間教育［2024年5月更新］
主著：『サービス・ラーニングのためのアクティビティ』（編著者）2021年，研究社，*Leaderful Classroom Pedagogy Through an Interdisciplinary Lenz: Merging Theory with Practice.*（共著，11章分担）(Springer Nature, November 28, 2023)［2024年5月更新］
翻訳担当：3章

伊佐雅子（いさ まさこ）
元沖縄キリスト教学院大学・大学院教授
オクラホマ大学大学院コミュニケーション研究科博士課程修了，Ph.D. 専門：異文化コミュニケーション
主著：『女性の帰国適応問題の研究』2000年，多賀出版，「模合にみる沖縄人（ウチナンチュー）のコミュニケーションについて—新聞記事の分析を通して」（『人・言葉・社会・文化とコミュニケーション』2008年，北樹出版に所収）
翻訳担当：4章

時津倫子（ときつ ともこ）
現在，成城大学・立教大学・関東学院大学・武蔵野大学非常勤講師。早稲田大学教育学研究科博士課程満期退学。修士（教育学）専門：発達心理学
主著：『「中国帰国者」の生活世界』（2章「中国残留婦人」の生活世界を分担）2000年，行路社，『中国残留日本人という経験』（コラム「中国帰国者の国籍問題」分担）2009年，勉誠出版
翻訳担当：5章，13章

村本由紀子（むらもと ゆきこ）
現在，東京大学大学院人文社会系研究科教授［2024年5月更新］東京大学大学院人文社会系研究科博士課程修了，博士（社会心理学）専門：社会心理学，文化心理学
主著：『社会心理学：補訂版』（共著）2019年，有斐閣，『社会と個人のダイナミクス』2011年，誠信書房（共編著）［2024年5月更新］
翻訳担当：6章

藤田ラウンド幸世（ふじたらうんど さちよ）
現在，大東文化大学外国語学部特任准教授［2024年5月更新］国際基督教大学大学院教育学研究科博士課程修了，博士（教育学）専門：社会言語学
主著：'Language Revitalization and the Classroom' *Languages* 2023, 8(1), 4. 'Chap 11 Bilingualism and Bilingual Education in Japan' (*Routledge Handbook of Japanese Sociolinguistics.* 2019, Routledge に所収)，YouTube Page「多言語で生きよう」［2024年5月更新］
翻訳担当：Ⅱ部リード，7章

岸磨貴子（きし まきこ）
現在，明治大学専任教授［2024年5月更新］関西大学大学院総合情報学研究科博士課程修了，博士（情報学），専門：教育工学［2024年5月更新］
主著：『大学教育をデザインする―構成主義に基づいた教育実践』（共著，3, 4, 終章を担当）2012年，晃洋書房，『ソーシャルメディアを活用した日本語教育の協働学習』（共著，4章担当），2013年，晃洋書房，『ICTを活用した新たな実践の試み』（共著，3章3節を担当）2016年，明石書店
翻訳担当：Ⅲ部リード，8章

灘光洋子（なだみつ ようこ）
元立教大学異文化コミュニケーション学部教授［2024年5月更新］オクラホマ大学大学院コミュニケーション研究科博士課程修了，Ph.D. 専門：異文化コミュニケーション論
主著："7. Similar or Different?: The Chinese Experience of Japanese Culture"（*Constituting Cultural Difference Through Discourse*, 2000, SAGE に所収），「1章 医療通訳者のアンビバレントな立ち位置について」（『異言語と出会う，異文化と出会う』2011年，風間書房に所収）
翻訳担当：9章

岩田祐子（いわた ゆうこ）
現在、明治大学国際日本学部特任教授［2024年5月更新］国際基督教大学大学院教育学研究科博士課程修了，博士（教育学）専門：社会言語学，英語教育，異文化コミュニケーション［2024年5月更新］
主著：『改訂版 社会言語学：基本からディスコース分析まで』（共著，2, 3, 6, 7, 8, 9, 10, 11, 12, 13, 18章を分担）2022年，ひつじ書房，『日・英語談話スタイルの対照研究―英語コミュニケーション教育への応用』（共著，4, 10章を分担）2015年，ひつじ書房［2024年5月更新］
翻訳担当：10章

谷口明子（たにぐち あきこ）
現在，東洋大学文学部教育学科教授
東京大学教育学研究科博士課程修了，博士（教育学），専門：教育心理学
主著：『長期入院児の心理と教育的援助―院内学級のフィールドワーク』2009年，東京大学出版会，『育ちを支える教育心理学』（編著）2017年，学文社
翻訳担当：11章

小高さほみ（こだか さほみ）
現在，上越教育大学大学院学校教育研究科教授
お茶の水女子大学大学院人間文化研究科博士課程修了，博士（人文科学）
専門：教師教育学，家庭科教育
主著：『教師の成長と実践コミュニティ―高校教師のアイデンティティの変容』2010年，風間書房，『教材事典：教材研究の理論と実践』（共著，8章「家庭科，技術・家庭科（家庭分野）」・「教材研究：学習環境・学習支援をいかす教材・教具」他）2013年，東京堂出版
翻訳担当：12章

柴山真琴（しばやま まこと）
現在，大妻女子大学家政学部教授
東京大学大学院教育学研究科博士課程修了，博士（教育学），専門：発達心理学
主著：『行為と発話形成のエスノグラフィー―留学生家族の子どもは保育園でどう育つのか』2001年，東京大学出版会，『子どもエスノグラフィー入門―技法の基礎から活用まで』2006年，新曜社，『質的研究のためのエスノグラフィーと観察』（単訳書）2016年，新曜社
翻訳担当：15章

（※特に注記のない場合，訳者プロフィールは2020年，4刷時のもの）

著者紹介

　プシュカラ・プラサド（Pushkala Prasad）は，アムハーストにあるマサチューセッツ大学において Ph.D を取得し，現在はニューヨーク州サラトガ・スプリングスにあるスキッドモア大学（Skidmore College）のリベラルアーツ学生向けの経営学の教授（Zankel Chair Professor）である。現職の前には，スウェーデンのルンド大学の行政学の主任教授であった。プラサド博士は，クラークソン大学，カルガリー大学，フィンランドのヘルシンキ経済大学で専任で教えていたこともある。1997 年には，MIT のスローンマネジメントスクールの客員研究員であった。職場での抵抗，仕事のコンピューター化，職場の多様性，ポスト実証主義の研究，言説分析，組織の正当性などが彼女の研究の関心領域である。彼女は，the *Academy of Management Journal*, *Organization Sciences*, *Human Relations*, *Studies in Cultures, Organization and Society*, *Research in the Sociology of Organizations* のような著名な雑誌に論文を広く発表してきた。また *Managing the Organizational Melting Pot:*

Dilemmas of Workplace Diversity（1997）の共編者でもあり，「経営学教育における批判理論」（*Journal of Management Education*）や「職場のエンパワーメントの歴史」（*Journal of Applied Behavioral Science*）のようなトピックに関する学術誌の特集号をいくつか編集してもいる。彼女は，タバコ，牛肉，銃，毛皮，化学の諸産業がどのように社会的な正当性を獲得しているのかについての研究を始めている。

　プラサド教授の業績は，学術界では広く評価されてきた。1995 年にはカルガリー大学で傑出した若手学者に指名され，1997 年には，Western Academy of Management の Ascendant Scholar 賞を受賞した。彼女は，現在，Who's Who in the Management Sciences にも記載されている。彼女の研究は，政府系の補助金によっても，また，アルバータエネルギー会社，カナダ社会科学・人文研究評議会，スウェーデン職業生活の質財団，スウェーデン銀行 300 周年記念財団などの私設の基金によっても多く支援されてきた。

質的研究のための理論入門
ポスト実証主義の諸系譜

2018 年 1 月 30 日	初版第 1 刷発行
2024 年 5 月 30 日	初版第 6 刷発行

著　者	Prasad, Pushkala
監訳者	箕浦康子
発行者	中西　良
発行所	株式会社ナカニシヤ出版

　〒606-8161　京都市左京区一乗寺木ノ本町 15 番地

　　　　　Telephone　075-723-0111
　　　　　Facsimile　075-723-0095
　Website　http://www.nakanishiya.co.jp/
　Email　　iihon-ippai@nakanishiya.co.jp
　　　　　郵便振替　01030-0-13128

印刷・製本＝ファインワークス／装幀＝白沢　正
Copyright © 2018 by Y. Minoura
Printed in Japan.
ISBN978-4-7795-1223-0

本書のコピー，スキャン，デジタル化等の無断複製は著作権法上の例外を除き禁じられています。本書を代行業者等の第三者に依頼してスキャンやデジタル化することはたとえ個人や家庭内での利用であっても著作権法上認められていません。